교육복지 프로그램 개발의
이론과 실제

교육복지 프로그램 개발의 이론과 실제

전주성 · 임경미 · 김미자

KNOWLEDGE COMMUNITY 공동체

지그문트 바우만(Zigmunt Bauman), 조지프 스티글리츠(Joseph E. Stiglitz), 토마 피케티(Thomas Piketty) 등과 같은 세계적인 석학들은 경제적 불평등으로 인한 분열된 사회의 위험성을 지적한다. 분열된 사회는 더 이상 공동체의 기능을 발휘하지 못하는 사회이다. 이러한 사회는 미래가 없다. 교육복지는 우리의 공동체성을 회복하는 하나의 단초가 될 수 있다는 점에서 매우 중요한 작용이자 기능이다.

교육복지의 문제는 궁극적으로 인간다운 삶의 질을 보장하는 데 있다. 그런데 최근 무상급식으로 촉발된 우리 사회의 보편적 교육복지와 선별적 교육복지 논쟁은 당파적 이데올로기만 난무하지 우리의 인간다운 삶의 질에 대한 성찰이 없다는 점에서 한계를 보인다. 이 책에서 다루는 교육복지 프로그램 개발은 궁극적으로 한정된 교육자원 혹은 교육기회를 어떻게 공평하게 배분하여 우리의 인간다운 삶의 질을 보장해 줄 수 있을 것인가에 대한 하나의 답이 될 수 있다. 교육복지 프로그램은 특별히 계획된 학습기회를 특히 교육취약계층 학생들에게 제공함으로써 그들의 인간다운 삶의 질을 보장해 주기 위한 하나의 적극적인 노력으로 이해되어야 한다.

이 책은 우리나라 및 주요 외국의 교육복지에 관한 전반적인 개관과 더불어 교육복지 프로그램 개발을 위한 실제적인 가이드를 제공한다. 교육복지 프로그램 개발을 위한 각 국면을 구체적으로 다루었을 뿐만 아니라 다양한 교육복지 프로그램 개발 사례를 제공함으로써 교육복지 프로그램 개발에 관한 실질적인 도움을 주고 있다. 이 책의 구성을 구체적으로 살펴보면 다음과 같다.

먼저, 제1부에서는 교육복지의 개념과 우리나라 교육복지 정책, 영국, 미국, 독일, 프랑스 등 주요국 및 우리나라 교육복지의 현황을 다룬다. 여기에서는 교육복지의 개념을 '교육취약계층 학생들에게 교육기회를 제공함으로써 교육소외 및 교육 불평등을 해소하고 대상자들의 잠재능력을 최대한 계발할 수 있도록 필요한 각종 지원들을 제고하는 것'으로 정의한다.

제2부에서는 교육복지 프로그램 개발 모델 및 각 절차를 구체적으로 다룬다. 여기에서는 교육복지 프로그램 개발을 위한 유용한 지침으로서 E-PADI 모델을 제시한다. 이 모델의 각 국면들은 기획, 요구분석(요구분석, 우선순위 설정과 의사결정), 설계(프로그램 목적과 목표설정, 설계, 마케팅), 실행, 평가 등으로 구성된다. E-PADI 모델은 교육복지 프로그램 개발이 상황과 맥락에 따라 비선형적이며, 통합적이고, 체제적인 관점에서 이루어짐을 상정한다.

제3부에서는 우리나라 교육복지 정책의 방향과 과제에 대한 논의 및 구체적이고 다양한 교육복지 프로그램 개발 사례를 다루고 있다. 특히 15장의 교육복지 프로그램 개발 사례는 이 책의 공저자가 직접 개발한 프로그램들 및 교육복지, 사회복지, 평생교육 기관의 관련 담당자들로부터 제공된 사례들, 그리고 공개적으로 오픈된 우수사례들을 망라한다.

마지막으로 이 책이 나오기까지 많은 사람의 수고가 있었다. 우선 공저자인 임경미 박사의 헌신적인 희생이 있었음을 밝힌다. 또한 이 책의 기획과 저술에 김미자 박사의 기여도 빼놓을 수 없다. 이 책에는 우수한 교육복지 프로그램 개발 사례를 제공해 주신 많은 분들의 따뜻한 정과 '도서출판 공동체'의 사장님과 편집진의 전폭적인 지원과 꼼꼼한 교정 · 편집이 어우러져 있다.

저자를 대표하여
전주성 씀

차·례

PART 01

교육복지의 이해

CHAPTER

01 교육복지의 이해

교육복지는 19세기 말 이후 국가가 책임져야 할 가장 중요한 영역으로 인식되고 있으며, 민간시장에 대한 공적 개입이 불가능한 상황 속에서도 계속 책임을 맡아오는 영역이다(한국교육개발원, 2014). 교육받은 시민들은 현대 산업국가에서 중요한 인적자원 요소이기 때문에 불확실한 시장경제 속에 방치하기는 어렵다는 관점하에서 교육복지에 관한 국가의 책임이 계속 지지되어 온 것이라고 할 수 있다(배미애 역, 2001, 한국교육개발원, 2014 재인용).

우리나라에서 교육복지에 대한 관심이 대두된 시기는 1990년대 후반 외환위기 이후 신자유주의 정책이 급부상하면서부터라고 볼 수 있다(민부자 외, 2013). IMF 이후 저소득층의 확대는 소득불평등의 심화를 확대시키고, 소득불평등의 심화는 사회통합, 빈곤층의 고착화라는 또 다른 사회문제를 야기하였는데, 이러한 문제는 교육현장에서도 제기되었다. 따라서 교육부는 이러한 소득불평등으로 인한 양극화 현상, 빈곤의 대물림과 교육의 불평등이라는 연결고리를 풀기 위해 다양한 교육복지 정책을 마련하고 있다(김경희 · 박정호, 2011).

교육은 인간다운 삶의 조건을 구축하는 것을 의미하는 복지의 핵심 요소이며 사회 · 국가 발전의 토대이며, 개인의 능력을 개발하고 사회 · 경제적 역량과 지위를 제고하여 개인 삶의 질을 결정하는 핵심 요인이다. 우리 사회는 개인적, 가정적, 지역적, 사회 · 경제적인 요인 등으로 인한 교육소외, 교육 부적응, 교육 불평등 현상이 상존하고 있으며 이들은 교육의 성과달성을 저해한다. 교육소외란 신체적, 가정적, 사회·경제적 요인 등으로 적절한 교육기회를 보장받지 못함에 따라 국민으로서 보장받아야 할 최소한의 교육수준을 누리지 못하는 현상이고, 교육 부적응은 교육기회는 제공받고 있으나 교육의 내용 및 방법, 환경 등이 자신에게 맞지 않아 나타나는 부적응 현상이며, 교육여건 불평등은 개인적, 가정적, 지역적, 사회·경제적 요인 등으로 상대적으로 열등한 교육여건에서 교육을 받으며 이로 인해 교육결과의 불평등이 발생하는 현상을 의미한다(교육부, 2004).

이러한 교육소외, 교육 부적응 및 불평등은 개인 삶의 건강성과 발전성을 손상시키고 잠재능력 개발과 사회·경제적 성취를 저해하고 인적자원 개발 및 사회통합 기능을 약화시켜 궁극적으로 국가 성장동력의 저하를 초래할 수 있기 때문에 따라서 교육복지 정책을 통하여 교육소외, 교육 부적응 및 불평등 현상을 해소하고 교육현장의 복지 친화적 문화를 조성하여 국민들이 교육을 통하여 자신의 능력을 최대한 개발하고 인간다운 삶을 누리도록 하며, 사회통합 및 국가성장의 토대를 공고화해 나가는 노력이 절실히 요구되고 있다(교육부, 2014).

1. 교육복지의 개념

교육복지는 1970년대부터 '복지국가'의 이상(理想) 제시와 맞물려 교육부문에서 복지 개념이 형성·제시되었고(이지은, 2012), 교육복지라는 용어를 교육현장과 학계에서 사용하기 시작한 것은 비교적 최근의 일이다. 복지의 개념과 같이 교육복지도 사회의 변화에 따라 변화할 수 있는 개념으로 그 명확하고 분명한 실체를 개념 하나만으로 접근하기는 쉽지 않다(한국교육개발원, 2014). 교육과 복지라는 개념이 결합하면서 생성되는 내용 역시 매우 다양할 수 있기 때문에, 아직도 교육복지에 대해 합의된 개념은 존재하지 않는다(이용교·임용택, 2010). 교육과 복지의 통합적 의미를 지닌 용어로서 교육복지의 개념은 추상적으로는 교육기회 및 교육의 질에 있어서 그 사회의 보편적 수준에 이르지 못하는 불평등 해소에 초점을 두는 것으로 사용된다(이지은, 2012).

교육복지의 개념을 광의의 개념과 협의의 개념으로 나누어 살펴보면 다음과 같다. 광의의 교육복지는 보편주의로서 적어도 한 사회에서 설정하고 있는 교육에서의 최소 기준에 모든 국민이 도달할 수 있고, 나아가 모든 국민이 처한 위치에도 불구하고 각자 필요한 교육을 받아 그 잠재력을 최대한 발휘할 수 있는 상태(state), 혹은 이를 보장하기 위한 공적 지원(public service)이다(교육복지종합계획, 2013). 협의의 교육복지는 선별주의로서 교육소외, 결손집단에 대한 교육기회를 확충하는 것이다(이용교 · 임용택, 2010). 광의의 개념에서 교육은 그 자체가 복지라고 주장하는 학자들이 있는 반면(이기범, 1996; 이돈희, 1999), 교육복지를 교육소외 집단에 대한 교육기회의 확대 및 교육의 질적 수준과 결과까지를 보장하는 협의적 관점으로 보는 것이 보다 본질적 측면에서 타당하다는 주장도 존재한다(한만길 외, 2000; 이용교 · 임용택, 2010, 한국교육개발원, 2014 재인용). 본 서에서는 교육복지를 교육취약계층 학생들에게 교육기회를 제공함으로써 교육소외 및 교육 불평등을 해소하고 대상자들의 잠재능력을 최대한 계발할 수 있도록 필요한 각종 지원들을 제고하는 것으로 정의하고자 한다.

2. 교육복지의 목표와 영역

교육부의 교육복지종합계획(2004)에 의하면, 우리나라의 교육복지의 목표는 사회구성원 누구에게나 실질적인 교육기회를 보장하고 국민 기초교육 수준을 달성할 수 있도록 하여 교육소외 현상을 해소하고, 학습자가 필요로 하는 교육기회를 제공하여 자기개발 극대화 및 학교 부적응을 예방하는 데 있다. 또한 개인 간 · 지역 간 · 계층 간 교육여건 불평등 해소로 능력에 따른 균등한 교육기회를 제공하며, 물리적, 심리적, 사회 · 문화적 교육환경의 지속적인 개선을 통해 밝고 건강한 복지 친화적 교육환경을 조성해 나가도록 하는 것이다.

교육복지의 목표와 영역에 대해서 교육복지종합계획(2004), 안병영 외(2013), 박주호(2014)를 중심으로 정리하면 다음과 같다.

국가 교육정책에서 교육복지가 보다 종합적이고 구체적인 모습을 드러낸 것은 참여정부 시기이다. 2004년 당시 '참여정부 교육복지 5개년 계획'이 입안되어 적극적으로 추진되었다. 2004 교육복지의 목표 및 정책과제 등은 <표 1-1>에서 살펴보듯이 첫째, 모든 국민이 인간다운 삶과 시민으로서 정상적인 사회생활을 영위하는 조건을 갖추는 데 필요한 국민 기초교육 수준(national minimum in education)을 보장한다. 둘째, 교육기회에 접근하고 있으나 교육내용·방법·환경 등이 자신과 맞지 않아 유의미한 학습경험을 갖지 못하고 어려움을 겪는 학습자의 교육 부적응 현상을 치유한다. 셋째, 불균등한 교육여건 또는 사회구조적 요인으로 인해 교육과정 및 결과에 있어서 발생하는 상대적 교육격차를 해소한다. 넷째, 전반적인 교육복지 수준을 제고하기 위하여 복지 친화적 교육환경을 조성한다.

〈표 1-1〉 2004 교육복지의 목표와 영역

2004 교육복지 정책 대상과 과제			
목 표	정책영역	정책대상	정책과제
국민 기초교육 수준 보장	모든 국민의 교육 기회 보장 및 기초 학력 성취	장애 및 건강장애 학생, 저소득 학생	특수교육 강화, 유아 교육기회 확대, 저소득층 자녀 교육비 지원, 저학력 성인 교육기회 확대, 외국인근로자 자녀 교육지원, 기초학력 보장
교육 부적응 및 불평등 해소	학교부적응 예방 및 치유	학교 부적응자 및 학업 중단자, 귀국학생, 북한이탈 청소년, 다문화가정 자녀	학업중단자 예방 및 대책, 귀국학생 교육지원, 북한이탈 청소년 대책
복지 친화적 교육환경 조성	교육여건 불평등 해소	도시저소득지역 및 농어촌지역 학생, 정보화 격차, 사교육으로 인한 불평등	도시 저소득지역 학생을 위한 지원, 농어촌지역 교육여건 개선, 정보화 격차 해소, 방과후 교육활동
	밝고 건강한 교육 환경 구축	비복지적 학교풍토, 비교육적·비위생적 학교 내·외 환경, 취약한 학생 보건	밝고 즐거운 학교 만들기, 학생 건강 증진, 안전하고 건강한 교육환경 조성

출처 : 안병영 외(2013). 교육복지정책론, p. 43, 박주호(2014). 교육복지의 논의, p. 5 재구성.

3. 교육복지 정책의 의의 및 방향

1) 교육복지 정책의 의의

교육복지종합계획에 따르면, "교육복지 정책은 개인적, 가정적, 지역적, 사회·경제적 요인 등으로 인해 발생하는 교육기회의 제한, 교육 부적응 및 교육여건 불평등 현상들을 해소하고 전 국민이 높은 교육의 질적 수준을 누리도록 하여, 궁극적으로 국민 삶의 질 향상과 사회통합을 기함은 물론 나아가 국가 성장동력을 강화하기 위해 펼치는 다양한 정책적 노력들의 총체를 의미한다"고 할 수 있다(안병영 외, 2014).

2) 교육복지 정책의 방향

교육복지종합계획에 따른 교육복지 정책의 방향을 다음과 같이 제시하고 있다. 교육복지 정책 추진을 통해 모든 국민의 생애에 걸친 교육욕구를 충족시키고 지역 간·계층 간 교육기회의 불평등 해소를 통해 사회통합 및 사회정의를 실현하는 한편, 개인의 능력개발을 최대화하여 국가 인적자원 개발 및 국가성장에 기여할 수 있도록 하는 것이 필요하다.

이러한 교육복지 정책 목표를 실현하기 위해 체계적인 교육복지 정책 전달체계를 수립·운영하도록 한다. 중앙, 광역, 지역의 교육복지 역량을 강화하고 체계적·종합적 시각에서 교육복지 문제에 접근할 수 있도록 교육복지 정책 및 사업의 연계 강화를 통해 수평적 협력체제를 구축하고, 시·도교육청, 지역교육청에 교육복지 전담부서를 설치하도록 하여 중앙과의 수직적 협력체제를 구축해 나간다. 또한 지역현장 중심의 교육복지 서비스 제공 인프라를 구축하여 다양한 서비스 공급자 간 유기적 협력 네트워크를 수립하고 서비스 공급자와 수요자 간의 연결 기능을 강화하는 한편, 효율적인 교육복지 서비스 정보제공 체제를 구축·운영해 나가도록 한다. 동시에 민간의 교육복지 정책에의 참여를 활성화하고 민간자원의 활용을 극대화하도록 한다. 이를 위해 자원봉사인력풀을 구축·운영하여 잠재적 민간자원의 발굴 및 참여기회를 확대하고 민간단체, 개인 서비스 공급자와의 협력체제 운영으로 효율적인 교육복지 공급망을 구축한다. 또한 단위학교의 교육복지 역량을 강화하기 위하여 교내 학생상담 기능을 강화하는 한편 학교구성원의 복지의식을 제고하고 행동양식을 개선하여 학생복지 향상을 위한 프로그램 활성화 및 학사운영이 이루어지도록 한다. 아울러 현장수요에 기초한 사업추진 및 평가체제 운영을 통해 교육복지 요구의 정확한 진단 파악 및 수요자의 요구에 부응하여 주어진 자원으로 최고의 만족을 제공하도록 한다.

(1) 중앙정부 차원의 교육복지 정책

중앙정부 차원의 교육복지 정책을 엄문영 외(2014 : 19-20), 박주호(2014 : 3-6)의 자료를 중심으로 정리하면 다음과 같다.

1995년 문민정부에서 발표한 5·31 교육개혁 비전에서 교육복지가 한국 교육 및 교육정책 상황에 최초로 등장한 후 교육인적자원부는 '1997년 교육복지종합대책'을 발표하여 장애아, 유아, 학습부진아, 학교 중도탈락자, 해외귀국 자녀 교육지원방안을 마련하여 추진하였다. 1997년 외환위기를 거치며, 계층 간 소득 불평등 심화와 사회 양극화 및 빈곤의 대물림은 교육의 기회보장과 질 높은 교육서비스를 취약계층에 제공하는 것이 복지국가 실현의 핵심으로 작용하였다.

중앙정부 차원에서 본격적으로 교육복지 정책이 체계적으로 진행된 것은 참여정부(2004~2008)부터라고 할 수 있다. 참여정부에서는 교육복지종합계획－참여복지 5개년 계획(교육복지 부문)을 발표하였고, 양극화 문제가 사회이슈화되었으며, 이를 위한 격차 해소에 본격적으로 관심을 갖기 시작하였다. 중학교 의무교육이 완성되어 수업료, 입학금, 교과서 대금 등의 무상화가 실현되었고, 도시 저소득층 학생들에게 교육복지투자우선지역사업이 실시되었으며, 만 3~4세아 유아교육비가 지원되기 시작했다. 이후 이명박 정부(2008~2012)에서는 보수주의 정책기조를 강화하면서 교육복지 정책의 운영방향을 다소 선회하였으나, 교육복지 정책의 목적과 내용 측면에서는 참여정부의 교육복지 정책과 유사하게 운영되었다. 2011년 이후에는 기존의 중앙정부 차원의 교육복지 사업이 지방정부로 이양되었고, 참여정부와 이명박 정부를 거치면서 교육복지투자우선지역 지원사업, 특별교부금 중 국가시책 사업에 포함된 다양한 교육복지적 성격을 지닌 사업, 그리고 교육감 직선제를 거치면서 정치적으로 진행된 교육복지 사업 등으로 인해 현재의 교육복지 사업은 매우 다양한 성격, 대상, 그리고 재정지원 등으로 확대되고 있다. 한편 2013년 2월 출범한 박근혜 정부는 이명박 정부의 교육복지 정책을 기반으로 꿈과 끼를 키울 수 있는 학교교육 정상화, 고른 교육기회 보장을 위한 교육비 부담 경감, 미래인재 양성을 위한 능력중심 사회 기반 구축이라는 '교육복지 3대 중점 추진과제'를 선정하고 국민행복을 위한 맞춤형 교육복지에 주력해 오고 있다. 교육비 부담 경감과 서민경제의 활성화 차원에서는 종전의 방과후학교의 일환으로 유치원과 초등학교 저학년 학생들에 대한 돌봄 프로그램을 강화하고 있다(교육부, 2013. 3. 28). 돌봄을 희망하는 초등학교 1, 2학년 학부모들에게는 누구나 오후까지 돌봄서비스를 제공하고, 맞벌이, 한부모, 저소득층 가정 등의 취약계층 자녀들에게는 저녁돌봄까지 제공하고 있다.

상기의 시기별 중앙정부 차원의 교육복지 정책을 <표 1-2>로 제시하면 다음과 같다.

〈표 1-2〉 시기별 중앙정부 차원의 교육복지 정책

시 기	특 징	주요 정책사업 및 내용
문민정부 (~1997)	- 전반적인 복지수준도 낮고 일부 대책에 한정 - 교육복지 정책에 대한 인식 부족	- 1995년 5·31 교육개혁에서 교육개혁 비전으로 교육복지국가 제시 - 1997년 교육복지 종합대책 발표 · 장애인, 중도탈락자, 학습부진아, 귀국학생 등에 대한 대책 수립
국민의 정부 (1998~2002)	- 외환위기 이후 중산·서민층 자녀 교육지원 필요성 증대 - 교육복지 정책에 관심을 갖기 시작	- 1999년 '교육발전 5개년 계획' - '국가인적자원개발 기본계획' 수립 · 만 5세아 무상교육 실시(1999), 저소득층 자녀 학비지원 실시(2000)

<table>
<tr><td rowspan="2">참여정부
(2003~2007)</td><td>– 양극화 문제가 사회이슈화됨에 따라 소득계층 간, 지역 간 교육격차 해소에 관심
– 교육복지 정책이 양적으로 확대</td><td>– 2004년 '참여정부 교육복지 종합계획' 수립
– 2006년 교육복지 해소를 초점으로 교육안전망 구축 지원 정책 발표
– 도시 저소득층 교육복지투자우선지역사업 시작(2003), 만 3~4세아 유아교육(2004), 지역아동센터(2004), 중학교 무상교육(2004), CYS-Net(2005), 청소년 방과후 아카데미(2005), 방과후학교 사업(2006), 희망스타트(2007, 차후 드림스타트), 돌봄교실(2004에는 방과후교실, 2009년 초등돌봄교실)</td></tr>
<tr><td colspan="2"><table>
<tr><th colspan="2">2006 교육격차 해소를 위한 교육안전망 정책 과제</th></tr>
<tr><th>목 표</th><th>정책과제</th></tr>
<tr><td>지역 간 교육격차 해소</td><td>교육복지투자우선지역 지원사업, 농산어촌 1군 1우수교, 평생학습도시 조성 확대, 대학생 멘토링 지원</td></tr>
<tr><td>계층 간 교육격차 해소</td><td>저소득층 유아교육비 지원, 저소득층 중고생 학비 및 급식 지원, 저소득층 자녀 정보화 지원, 방과후학교 활성화, 정부보증 학자금 대출, 국가근로장학생</td></tr>
<tr><td>소외계층 교육기회 확대</td><td>대안교육의 활성화, 저학력 성인 문해 지원, 병원학교 확대, 장애학생 교육지원 확대, 새터민 자녀 교육지원, 다문화가정 자녀 교육지원</td></tr>
</table></td></tr>
<tr><td>이명박 정부
(2008~2012)</td><td>– 실질적 교육격차 해소
– 국민이 피부로 느끼고 공감하는 정책
– 지역 · 학교 · 학생의 특성을 고려한 맞춤형 복지</td><td>– 2009~2012 이명박 정부 교육복지 대책 추진
– 교육복지우선지원사업, 방과후학교 사업, 초등돌봄교실(2010~2011), Wee 프로젝트(2008), 다문화학생 교육지원 / 탈북청소년 교육지원 / 창의경영학교 / 전원학교사업(2009), 드림스타트, 지역아동센터, 희망복지지원단(2011), CYS-Net, 청소년 방과후 아카데미, 중학교 무상교육 대폭 확대, 저소득층 대학생 국가장학지원 확충, 농산어촌 연중 돌봄학교</td></tr>
<tr><td>박근혜 정부
(2013. 2.~현재)</td><td>– 국민행복을 위한 맞춤형 교육복지
– 기존의 보편적 복지 성격의 정책들을 더욱 확대 · 강화</td><td>– '교육복지 3대 중점 추진과제' 선정,
꿈과 끼를 키울 수 있는 학교교육 정상화, 고른 교육기회 보장을 위한 교육비 부담 경감, 미래인재 양성을 위한 능력중심 사회 기반 구축
– 고교무상교육, 유치원과 초등학교 저학년 학생들에 대한 돌봄 프로그램 운영, 유아교육비 경감</td></tr>
</table>

출처 : 교육개발원(2014). 교육복지투자 실태 및 효율화 방안연구, p. 19; 박주호(2014). 교육복지의 논의 : 쟁점, 과제 및 논의, pp. 5-6.

(2) 교육복지 마스터 플랜

① 교육복지 마스터 플랜 수립 배경과 추진방향

한국 사회 소득분배구조와 계층구조의 변화에 따라 교육에서의 계층 대물림 현상이 강화되고 있는 경향에 대응하여 새 정부가 향후 지속적으로 추진해야 할 교육복지 정책 방향을 설정하고 주요 정책 영역별 추진과제를 개발하기 위하여 진행되었다(교육개발원, 2008).

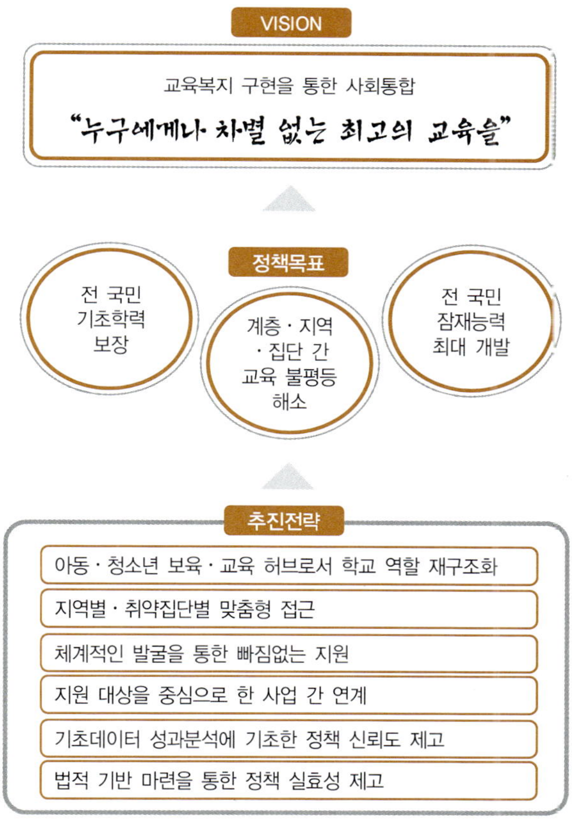

|그림 1-1| 교육복지 정책 비전과 전략

출처 : 교육개발원(2008). 교육복지 마스터 플랜 수립 연구. 서울 : 한국교육개발원, p. 39.

② 비전 · 정책 · 전략 영역

가. 비전 : 누구에게나 차별 없는 최고의 교육을

모든 국민이 국민공통교육과정에서 제시하고 있는 학령별 최소 기준에 도달할 수 있도록 하거나 혹은 그에 버금가는 교육을 받을 수 있도록 하며 나아가 모든 국민이 처한 위치에도 불구하고 각자 필요한 교육을 받아 그 잠재력을 최대한 발휘할 수 있도록 하여 사회의 총체적 성장과 통합을 도모함

나. 정책목표

정책목표는 정책 비전을 구체화한 형태임. 이는 크게 전 국민 기초학력 보장과 전 국민 잠재능력 최대 구현이라는 두 차원에서 구체화할 수 있을 것임.

ⓐ 전 국민 기초학력 보장

모든 국민이 국민공통교육과정에서 제시하고 있는 학령별 최소 기준에 도달할 수 있도록 하거나 혹은 그에 버금가는 교육을 받을 수 있도록 학령별 기초학력에 미달하는 학생이 없도록 하고 다양한 이유로 학교교육에 적응하지 못하여 학업을 중단한 학생이 학교 밖에서 교육기회를 얻을 수 있도록 하며 학업을 중단하지는 않았으나 학교교육에 적응하지 못하여 학교교육과정을 적절히 이수하지 못하고 있는 학생들에 대한 다차원적 지원을 통하여 각자의 필요에 맞는 교육이 이루어질 수 있도록 하고 그와 더불어 다양한 이유로 초 · 중등교육을 받지 못한 성인들에게 나이와 관계없이 관련 교육을 받을 기회를 제공함으로써 모든 국민이 최소한의 기초학력을 갖출 수 있도록 국가가 보장하는 것을 교육복지 정책의 주요 목표로 설정함

ⓑ 계층 · 지역 · 집단 간 교육 불평등 해소를 통한 전 국민 잠재능력 최대 구현

전 국민 잠재능력 최대 구현은 전체 공교육의 목표가 될 수 있음. 이 중 교육복지 정책의 목표는 모든 국민이 '처한 위치에 관계없이' 각자 필요한 교육을 받을 수 있도록, 다시 말해 개인이 통제할 수 없는 요인이 교육의 기회 · 과정 · 결과에 장애 요인으로 작용하지 않도록 최대한 보장하는 데에 있음. 곧 부모의 소득, 학력 등의 계층적 요인이나 거주 지역적 요인, 문화 · 인종적

요인, 신체 · 정신적 장애 요인 등에 구애받지 않고 모든 국민이 각자가 필요로 하는 교육을 받아 자신의 잠재능력을 최대한 발휘할 수 있도록 하는 것이 교육복지 정책의 주요 목표라 할 수 있음

다. 전략

ⓐ 아동 · 청소년 보육 · 교육의 허브 로서 학교 역할 재구조화

- 학교의 책임과 역할 범위를 국가교육과정 이행에 한정하지 않고 학생 개개인의 삶에 대한 총체적 관심과 지원으로 확대해 나감
- 교과교육의 장으로서 기존 학교 역할을 포함하여 문화, 심리 · 정서, 신체적 건강 등 학생들이 필요로 하는 각종 서비스를 통합적으로 제공하는 지역사회 허브로서의 학교 역할을 강화해 나감

ⓑ 지역별 · 취약집단별 맞춤형 접근

- 인구 밀집에 의해 취약집단도 밀집해 있을 뿐만 아니라 상대적으로 지역자원이 풍부하고 학교, 가정, 지역사회기관들이 물리적으로 인접해 있는 도시의 특성과 낮은 인구밀도, 적은 지역자원, 학교, 가정, 지역사회기관 간 물리적 거리가 먼 농촌 등 지역별 여건의 차이를 반영하여 교육복지 정책을 개발해 나감
- 경제적 빈곤층, 문화적 · 언어적 비주류 집단, 장애자, 혹은 이 모든 영역들이 복합된 중층적 취약성을 지닌 집단 등 교육취약집단이 갖는 취약성의 종류는 매우 다양하므로 취약집단별 특성을 체계적으로 고려하는 교육복지 정책들을 개발하여 시행함

ⓒ 체계적인 발굴을 통한 빠짐없는 지원

- 기초생활수급자 외에 학교 내외에 존재하는 차상위계층, 학업중단학생 등, 다양한 교육취약집단을 체계적으로 발굴할 수 있는 기반을 구축해 나감
- 일상생활의 장면에서 발굴되는 교육취약집단에 대한 즉각적인 대응이 가능하도록 학교 단위 교육취약집단 지원사업 운영에서의 자율성을 강화해 나감

ⓓ 지원 대상을 중심으로 한 사업 간 연계

- 학교 · 지역 · 시도 단위 교육복지를 위한 행정지원체제를 구축하여 지원해야 할 학생 및 학교, 지역의 요구를 중심으로 다차원적 지원사업들을 상호 연계해 나감
- 영국은 2007년에 18세 이하 아동의 통합지원을 위하여 교육부(department for education skills)를 '아동, 학교, 가족부(department for children, schools and family)'로 개편하고 기존의 지역교육청(local education authority)은 '아동 · 청소년청(children and young people)'으로 개편하여 아동의 신체적 · 정신적 건강과 정서적 안녕, 학습 등에 대한 계획과 실천이 통합적으로 이루어지도록 제도적 변화를 꾀하고 있음

ⓔ 기초데이터와 성과 분석에 기초한 정책 신뢰도 제고

- 저소득층을 비롯한 다양한 수준의 교육취약집단에 대한 전국 수준의 데이터를 체계적으로 수집하고 그에 기초하여 지원범위와 지원해야 할 대상을 결정하고 향후 계획을 장기적으로 수립하여 정책시행의 안정성과 신뢰도를 제고해 나감
- 각종 교육복지 정책들의 시행 출발점부터 그 목표를 명료화하고 정책별 목표에 기초하여 그 성과를 장 · 단기적으로 분석함으로써 교육복지 정책의 유지와 확대 기반을 구축해 나가도록 함

ⓕ 법적 기반 마련을 통한 정책 실효성 제고

- 관련 데이터 수집과 관리, 장 · 단기적 교육복지 계획 수립, 교육복지 정책 시행을 위한 재원 확보 및 관련 지원 등과 관련한 중앙정부와 지방자치단체의 책무성을 명료화하여 책임의 주체를 분명히 함으로써 추진되는 계획들이 실효성을 지닐 수 있도록 함
- 교육복지 정책 및 관련 사업 추진을 위한 행정지원체제, 지원 대상과 내용, 관련 정보의 축적과 공유 등과 관련한 법적 기반을 마련함으로써 교육복지 정책 시행의 사회적 동력을 확보하도록 함

(3) 지방정부 차원의 교육복지 정책

지방정부 차원의 교육복지 정책에 관해서는 한국교육개발원(2014)의 연구 자료를 중심으로 정리하면 다음과 같다(엄문영 외, 2014 : 19-20).

지방정부 차원의 대표적인 교육복지 사업은 교육복지우선지원사업이라고 할 수 있다. 이 사업은 저소득층이 밀집된 학교들을 지원하기 위해 중앙정부 차원에서 2003년도부터 시작된 교육복지투자지원사업을 전환한 것이다. 이 사업은 그동안 특별교부금으로 지원된 국가시책사업들과는 달리 시・도교육청 혹은 해당 교육지원청에서 자발적으로 사업을 확대할 만큼 단위 학교와 지역사회의 호응도가 높은 사업이었다. 이후 본 사업의 성과와 전국 단위의 보편적 지원 타당성을 인정받아 2011년부터 교육복지우선지원사업으로 명칭을 변경하고 초・중등교육법 시행령 개정, 지방교육재정교부금법 시행령 개정(특별교부금 사업을 보통교부금 사업으로 전환) 등 관련 법령 개정을 기반으로 시・도의 자율적 지원사업으로 전환된 대표적 사업이다. 이 사업은 2003~2010년까지는 특별교부금 및 지방자치단체 대응투자비, 시・도별 자체지원을 포함하여 총 3,589억 원이 지원되었고, 지역사회공동체 구축을 통해 학습, 문화, 복지, 정서, 심리 등 통합적 지원을 제공하고자 하였다. 현재 각 시・도별 교육복지사업의 추진체계와 내용 등은 모두 자율적으로 운영하면서 다양하게 전개되고 있다(김지하 외, 2014).

지방정부 차원에서 추진하는 교육복지 사업 중 하나로 방과후학교를 들 수 있다. 방과후학교지원사업은 정규 교육과정 이외의 학교교육 활동으로, 기존의 수요자 중심 방과후특기적성교육, 수준별 보충학습 프로그램, 초등학교의 방과후교실 등의 사업들을 통합하여 지칭하는 용어이다. 방과후학교는 전국의 초・중・고 학교 99.9% 이상이 실시하고 있으며, 저소득층에게 방과후 자유수강권을 지원하여 교육기회의 확대를 도모하고 있다. 저소득층 혹은 맞벌이 부모의 자녀들은 초등돌봄교실을 이용할 수 있는데, 대학생 멘토링 사업도 방과후학교 사업에 포함되어 활성화되고 있다. 2008년 학교자율화추진계획에 따라 방과후 사업도 지방으로 이양되면서 방과후학교의 운영방식은 시・도교육청별로 달리 운용되고 있으며, 예산은 지방교육재정교부금으로 포함되어 교부된다.

이 외에도 교육청과 지방자치단체가 함께 부담하는 누리과정, 무상급식 사업, 유아 및 특수교육 지원사업, 특성화고등학교 및 방송통신고등학교 지원사업, 기숙형공립고 지원사업 등 교육청에서 추진하는 대다수의 사업들은 교육복지적 성격을 지니고 있다고 할 수 있다.

(4) 지방정부 차원의 교육복지 정책 사례(서울시교육청을 중심으로)

지방정부 차원의 교육복지 정책에 대한 사례를 서울시교육청 교육복지 정책(2013)을 중심으로 살펴보면 다음과 같다(교육복지특별지원사업 기본계획, 2013).

서울시교육청 교육복지특별지원사업의 개요

① 근거

– 초・중등교육법 시행령 제54조(학습부진아 등에 대한 교육 및 시책) 제3항

> 사회・경제적으로 어려운 학생이 밀집한 학교에 대하여 교육・복지・문화 프로그램 등을 제공하는 지원사업을 실시하여야 한다.

– 교육과학기술부 훈령 제203호「교육복지우선지원사업 관리・운영에 관한 규정」

> 사회・경제적으로 어려운 학생이 밀집한 학교에 대하여 교육・복지・문화 프로그램 등을 제공하는 지원사업을 실시하여야 한다.

② 목표

- 가정의 경제적 결핍으로 인한 교육소외 학생의 실질적 교육기회 균등 실현 및 교육격차 해소
- 학교와 자치구 및 지역사회가 함께하는 지역교육복지공동체 구축

③ 추진 모형

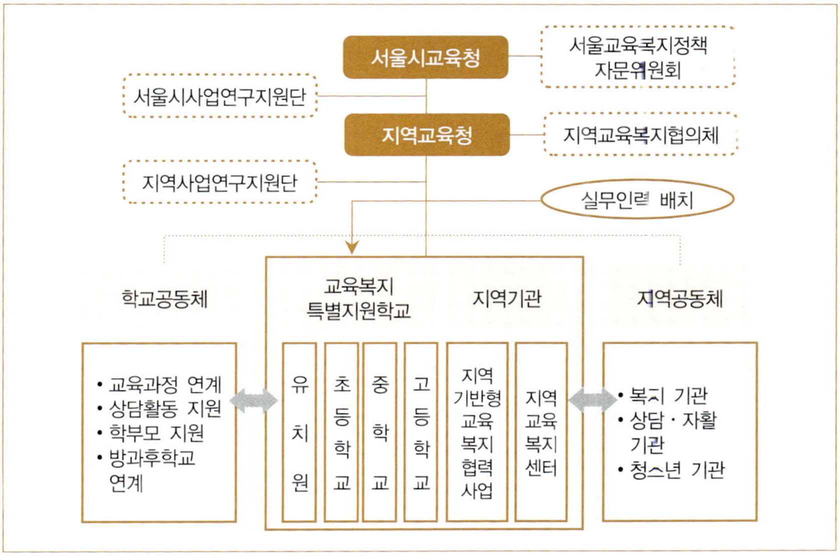

④ 2013년도 추진계획

가. 사업지원 대상

ⓐ 다음의 학생들을 위한 교육복지 프로그램을 우선 편성 · 집행

- ▫ 국민기초생활수급자, 법정 한부모가정, 차상위계층, 담임추천(위기 및 결손가정 등)의 저소득층 자녀
- ▫ 북한이탈주민, 다문화가정 등 교육소외계층 자녀
- ▫ 기초학력 미달 학생

– 원칙적으로 저소득층 학생을 대상으로 함

– 맞춤형 지원이 어렵거나 낙인효과의 우려가 큰 프로그램으로 사업 취지에 적합할 경우 일반학생도 함께 참여 가능함

– 학교부적응 학생은 심리 · 정서 프로그램 운영이 가능함

나. 사업학교 추진체제

ⓐ 전 교직원이 참여하는 열린 체제 구축

– 모든 교직원이 교육복지를 이해하고 사업에 참여할 수 있도록 교

직원 연수와 홍보 등을 통하여 사업에 대한 인식 확산
- 사업이 학교 전체 부서와 교직원이 참여하는 학교교육과정의 일부로서 추진될 수 있도록 추진체제 구축

〈표 1-3〉 학교 담당자별 역할(예시)

구 분		역할(예시)
교 장		■ 사업 책임 교육복지위원회 위원장 지역사회와의 네트워크 리더십 발휘
교 감		■ 사업 검토 및 점검 교육복지소위원회 위원장 교내 타 부서 및 타 사업과 연계·조정 등을 위한 리더십 발휘
전담부서	담당부장	■ 사업 총괄 운영 전체 사업 기획·추진·평가 총괄 교내 타 부서 및 교사와의 공조·협력 유도 교육복지위원회 운영
	담당교사	■ 단위사업 담당교사 지원 전체 사업 계획 수립·운영·평가·환류 지원 교육과정분석 지원 외부 강사 전문성 점검 및 지원 교육복지 관련 협의회 운영 및 협의록 관리 교육복지 교사 가산점 관련 업무 ※ 복지 기획 등 복지 담당교사
	지역사회 교육전문가	■ 사업 지원 전체 사업 계획 수립·운영·평가·환류 참여 및 지원 지역사회 자원 발굴 및 네트워크 구축 집중지원학생 발굴 및 개인성장 지원 위기학생 실태조사 및 가정방문 사례회의 운영 및 실무자회의 참석 교육복지실 운영
	상담교사 및 상담 전문인력	■ 집중지원학생 개인성장 지원 관리 협조 심리검사, 개별상담, 집단상담 등 심리·정서 영역 지원 상담 내용 및 일지 등 공유 집중지원학생 발굴 협조 사례회의 참석 ※ 상담교사, 진로진학 상담교사, 전문 상담사, 커리어코치 등

단위사업 운영교사	■ 개별 단위사업 기획 및 추진 교내 교육복지 회의 참석 운영 프로그램 추진(기안, 운영, 평가 등) 운영에 관련된 서류 작성(운영일지, 평가서 등) 학생의 참여 현황 및 변화 상황 모니터링
담임교사	■ 집중지원학생 발굴 및 지원 협조 학급 내 집중지원학생 관리 : 상담 및 가정방문, 프로그램 참여 현황 및 변화 상황 관찰 · 기록 사례회의 참석 동기부여 및 참여와 성장 독려
행정실장	■ 회계 및 행정 지원

ⓑ 지역사회 교육전문가 배치(초 · 중등학교)
- 집중지원학생 발굴 및 지원
- 집중지원학생 상담 및 맞춤형 개인성장 지원
- 지역기관 연계를 통한 교육복지 사업의 활성화에 중점적으로 업무추진

ⓒ 교내 사업 운영체계 구성방법
- 1교사 1업무 담당 운영방법
  전체 교사가 단위사업 또는 프로그램을 맡아 운영하는 형태
  교사 개인의 역량, 관심분야 등에 따라 학교 업무분장 시 반영
- 전담부서 중심의 운영방법
  전담부서에 업무담당 교사 배정(학교 여건에 따라 2~10명 내외)
  담임교사는 대상학생의 개인성장 지원(가정방문, 상담 등)에 총력
  학생 인솔 및 프로그램 지원방안은 별도 마련
- 학년별 담당 운영방법
  학년별로 학년부장 중심으로 단위사업 또는 프로그램을 담당

※ 학교급, 학교 규모 등 학교 여건에 따라 적합한 체계를 구상하여 운영

ⓓ 교내 사업 관계자 간 협력체제 구축

- 방과후학교, 돌봄교실, 학습부진학생교실 등에 참여하는 학생들과 집중지원학생의 중복
- 사업 전담부서는 관련 업무 담당 인력들과의 공식적·비공식적 협의로 집중지원학생의 정보를 공유하고 사업 연계 등에 관한 협조 필요
- 교육복지 관련 업무 담당자(상담사, 사서, 방과후학교 교사·강사, 돌봄교사, 특수교사, 보건교사, 영양사 등)와의 긴밀한 협력관계 구축

※ 학년 초 개인정보 공개에 대하여 별도 동의를 받으며 보안을 위한 조치를 취하도록 함

ⓔ 지역기관과 협의체 구성·운영

- 학교장이 중심이 되어 지역사회기관의 기관장이 참여하는 기관장 협의회
- 실무자가 참여하는 실무자협의회
- 해당 학교 아동청소년의 필요에 대한 지원방안을 공유하고 대안 모색
- 지역사회기관과의 적극적인 연계 속에 사업을 진행할 수 있는 실제적인 토대 구축
- 지역사회기관 사업담당자와의 연계 속에 집중지원학생을 지원하고 사업 기획 및 운영·평가 등의 역할을 함께 수행

ⓕ 권역별 협의체 참여

- 지역교육청 주관으로 자치구별 학교급별 등 지역 특성에 의하여 구성·운영
- 사업학교(교장, 교감, 부장교사 등)와 지역사회 관계자 등 참가
- 교육복지특별지원학교의 효율적인 운영방안 모색
- 교육복지특별지원학교의 우수사례 발굴 및 일반화
- 사업 안착을 위한 정보 공유로 협력적 네트워크 기반 조성
- 지역교육공동체 구축을 위한 공동사업 추진 및 기타 프로그램 개발 등

다음은 2015년도 서울시교육청 교육복지특별지원사업 기본계획과 추진 계획을 살펴보면 다음과 같다.

2015학년도 교육복지특별지원사업 기본계획

1. 개요

1) 근거

- 초·중등교육법 시행령 제54조(학습부진아 등에 대한 교육 및 시책) 제3항 제1호
  - 교육부 장관이 고시한 학생이 밀집한 학교에 교육·복지·문화 프로그램 등을 제공하는 사업 실시
- 교육과학기술부 훈령 제203호「교육복지우선지원사업 관리·운영에 관한 규정」
  - 사업대상 : 국민기초생활보장수급권자, 법정 한부모가족 자녀, 다문화·탈북가족자녀 등 종합적인 교육지원이 필요한 학생

2) 목표

- 취약계층 학생에 대한 교육복지 지원 확대로 사각지대 해스
- 학교－자치구－지역사회가 함께하는 교육복지공동체구축

3) 추진모형

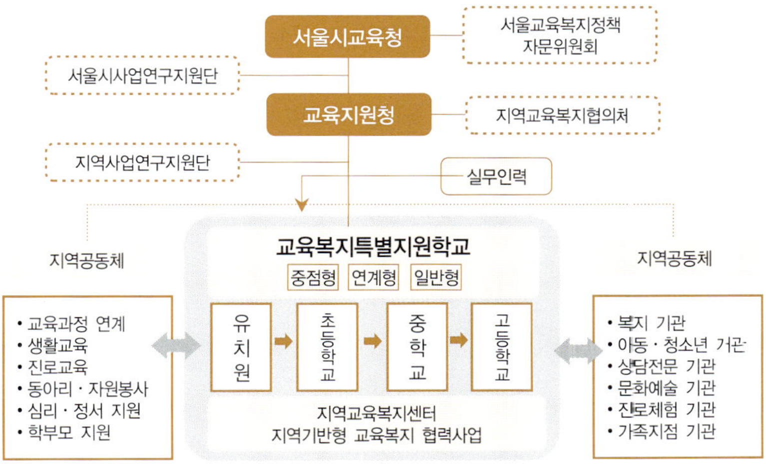

출처 : 서울시교육청(2015). 교육복지특별지원사업 기본계획, p. 1.

2. 2015학년도 추진 계획

1) 추진 방향

비전	**교육소외 해소를 통해 모두의 가능성을 여는 서울교육복지 실현** (태어난 가정은 달라도, 배움의 혜택은 같아야)
추진 목표	**단 한 명의 학생도 놓치지 않는 복지 지원으로 교육복지 사각지대 해소**
추진 방향	• 학교급별 집중지원과 발달단계에 따른 취약분야 역량 강화 유치원: 사회성 · 정서 및 언어 발달 ▶ 초등학교: 독서 등 기초학습 습관 형성 ▶ 중학교: 정서 안정 · 회복 탄력성 신장 ▶ 고등학교: 진취적인 진로설정 • 교사 · 학생 · 학부모 간 관계 향상 – 관계 증진 중심의 프로그램 운영 • 학교교육의 기본 책무로 교육복지 안착 – 취약계층 학생에 대한 교육지원 시스템 마련 등 학교 운영 확산 • 학교와 지역사회가 서로 도우며 성장하는 교육복지 환경 조성 – 서로의 취약성을 보완하며 강점을 살려 협력하는 공동체 조성

추진 과제

취약계층유아 교육안전망 구축	초 · 중등학교 교육복지 확대	고등학교 운영모델 다양화	지역교육복지 네트워크 활성화	교육복지 구성원 역량 강화
① 취약계층유아 교육복지 두런두런 서비스 확대	① 사업학교 확대를 통한 수혜학생 확대	① 고교희망 교실로 교사와 학생 관계 증진	① 교육복지 자원봉사 시스템 구축	① 맞춤형 지원으로 학생의 회복 탄력성 신장
② 지정 유치원 집단활동으로 통합적 발달 실현	② 일반학교 「교육복지통합 지원시스템」 구축 · 운영	② 진취적인 진로 설정을 위한 교육복지 사업 운영	② 지역교육복지 센터 중 · 장기 발전방향 모색	② 가족지원으로 학부모의 역량 강화
③ 거점 유치원을 통한 지역의 위기유아 지원	③ 권역별 협의체 활성화로 협력체계 구축	③ 학업중단 위기학생을 위한 사업모델 개발	③ 지역기반형 협력사업을 통한 교육복지 분야 확장	③ 학습동아리로 교사의 전문성 향상
			④ 용기프로젝트 (민간 자원 유치) 활성화	④ 슈퍼비전 체계로 실무 인력의 전문성 향상

출처 : 서울시교육청(2015). 교육복지특별지원사업 기본계획, p. 9.

CHAPTER 02

외국의 교육복지 현황

서구 선진국들은 교육불평등 현상을 사회적인 문제로 받아들이고 이러한 사회적 불평등의 고리를 끊을 수 있도록 국가적으로 제도화하는 노력을 기울여 왔다. 즉, 교육정책의 한 방향을 교육복지라는 이름으로 저소득·저학력 지역의 복지에 두고 있는데, 1965년에 시작된 미국의 헤드스타트 프로그램(Head Start Program)이나, 특별한 교육적 필요를 가진 지역을 선정하여 교육복지 정책을 실현하는 영국의 EAZ(Education Action Zone) 그리고 프랑스의 ZEP(Zone E'ducation Prioritaires)가 좋은 예이다.

1. 영국의 교육복지

영국의 교육복지 EAZ(Education Action Zone)의 사례 고찰을 남미정(2003), 한만길 외(2008), 강순원(2012), 안병영 외(2014)의 연구를 중심으로 정리하여 제시하면 다음과 같다(남미정, 2003 : 65-83; 안병영 외, 2014 : 77-89). 영국의 교육복지 정책은 <표 2-1>에서 보듯이 Every Child Matters(ECM), National Healthy School Program(NHSP), EAZ, EiC 등을 실시하고 있다. 본 절에서는 EAZ를 중점적으로 제시한다.

전통적으로 교회를 중심으로 한 사학에 의존하였던 영국의 교육은 1944년 근대적인 공교육제도를 확립하였다. 이를 계기로 영국의 교육은 국가주도로 바뀌게 되었는데, 영국교육의 특색은 첫째, 1944년 교육법을 통한 공교육제도의 확립과 1960년대 종합중등학교제도의 도입으로 계층 간의 갈등이 줄어들고 교육기회가 균등해졌으며, 둘째, 교육이 복지사회를 건설하는 데 크게 공헌하고 있고, 셋째, 국가발전을 위해 과학기술 교육이 강조되고 있다는 점이다.

영국은 전통적으로 지방분권화된 교육체제를 갖고 있었으므로 중앙정부 차원의 통일된 교육목표나 교육과정의 설정이 불필요하였다. 그러나 무한한 국제경쟁 시대에 지나친 분권주의는 교육의 효과성을 약화시켜, 결국 국가경쟁력의 약화로 이어진다는 생각이 대두되어, 중앙정부 차원에서 학교교육의 목표를 논의하게 되었다. 1988년의 교육개혁법에서는 영국의 전통적인 학교교육불간섭주의를 지양하고, 중앙정부가 국민 교육과정의 범위를 법으로 정하는 권한을 갖게 되었다.

현재 추진되고 있는 영국의 교육개혁의 목표는 질 높은 조기교육 의 기회 제공, 유아교육센터 설치, 초등교육의 효과성 증대를 위한 학급당 학생 수 줄이기 및 기초학습 실시, 학교별 학업성취도 기준 설정 및 평가에 따른 미달학교의 폐교, 교육개선이 필요한 지역에 교육개혁특구(교육투자우선지역) 설치, 정보통신 교육의 강화, 교장의 자격 강화 및 우수교사 처우 개선 등이다. 이러한 교육개혁의 흐름 속에서 학교는 학교 경영의 자율성과 책무성 증대, 학교교육과정의 설정 및 운영, 교육목표 달성을 위한 교육평가의 강화, 교원의 전문성 신장, 직업교육과 고등교육의 수월성 강화 등의 과업을 안고 있다.

〈표 2-1〉 **영국의 교육복지 정책**

정 책	목적 및 추진 사업
ECM	– 아동들의 삶이 건강하고, 안전하며, 즐기면서 성취하고, 긍정적으로 기여하며, 경제적 복지를 통한 개인 간 격차 축소 – 아동・청소년들의 잠재역량을 최대한 발휘하고 장애 극복을 위한 지원(서비스의 질, 접근성, 일관성을 단계적으로 높임, Education Act 2004가 ECM 추진의 제도적・법률적 근거를 제공)
NHSP	– 건강한 학교를 만들기 위해, 아동・청소년이 건강한 행동을 발전시키도록 지원하고, 학생의 성취도 향상을 도우며, 건강의 불평등을 줄이고, 사회적 포용을 촉진 – 기본적으로 Whole-School Approach(전체 학교 접근)를 채택하여, 모든 사람의 학습을 돕고 건강과 복지를 촉진, 학교공동체 내 모든 사람이 참여하도록 장려, 학교의 문화적 변화를 가져오는 학교 개선장치를 주장

EPA	– 1970년대 도시빈민지역에 대한 포괄적인 교육복지 지원정책인 교육우선지역(EPA : Education Priority Area) 정책 – EPA→EAZ로 정책 수정 : 1990년대 후반 전 세계적 경제위기에 따른 위기의식과 신자유주의적 인적자본 투자의 중요성 부각
EAZ	– 학교와 기업, 학부모, 지역정부, 지역사회 간의 새로운 파트너십 형성, 학업수준 향상, 전체 교육체제가 학습을 할 수 있는 혁신 창출 – 추진 내용은 조기교육센터 운영, 방과후 교육활동 강화, 학생과 지역사회에 대한 다양한 서비스 제공, EAZ별 1개의 특성화 학교 설치, 국가교육과정의 탄력적 운영 허용, 기업체로부터의 기금조성 등
EiC	– 국가 교육운영에 민간을 참여시켰던 EAZ의 문제점 보완 – 민간투자를 유치하지 않으며 지방교육청 차원에서 취약계층학생들의 교육복지 지원활등에 중점 – 1999년부터 도심지역 소외계층의 교육수준 향상과 사회적 포용을 촉진 중등학교를 중심으로 시작해 후에 초등학교로 확대(EAZ는 초등학교 중심) – 사업추진으로 초기단계부터 learning mentor를 통한 개별접근과 집단접근 실시, 재능영자 프로그램, 분노조절, Learning Support Unit의 설치 · 지정(성인과의 대인관계 수립 및 심리치료 실시), City Learning Center 설치(교사와 학생의 ICT 기술 증진, 도시학교 이미지 개선), specialist school과 beacon school에 대한 지원 등

1) EAZ(Education Action Zone)의 개관

(1) 설치배경

EMZ는 현재 영국을 집권하고 있는 노동당이 '제3의 길'이라고 불리는 사회민주주의를 정책적으로 실현시킨 것이다. 영국의 노동당은 국가의 득주가 아닌 국가 이외의 여러 주체가 긍정적으로 기여하는 복지사회가 작동해야 한다고 주장하고 있다. 이러한 정책적 노선은 자유방임도 아니고 국가간섭도 아닌 거시적이고 장기적인 안목으로 경제안정을 도모하고, 국가라는 유기조직 안에서 국민복지가 스스로 이루어지고 운영되도록 만들고 있다. 이러한 정책이 실현되기 위해서 가장 우선적으로 전제되어야 하는 것이 국민 각자에게 알맞은 교육을 시키는 것이다. 특히 경제적 이유로 교육을 제대로 받지 못하고 있거나 과거에 교육을 받지 못한 것으로 인한 교육결손으로 인해 사회적으로 불리한 위치에 처해 있는 국민들에게 형식적 교육의 기회를 넘어서 실제적이고 구체적인 교육의 장을 제공하여야 할 필요성이 있음을 실감하게 되었다. 이러한 정책적 지지를 받으며 개발되고 실시된 것이 바로 EAZ이다. EAZ는 교육투자우선지역이라 말할 수 있는데, 이것은 성격상 선별적 투자를 특징으로 한 교육복지 지원정책이라 할 수 있다. 특히 지역교육에서 나타나는 고질적인 교육문제의 악순환을 끊기 위해 고안된 정책이다.

현재 EAZ는 73개가 지정되어 운영되고 있으며, EAZ의 사업기간은 통상 3년이지만 필요한 경우 2년의 연장이 가능하다. 각 EAZ는 학업성적이 뒤떨어지는 학교를 중심으로 구성되며, 운영은 실행위원회(Action Forum)를 구성하여 한다. 실행위원회는 지방교육청(LEA), 학부모, 기업체, 지역사회의 교육 관련 각종 단체와 기관 등의 대표로 구성되어 EAZ의 교육활동 전반에 대한 협의와 방향 결정 등을 한다.

(2) 지역선정 기준

EAZ는 학업성취 수준 및 출석률 등의 교육적 지표는 낮고, 지역사회와의 연대 가능성 및 의사소통의 원활 정도 등 학교와 지역사회의 의지와 실현능력 등을 통해 선정한다. EAZ는 중앙정부에서 일방적으로 선정하는 것은 아니고 각 지역에서 지역의 필요에 따라 신청하는데 영국의 중앙부서인 교육고용부에서 조건충족 여부와 사업효과성을 평가하여 선정한다.

EAZ의 선정기준은 지역적 필요, 향후 전략, 실행성의 세 가지이다. '지역적 필요'는 해당 지역사회가 사회·경제적으로 불리한 정도와 지역 학교의 학생들의 용납하기 어려운 정도의 낮은 학업성취도와 낮은 출석률 등에 따라 지역필요 정도를 파악한다. 교육고용부는 선정을 위한 어떠한 기준도 마련하지 않고 각 사례별로 필요와 타당성을 판단한다. 이때 각 지역주체들이 마련한 연간 계획과 함께 자신들이 수집한 자료들, 예를 들어 무료학교급식률, 학업성취 평가 자료, 지역범죄율, 인구이동성, 주택, 마약, 영어가 모국어가 아닌 학생 수, 취업률 등의 통계자료가 판단의 근거가 된다.

(3) 주요 사업내용

EAZ는 다음과 같은 과업을 선정하여 운영하고 있다.

① 지역주민의 요구와 지역적 특성을 반영하는 특성화학교를 각 EAZ당 최소한 1개교를 둔다. 이 학교는 지역의 특수한 요구를 반영하기 위하여 전문성을 도모하는 학교이다.

② 유아의 교육과 보호, 일체의 사회보장적 서비스를 통합하는 조기교육센터를 둔다. 그리고 특수한 필요를 가지고 있는 유아를 관리, 지원한다.

③ 우수한 수업교사 보상체제를 확립한다.

④ 가족 문맹퇴치 프로그램을 개설한다.

⑤ 기초학습 부진 초등학생을 위하여 문맹퇴치 여름학교를 실시한다.

⑥ 교외 학습활동을 지원한다. 이것은 초・중등학생에게 학습에 대한 동기와 자신감 그리고 학업성취를 고무시키고 평생학습에 요구되는 기술을 습득하게 한다.

⑦ 직업 관련 학습을 제공한다. 진학과 장차 직업 등의 다른 환경에서 계속 학습할 수 있도록 학생들의 성취 수준을 제고하고 학습경험을 폭넓게 하도록 돕는다.

⑧ ICT 교육을 활성화한다.

이러한 과업을 수행하기 위한 구체적인 사업내용은 다음의 <표 2-2>와 같다.

〈표 2-2〉 EAZ 사업내용

① 국가교육과정을 지역사회와 단위학교의 실정에 맞게 획기적으로 재편성하여 운영한다.
② 학교장의 지도성을 중요시하여 우수한 교육지도자를 교장으로 초빙한다.
③ 초등학교의 학업 수준을 차질 없이 성취할 수 있도록 특수 분야의 교과 전문가 교사를 추가로 임용한다.
④ 학습공간을 지역사회로 확대시킨다.
⑤ 우수교사 확보를 위하여 유인책(성과급, 보조교사 도입, 행정업무 감면 등)을 강구한다.

(4) 추진체제

EAZ의 운영은 약 30명으로 실행위원회(Action Forum)에 의해 수행되는데, 실행위원회는 교육청실무자, EAZ 학교의 교장과 교사들, 관련 단체의 장, 지역연계대학의 대표, 지역사회 기업대표 등으로 구성되어 EAZ가 운영되는 데 실제적인 도움을 받을 수 있도록 구성되어 있다.

(5) 사업성과

학업성취 향상의 측면에서 key stage 단계에 따라 약간의 차이는 있지만 대체적으로 향상되어 가고 있는 모습을 보여주고 있다. EAZ가 매년 거듭될수록 EAZ 지역의 학업성취도 평균과의 차이가 점차 좁혀지고 있다. New Addington EAZ의 경우 KSI 수학에서 1999년 EAZ가 74%의 성취도를 보였고, 국가 전체의 87%의 성취도를 보였는데, 2001년 EAZ가 90%, 국가 전체의 91%의 성취도를 보였다. 특히 저학년 수준에서의 성취도 향상은 학습결손의 예방이라는 차원에서 매우 중요한 성과로 평가된다.

■ **영국 교육복지 사례**

Sure Start(http://www.surestart.gov.uk)

- 하위 20퍼센트에 속하는 빈곤계층 거주지역의 0~14세(특별한 교육이 필요한 경우는 16세까지 포함시킴) 이하 아동과 그 부모들을 대상으로 하는 초기 교육, 보육, 건강, 가정 지원 등의 통합지원 프로그램
- 이 프로그램의 목적은 저소득층 아동의 교육과 건강에서 나타나는 불평등을 제거하고 부모가 직장에 다닐 수 있게 함으로써 아동과 부모 모두의 가능성과 삶의 안정성을 높이는 데 있음

출처 : 한국교육개발원(2008). 교육복지 마스터플랜 수립 연구, p. 168.

그러나 EAZ 사업은 공식적으로 2002년 종료되고, 1999년 도입된 EiC 모델에 따라 다시 지방교육청의 책무로 방향이 전환되었다(김정원 외, 2007). EiC 모델은 국가교육 운영에 민간을 참여시켰던 EAZ의 문제점을 보완하여 민간투자를 유치하지 않으며 지방교육청 차원에서 취약계층학생들의 교육복지 지원활동에 중점을 두고 있다. 하지만 강순원(2012)의 연구에 의하면, 2011년 현재 영국은 노동당에서 다시 보수당으로 중앙정부 차원의 정권교체가 이루어

지고, 유럽발 경제위기 등으로 영국경제가 다시 위기에 처하면서 전 사회적으로 이주민과 사회적 약자에 대한 사회적 배제가 또다시 드마 위에 오르고 있다. 그럼에도 불구하고 EAZ는 각 지방정부의 성향과 지역적 특성에 따라 지역 차원에서 사업이 유지되고 있다.

2. 미국의 교육복지

미국은 세계에서 가장 다양한 인종과 민족, 언어 및 문화 배경을 지닌 집단들로 구성된 국가로서 많은 사회적 문제를 겪고 있는데, 전통적으로 지역학교구(local school district)의 교육재정을 기반으로 운영되어 온 미국의 초·중등교육은 지역의 경제적 수준에 따라 교육여건상의 큰 격차를 보이고 있으며, 지역 간 교육격차는 계층 간, 집단 간 교육격차와 맞물려 교육당국의 다양한 노력에도 불구하고 쉽게 해소되지 않고 있다(안병영 외, 2013).

부시 정부는 위와 같은 문제인식하에 사회적 취약계층 및 집단 학생들의 학업성취도를 높여 미국의 학교에서 모든 학생들이 성공할 수 있도록 한다는 'No Child Left Behind(이하 NCLB)' 계획을 수립하였는데, NCLB의 목적은 주정부로 하여금 학교의 책무성을 높이도록 하여 모든 학생의 학업성취도를 향상시키고, 교육의 형평성을 높이며, 보다 자격 있는 교사를 확보하는 것이다.

■ 미국 교육복지 사례

- Head Start Program
  - 1965년 연방정부가 설정한 소득 기준에 못 미치는 저소득층 가정의 3~5세 자녀와 부모들을 대상으로 시작된 포괄적 지원 프로그램
  - 1994년 저소득층 임신 여성, 3세 미만 영아를 위한 조기 헤드스타트 프로그램이 만들어져 현재 출생부터 5세까지의 유아와 임신한 여성 및 그들의 가정을 위한 서비스를 제공하는 포괄적 지원 프로그램으로 진행되고 있음
  - 아동발달과 건강 지원, 가정과 지역사회 협력, 프로그램 운영 및 관리 등의 세 차원에서 사업이 진행되고 있음
  - 이 프로그램 예산은 연방정부 예산으로 편성되고 있음

• **페리 취학 전 학교 프로그램(PPP : Perry Preschool Program)**
 – 미시간주 교육부의 재정 지원으로 이루어진 3세 또는 4세 아동 대상 포괄적 지원 프로그램
 – 이 프로그램에서는 능동적 학습자로서의 유아를 강조하여 유아의 자발적 선택과 문제해결력을 북돋우고 개별 활동뿐만 아니라 교사 및 다른 유아와의 상호작용, 소그룹 활동 등의 다양한 상호작용 기회를 제공하며 가정방문을 통해 부모의 참여를 유도하고 유치원 교육과정을 가정에서 연계하여 실행할 수 있도록 지원함

• **시카고 자녀 – 부모센터 프로그램(CPC : Chicago Child-Parent Center)**
 – 3~9세의 저소득층 아동을 대상으로 하되 센터가 중심이 되어 아동뿐만 아니라 가족을 함께 지원하는 포괄적 지원 프로그램
 – 이 프로그램은 유아의 학교교육에의 성공을 목표로 하며 이를 위해 전통적 의미의 문해력보다는 의사소통능력으로의 언어능력, 수학능력, 학교에 대한 긍정적 태도 함양에 초점을 맞추고 있음
 – 또한 부모의 집중적인 참여를 유도하여 유아의 학교교육 성공을 지원하는 역할을 수행할 수 있도록 도움

출처 : 한국교육개발원(2008). 교육복지 마스터플랜 수립의 연구, pp. 167-168.

3. 독일의 교육복지

독일에서는 1815년부터 양육의 결손 문제를 보상해 주기 위해 학교와 가정의 역할뿐만 아니라 근로를 통해 자율적 인간으로 성장하도록 직업교육이 강조되었다(Mollenhauer, 1959, 박성희, 2011 재인용). 그러나 유럽의 산업화가 시작되고 자본주의가 발달하면서 프롤레타리아 계층의 아동빈곤이 큰 사회문제로 인식되기 시작하였는데, 1911년 빈곤층의 아동이 겪게 되는 문제에 관해 사회주의자인 오토 륄레(Otto Rühl)는 아동발달의 위기에 관한 심각성을 알리며, 사회당과 노동조합이 이 문제를 적극적으로 해결해야 할 것을 주장하였다(Giesecke, 1990, 박성희, 2011 재인용).

독일의 교양시민계층(bildungsbürgertum)은 산업혁명 속에서 경제적인 위치를 공고히 할수록 높은 강도의 정체성의 위기를 겪게 되면서 물질적 혁명이 아닌 정신적 혁명을 통한 공동체(gemeinschaft)를 강조하게 되었고(박성희, 2011), 이러한 문화적 혁명은 문화비판(kulturkritik)에 뿌리를 두고 삶의 개혁운동(lebensreformbewegung)을 시작하였는데, 이러한 문화 속에서 교육현실을 비판하는 개

혁교육학이 시작되었다(최재정, 2003, 박성희, 2011 재인용).

독일은 청소년의 복지를 위한 효과적인 지원이 지역 단위에서 강조되면서 1922년에는 제국청소년복지법(JWG : Reichtagsjugendwohlfahrt gesetz)이 만들어졌다. 이에 따라 청소년복지위원회 내 민간 청소년복지단체나 청소년단체 대표는 청소년복지정책에 관한 의사결정권을 소지하게 되었다. 1991년에는 「제국청소년복지법」을 「아동청소년지원법(HGKJ : Kinder und Jugend Hilfegesetz)」으로 바꾸고, 과거와는 달리 국가의 통제와 간섭은 줄이고, 사회적 서비스와 개인의 요구에 기반을 둔 지원 중심의 원칙을 확대시켰으며, 또한 청소년 양육과 교육에 대한 부모의 책임을 명시하고, 모든 청소년이 책임감을 지닌 사회의 인적자원이 되는 데 필요한 사회적 지원을 보장하고 있다(임연기 외, 2013). 「HGKJ」 제8조에는 빈곤으로 대표되는 위기아동의 공적인 양육지원을 명시해 아동의 학습권 보장을 국가 의무로 강조해, 가족이 자녀를 양육할 수 없는 위기상황에서 국가가 공적으로 양육을 지원할 의무와 아동·청소년의 문제 예방을 위한 청소년지원(Jugendhilfe)까지를 교육복지 개념으로 제시하였다(박성희, 2011).

독일은 교육복지 발달 초기에는 위기청소년의 지원에 초점을 두었으나, 현재는 위기청소년으로 전락하지 않도록 아동·청소년의 예방과 돌봄에 초점을 두고 있다(박성희, 2010, 임연기 외, 2013 재인용).

1) 독일 교육복지의 목적

독일의 교육복지 정책의 목적은 돌봄학교 등을 설치하여 학교가 학습하는 장소로서의 역할뿐만 아니라, 교육과 양육 그리고 돌봄이 지원되는 총체적인 아동 발달의 장소가 되도록 지원하는 것이다(임연기 외, 2013).

2) 독일 교육복지의 영역과 우선지원 대상

독일의 교육복지 영역과 우선지원 대상을 살펴보면 다음과 같다(임연기 외, 2013 : 108-116).

(1) 독일 교육복지의 영역

① 아동을 위한 돌봄

유치원을 졸업하고 초등학교에 입학하는 신입생을 특별히 배려하여 돌봄을 지원하며, 유치원과 초등학교와의 협력을 강조한다.

② 학교 중심의 아동·청소년 지원사업

학교가 지역사회에 있는 청소년 관련 기관들과 협력하여 공동으로 의미 있는 다양한 프로그램을 개발하고, 교육과 양육을 지원하여 청소년에게 새로운 기회를 제공한다.

③ 학교생활에서 직업 준비 및 직업 지도

학교 중심의 청소년사회사업(Jugendsozialarbeit)은 졸업생들이 취업활동을 준비하고, 경제활동을 시작할 수 있도록 다양한 방식으로 지원한다. 특히 사회적 불이익을 받는 학생들이 사회적 불평등을 극복하고, 일자리를 찾도록 총체적으로 지원하며, 졸업 후 취업까지 전이 과정을 지도할 뿐만 아니라 입학생을 위한 직업 준비 프로젝트를 실시한다.

④ 아동·청소년 보호에 관한 교육

청소년청(Jugendamt)의 전문가는 아동·청소년의 중독 예방, 매체 사용교육, 성희롱 및 성폭행 예방과 보호, 학교 폭력 예방 등을 위해 청소년 보호에 대한 교육을 담당한다. 이 외에 각종 디지털 매체 및 에이즈, 약물, 알코올 중독 예방을 위해 민간이 운영하는 아동·청소년 전문기관과 협동을 강화한다.

⑤ 특별한 문제를 지닌 아동·청소년의 지원

학습지진아 및 학습 결손이 누적된 아동, 학교생활 이외에서 이상행동을 보이는 지적발달 지체자 및 기타 문제 등을 소지하고 있는 아동·청소년들은 학교에서 「아동·청소년법」에 의하여 신속하게 지원한다.

⑥ 학교교육복지 사업 및 연관 사업

학교교육복지 사업은 특히 성적이 낮은 저소득층의 학생들이 주로 재학하고 있는 하우프트슐레 학생들에게 개인적인 혹은 사회적인 갈등 문제가 일어나지 않도록 조기 예방을 강조하고 개입하며 통합적인 지원을 원칙으로 한다.

⑦ 양육지원

학교부적응 학생들이 가정 또는 부모나 양육권자들의 양육방법 때문에 문제를 겪게 될 때는 학교가 중요한 협력기관이 되어 적시에 도움을 제공한다. 이때 학교의 역할은 결손을 최대한 줄이고, 사회적 통합을 지원하는 것이다. 학교는 학부모와 함께 우선적으로 학생이 학교생활에 적응하도록 최대한 지원한다.

⑧ 양육상담, 청소년상담 및 가족상담

「아동・청소년법」 제28조에는 양육상담소, 청소년상담소, 그리고 가족상담소가 심리진단을 통한 상담치료와 문제해결을 위한 협력을 명시하고 있는데, 협력의 내용은 양육상담소와 가족상담소의 전문가가 부모에게 정보를 제공하고, 학부모, 아동, 교사, 상담가들이 협력하여 문제를 해결하도록 기회를 제공하고, 지원방법에 대한 합의를 촉진한다.

(2) 독일 교육복지의 우선지원 대상

모든 학생이 학교 교육복지의 대상이지만, 특별히 사회적으로 소외되고, 개인적으로 특별한 문제를 보이는 학생-약물 및 게임 중독, 학교 불안, 학교 혐오증 등 단기적으로 학교, 직업, 사회적・개인적 갈등 등으로 인해 상담이 필요한 학생 및 과잉행동을 보이거나 집중이 어려워 산만한 학생 및 이주학생 등이다.

3) 독일 학교교육복지의 사례

독일 학교교육복지의 사례를 살펴보면 다음과 같다(박성희, 2011 : 158-159).

■ 독일의 교육복지 사례

2001년 교육문화부장관회의(KMK)에서 전일제학교의 시행을 결정하고, 2003년 5월부터 교육부는 주정부의 요구에 기반해 전일제학교 지원사업(IZBB : Investitionsprogramm "Zukunft Bildung und Betreuung")을 시작하였는데, 2009년에는 5학년 학생의 71.3%, 9학년 학생의 56.4%가 혜택을 받은 것으로 나타났다(Presskonferenz, 2010). 전일제학교에서는 각 학생의 관심과 요구에 기반해 개별학습을 지원하는 학습문화를 실천하고, 학습자 중심의 수업을 진행하였다. 학생의 자율성 발달과 학습의 즐거움이 배가되도록 전일제학교는 학생의 개별적 교육을 중시하였다. 전일제학교에서 학생은 자신의 능력을 새롭게 발견하고 신장시켜 나갈 수 있으며, 새로운 수업방법과 개인개발을 위해 진행되는 창의적인 여가활동은 학생이 자기주도적인 학습을 통해 책임감을 기르고 창의적인 인성을 통합시켜 가도록 하였다.

전일제학교에서 학생의 상호작용은 매우 다양한 형태로 나타나므로 교사의 새로운 역할이 요구되고 있다. 교사는 전문적 지식의 소유자, 사회적 역량과 조절력의 소지자, 개인적 앙가주망을 발휘하는 능력이 요구된다. 교사는 다양한 전문교육사와 방과후 교사 및 기타 교사와 팀을 구성해 활동하는데, 이러한 활동을 통해 교사는 친밀감을 형성하고, 직무만족도를 향상시킬 수 있다. 성공적 수업을 위해, 아동은 새로운 학습기회를 만들며, 다문화 사회에서의 공동체적 삶이 가능하다. 2009년 린다우(Lindau) 대학의 보고서는 53%의 응답자가 전일제학교로 전환하는 데 찬성하였는데, IBZZ 프로그램은 교육복지의 두 가지 방향을 다음과 같이 중시하고 있다.

첫째, 개별학습과 체험활동을 통한 교육의 질 향상을 위해 전일제학교의 교육시간을 연장해 학생 개개인의 장점, 관심과 학습 정도에 따라서 개인의 능력을 향상시킬 수 있는 개별적인 학습방법을 실행하고 있다. 전일제학교는 수업의 질 향상뿐만 아니라, 학교 이외의 다양한 체험활동을 통한 경험학습을 촉진하는 것이다.

둘째, 양성평등 실현을 위한 가정의 돌봄 역할을 지원하고 있다. 여성의 경제활동 증가로 맞벌이 가정이 증가하고, 부모 모두 가사와 경제활동에 참여하도록 양성평등 정책이 확대 실시되어, 학부모는 학교가 질 높은 교육을 제공하고 가정의 역할을 대신해 돌봄의 역할을 담당해 줄 것을 요구하고 있다. 이러한 학부모의 요구에 따라 학교는 전일제학교로서의 기능 수행을 위해 돌봄을 위한 부속시설의 건축을 지원하고, 교육과 돌봄 기능을 수행하고 있다.

4. 프랑스의 교육복지

1) 프랑스의 소외계층을 위한 교육복지 관련 정책 및 프로그램

프랑스의 소외계층을 위한 교육지원에 대한 내용을 최지선(2013)의 '프랑스 소외계층을 위한 교육복지 관련 정책 및 프로그램'을 중심으로 살펴보면 다음과 같다.

(1) 소외계층의 개념 및 범위

프랑스 교육시스템에서의 소외계층에 대한 개념과 범위는 복잡한 편이다. 단순히 전체 인구를 소득과 재산으로 줄지어 하위그룹을 정하는 양적인 개념 정의보다는 여러 조건들을 종합적으로 판단하는 질적 개념 정의를 기준으로 한다. 프랑스 교육시스템에서 가장 대표적이며 기본이 되는 소외계층 대상 교육정책은 '우선교육지역(ZEP : Zones d'Education Prioritaire)'으로 1981년 제도화될 당시부터 현재까지 학업실패 비율이 높은 학교들을 선정하여 여러 지원을 하고 있다. 이 학교들은 지역, 학생들의 출신 가정의 사회경제적 수준, 학교 입학 연령, 학업포기 비율, 비프랑스어권 출신 혹은 외국인 학생 비율 등 다양한 요인들을 함께 고려하여 학군 차원에서 협의 후 교육부에서 선정이 이루어진다.

이 밖에 중학생과 고교생들이 장학금을 신청하는 경우나 새 학기 초 각 가정에 지급되는 새 학기 준비물을 위한 수당 등 교육 관련 가족수당 산정의 경우에는 가족수당을 담당하는 기관인 가족수당기금(CAF : Caisse Allocation Familial)에서 정한 기준(전년도 물가와 부양하는 자녀 수로 기준을 정함)에 따라 소득상한선이 정해지고, 이 기준에 따라 장학금 수여나 가족수당 금액이 정해지는데, 이 소득상한선은 매년 달라진다.

(2) 소외계층 관련 현황

현재 우선교육지역(ZEP)으로 선정된 초등학교, 중학교는 전국에 8,836개로 이 중 약 32%가 파리에 있다. 현재, 우선교육지역은 학급인원 평균이 21.3명으로 이 외 지역의 23.8명보다 적은 편이나, 1981년 제도가 시행될 무렵에는 학급인원 평균이 이외 지역에 비해 월등히 높았고, 점차적으로 현재와 같이 줄어들게 되었다.

2010년 교육부 통계에 따르면, 여전히 우선교육지역의 학생들의 학업 성취도가 낮은 편으로 나타났다. 우선교육지역 이외의 학교들과 '성공에 대한 의욕(RAR : le Réseau Ambition Réussite)' 프로그램 시행학교들의 초등학교 5학년 중

기본 국어능력을 갖춘 학생 비율이 각각 88.4%, 74%로 조사되었고, 기본 수학능력을 갖춘 학생 비율은 90.4%와 77.9%로 조사되었다. 고등학교 1학년들을 대상으로 한 해당 학년의 기본 국어능력, 수학능력을 통과한 학생 비율 역시 우선교육지역 이외의 학교들은 국어의 경우 76.7%, 수학의 경우 87.9%로 조사된 것에 비해 '성공에 대한 의욕' 프로그램 시행학교의 학생들의 경우 국어 46.5%, 67.1%로 통과 비율이 낮은 것으로 나타났다.

(3) 소외계층 관련 교육복지 정책 및 프로그램

프랑스에서의 소외계층을 위한 교육정책 및 프로그램은 1981년 미테랑 대통령의 좌파 정부에서 추진한 '우선교육지역(ZEP)'이 대표적이다. 우선교육지역제도는 알랑 사바리(Alain Savary) 당시 교육부 장관이 학업실패를 최대한 방지하고, 교육의 평등성을 실현하기 위해 사회경제적으로 어려움을 겪는 소외지역에 위치한 초등학교 및 중학교들을 선정하여 추가 지원 및 학교의 자율성을 최대한 허용해 주고 있다. 또한 이 지역 학교에서는 학생들의 위생과 보건 문제에도 지속적으로 관여하고, 학업성취를 위해 개인화된 보조수업과 진로선택을 위한 직업안내교육 등도 이루어진다.

ZEP 구성의 주요 개념과 ZEP 정책의 기본 방향을 살펴보면 다음과 같다(조발그니, 2005 : 241-242, 강순원, 2012 재인용).

ZEP 구성의 주요 개념에서, ① '지역(Zone)'은 도시근교 및 사회경제적으로 낙후된 지역으로 교외소외 지역과 농촌지역을 포함한다, ② '교육(Education)'은 정규 제도교육(학교)을 의미한다, ③ '우선(Prioritaire)'은 사회적 평등을 이상으로 하는 사회당 정권의 이념이 담겨 있다. 이 개념은 '긍정적 차별 (positive discrimination)'에 기초하여 '없는 자에게 더 많이 주자'는 의미를 담고 있다. 그리고 ZEP 정책의 기본 방향은, 첫째, 아동들의 조기취학을 통해 이민과 실업으로 고통받는 저소득층 유아들이 프랑스어와 문화를 익히고 가정에서 제공하지 못하는 문화적 활동들을 접할 수 있는 조건을 제공한다. 둘째, 학습능력이 떨어지는 학생들을 교육적으로 지원하여 학업실패를 막고 학생의 건강을 증진하며, 학원폭력으로부터 예방한다. 셋째, 학교와 학부모의 긴밀한 관계를 형성하기 위한 학부모교육을 강화한다. 넷째, 지역사회 학교를 개방하여 효율적인 파트너십을 형성하고 학생들의 방과후 교내 과외활동을 장려한다. 이러한 기본 방향에 따라 ZEP는 교육적 실패율이 가장 높은 지역에서 교육활동의 선택적 강화를 통해 불평등을 수정하려는 노력으로 지역 내 교육기관들의 협력과 효과적인 자원의 활용과 관련 단체나 조직의 교육당국과의 상호협조를 바탕으로 한다.

현재 우선교육지역들의 학교는 2007년도부터 시작한 '성공에 대한 의욕(RAR)' 프로그램과 2011년부터 시작한 '성공, 혁신, 의욕을 위한 초·중·고(ECLAIR : Écoles collèges et lycées pour l'ambition, l'innovation et la réussite)' 프로그램 운영에 중심이 되고 있다. 전자는 학생들의 유급률을 줄이기 위해 개인화된 보조 수업, 진로선택을 위한 교육을 실시하는 제도로 2007년 시행 당시 1,000명의 교사와 3,000명의 보조 교사를 추가로 증원하여 학교교육의 접근에 대한 평등을 실현하도록 한 바 있다. 한편 후자의 경우 혁신적인 교수법 시범 적용, 체육 활동 또는 미술 시간 확대 시범 실시 등 새로운 방법들을 적용해 학업 성취율을 향상시키는 프로그램이다.

이 밖에 우선교육지역과 상관없이 경제적 어려움을 겪는 가정의 자녀들을 위해 중학생과 고등학생들을 위한 장학금 제도가 있으며, 이는 위에서 언급한 바와 같이 가족수당기금(CAF)에서 정한 소득상한선에 따라 지원을 신청할 수 있다.

가장 최근 올랑드 정부에서 제시하고 있는 소외계층을 위한 교육정책으로는 3세 미만의 유아들도 유치원에 입학할 수 있도록 하는 제도로서 이는 소외 지역들의 가정에 특히 권장되고 있다. 이 제도 역시 국가가 최대한 다수의 국민들이 교육과 문화에 접근할 수 있도록 기회를 평등하게 제공하는 것을 목적으로 하고 있다. 소외지역의 유아들의 경우 유치원이나 학교에 입학하기 전에 교육과 문화를 접할 수 있는 기회가 상대적으로 적을 수밖에 없고, 어린 시절의 교육과 문화에 대한 접근의 불평등은 성인이 될 때 더 큰 격차로 나타난다는 것이 교육부 정책의 핵심 근거이다.

2) 최근 정책 및 프로그램에 대한 인식 및 반응

'우선교육지역(ZEP)' 제도의 경우, 초기 10년간 우선교육지역 학교들에 대한 지원이 주로 우수교사 유치를 위한 급여 인상 등 교사들을 대상으로 한 지원으로 이루어지면서 이 지원이 학생들에게 직접적인 영향을 주지 못해 제도가 유의미한 결과를 도출하지 못했다는 점에서 비판을 받기도 하였다. 이후 2007년에 '성공에 대한 의욕(RAR)' 프로그램과 '성공, 혁신, 의욕을 위한 초·중·고(ECLAIR)' 프로그램이 우선교육지역을 중심으로 진행되면서 학생들에게 직접 긍정적인 영향을 미칠 수 있도록 구체적인 부분들이 개선되어 가고 있는 중이다.

올랑드 대통령이 대선후보 시절부터 공약으로 제시한 우선교육지역 및 소외계층을 중심으로 한 3세 미만 유아들의 유치원 입학 제도와 관련된 교육적 효과에 대해서는 전문가들도 크게 기대하지 않는 상황이다.

3) 우리나라에의 시사점

프랑스의 소외계층을 위한 교육정책은 학교교육에 대한 접근 기회의 평등을 기본으로 '모든 학생들'의 학업성취를 목적으로 하고 있다. 또한 '더 필요한 사람들에게 더 많이 준다'는 철학이 프랑스 교육시스템의 바탕이 되고 있다. 따라서 개인에 대한 금전적 지원은 가족수당지급이나 장학금을 통해서 이루어지도록 하면서 동시에 여러 기준들을 종합하여 재정적 추가 지원이나 교사 증원은 물론 구체적인 교육 프로그램이나 정책 및 혜택이 특별히 더 많이 지원될 수 있는 학교들을 선정하여 개인이 아닌 학교 차원에서도 교육지원을 해야 한다는 점에서 의미가 있다고 할 수 있다.

〈표 2-3〉 미국 · 영국 · 프랑스 · 우리나라의 교육복지 비교

구 분	미 국	영 국	프랑스	우리나라
목 적	• 복지수혜자의 자립 향상 • 인적자원 개발	• 교육적 욕구 충족 • 교육불평등 해소 • 인적자원 개발	• 교육적 욕구 충족 • 교육불평등 해소 • 인적자원 개발	• 국가경쟁력 강화를 위한 인력양성
주 체	국가 및 지방자치단체, 학교	국가 및 지방자치단체 및 학교와 피교육주체 포함	국가 및 지방자치단체 및 학교와 피교육주체 포함	국가 및 지방자치단체, 학교
객 체	교육취약계층	모든 국민	모든 국민	교육취약계층
원 리	선별주의	보편주의	보편주의	선별주의
범 위	교육기회 보장	교육기회, 교육과정, 교육결과의 포함	교육기회, 교육과정, 교육결과의 포함	최소한의 교육기회 보장
접근 방법	• 교육, 복지, 직업훈련이 통합적으로 운영될 수 있도록 법, 행정, 전달체계 구축 • 전문적 학교사회사업을 통한 서비스 및 프로그램 운영 • 사회, 학교, 사회복지기관, 사업간의 파트너십 구축	• 교육을 사회보장의 일환으로 간주 • 교육복지관련법, 행정, 전달체계 구축 • 생애주기에 따른 통합적, 지속적 접근 • 사회, 학교, 사회복지기관, 기업 간의 파트너십 구축	• 교육을 사회보장의 일환으로 간주 • 교육복지관련법, 행정, 전달체계 구축 • 생애주기에 따른 통합적 · 지속적 접근 • 사회, 학교, 사회복지기관, 기업 간의 파트너십 구축	교육정책과 사회복지정책의 명확한 분리
구체적 내용	• 취학 전, 초 · 중 · 고 의무교육 • 취학 전 아동 및 가족 지원 • 평생교육관련법 및 조직 구축 • 학교, 보건 및 사회 서비스를 통합한 학교사회사업 • 직업교육체제 구축	• 취학 전, 초 · 중 · 고, 대학 의무교육 • 국립교육복지위원회 및 교육복지사무소 설치 • 직업교육(교육고용부 설치) • 평생교육 실시(개인학습 구좌제, 지방교육청 중심의 사업 실시) • 교육투자우선지역사업(EAZ) 실시	• 취학 전, 초 · 중 · 고, 대학 의무교육 • 교육환경 및 여건 개선 • 직업교육(진로정보센터 설치) • 교육우선지구(ZEP) 실시	• 초 · 중등학교 의무교육 실시 • 교육취약계층에 대한 교육비 및 급식비 지원 • 장애아, 우아, 학습부진아, 학교 중도 탈락자, 해외귀국 자녀를 위한 교육대책 계획 • 교육복지투자우선지역 지원사업 시범 실시 • 공동모금회 차원의 학교사회사업 시범 실시

출처 : 홍봉선(2004). 우리나라 교육복지의 방향과 과제, 한국사회복지학, 56(1), 266-267.

이상의 내용을 교육복지의 구성 틀에 입각하여 비교해 보면 <표 2-3>과 같다.

첫째, 교육을 모든 사람에게 교육기회를 보장하는 사회적 평등 장치로 인식하고 있으며 최근 인적자본 개발이라는 관점에서 교육법을 개혁하고 관련 부서를 통폐합하거나 행·재정적 지원을 확립하고 있다. 둘째, 교육기회의 불평등 문제를 해소하기 위하여 경제적 약자층, 특히 복지수혜자들에게 의무교육제도의 확대 실시 및 중등 후 교육, 즉 대학 진학의 기회를 확대하며 평생교육을 강화하고 있다. 셋째, 교육 및 보육 프로그램이 단순히 아동만을 대상으로 하지 않고 사회보장제도와 연관된 아동발달, 부모의 교육, 빈곤가족의 자활능력 향상 등 다차원적 접근을 행하고 있다. 넷째, 교육복지가 빈곤가정이나 장애인에서부터 일반 가정으로 확대 적용되고 있으며 취학 전부터 시작하여 성인까지 인간의 발달주기에 맞추어 통합적이고 지속적으로 이루어지고 있다. 이를 통하여 공적 자원뿐만 아니라 사적 자원을 광범위하게 확충하여 보다 효과적이고 실질적인 교육기능과 복지기능을 통합적으로 추진하는 것이다. 다섯째, 국가주도하에 노동시장에 적합한 질 높은 인력 양성을 위해 학교의 직업교육을 강화하는 다양한 조치들을 강구하고 있다. 특히 학교에서 직장생활로의 진입을 원활히 할 수 있도록 교육과 고용, 사회복지가 밀접하게 연계하고 있으며 산업현장과의 연계를 강화하는 정책조치, 지역사회, 학교, 기업 간의 긴밀한 파트너십 구축 그리고 직업훈련 관련 정부의 지원 등의 종합적이고 체계적인 대책을 마련하고 있다. 여섯째, 저소득층과 교육취약집단에 대한 집중적인 관리와 지원정책을 행하고 있다. 특히 이들의 학교생활 적응을 돕기 위하여 학교와 지역사회, 가정이 연계하는 네트워크를 형성하여 공동의 노력을 기울여 나가고 있다. 마지막으로 학교사회사업가의 배치이다. 이미 100여 년 전부터 유럽과 구미 선진국에서는 학교에 학교사회사업이라는 전문가를 배치하여 가정, 학교, 지역사회가 연계하는 전문적인 개입을 하고 있다.

CHAPTER 03

우리나라의 교육복지 현황

1. 교육복지우선지원사업

교육복지우선지원사업은 외환위기 이후 부각된 '교육복지'의 중요성으로 교육부가 2003년부터 '교육복지투자우선지역 지원사업'으로 구체화하여 실시하였다. 이 사업은 지속적으로 확대되어 오다가 2008년 이후 '교육븍지우선지원사업'으로 명칭이 바뀌면서 교육취약 지역의 학교들에 우선적으로 투자하던 교육복지투자우선지역사업의 골격이 변화되었다(강순원, 2012). 즉, 교육복지우선지원사업은 저소득층 가정의 영·유아 및 청소년들의 출발점 평등을 통해 교육기회를 실질적으로 보장하는 국가 차원의 지원사업이며, 저소득층의 교육, 문화, 복지 수준을 총체적으로 제고하기 위해 학교와 지역사회가 함께하는 사업, 학교가 중심이 되고 지역사회가 지원하는 교육공동체 구축사업이다(주상우, 2011).

1) 추진 배경과 의의, 목표와 전략

(1) 추진 배경과 의의

교육복지우선지원사업이 추진된 배경을 살펴보면 다음과 같이 세 가지로 나누어진다(임연기 외, 2013).

첫째, 소득분배 구조가 악화되어 취약계층이 확대되는 경향이 있기 때문이다. 둘째, 지역별, 학교별로 계층이 분화되면서 교육적 성취에 대한 가정의 경제적 배경에 의한 계층별 영향력이 증가하고 있기 때문이다. 셋째, 교육기회 불평등을 개선하고, 취약계층의 교육적 성장을 지원할 수 있는 정책이 요구되기 때문이다.

즉, 이 사업은 계층 간 소득격차의 심화, 가정의 기능 약화, 급격한 도시화 등이 초래하는 사회통합 위기에 학교와 지역사회가 적극적으로 대처할 필요성이 증대되어 지역의 경제적 여건 차이로 인한 교육여건의 격차 또한 확대되고 있는 추세여서 추진하게 되었다(주상우, 2011).

사업추진의 의의를 주상우(2011)가 정리한 것을 중심으로 살펴보면 다음과 같다.

첫 번째 의의는 저소득층 아동의 생활 및 교육환경 변화를 추구하는 지역적 접근이다. 즉, 가정의 취약성으로 인한 정서·행동 발달상의 문제를 극복할 수 있는 학교 및 지역사회의 교육·문화 환경을 조성하는 것이다. 두 번째 의의는 학교를 중심으로 하여 지역사회의 교육공동체 구축이다. 저소득층 아동의 실질적 교육기회 보장을 위한 지역사회 차원의 교육·문화·복지의 통합 서비스망을 구축하고, 학교가 통합 서비스망의 중심적 역할을 수행할 수 있도록 투자우선지역 내 학교의 기능을 강화한다. 세 번째 의의는 조기 개입을 통한 출발점 평등 구현을 통한 실질적인 교육기회의 보장이다. 학생의 발달단계에 따른 기본적 욕구 해결과 문제행동을 예방하고, 학력향상, 정서발달, 심성계발, 건강증진, 방과후 보육 서비스 제공 등 다양하고 통합적인 교육복지 서비스를 제공한다.

(2) 목표와 추진전략

① 초기 교육복지우선지원사업 정책의 목표

교육복지우선지원사업은 교육공동체 구축을 위한 취약계층의 삶의 질 제고가 비전으로 설정되었으며, 정책의 목표는 다음과 같다(임연기 외, 2013 : 170-172).

첫 번째 정책의 목표는 저소득층 영·유아 및 초·중등학생의 학습 결손 예방 및 치유를 통한 학력 증진에 있다. 두 번째 정책의 목표는 저소득층 학생들의 건강한 신체 및 정서 발달과 다양한 문화적 욕구를 충족시켜 주는 것이다. 세 번째 목표는 교육·문화·복지 수준 제고를 위한 가정-학교-지역사회 차원의 지원망 구축을 통해 교육격차를 해소하는 것이다. 이에 따라 교육복지우선지원사업은 학교가 중심이 되어 지역사회와 연계하면서 학습, 문화-체험, 심리·정서, 복지, 지원 등 5개 영역의 프로그램을 운영하여 대상 학생들에게 통합 서비스를 제공한다.

② 교육복지우선지원사업의 전략

교육복지우선지원사업의 전략은 다음과 같다.

교육복지우선지원사업은 저소득층 학생의 학습결손 예방과 치유를 통한 학력 증진, 건강한 신체 및 정서 발달과 다양한 문화적 욕구 충족, 그리고 교육·문화·복지 수준의 제고를 위해 가정-학교-지역사회가 연계된 지원망의 구축이라는 정책목표 달성을 위하여 다음과 같은 전략을 사용하고 있다.

가. 단계적 추진

교육복지우선지원사업은 시범 사업으로 시작하여 사업의 성과를 점검한 후에 학생, 학부모, 교사, 행정가들의 만족도가 높은 경우에 단계적으로 사업 대상 지역을 확대해 나갔으며, 사업 초기에는 정부 지원을 통해 지역의 사업 역량을 지원한 후, 점진적으로 지역의 역할을 증대시켜 나가는 전략을 펼쳐 나갔다. 또한 공모를 통해 국가와 지방자치단체와 공동 사업으로 추진하여 지방자치단체 등이 이 사업에 예산을 투자하도록 유도하였다.

나. 학교를 중심으로 한 지역 교육공동체 구축

교육복지우선지원사업은 학교를 중심으로 한 지역 교육공동체 구축을 전략으로 삼고 있는데, 이것은 이 사업이 지역사회와의 연계가 필요하고, 지역사회와의 연계를 통한 통합 서비스가 제공되어야 취약계층의 삶의 질 제고가 가능해지기 때문이다. 따라서 지역 교육공동체의 구축을 위하여 학교의 역할과 학교와 지역사회 간의 연계가 강조되었다.

2. 사업내용 및 기본 방향

교육복지우선지원사업의 내용을 여섯 가지로 살펴보면 다음과 같다.

1) 학생의 학습능력 증진

교육 취약 아동・청소년의 학습결손 방지를 위한 학습동기 유발을 지원한다. 교사들은 초등학교 학습부진아를 위한 현실요법 적용 및 자기주도학습능력 증진 프로그램 등을 개발하여 학습동기를 유발한다. 그리고 학교는 지역사회와 연계를 갖고 지역사회 자원을 다차원적으로 활용하도록 한다.

2) 문화・체험 활동 지원

교육 취약 아동・청소년의 다양한 문화・체험 제공을 위해 학교와 지역사회가 함께 노력함을 말한다. 지방자치단체와 연계하여 모든 학생들을 대상으로 문화・체험활동을 할 수 있도록 한다. 프로그램으로는 동아리 활동, 학습활동, CA를 활용한 문화활동, 문화 관련 특기적성 체험학습, 축제 등이 있다. 예를 들어, 해금강 테마박물관은 거제시청소년수련관과 '창의적 체험활동 지역사회 운영 모델화 사업' 협약을 체결하여, 거제지역 내 청소년들에게 청소년 체험활동 활성화와 창의적 인재 육성에 기여한다. 한편 이 협약은 여성가족부 지원 사업으로 지역의 여건에 맞는 바람직한 체험활동의 모델을 개발하기 위해 운영되는 프로그램이기도 하다(해금강 테마박물관 홈페이지 참조).

3) 심리・정서 발달 지원

심리・정서 발달 지원은 특별한 문제 또는 욕구충족을 통한 정신건강 도모, 상담과 치유를 통한 심리적 안정 및 학교적응력 향상을 목표로 한다. 그리고 교육 취약 아동・청소년을 포함하여 성장과정에서 방임, 방치 등의 경험으로 인하여 심리적 문제로 학교생활이나 일상생활에 적응하기 어려운 학생들을 치유하기 위해 건강한 심리·정서를 함양시키는 프로그램을 개발·지원하도록 한다(임연기 외, 2013). 프로그램 개발 예시로 개별상담 및 집단상담, 부적응 학생 진단 및 치료, 학습장애 요소 진단 및 치료, 가정 방문 및 가족상담, 심리·정서 전문상담 및 치료 등을 들 수 있다.

4) 복지 프로그램의 활성화

건강한 신체발달 지원 및 보호를 목표로 한다. 즉, 건강한 신체발달을 위해 필수적인 복지서비스를 제공함으로써 정상적인 생활을 영위할 수 있도록 지원하는 것을 말한다. 특히 저소득층 학생의 복지서비스 지원 활성화에 주력한다. 예를 들어, 지역의 의료기관과 연계·협력을 통해 건강검진 및 치료, 학교·지역사회·국가 공동지원체제로 방과후교실, 야간보호 교실, 학습준비물 지원, 위기가정 지원, 학생복지 지원사업(급식비 등), 후원사 연계 및 지원을 한다.

5) 교사와 학부모 지원

교육 취약 아동·청소년의 특성 분석 및 이해, 교수–학습 자료 개발 및 교원전문성 신장, 학부모 교사 동호회 및 연구 활동, 지역사회교육전문가 및 교사의 사업활동 등을 지원하여 교사의 사업추진 역량을 높인다. 예를 들어, 연중 1~2회 학부모 교육과 교사연수 활동을 지원한다. '자살의 원인이 되는 학교폭력 예방을 위한 부모교육 프로그램과 학교폭력 예방을 위한 교사역할 교육 및 학생자살 예방 및 위기관리, 교사 연수활동을 들 수 있다(본 서 15장 사례 참조).

6) 영·유아 교육·보육 지원의 활성화

교육복지투자우선지역 내 영·유아 교육·보육 프로그램에 대한 실질적인 접근기회 보장을 위한 지원을 확대해 나간다. 이를 위해서 먼저 지역의 유아교육기관과 보육기관 간의 연계·협력체제를 마련하여 영·유아의 문제를 해결하고 필요한 맞춤형 서비스를 제공한다.

3. 사업의 추진 및 지원체제

교육복지우선지원사업의 추진체제는 <표 3-1>과 **|그림 3-1|**, **|그림 3-2|**에서 볼 수 있듯이 교육복지우선지원사업의 추진 및 지원 체제는 교육부, 시·도교육청, 지역교육청과 학교이며, 국가시책사업은 교육부가 전액을 부담하는 사업과 교육부와 시·도교육청이 공동으로 부담하는 사업으로 나누어지는데, 교육부 전액 부담 사업은 국고보조의 성격이 있으며, 교육부 및 시·도교육청 공동 부담 사업은 시·도교육청의 대응투자를 유도하려는 사업이다(임연기 외, 2013).

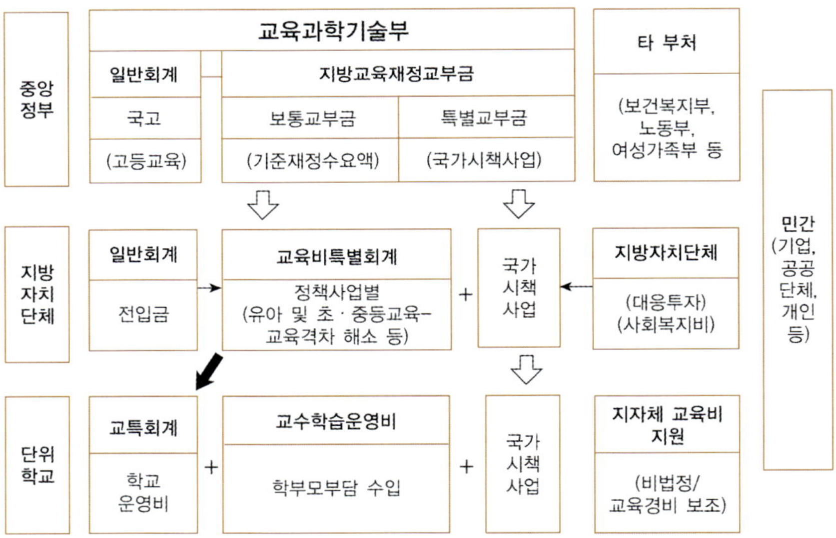

|그림 3-1| 교육복지 재정의 구조

출처 : 엄문영 외(2014). 교육복지투자 실태 및 효율화 방안연구. p. 32.

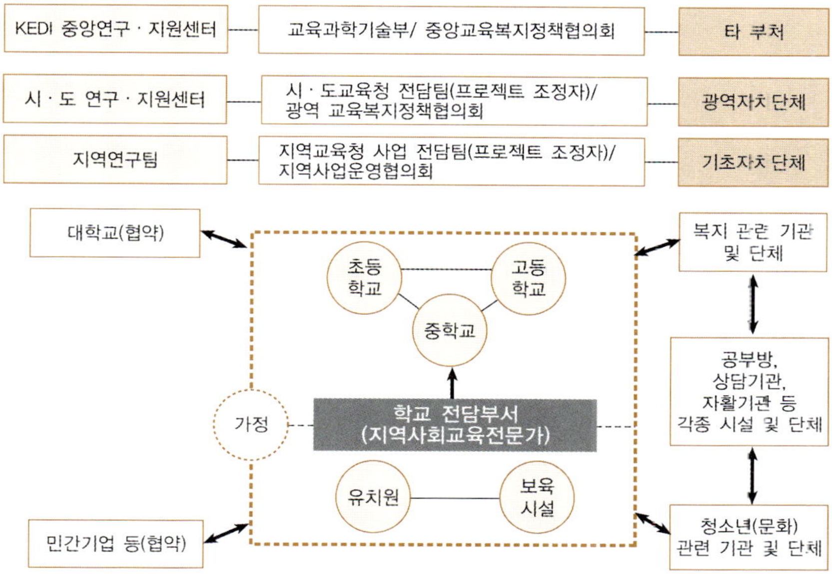

| 그림 3-2 | 교육복지우선지원사업의 추진 및 지원 체제

출처 : 김정원 외(2010). 교육복지의 이론과 실제, p. 47.

〈표 3-1〉 교육복지우선지원사업

대상자		사업학교 전체 학생
서비스		• **학습능력 증진** : 일대일 학습, 방과후학교 프로그램, 방학 중 캠프, 대학생 멘토링 등 • **문화체험활동 증진** : 예술제, 축제, 캠프, 동아리, 자원봉사활동, 박물관 및 미술관 견학 등 • **심리 · 정서발달 지원** : 학생상담 심리검사, 심리치료, 학교부적응 예방 프로그램 등 • **복지 프로그램 활성화** : 학교-가정-지역사회와 연계한 학생 통합 보호 · 지원체계 구축
전달 체계	전달 조직	• **주무부처 및 관청** : 교육부, 시 · 도교육청 • **사업수행기관** : 단위학교(초 · 중 · 고교) – 대상학교 선정 : 시 · 도교육청에서 관내 학교 상황(저소득층을 비롯한 다문화가정 학생, 북한이탈주민 학생, 학업부진 학생 등 다양한 수준의 교육적 취약성을 지니거나 교육적 성취에 있어 상대적으로 불리한 상황에 있는 교육취약 아동 · 청소년 수의 비율 등)을 고려하여 자체적 기준 마련, 이를 통해 교육취약 아동 · 청소년 밀집학교 선정
	수행 인력	• 지역사회전문가(사회복지사), 민간전문인력 – 계약직으로 학교장이 채용 • 교육청 단위 프로젝트 조정자 – 공무원 7급에 해당하는 보수 제공

출처 : 박주호(2014). 교육복지의 논의, pp. 221-222.

1) 교육복지 정책 추진체제 구축

교육복지 정책 추진체제 구축에 대해서 교육부 교육복지종합계획(2004~2008)을 중심으로 살펴보면 다음과 같다.

(1) 부처 간 교육복지 정책 협의 강화

가칭 '교육복지정책협의회'를 설치하여 교육복지 정책에 관한 부처 간 연계 협력을 강화해 나간다. 교육복지정책협의회는 교육인적자원부 차관을 위원장으로 하고 관계부처 관련 국장, 외부 교육복지 전문가, 교육복지 관련 단체 및 기관의 대표로 구성하여 중앙부처 및 민간과의 교육복지 정책의 유기적인 연계가 강화될 수 있도록 한다. 또한 중요한 교육복지 정책에 대해서는 인적자원개발회의의 심의를 통해 부처 간 조정·협력이 이루어질 수 있도록 한다.

(2) 지역단위 교육복지 업무 추진체제 수립

① 시·도교육청 및 지역교육청에 교육복지 업무 담당 부서 설치·지정

시·도교육청 및 지역교육청에 교육복지 업무 담당 부서를 설치 또는 지정하도록 하여 지역단위에서의 교육복지 정책추진 기반을 마련하고 지역 특성에 적합한 교육복지 정책 프로그램이 개발·추진되도록 한다. 이를 통해 광역 차원에서의 교육복지 정책추진 거점 역할을 수행하도록 하고 중앙정부, 지역 행정기관, 공공기관·시설, 민간기관 및 단체 등과의 교육복지 사업 연계 역할을 수행하도록 한다.

② 지역 교육복지협의회 구성·운영

시·도교육청 중심의 시·도 단위 교육복지협의회 및 지역교육청 중심의 지역단위 교육복지협의회 구성·운영으로 지역 내 교육복지 관련 기관·단체 간 협력 네트워크 구축을 통해 연계·협력을 강화한다.

(3) 단위학교의 학생복지사업 역량 강화

학교 내에 교육복지 전담부서 설치 등을 통해 단위학교의 학생복지 기능을 강화하도록 한다. 학교 내의 교육복지 전담부서에는 다양한 교육복지 지원 인력을 활용하여 학교의 교육복지 역량을 강화하고 학교－가정－지역사회를 잇는 개방적 협력체제를 수립한다.

또한 학교 내 '학생 쉼터'를 설치・운영하여 상담실과 연계를 통한 학생들의 상담, 복지, 고충 처리, 공동문제 해결 및 쉼터 장소로 운영하도록 한다.

2) 민간의 참여 활성화

(1) 자원봉사제 활성화를 통한 잠재된 민간 전문인력 활용 극대화

다양한 능력을 지닌 자원봉사 인력풀을 활용하여 교육복지 수요자에 대한 다양한 서비스 제공 인력을 확보하고 이를 통해 자원봉사자와 서비스 수요자의 효율적인 연결을 실시한다. 또한 학부모나 지역인사 등의 학교 교육활동 참여를 위해 유급휴가로 인정하는 방안을 추진하고 대학생의 교육복지 관련 활동 참가시간의 수업인정을 통해 다양한 인력의 교육복지 활동 참여를 촉진한다. 이러한 자원봉사자를 학생상담, 학습부진아 지도, 특기적성교육, 방과후 활동 지도교사 등으로 활용하고 일반 사회의 교육복지 자원봉사 참여의식을 제고한다.

[사례] 우수 대학생들이 저소득층 자녀 중 자질 있는 학생들과 결연을 맺고 학습지도 등 무상교육 서비스를 지원하고 role-model이 되어준다. 도움을 받은 학생들은 대학 진학 후 같은 프로그램에 자원봉사자로 다시 참여하여 저소득층 학생의 대학 진학을 돕고 자신이 받은 혜택을 다시 사회에 돌려주는 선순환 기능을 통하여 대학생들의 자원봉사 활동 촉진 및 교육복지에 기여한다.

(2) 학부모 및 지역자원의 학교 교육활동 참여 활성화

학부모나 지역인사 등의 학교 교육활동 참여를 유급휴가로 인정하여 학부모 및 지역자원의 학교 교육활동 참여 활성화를 촉진한다. 대학생의 고육복지 관련 활동 참가시간의 수업인정 권장 및 유도를 통해 예비 전문인력의 교육복지 활동 참가를 촉진하고, 학생상담, 학습부진아 지도, 특기적성 교육, 방과후학교 운영 지원인력으로 활용한다. 또한 자원봉사 활성화를 통해 국민과 주민의 교육복지 자원봉사 참여의식을 제고한다.

(3) 민간 중심의 현장 모니터링 시스템 구축 · 운영

현장성 있는 교육복지 정책의 추진을 위해 교육복지 수혜자, 학교, 교육복지 관련 기관 · 단체, 지역 및 시 · 도교육청 관계자 등이 참여하는 on-line/ off-line 모니터링 시스템을 구축 · 운영한다. 아울러 교육복지 정책 포럼 사이트를 개설하여 사업소개, 각종 정보 · 의견교환, 전문상담, 사이버 토론방 등의 운영을 통해 교육복지 정책에 대한 다양한 의견을 수렴하고 논의를 활성화해 나간다. 이러한 현장 모니터링 시스템 구축 · 운영을 통해 교육복지 관련 정책의 실효성에 대해 실시간 점검 및 환류가 이루어지도록 한다.

(4) 민간의 우수 교육복지 프로그램 활용 및 확산

민간의 창의적이고 실효성 있는 교육복지 프로그램을 발굴 · 확산시켜 민간의 교육복지 활동을 활성화하도록 한다. 예컨대 '지역교육복지종합센터'를 공모 혹은 지정 · 운영하여 교육복지투자우선지역사업 선정, 학생상담의 민간상담 기관 지정 · 위탁 운영 등을 검토한다.

3) 안정적 재원확보 방안 강구

(1) 중앙정부의 교육복지 투자 확대 방안 강구

국가가 책임져야 할 교육복지 분야 사업에 대하여 국조보조금 사업으로 지정 추진하는 동시에, 복권위원회 복권기금을 활용하는 방안을 적극적으로 검토하고, 농어촌 지역의 교육복지 사업추진을 위해서는 농어촌특별세 재원 확보 노력을 지속적으로 추진해 나간다.

(2) 시 · 도교육청별 교육복지 재원 확보방안 강구

시 · 도교육청의 교육복지 증진에 대한 투자 확대를 유도하기 위해 시 · 도 교육비특별회계와 국가의 교육복지 정책과의 연계성 확보방안을 강구하여 시 · 도교육청의 교육복지 정책 추진을 담보할 수 있도록 한다. 아울러 시 · 도교육청 평가항목으로 교육복지 사업 추진실적을 반영할 수 있도록 한다. 또한 교육복지 사업 추진에 필요한 관련 예산을 특별교부금에 정책수요로 반영하고 시 · 도의 대응투자를 조건으로 사업지원을 하는 방안을 검토한다.

(3) 민간 재원 활용방안 강구

교육복지 정책 추진에 필요한 재원상의 정부 한계를 극복하기 위해 다양한 민간 재원의 활용방안을 검토한다. 사회복지공동모금회 재원 활용방안을 검토 · 협의하고 공익신탁기금제도(하나은행) 등 다양한 민간 재원 활용방안을 모색해 나가도록 한다.

4) 가칭 '교육복지기본법' 제정 검토

안정성, 지속성, 실효성 있는 교육복지 정책 추진을 위해 교육복지 정책 추진에 대한 통합적인 법적 근거 마련 방안을 검토한다. 동 법률에는 국가 및 지방자치단체의 교육복지 시책 추진 의무, 교육복지 기본계획의 수립, 추진 행정 조직, 민관 협력체제 구축, 재원 확보방안, 교육복지 관련 연구 지원체제 수립 등에 관한 사항을 규정하도록 한다.

4. 우리나라 교육복지 현황 및 사례

1) 우리나라 교육복지 현황

우리나라 교육복지의 현황은 교육부(2014)에서 전국 국 · 공 · 사립 초 · 중 · 고등학교를 대상으로 전수조사를 한 자료를 중심으로 다음과 같이 정리하였다. 조사의 내용은 방과후학교 참여율, 프로그램 및 강사 현황, 만족도 등이다.

(1) 방과후학교 운영학교 및 참여학생 현황

구 분	초	중	고	계	현 황			
					2013	2012	2011	2010
운영학교 수(교)	6,148	3,218	2,320	11,686	11,397	11,361	11,307	11,226
비율(%)	99.9	100.0	99.9	99.9	99.9	99.9	99.9	99.9
참여학생 수(천 명)	1,992	1,109	1,368	4,469	4,678	4,840	4,559	4,573
비율(%)	73.1	64.6	74.7	71.2	72.2	71.9	65.2	63.3

출처 : 교육부(2014). http://www.moe.go.kr

(2) 프로그램 운영 현황

구 분		초	중	고	계	현 황			
						2013	2012	2011	2010
교과	수(개)	78,592	74,531	141,273	294,396	323,888	367,025	355,158	338,891
	비율(%)	31.1	63.3	84.4	54.7	56.8	60.9	66.9	68.5
특기적성	수(개)	174,482	43,170	26,060	243,712	246,433	235,605	175,492	156,074
	비율(%)	68.9	36.7	15.6	45.3	43.2	39.1	33.1	31.5
계	수(개)	253,074	117,701	167,333	538,108	570,321	602,630	530,650	494,965

출처 : 교육부(2014). http://www.moe.go.kr

(3) 내용별 프로그램 운영 현황

구 분		국어	수학	사회	과학	영어	제2 외국어	체육	음악	미술	컴퓨터	독서 논술	기타	계
프로그램 수(개)	초	7,337	23,740	2,553	14,830	26,386	3,746	34,996	25,333	43,207	23,332	8,344	39,270	253,074
	중	13,166	18,348	10,632	12,084	18,697	1,604	10,044	3,494	15,654	1,193	2,574	10,211	117,701
	고	30,015	33,876	21,650	21,344	33,296	1,092	2,630	1,603	5,885	3,636	2,396	9,910	167,333
	계	50,518	75,964	34,835	48,258	78,379	6,442	47,670	30,430	64,746	28,161	13,314	59,391	538,108
비율(%)		9.4	14.1	6.5	9.0	14.6	1.2	8.9	5.7	12.0	5.2	2.5	11.0	100.0
현황 (비율, %)	2013	10.2	14.5	7.0	9.2	14.7	1.0	11.1	8.2	5.5	5.0	2.8	10.7	100.0
	2012	11.0	15.7	7.2	10.1	15.7	1.2	9.6	6.9	5.0	5.2	2.8	9.5	100.0
	2011	14.0	17.2	9.0	11.4	17.1	1.4	5.7	6.0	4.6	5.7	-	7.9	100.0
	2010	14.5	17.7	10.6	12.1	17.5	1.4	4.5	5.2	4.3	6.3	-	5.9	100.0

(4) 민간위탁 프로그램 운영 현황

구 분		초	중	고	계	현 황			
						2013	2012	2011	2010
학교 수 비율 (%)*		2,865 (46.6)	375 (11.7)	112 (4.8)	3,352 (28.7)	3,351 (29.4)	3,331 (29.3)	2,386 (21.1)	2,659 (23.7)
프로그램 수(개)	영리기관	19,226	1,339	270	20,835 (45.3)	17,300 (44.8)	20,090 (55.2)	20,452 (71.9)	20,868 (69.8)
	비영리기관	22,840	2,105	246	25,191 (54.7)	21,307 (55.2)	16,332 (44.8)	7,984 (28.1)	9,012 (30.2)
	소 계	42,066	3,444	516	46,026 (8.6)	38,607 (6.8)	36,422 (6.0)	28,436 (5.4)	29,880 (6.0)

* 비율 : 방과후학교 운영학교 중 민간위탁 프로그램 운영학교 비율
출처 : 교육부. http://www.moe.go.kr

(5) 프로그램별 강사 현황

구 분		초	중	고	계	현 황			
						2013	2012	2011	2010
교과 프로그램 (A)	현직 교원수(명)	16,137	34,577	61,917	112,631	119,678	127,484	150,956	154,309
	D(D/F)	(41.6)	(85.6)	(97.1)	(78.8)	(79.3)	(77.0)	(83.5)	(87.8)
	외부 강사수(명)	22,622	5,796	1,852	30,270	31,300	38,149	29,906	21,423
	E(E/F)	(58.4)	(14.4)	(2.9)	(21.2)	(20.7)	(23.0)	(16.5)	(12.2)
	소 계	38,759	40,373	63,769	142,901	150,978	165,633	180,862	175,732
	F(A/C)	(28.9)	(54.5)	(75.6)	(48.8)	(49.8)	(54.7)	(61.4)	(63.9)
특기적성 프로그램 (B)	현직 교원수(명)	17,633	18,086	15,410	51,129	53,502	43,854	38,368	30,522
	G(G/I)	(18.5)	(53.6)	(74.7)	(34.1)	(35.1)	(31.9)	(33.7)	(30.8)
	외부 강사수(명)	77,776	15,671	5,221	98,668	98,950	93,573	75,382	68,588
	H(H/I)	(81.5)	(46.4)	(25.3)	(65.9)	(64.9)	(68.1)	(66.3)	(69.2)
	소 계	95,409	33,757	20,631	149,797	152,452	137,427	113,750	99,110
	I(B/C)	(71.1)	(45.5)	(24.4)	(51.2)	(50.2)	(45.3)	(38.6)	(36.1)

전체 프로그램 (C)	현직 교원수(명)	33,770	52,663	77,327	163,760	173,180	171,338	189,324	184,831
	J(J/C)	(25.2)	(71.0)	(91.6)	(55.9)	(57.1)	(56.5)	(64.3)	(67.2)
	외부 강사수(명)	100,398	21,467	7,073	128,938	130,250	131,722	105,288	90,011
	K(K/C)	(74.8)	(29.0)	(8.4)	(44.1)	(42.9)	(43.5)	(35.7)	(32.8)
	총계(C)	134,168	74,130	84,400	292,698	303,430	303,060	294,612	274,842

출처 : 교육부(2014). http://www.moe.go.kr

(6) 자유수강권 지원 현황

구 분	2014	현 황			
		2013	2012	2011	2010
지원금액(백만 원)	371,960	340,745	289,188	176,581	141,021
지원학생 수(명)	619,932	567,907	602,480	482,070	392,070

출처 : 교육부(2014). http://www.moe.go.kr

(7) 방과후학교 만족도

연 도		학 생				학부모			
		초	중	고	계	초	중	고	계
2014		87.5	76.9	68.7	80.7	84.4	77.7	70.8	79.7
과년도 현황	2013	86.1	74.5	64.9	78.7	83.1	76.2	67.8	78.1
	2012	83.8	70.0	63.0	75.8	80.8	72.4	65.9	75.4
	2011	82.0	67.0	61.7	73.8	79.2	70.0	64.8	73.7
	2010	80.6	61.0	59.1	67.9	78.0	65.1	62.5	69.4

출처 : 교육부(2014). http://www.moe.go.kr

2) 우리나라 교육복지 사례(방과후학교 우수 프로그램)

교육복지 우수사례를 제시하면 다음과 같다.

(1) 배움과 돌봄으로 아이들이 행복한 서명 두레방과후학교(서명초등학교)(학교교육개발원, 2009, 제1회 방과후학교 대상)

부산광역시 금정구 서1동은 철거민 이주정책으로 형성된 마을로, 경사진 곳에 한두 사람이 겨우 지나갈 수 있는 골목들 사이로 우리 아이들이 사는 집들이 촘촘히 들어서 있다. 한부모가정, 맞벌이가정, 생계가 어려운 저소득층 가정이 많아, 3년 전까지만 해도 부모님들이 일터에 있는 동안 학교를 마친 아이들은 가정의 따뜻한 보살핌보다는 학교 운동장에서 공을 차거나 동네 골목에서 친구들과 노는 것으로 방과후 시간을 보내야 하는 상황이었다. 그러나 지금, 전교생 407명의 아이들과 교사, 학부모와 지역주민 등 서명가족 모두의 얼굴은 늘 즐겁고 행복한 웃음으로 가득하다. 그 어떤 지원과 사업보다도 방과후 아이들의 배움과 돌봄이 절실하게 필요했던 이곳에 2007년부터 시작된 방과후학교는 방과후 엄마를 대신하는 배움과 돌봄의 장소로, 미래의 꿈과 비전을 제시해주는 보금자리가 되었으며, 지역주민에게는 희망찬 미래를 대비하는 평생학습의 장으로서 서명가족 모두에게 행복을 가져다주는 매개체가 되고 있다. 배움과 돌봄으로 희망을 키워가는 그 중심에 방과후학교가 함께하는 서명초등학교는 미래의 희망을 꿈꾸는, 진정으로 아이들이 행복한 학교이다.

『대한민국 최고의 방과후학교』 이렇게 운영되고 있어요

내실 있는 방과후학교 운영을 위한 노력

■ 방과후학교 홍보

- 학생과 학부모에게 방과후학교 운영에 대한 홍보활동을 통한 정보 공유와 이해를 바탕으로 방과후학교에 적극적인 참여 유도와 신뢰도 제고

■ 교직원 및 학부모 연수

- 방과후학교 운영 전반에 대한 인식 확산과 이해를 높이고 원활한 방과후학교 운영을 위한 연수를 실시함으로써 긍정적인 마인드 구축 및 협조체제 형성

■ 신뢰 구축을 위한 질 관리 프로그램 운영

- 학생들의 특기적성 분야에 대한 전문적인 지식과 기술을 갖고 있는 강사들을 선정하여 전문성을 확보하고, 강사 공모를 통한 유능한 강사 채용으로 수업의 질 향상
- 본교 교사와 외부 강사의 1강사 1담임제를 운영함으로써 프로그램의 질 개선과 강사의 수업 지도, 아동 관리 등의 협력체제 구축
- 수업 공개 모니터링(교사, 학부모)을 통한 결과 환류
- 체계적인 연수 실시로 강사의 전문성 신장 및 수업의 질 향상

- 프로그램과 강사에 대한 아동, 학부모의 만족도 조사를 실시하여 재계약 자료로 활용
- 강사 자기평가서 작성으로 스스로 수업 개선을 위한 노력 기회 부여
- 연간·월간 계획 작성으로 계획적이고 내실 있는 수업 운영
- 수업 후 지도일지 작성 피드백
- 2개월마다 학생활동결과표를 가정에 통지하여 학교와 가정의 의사소통자료로 활용

■ 지역사회기관 간 네트워킹 구축

- 다양한 우수 인적자원을 확보하여, 학생의 다양한 요구와 선택권을 확대하고, 지역유관기관의 강사를 적극 활용함으로써 질 높은 프로그램을 운영
- 1교 12사 결연을 통한 방과후학교 무료강사 지원, 교육환경 개선, 간식비 제공 등 다양한 지원을 유도하여 방과후학교 운영 효과 제고

배움으로 실력 쑥쑥! 교과 프로그램 운영

■ 실력을 키우는 교과 프로그램 운영

- 학생들의 실력에 맞는 수준별 교과 프로그램을 증설·운영함으로써 정규 교육과정과 긴밀한 연계를 이루어 내 학생들의 학력을 향상
- 수요자 요구에 의한 국어, 영어, 수학, 과학 등 교과 프로그램을 확대·운영함으로써 정규 교육과정과 연계한 심화·보충으로 학생들의 학력향상 기회 제공
- 본교 교사 및 전문강사를 적극적으로 활용하여 개인별 수준차를 극복할 수 있는 수요자 맞춤형 프로그램 구성
- 정규 교육과정과 긴밀한 연계가 이루어질 수 있도록 지도계획을 수립하고, 주 5회의 연속적인 수업이 이루어질 수 있도록 강좌를 편성·운영
- 교과 프로그램 10개 강좌, 24개 반 운영(유료 3강좌, 무료 7강좌)

■ 소질과 꿈을 키우는 수요자 맞춤형 특기신장 프로그램 운영

- 학생들의 소질과 잠재능력을 계발할 수 있는 특기신장 프로그램을 운영함으로써 적성과 희망에 따라 특기를 신장시킬 수 있는 기회 확대
- 본교 교사, 학부모교육원, 외부 전문강사 등 지역사회기관과 연계한 우수 인적자원을 적극 활용하여 학생들에게 질 높은 프로그램 제공
- 지역유관기관과의 긴밀한 연계를 통한 무료강사 확보로 무료배움의 기회 확대
- 특기신장 프로그램 16개 강좌, 25개반 운영(유료 6강좌, 무료 10강좌)

■ 발표 기회 확대

- 방과후학교 페스티벌을 개최하여 방과후학교 교육활동을 통해 배우고 익힌 기량을 마음껏 표현할 수 있는 기회 제공
- 성취의욕을 높이고 학생들의 방과후학교에 대한 참여의욕과 자신감을 높이는 기회 제공
- 방과후학교의 전반적인 운영 성과에 대하여 학생과 학부모, 지역주민이 함께 공유하는 장을 마련하여 학교-가정-사회 교육공동체 형성
- 다양한 대회에 참여할 기회를 제공함으로써 학생들에게는 성취동기와 자신감을, 강사들에게는 가르치는 보람과 긍지를 고취시킴

돌봄으로 행복 가득! 명품 보육교실 운영

■ 수준별 맞춤형 보육교실 프로그램 운영

- 주간(7실), 야간(2실), 종일(1실) 보육의 10실 운영 및 100% 무료 운영
- 학교직영 외부기관 위탁 운영으로 체계적이고 차별화된 보육교실 운영
- 학년별 보육교실 운영으로 학년의 발달단계에 맞는 최적의 교육서비스 제공
- 지역사회 인적 · 물적자원 활용, 석식 제공의 교육 · 보육 통합서비스 운영

■ 교육과정 연계를 통한 학력신장

- 교육과정과 연계하여 정규 교과시간에 배운 내용 보충시간 확대
- 해당학년의 담임교사와 보육강사와의 1:1 연계를 통한 긴밀한 관리체제 운영
- 전문외부강사 활용을 통한 수학, 영어, 독서논술 프로그램 운영
- 영어 주 3회(원어민교사 2회, 한인강사 1회), 수학 주 2회, 독서논술 주 1회 특강
- 교육과정과의 연계를 통한 학습지도로 실제적인 학력신장
- 대학생 멘토링 운영으로 부산교육대학생과 협력하여 주 2회(1회 120분 수업) 교육과정과 연계한 기초 학습지도 특기적성 프로그램 제공

■ 전인적 성장을 돕는 특색 프로그램 운영

- 인적 인프라 구축을 통한 다양한 활동기회 제공으로 학생들의 정서안정 도모
- 토요체험활동 확대로 폭넓은 체험기회 제공을 통한 전인적 성장 도모
- 야간보육교실 안전귀가도우미 활동 운영
- 엄마품 멘토링 운영

지역사회와 더불어! 교육공동체 프로그램 운영

평생교육 프로그램

- 학부모와 지역주민에게 평생학습 기회를 제공하여 지역학습공동체 구축
- 평생교육 프로그램은 취미교실과 경로교실로 나누어 운영
- 취미교실은 학부모와 지역주민을 대상으로 무료로 운영하며, 한글교실, 종이접기 교실을 상설 프로그램과 특강 프로그램으로 운영
- 경로교실은 2004년부터 지역의 홀로 계신 어르신 40명을 초청하여 지역사회와 연계한 노인공경 및 1일 손자손녀 되기 프로그램으로 운영

토요 프로그램

- 다양한 체험학습 제공으로 지속적인 배움과 돌봄 기능
- 토요 프로그램은 토요 상설 프로그램과 지역사회 연계 프로그램으로 운영
- 토요 상설 프로그램은 다양한 인적자원을 활용하여 7강좌를 상설 운영
- 지역사회 연계 프로그램을 안내함으로써 보다 폭넓은 체험기회 제공

교육복지 프로그램

- 다양한 프로그램 개발과 적용으로 학생들의 교육・정서・문화적 결손 치유, 폭넓은 문화 체험의 경험과 학력 증진의 종합적인 교육복지 서비스 제공
- 학력 증진과 건강한 신체 및 정서 발달을 위한 실질적 프로그램 운영
- 문화적 욕구충족을 위한 다양한 문화적 체험기회 제공
- 지역사회 유관기관과 연계한 가정－학교－지역사회의 교육공동체 형성

〈평생교육 프로그램 활동 사진〉

출처 : 교육개발원(2009). 제1회 방과후학교 대상 우수사례, p. 8.

알차게 배워요! 교육과정 연계 프로그램 운영

교과 연계 프로그램

- 다양한 교육경험 제공으로 정규 교육과정을 지원하고 보완
- 체육, 음악, 미술의 예체능 교과 교육과정을 분석하여 기능향상을 위한 전문강사 도입
- 외부강사를 보조강사로 활용한 협력수업 실시
- 연계 프로그램 운영계획 수립 후 차시별 협력교수－학습 계획안 작성

재량활동 연계 프로그램

- 다양한 체험활동 연계로 교육과정의 지역화, 자기주도적 학습능력 신장
- 창의적 재량활동 영역에 교육과정과 방과후학교 연계
- 창의성 신장에 중점을 두고 학년 특성에 맞는 재량활동 교육과정 편성
- 지역사회의 인적·물적자원 활용을 통한 학습효과 최적화

특별활동 연계 프로그램

- 4~6학년의 무학년제를 조직하여 운영
- 부서의 특성에 따라 본교 교사 중심 운영, 외부강사와의 협력수업, 지역사회시설을 적절하게 활용
- 외부강사의 활용은 계발활동 연간 운영계획에 따라 주 1회, 또는 월 1회 등 교육적 효과를 고려하여 운영

〈교육과정 연계 프로그램 활동 사진〉

출처 : 교육개발원(2009). 제1회 방과후학교 대상 우수사례, p. 9.

3) 한국 교육복지 프로그램의 특성

이봉주와 우명숙(2014)은 기존의 교육복지에 대한 이분법적 관점으로서의 협의와 광의 개념 구분 대신, 이를 적절히 혼용하는 중범위적 관점에서 교육복지를 정의하였다. 여기서 중범위적 관점이란, 아동과 학생에 대한 보편적 복지로서의 광의 개념과 소위 경제적·사회적 약자층의 교육격차를 해소하기 위한 교육복지 서비스를 의미하는 협의 개념의 결합을 시도한 것이다. 구체적으로는 교육취약계층의 인지적·정서적·신체적인 측면의 온전한 발달

을 지원하는 것을 포함하여, 보편적 대상으로 모든 아동과 학생의 전인적 발달을 위해 유치원, 초·중등학교를 중심으로 지원되는 활동이라고 정의하였다. 이러한 정의에 기초하여 급여 대상에 따라 교육복지 프로그램의 유형을 아래 <표 3-2>와 같이 구분하였다(교육개발원, 2014).

〈표 3-2〉 **교육복지 프로그램 대상에 따른 분류**

대 상	프로그램(예시)
보 편	각종 캠프 및 체험활동 운영, 건강체력 증진 사업, 건강한 학교 만들기, 민주시민 교육방법론 개발 및 확산, 비폭력 평화학교 만들기, 수련 프로그램 개발 및 운영, 인권친화적 학교시스템 구축, 인성진로교육지원, 인터넷중독예방 관련 사업, 에듀케어 관련 사업, 학교급식 관련 사업, 학생건강검진 관련 사업, 학습준비물지원, 환경위생관리 등
발달상 욕구	(중)미이수과정 운영지원, Wee클래스 관련 사업, 가피해학생 치료지원 프로그램 개발 및 지원, 가족지원 프로그램, 금연도우미(또래상담가) 양성캠프, 기초학력보장 관련 프로그램, 다문화교육 관련 사업, 돌봄교실 운영지원, 정신건강관리 관련 프로그램, 특수교육 관련 프로그램, 전문상담사 운영, 탈북학생지원, 학력부진 관련 프로그램 등
저소득	고등학교저소득층 교과서지원, 교육복지 관련 사업, 방과후학교 관련 프로그램, 수익자부담 경비지원, 저소득층학생 인터넷통신비지원, 일반학교 저소득층학생 교육복지지원, 자기주도학습 프로그램 운영 관련 사업, 저소득층 자녀교육비 온라인신청 시스템 운영, 중학교 방과후 공부방 운영, 지역기반형 교육복지협력사업, 컴퓨터지원, 급식비지원, 저소득층학생 학비지원 등

PART 02

교육복지 프로그램의 개발

CHAPTER 04

교육복지 프로그램의 기초

1. 교육복지 프로그램 개발의 이해

지식과 창의력이 가치창출의 원천이 되고 국가 경쟁력의 원동력이 되는 지식기반사회를 주도할 인적자원을 길러내기 위한 교육은 그 중요성이 더욱 강조될 수밖에 없으며, 이러한 사회의 핵심이 되는 교육은 본질적으로 프로그램 개발과 운영에 밀접히 맞물려 있는데, 이는 교육분야에서 프로그램이란 한 교육기관의 실체를 나타내 주면서, 바로 이러한 특성을 반영함으로써 기관의 생존과 안정 그리고 탁월성을 이룩해 나가는 기본 틀에 해당되기 때문이다(이용교 · 임형택, 2010).

프로그램(program)이라는 개념은 어원상 다차원적인 개념으로 다양한 의미를 가지는데(김진화, 2011), 프로그램(program)의 사전적 의미는 일의 진행계획이나 순서를 뜻한다. 윤옥한(2014)은 프로그램을 '일의 진행계획을 체계적으로 미리 설계한 목록이다'라고 하였으며, 황성철(2014)은 프로그램을 '특정한 목적을 달성하기 위하여 자원과 기술이 투입되어 일정한 절차에 따라 이루어지는 조직의 계획적인 활동체계'라고 정의하였다.

교육 프로그램은 학자들에 따라 다양하게 정의되고 있는데, 1시간의 강의에서부터 1회의 워크숍, 1년의 교육계획 등 교육기관에서 실시하는 모든 활동 등 다양한 형태로 프로그램이라는 용어를 사용한다(윤옥한, 2014). 교육 프로그램의 개념을 세분화해서 일상적 의미, 교육적 의미, 복지적 의미로 구분해서 살펴보면 다음의 <표 4−1>과 같다.

〈표 4−1〉 **프로그램의 의미 구분**

구 분	의 미	자주 사용되는 곳	결과물 예
일상적 의미	• 인간의 실존적 가치를 무시한 일의 진행 계획이나 순서 • 단순히 상황만을 알리는 일상적인 프로그램	• 벚꽃축제 프로그램 • 시립합창단정기연주회 프로그램 • 영어회화 프로그램	팸플릿
교육적 의미	• 교육목적을 달성하기 위해 참여자의 행동이 변화하도록 사전에 체계화시켜 놓은 교육내용(지식, 기능, 태도)	교육과정(curriculum)	교재, 교안
복지적 의미	• 경제적 · 사회적 약자층의 교육격차를 해소하기 위한 교육복지 서비스(프로그램)	사회복지 프로그램	지역사회 협력체계 구축을 통한 빈곤가정 아동의 전인적 발달 프로그램

출처 : 윤옥한(2014). 평생교육프로그램개발론, p. 75 재구성.

교육적 의미에서 프로그램은 주로 교육과정(curriculum)을 의미한다. 교육과정(curriculum)과 프로그램(program)은 구별되는 특징이 있다. 프로그램이 일의 진행계획, 순서나 절차를 미리 짜놓은 것이라면 교육과정은 정해진 코스(course)에서 교사나 전문가에 의하여 사전에 계획되고 교육내용이 선정되어 학생들에게 일방적으로 제시되는 교육내용의 형태로 볼 수 있다(윤옥한, 2014). 프로그램(program)과 교육과정(curriculum)을 구체적으로 살펴보면 다음의 <표 4−2>와 같다.

〈표 4-2〉 프로그램(program)과 교육과정(curriculum)의 비교

구 분	프로그램(program)	교육과정(curriculum)
개발의 의미	프로그램 개발은 커리큘럼보다 훨씬 광범위한 개념으로 학습활동 수행을 위한 예산, 홍보, 평가 등의 관리과정까지 포함	커리큘럼 개발은 프로그램 계획의 하위과정 중의 하나로 단지 학습경험의 선정과 관련된 부분을 지칭
프로그램 개발 기본 단위	사회교육기관 및 조직체	교육부 및 교육과정평가원
프로그램 개발 목적	직무능력 향상 및 실생활 문제 해결	학생의 행동 및 능력 신장
교·강사 역할	facilitator	teacher
프로그램 개발 양상	단기적·역동적	장기적
프로그램 개발 근원	학습자 및 기관의 요구	학문적 구조
초 점	제도권 외의 모든 학습활동까지를 포함하는 광범위한 의미	공교육제도권 내의 학습활동을 의한 계획을 의미
결과물	• 교육기획·설계·홍보·운영·평가 방법 구성 • 교육체계도 구성 • 교육 프로그램 구성요인 추출 • 교육과정 구성(교재) • 교안 구성(학습지도안)	• 교육과정 구성(교재) • 교안 구성(학습지도안)

출처 : 윤옥한(2014). 평생교육프로그램개발론, p. 76.

요컨대 프로그램이란 다양한 교육활동을 유목적적이고 일반적이고 장기적인 활동내용으로 하여 시간적 순서와 장소, 내용, 방법, 대상자 등의 범주에 따라 체계적으로 나열한 구체적 계획이나 그중 어떤 하나의 내용을 좀 더 자세하게 순서대로 나타낸 단계적 활동이라고 정의할 수 있다(남정걸·권이종, 1998; 이용교·임용택, 2010).

본 서에서는 교육복지프로그램을 '교육취약계층 학생들의 교육기회 및 교육의 질에 있어서 그 사회의 보편적 수준에 이르지 못하는 불평등의 해소라는 교육목적을 달성하기 위해 체계적으로 설계한 조직화된 일련의 학습내용, 학습활동, 학습방법이 통합된 실체'라고 정의한다.

2. 교육복지 프로그램 개발의 기본적 가치

교육복지를 구성하는 기본적 가치에 대해 이돈희(1999)는 정의(正義)의 관점에서 교육복지를 이해하고 있는데, 그는 교육기회의 제공이 정의로움을 바탕으로 복지적 동기에 의해 이루어질 때 이를 교육복지라고 개념화하였는데, 복지적 동기에 따른 교육이란 '삶의 질 향상을 위해 제공되는 교육'을 의미하며, 이는 교육 그 자체가 지닌 내재적 가치를 실현하고자 하는 관점이다(안병영 · 김인희, 2013). 교육복지란 교육정의를 실현하려는 노력의 한 부분이라고 볼 수 있는데, 복지적 교육정의의 실현에는 기본적으로 두 가지 조건이 동시에 충족되어야 한다(안병영 · 김인희, 2013 : 19-20). 첫째는, 학습경험(또는 교육기회)이 학습자에게 유의미해야 하며, 둘째는, 교육기회의 배분이 평등의 조건을 충족해야 한다는 것이다. 또한 교육정의의 실현을 위해 가장 강조되는 기본적 가치는 평등(equality) 내지 형평성(equity)이다. 평등의 추구와 연관하여 강조되어야 할 점은, 사후적으로 불평등을 완화시키려는 노력보다는 사전적으로 '기회의 평등'을 보장하여 국민 개개인이 타고난 잠재력을 최대한으로 발현할 수 있도록 관여해야 한다는 입장이다. 즉, 사전예방적 관여가 중요시된다.

3. 교육복지 프로그램 개발의 원리

교육복지 프로그램은 대상 측면에서는 교육취약계층을 우선 대상으로 하지만 일반아동 · 청소년이 함께 포함되는 프로그램이 다수이다. 따라서 교육복지 프로그램은 교육취약계층뿐만 아니라 일반 학생들 그리고 학부모 등 관련 대상자들 모두가 함께 참여할 수 있다. 프로그램 운영공간은 학교 안팎이며, 프로그램 내용은 학령별로 표준화된 학교교육과정부터 완전히 개별화된 프로그램까지 다양하다. 효과적인 교육복지 프로그램 개발을 위한 몇 가지 원리를 김정원 외(2010), 이지혜 외(2005), 서울특별시 북부교육지원청(2011), 유방란 외(2011), 이승희(2015)의 자료를 토대로 정리하면 다음과 같다.

1) 프로그램 개발의 전제 : 교육소외의 중층성

취약계층을 위한 교육복지 프로그램 기획과 개발에서 가장 우선 전제되어야 할 요소는 '교육소외'라는 현상의 중층성과 복합성이다. 이는 학습사회에서 교육적으로 소외된다는 의미가 재규정될 필요가 있다는 것을 의미한다. 교육소외란 교육으로부터 소외되어 교육적인 보상이 필요한 특수한 조건이나 환경이 결핍되어 학습결손과 학교부적응뿐만 아니라 기본적인 소양 · 지식 · 기술의 부재를 유발하고, 자기주도학습으로 성장할 수 있는 기회를 박탈당하는 것을 의미한다. 즉, 교육소외는 사회 · 경제적, 문화적, 언어적 요인과 관련 있는 학생의 교육적 필요를 의미한다. '교육소외'는 일시적, 상황적이 아니라 아동 · 청소년의 전 생애에 걸친, 그리고 이들을 둘러싼 상황 전반으로부터 초래된 누적적이며 복합적인 결과로 매우 중층적으로 드러난다. [그림 4-1]에서 보듯이 학습비, 학습인프라, 학습관계망, 학습문화 등의 여건 충족이 어렵다(이지혜 외, 2005; 김정원 외, 2005; 서울특별시 교육지원청, 2011 재정리).

[그림 4-1] '교육소외' 현상의 중층성

이러한 어려움으로 인한 교육소외는 한 개인의 삶의 전반에 생애사적으로 문제의 연결고리를 만들어 낸다. 따라서 교육취약계층에 대한 접근은 각 집단, 개인이 처한 사회적 · 문화적 · 역사적 맥락을 고려하고, 각 맥락 간의 중층적 · 유기적 연계에 대해 고려해야 한다. 교육취약계층의 역량은 다차원적이고 자생적 역량을 강조할 필요가 있다. 그리고 교육지원은 종적·횡적 통합을 목표로 하여야 한다. 즉, 아동·청소년이 살아온 생애경험과 미래상을 생애사적으로 반영하는 종적 통합과 이들이 살아가고 있는 삶의 각 측면이 서로 분리되지 않고 원만히 결합될 수 있도록 돕는 횡적 통합이 함께 이루어져야 한다.

2) 교과과정과 연계한 교육 프로그램 제공

교과연계 교육 프로그램은 학습에 필요한 기초기술과 탐구능력을 기를 수 있다. 기초미달 학생들뿐만 아니라 일반학생들에게 복습의 기회가 되고, 자율적인 시간관리 능력을 기를 수 있다. 예를 들어, "교과연계 체험학습 프로그램"은 무엇보다 현장의 경험이 아이들의 지식으로, 또 그 지식이 학교 학습과 시너지 효과를 낼 수 있다. "교과연계 독서 프로그램"은 학생의 배경지식을 활성화하고 지식을 확장시키며, 교육격차를 해소할 수 있다. 또한 교사와 독서교육 전문가의 연계로 폭넓은 교과에서 다양한 읽기 전략을 이용하여 교육과정을 재구성하는 방안으로도 활용될 수 있다. 교육은 인지적·정의적·행동적 영역에서 함께 이루어지는 활동인데, 독서태도에 있어 가장 중요한 요인인 정서·인지·행동적 영역은 자신의 읽기 능력에 맞는 도서가 선정되고 적절한 동기에 의해 발달된다. 따라서 <표 4-3>에서 살펴보듯이 교과연계 독서는 단순한 교과의 읽기 수업만이 아니라 다른 교과에서 이루어지는 폭넓은 독서까지도 교과에서 관심을 가져야 함을 보여준다.

〈표 4-3〉 교과연계 독서의 전개 양상(박수자, 2005, 이승희 2015 재인용)

지도내용	교과연계 독서 수업	교과 독서 수업
방법의 학습	읽기의 학습(learn to read) : 읽기전략의 학습과 이해	학습을 위한 읽기(read to learn) : 학습 전략의 활용과 기억
지식의 학습	스키마의 동화와 조절	교과 지식의 학습 보충/ 심화
생각의 훈련	생각을 위한 읽기(read to think)	지식의 재구성을 위한 읽기
독서의 범위	범교과적 독서 : 내용 문식성(content literacy)	

3) 학습대상의 특성을 우선 파악

교육취약계층자의 특성에 접근하는 방법은 의지와 역량에 따라 구분이 가능하다. 교육취약계층은 일단 개인의 의지와 참여능력의 유무에 따라 아래 표와 같이 4원 분류가 가능하다(김정원 외, 2010 재정리).

집 단	특 성	프로그램 개발 방향
I 집단	• 의지와 능력 有 • 교육기회 부재로 잠재력 발휘 힘듦	잠재능력을 발휘할 프로그램
II 집단	• 학습 열망 有 • 기초학습력 無	기초학습 프로그램
III 집단	• 기본 능력 有 • 좌절 · 자기성장 의욕 상실	자립유도, 성취의욕 지원 프로그램
IV 집단	• 핵심역량 · 의지 · 열망 無	기본적 격려 · 사회적 지지 확보

위와 같은 4원 분류 유형화는 교육대상집단의 우선순위와 필요로 하는 교육지원의 성격을 적용하는 데 의미가 있다. 즉, I 집단은 의지와 능력은 있으나 교육기회 부재로 잠재력 발휘가 힘든 학습자로, 잠재능력을 발휘할 수 있는 프로그램을 개발한다. II 집단은 학습 열망은 있으나 기초학습력이 없는 경우로, 기초학습 프로그램을 개발한다. III 집단은 기본 능력은 있으나 좌절과 자기성장 의욕 상실 학습자로, 자립유도, 성취의욕 지원 프로그램을 개발하여 제공한다. IV 집단은 핵심역량, 의지, 열망이 모두 없는 경우로, 기본적 격려와 사회적 지지 확보가 필요하다. 이렇게 각 집단별 학습자들의 특성을 반영하여 적합한 프로그램을 개발하여 제공한다.

4) 기초학력 보장

프로그램을 구성하는 내용에 자기개발의 기초가 될 수 있는 일반능력의 함양에 초점을 맞추어야 한다. 학습부진 등의 문제는 기본적인 지능, 인지 기능의 영향뿐만 아니라 어린 시절 혹은 재학 중 가정에서의 여러 부정적인 경험과 관련이 높다. 따라서 학습동기를 부여할 수 있는 기초학습능력과 의지, 여건 등을 우선 제공하고, 자기 신뢰를 가질 수 있게 하는 자아존중감을 확보하도록 지원하는 프로그램이 요구된다. 그리고 학습부진이나 기초학력 보장을 위해 학습자의 특성을 종합적으로 고려해야 한다. 또한 학습자 개인의 정의적 차원으로 학습동기를 부여하기 위한 기본적인 지원체계로서 개인상담, 조력집단 참여, 교육 및 워크숍 과정 참여 등 자신의 삶을 적극적으로 살아갈 수 있는 자기 동력을 회복하도록 힘을 북돋아 줄 수 있어야 한다.

5) 교육의 포괄적인 통합지원 접근

학습능력이 낮은 원인은 학생별로 매우 다양할 수 있으며, 학생이 처한 어려움에 대한 해결 없이 학습효과가 나타나기 어렵다. 예를 들어, 심리·정서적 안정, 다양한 문화적 경험, 친밀한 교우관계, 가족문제 해결 등 학생이 처한 상황에 따라 요구되는 지원을 포괄적으로 검토하여, 통합지원을 병행하면서 학습능력을 강화할 수 있는 프로그램을 제공할 필요가 있다(유방란 외, 2011). 그리고 학습의 성과에 대하여 분석한 연구(Sculler & Brassett-Grundy et al., 2002)에 따르면, 학습의 성과 영역을 크게 ① 개인적 자본 형성의 효과, ② 경제적 인적자본 형성의 효과, ③ 사회적 자본 형성의 효과라는 세 가지 측면으로 본다.

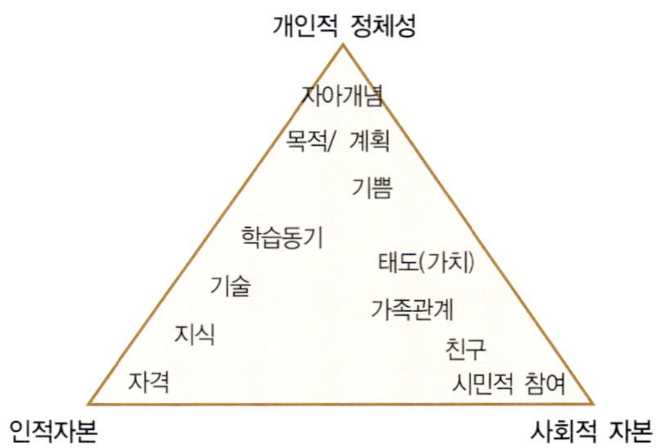

출처 : Sculler & Brassett-Grundy et al.(2002).

이것은 학습활동에 있어서 인적자본의 개발뿐만 아니라 사회적 자본과 개인 내적인 변화 모두의 성장이 상호 긴밀하게 연관을 맺고 있으며 세 요소 간의 적절한 균형과 조화가 필요하다는 점을 보여주고 있다. 따라서 학업 중심의 인지적 능력 증진을 위한, 사회적 관계 형성 및 지지를 위한, 그리고 자신의 자아 정체성 확립의 교육목적을 통합적으로 고려한 프로그램을 개발할 필요가 있다.

6) 학습자의 특성별 차별화, 맞춤형 교육 프로그램 제공

학습자 맞춤형 교육을 제공함으로써 모든 학생들이 유의미한 학습경험을 하면서 학습결손을 최대한 예방할 수 있도록 교육과정을 구성하고 개별화하여 운영한다. 학생의 학습속도, 방식, 학생의 생활설계 등을 고려한 프로그램을 개발하여 최대한 학생의 잠재력을 발휘할 수 있도록 하는 것이 필요하다. 또한 교육 프로그램의 효과성을 극대하기 위해서는 무엇보다도 정확한 학습자 사정(査定)에 근거한 맞춤식 차별화 접근이 중요하다. 즉, 취약계층 학습자 진단지표를 개발하여 학습자의 특성을 파악하여 차별화된 프로그램을 지속적으로 제공한다. 또한 취약계층 교육 프로그램은 인지적 능력, 사회적 지지 구축, 그리고 자아회복 세 측면이 골고루 적용될 필요가 있다. 세 측면은 대상 집단의 특성별로 그 비중에 있어서 차별적으로 제공되어야 한다. 이는 학습자에게 적합한 맞춤식 교육 프로그램의 제공이 필요함을 시사한다. 마지막으로 학습자의 다양한 특성을 학습자들도 상호 이해하고 협력할 수 있는 기회를 제공하며, 특별지원이 필요한 학생들을 위해 보조교사 활용을 확대할 수 있도록 인력을 지원한다.

7) 교육 프로그램의 시계열적 누적성 고려

프로그램은 학습자의 긍정적·발전적 변화를 이끌어 내야 한다. 각 프로그램마다 기대만큼의 효과를 얻기 위해서, 모든 프로그램은 사전준비를 위한 '진입' 단계에서부터 '마무리' 단계까지 시계열적 통합성을 고려하는 것이 중요하다. 누적성이란 한 단계에서 잘하거나 잘못한 것이 다음 단계에 영향을 미치고, 역으로 다음 단계에서 잘한다고 해서 그것이 전 단계의 잘못에 영향을 주거나 이를 교정・보충하는 데에는 한계가 있다는 것이다. 따라서 각 프로그램의 시계열적 통합기획이 가능하기 위해 학습자 및 관련자들이 충분히 사전학습을 하고 프로그램에 참여하면 프로그램의 효과를 높일 수 있다.

8) 교육소외 사각지대를 해소

교육취약계층의 프로그램은 교육지원 사각지대를 발굴하여 학습대상자가 누락되는 것을 방지해야 한다. 사각지대의 아동・청소년은 교육기회에 접하거나 교육기회를 접했다 하더라도 도중에 학업을 중단한 아동・청소년, 학업중단 학생(탈북학생 포함), 다문화가정 학생, 중도입국 청소년 등이다. 이러한 사각지대 아동・청소년들이 교육소외 대상이 되지 않기 위해서는 다음의 질문을 고려할 필요가 있다. 즉, 제공하려는 프로그램이 지금까지 충족되지 못했던 욕구의 사각지대인가? 프로그램은 대상자를 위한 욕구나 수요로부터 만들어졌는가? 최고 수준의 프로그램은 무엇인가? 그 프로그램은 학습대상자의 욕구에 부합하면서 좋은 성과를 내고, 지역사회의 신뢰를 얻을 수 있는가?

이를 위한 실천 사례로 한신플러스케어 서울남부센터의 아동・청소년 심리지원 프로그램 '지역과 함께 성장하는 아이들'에서는 대상자를 지역 내 연계학교와 기관을 통해 대상자를 발굴한다. 아동의 증상에 대한 체계적인 평가 및 진단을 통해 서비스 대상자를 선정한다. 진단 결과에 적합한 개입방법을 제공한다. 대상아동뿐 아니라 위기가정의 경우 교육청에서 지원하는 가족상담을 안내하여 가족 내 문제 해결에도 도움을 준다. 아울러 각 학교 교사, 사회복지사, 상담사들은 학습대상자들에게 프로그램의 안내와 참여를 적극 유도한다. 각 학교 사회복지사, 상담사 및 관련자는 수시로 대상자 선정과 검사를 한다. 정부와 서울시의 노력으로 지역사회 서비스에 대한 이해가 전반적으로 높아지면서 많은 지역주민들이 본인에게 적합하고 필요한 서비스를 이용하게 되고, 개별 서비스로서의 가치와 효과가 커진다. 이처럼 치료기관, 학교, 관련 기관과의 긴밀한 네트워크가 아동의 건강한 성장에 무엇보다 도움이 된다.

CHAPTER 05 교육복지 프로그램 개발 모델

1. 교육복지 프로그램 개발의 개념 및 고려사항

1) 교육복지 프로그램 개발의 개념

앞장에서 저자들은 교육복지 프로그램을 '교육취약계층 학생들의 교육기회 및 교육의 질에 있어서 그 사회의 보편적 수준에 이르지 못하는 불평등의 해소라는 교육목적을 달성하기 위해 체계적으로 설계한 조직화된 일련의 학습 내용, 학습활동, 학습방법이 통합된 실체'로 정의한 바 있다. 이러한 교육복지 프로그램은 교육복지 프로그램 개발자에 의해 주도되는 일련의 체계적이고 능동적인 특수목적 행위, 즉 '개발'을 통해 실재(reality)로 구현된다. 교육복지 프로그램 개발의 개념은 다음과 같은 주요 특성을 포함한다.

첫째, 교육복지적 차원의 학습경험을 교육복지 대상자에게 제공하는 행위이다. 앞서 저자들은 교육복지를 '교육취약계층 학생들에게 교육기회를 제공함으로써 교육소외 및 교육 불평등을 해소하고 대상자들의 잠재능력을 최대한 계발할 수 있도록 필요한 각종 지원들을 제고하는 것'으로 정의하였다. 이 교육복지의 개념에는 교육취약계층의 교육소외 및 교육 불평등 해소, 잠재능력 계발을 위한 학습경험의 장려 및 유발뿐만 아니라 넓은 의미에서 이들이 가능하도록 하는 교육여건의 지원이 포함된다. 교육여건의 지원은, 예를 들면 교육기회에의 참여를 적극 보장하기 위한 지원으로 학교급식, 학비, 학습장애 극복, 통합, 의료, 기타 등을 포함한다. 하지만 교육복지 프로그램 개발은 직접적으로 교육복지적 차원의 학습경험을 교육복지 대상자에 제공하는 행위에 초점을 둔다. 요컨대 교육복지 프로그램 개발은 교육복지 프로그램 대상자에게 이들의 교육적 성장을 위하여 가치 있고 유의미한 학습경험, 즉 지식, 태도, 기술, 가치관, 인식, 세계이해, 기타 등을 제공하기 위한 행위이다.

둘째, 교육복지 프로그램 개발은 개발자에 의해 주도되는 능동적이고 적극적인 행위이다. 교육복지 프로그램 개발에는 다양한 이해관계자들이 관여한다. 이들은 직접적으로는 교육복지 프로그램을 실제로 주도하는 개발자, 교육복지 프로그램 개발을 위한 재정·행정지원 주체(교육복지 제공 기관, 학교, 지역교육청, 중앙정부 등), 교육복지 프로그램 대상자 및 학부모 등이며, 간접적으로는 지역사회 및 국가 등이다. 이처럼 교육복지 프로그램 개발에는 다양한 이해관계자들이 관계되지만, 특히 교육복지 프로그램 개발의 최종 책임 및 권한은 개발자에게 있다. 이 말은 교육복지 프로그램 개발자는 교육복지 프로그램 개발을 위한 재정·행정지원 주체 등의 의사를 단순히 반영만 하는 수동적인 역할에 머물러서는 안 된다는 의미이다. 교육복지 프로그램 개발자는 마치 다양한 관현악기들로 구성된 오케스트라를 이끄는 지휘자와 같은 역할을 맡는다. 개발자는 다양한 이해관계자의 권력관계를 파악하고 이들의 이해관계를 합목적적인 차원에서 조정할 수 있는 능력을 갖추어야 한다. 즉, 교육복지 프로그램 개발은 합목적적인 계획 및 실천들이 교육복지 프로그램 개발자에 의해 주도적으로 실현된다. 이러한 교육복지 프로그램 개발자의 프로그램 개발 과정에 있어서의 주도성은 교육복지 프로그램의 목적을 실현하기 위한 능동적이고 적극적인 행위를 자연히 수반하게 된다.

마지막으로 교육복지 프로그램 개발은 윤리적인 행위로 교육대상자의 교육적 성장을 최종 목적으로 한다. 교육복지 프로그램 개발이 윤리적인 행위라 함은 기본적으로 교육복지 프로그램 개발 과정이 윤리적인 행위의 집합체임을 의미한다. 이는 아무리 교육복지 프로그램의 목적이 숭고하고 사회적으로 합의되었다 하더라도 그것의 실현을 위한 비윤리적인 절차나 방법이 용인되거나 정당화될 수 없음을 의미한다. 또한 프로그램 개발 과정에서 어떤 특정 이해관계자의 편파적 이해가 교육복지 프로그램 개발에 영향을 미쳐서는 안 됨을 의미하기도 한다. 교육복지 프로그램 개발은 궁극적으로 교육대상자의 교육적 성장을 최종 목적으로 해야 한다.

이상의 교육복지 프로그램 개발과 관련된 특성을 반영하여 교육복지 프로그램 개발의 개념을 정의하면, 교육복지 프로그램 개발은 '교육복지 프로그램 개발자의 주도적이고 능동적인 행위 및 개발 과정에서의 윤리성에 바탕을 두고 교육복지 대상자의 교육적 성장이라는 최종 목적을 달성하기 위하여 이들에게 교육복지적 차원의 학습경험을 제공하기 위한 일련의 체제적인 행위들의 집합체'라 말할 수 있다.

2) 교육복지 프로그램 개발 시 고려사항

현실적 차원에서 교육복지 프로그램 개발 시 프로그램 개발자가 고려해야 할 필요가 있는 고려사항을 제시하면 다음과 같다.

첫째, 교육복지 서비스 활동은 인간이라면 누구나 교육받을 권리인 교육의 평등성의 이념과 적극적인 교육복지 서비스를 통해 교육취약계층에게 특별히 보상적 교육자원을 제공하는 형평성의 이념을 그 토대로 삼는다(박주호, 2014). 따라서 교육복지 서비스 활동의 하나인 교육복지 프로그램 역시 그 개발 과정에 있어 교육의 평등성과 형평성을 철학적 토대로 삼아야 한다.

둘째, 교육복지 프로그램의 개발은 우리 사회의 사회적 통합을 고려해야 한다. 앞서 언급한 바와 같이 교육복지 프로그램의 대상은 교육취약계층이다. 이들은 주로 저소득층 아동, 다문화 자녀, 농산어촌지역 학생, 학교부적응자들로 우리 사회의 주변부에 위치해 있다. 교육복지 프로그램의 개발자는 우리 사회의 사회적 통합이라는 대의를 목표로 이들이 사회의 주류로 성장할 수 있도록 적극적인 지렛대로서의 교육복지 프로그램의 가능성을 염두에 두고 프로그램 개발에 적극적으로 임해야 한다.

셋째, 교육복지 프로그램 개발은 교육복지 이념, 교육복지 정책, 교육복지 사업 등의 중층구조 속에서 이루어진다. 교육복지 프로그램은 국가 또는 민간에 의해 개발되는 공공적인 성격을 지닌다. 따라서 대체로 교육복지 프로그램 개발에 관여하는 주요 이해관계자는 중앙정부이다. 중앙정부(특히 교육부, 보건복지부, 여성가족부, 행정자치부, 문화체육관광부)는 교육복지의 이념을 정책과 사업을 통해 구현한다. 교육복지 프로그램은 교육복지 이념을 실현하기 위한 교육정책 및 사업의 최종적인 수단 가운데 하나이다. 중앙정부 차원의 교육복지 정책의 집행은 강제력과 구속력을 가지며 광역・지역자치단체, 시・도교육청, 공공연구기관(예 한국교육개발원), 각급 학교, 복지 관련 기관 및 단체, 민간기업 및 단체, 기타 등 다양한 관계 기관의 협업을 요구한다. 따라서 교육복지 프로그램 개발자는 교육복지 프로그램이 개발되는 맥락 및 환경, 영향 관계의 중층구조 등을 고려하여 교육복지 프로그램이 성공적으로 실행될 수 있어야 한다.

넷째, 교육복지 프로그램은 위에서 언급한 바와 같이 공공적인 차원에서 교육복지 이념을 실현하기 위한 교육정책 및 사업의 최종적인 수단 가운데 하나이다. 따라서 교육복지 프로그램 개발은 교육복지 이념의 실현을 위한 다양한 서비스들과 체제적으로 연계되어 통합적으로 추진될 필요가 있다. 그동안 우리나라에서는 중앙정부 및 시・도교육청, 지방자치단체 수준에서 저소득층 아동, 다문화 자녀, 농산어촌지역 학생, 학교부적응자 등을 대상으로 교육비 지원은 물론 심리・정서 프로그램, 돌봄학교, 야간보육교실, 방과후학교, 기타 등과 같은 각종 교육복지 서비스들이 수행되어 왔다. 따라서 교육복지 프로그램은 이들과 같은 다양한 교육복지 서비스를 고려하여 통합적인 차원에서 개발될 때 그 시너지를 발휘할 수 있다.

마지막으로, 교육복지 프로그램 개발은 교육복지 대상자의 전인적 성장을 위해 전체적이고 시스템적인 관점에서 추진되어야 한다. 교육복지 프로그램의 개발은 교육복지 대상자에게 단편적인 학습경험을 제공하는 것을 목적으로 하지 않는다. 오히려 교육복지 대상자의 전 생애적 삶에 있어 이들의 전인적 성장에 도움을 주는 학습경험을 전체적이고 유기적인 관점에서 제공하는 것이다. 따라서 교육복지 프로그램의 개발은 교육복지 대상자의 삶의 맥락을 전체적 관점에서 이해하고, 제공하려는 학습경험이 이들의 삶과 유의미하게 유기적으로 관계 맺도록 해야 한다.

2. 교육복지 프로그램 개발 관련 대표적인 모델 사례

여기에서는 규범적인 측면에서 교육복지 프로그램 개발 혹은 개발절차가 어떠해야 하는가보다는 기술적인 측면에서 실제 프로그램 개발 과정에 프로그램 개발자가 따를 수 있는 구체적인 절차 중심의 대표적인 모델들을 개관한다. 대표적인 모델로서 Tyler(1949), Sork(2000), Knowles, Holton III와 Swanson (2015), Caffarella와 Daffron(2013), 김진화(2001), 이화정 · 양병찬 · 변종임(2003), 기영화(2001), 장덕호 · 김성기 · 유기웅 · 윤철수(2014)의 프로그램 개발 모델 들을 다룬다.

1) Tyler 모델

Tyler(1949)는 프로그램 개발을 위한 형식적이고 구체적인 절차를 제시하고 있지는 않지만, 프로그램 개발에 있어 반드시 응답되어야만 하는 네 가지 질문을 제시함으로써 프로그램 개발 절차가 어떠해야 하는가에 대한 아이디어를 보여준다. 이 네 가지 질문은 다음과 같다.

- 달성해야 할 교육목표가 무엇인가?
- 이러한 교육목표를 달성하는 데 제공될 수 있는 교육경험은 무엇인가?
- 교육경험들은 어떻게 효과적으로 조직될 수 있나?
- 교육목표가 달성되었는지를 어떻게 평가할 수 있나?

Tyler가 제시하는 타당한 프로그램 개발 절차를 도식화하면 다음 [그림 5-1]과 같다. Pesson(1966), Boyle(1981), Boone(1985), Caffarella(1988) 등의 프로그램 개발 모델들은 Tyler의 핵심 아이디어를 공유하는 타일러리안(Tylerian) 모델들이다.

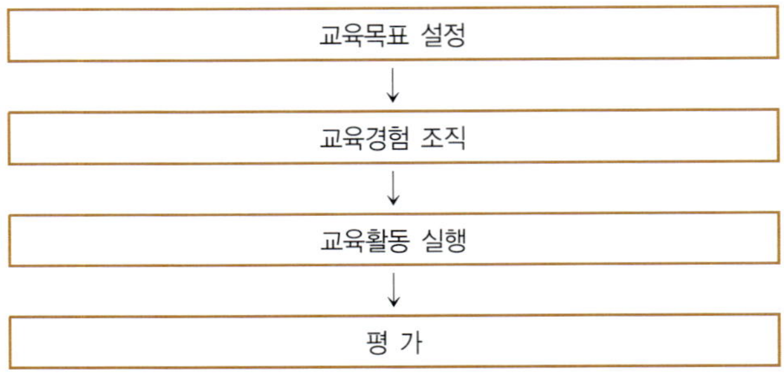

| 그림 5-1 | Tyler(1949)의 프로그램 개발모델 개념도

① **개요** : 이 모델은 프로그램 개발에 관한 구체적이며 전형적인 기술적 절차를 제시한 고전적 모델의 대표로서 가장 오래되고 영향력이 큰 모델이다. 프로그램 개발은 교육목표 설정에서부터 교육경험 조직, 교육활동 실행, 교육경험의 평가 등의 일련의 선형적인 절차를 따라 진행된다.

② **특징** : 이 모델의 가장 큰 특징은 첫 번째 단계인 교육목표 설정에 있다. 교육목표는 반드시 학습자의 바람직한 행동의 변화로 표현되며, 이는 또한 교육목표 설정 다음 단계들을 위한 중요한 준거로서 작용한다. 교육목표는 기관의 교육적 철학과 학습심리에 관한 지식을 통해 여과되며 학습자 자신, 현대의 삶, 교과전문가로부터 도출된다.

2) Sork의 프로그램 기획의 기본 요소 프레임워크

Sork(2000)는 다른 프로그램 개발 모델들과는 달리 질문기반(question-based)의 프로그램 기획의 기본 요소들만을 제시한다. 요컨대 그는 프로그램 기획에서의 세부적·기술적인 과업 혹은 절차를 제시하지 않는다. 그는 다만 질문들을 제기하는 프레임워크만을 제시할 뿐이다. 질문을 제기하고 답함으로써 보다 나은 의사결정을 이끌고, 나아가 더 좋은 프로그램을 만들 수 있기 때문이다. | 그림 5-2 |는 프로그램 기획의 기본 요소들을 나타낸다.

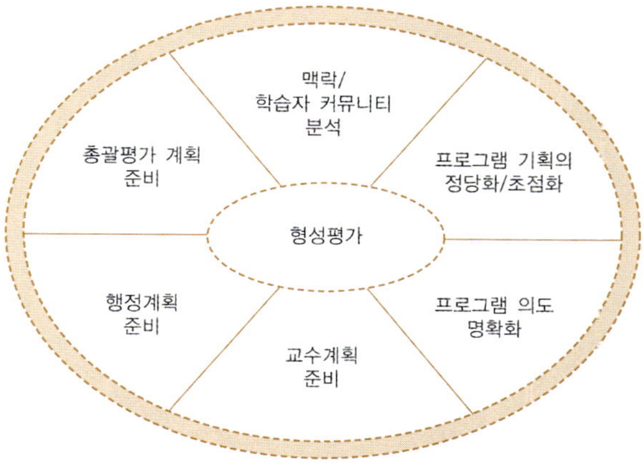

| 그림 5-2 | Sork(2000)의 프로그램 기획의 기본 요소 프레임워크

① **개요** : 이 프레임워크는 비록 프로그램 개발자가 따라야 하는 세부적인 절차나 과업을 직접적으로 제시하고 있지는 않지만, 각 요소들은 프로그램 개발 시 관여되는 응답되어야만 하는 중요한 질문들이나 의사결정, 행위들의 집합을 나타낸다.

② **특징** : Sork(2000)는 기본적으로 프로그램 개발자는 프로그램 개발에 관한 전문적 능력, 사회·정치적 감각 및 도덕적 책무성을 겸비할 것을 상정한다. 이 프레임워크의 바깥 원(rim)은 각 요소가 수행되어야만 하는 어떤 선형적인 절차나 과업을 따르지 않고 어떤 요소에서 다른 요소로 자유롭게 이동할 수 있음을 보여준다. 또한 이 프레임워크 내부의 원(형성평가)은 어떤 요소에서나 형성적 평가(formative evaluation)가 관여됨을 나타낸다.

3) Knowles, Holton Ⅲ, Swanson 모델

Knowles, Holton Ⅲ, 그리고 Swanson(2015)의 모델은 Knowles(1980)의 7단계 모델에 '학습자 준비시키기' 단계를 추가한 모델이다. 이 모델은 다음과 같은 안드라고지(andragogy) 모델의 몇 가지 가정에 기초하고 있다. 첫째, 학습자는 왜, 무엇을, 어떻게 배울 것인지에 대해 알 필요가 있다. 둘째, 학습자는 학습에 있어 자기주도적이며 자주적으로 참여하고자 한다. 셋째, 학습자가 가진 학습경험을 중시한다. 넷째, 학습자는 알아야 할 것을 학습할 준비가 되어 있다. 다섯째, 문제중심적이고 맥락적인 학습지향성을 강조한다. 여섯째, 가장 강력한 학습동기 유발 요소로서 개인적 성장과 같은 내재적가치를 중시한다.

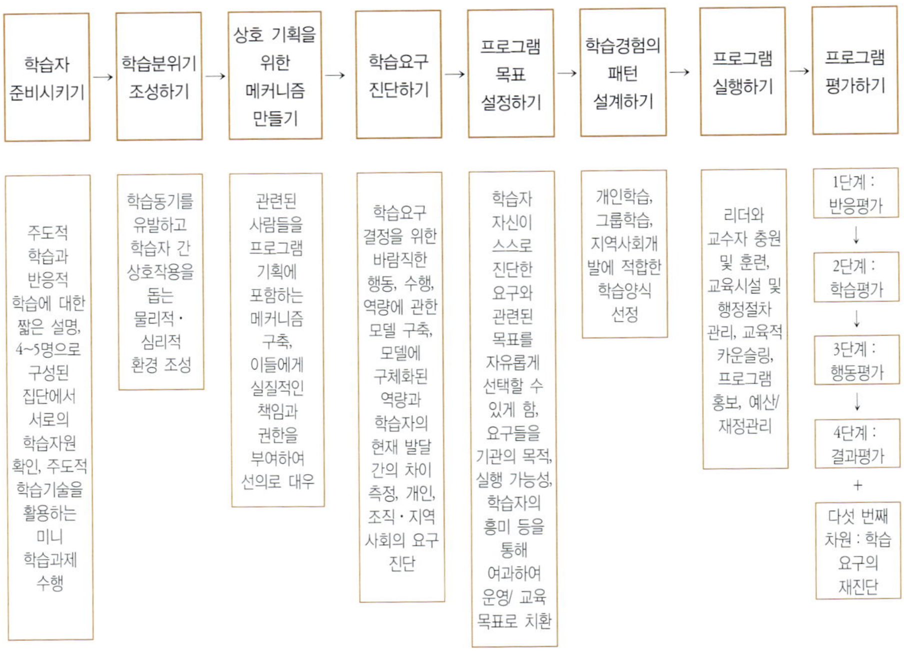

| 그림 5-3 | Knowles, Holton Ⅲ, 그리고 Swanson(2015)의 모델

① **개요** : 이 모델은 기본적으로 안드라고지(andragogy)의 학습원리에 기초한다. 교육학습 내용·방법·시간·평가 등의 모든 결정에 있어 책임이 전적으로 교수자에게 부과되는 페다고지(pedagogy)의 학습원리와는 달리 안드라고지의 학습원리는 학습기회 참여에 있어서의 학습자의 권한과 책임을 강조한다.

② **특징** : 이 모델은 전통적인 모델과는 달리 학습에 있어 학습자가 고도의 책임을 진다는 것을 가정한다. 따라서 이 모델의 첫 단계인 '학습자 준

비시키기' 단계에서는 교수자(퍼실리테이터, 컨설턴트, 변화촉진자, 프로그램 기획자)가 학습자로 하여금 자기주도적인 학습자가 되도록 준비시킨다. 두 번째 단계에서는 편안하고 상호 존중하며 신뢰하고, 협력적이며, 지지적이고 인간적인 학습분위기를 조성한다. 이후의 프로그램 기획, 학습요구 진단, 프로그램 목표수립, 학습경험 패턴설계, 프로그램 실행 및 평가에서도 프로그램의 공동 기획자로 학습자를 적극 참여시킨다.

4) Caffarella와 Daffron 모델

Caffarella와 Daffron(2013)의 모델은 비록 성인을 위한 프로그램 개발에 관한 아이디어를 제공해 주지만, 교육복지 프로그램 개발에도 많은 유용한 시사점을 제공해 준다. 이들은 프로그램 개발을 마치 바다에서 수영하는 것에 비유한다. 이는 프로그램 개발 과정이 평이한 상황뿐만 아니라 다양한 변수와 수많은 예측 불가능한 상황도 부지불식간에 맞닥뜨릴 수 있음을 비유적으로 표현한 것이다. 이 모델은 논리적으로 따르는 단계적 절차를 강조하는 전통적 모델, 지속적으로 변화하는 조건들과 실제의 복잡성을 고려하는 실제적 모델, 그리고 사회변화에 초점을 두는 급진적 모델 모두로부터 영향을 받았다.

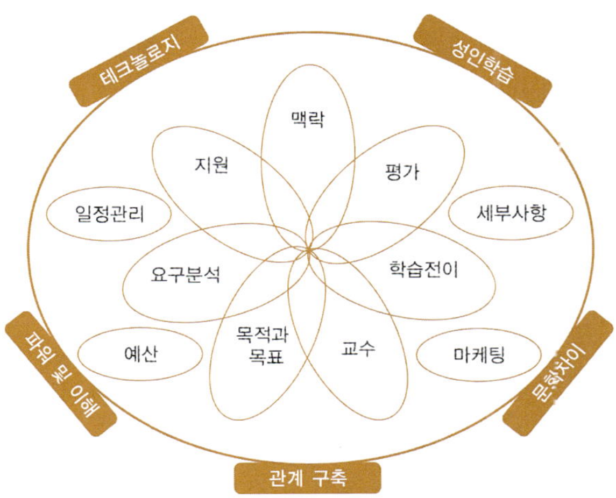

| 그림 5-4 | Caffarella와 Daffron(2013)의 상호작용 모델

① **개요** : 이 모델은 각각 특정 과업 및 의사결정 포인트들로 구성된 11개의 요소(맥락파악, 탄탄한 지원토대 구축, 프로그램 요구 확인 및 우선순위 결정, 프로그램 목적 및 목표 설정, 교수설계, 학습전이 계획 구안, 평가 계획, 교수방법/ 일정/ 스탭 결정, 예산관리, 마케팅, 세부사항)로 구성된다. 테크놀로지, 성인학습, 문화차이, 관계 구축, 파워/ 이해(interest) 등에 대한 풍부한 이해는 프로그램 기획자로 하여금 프로그램을 성공적으로 이끄는 핵심 요소가 된다. 프로그램 기획자는 초보자이든 경험이 많은 사람이든 간에 그들이 처한 맥락과 프로그램 개발 경험 수준에 따라 과업 리스트를 다르게 이용할 수 있다.

② **특징** : 이 모델은 프로그램 기획자가 따라야 하는 실제 시작점과 종점이 없으며, 프로그램 기획의 과정을 본질적으로 사람이 하는 행위로 보며, 프로그램의 기획 및 실행 시 글로벌 환경에서의 문화 간 차이를 고려하게 하고, 프로그램 기획자에게 유용하고 실제적인 도구로 쓰인다. 이 모델은 다음 9가지 가정에 기초한다. 첫째, 참여자의 학습과 이것이 가져오는 개인/ 조직/ 사회적 변화에 초점을 둔다. 둘째, 성인학습에 대한 명확한 이해를 바탕으로 한다. 셋째, 문화적 차이를 존중하고 고려한다. 넷째, 프로그램 이해관계자의 파워와 이해를 파악한다. 다섯째, 프로그램 기획 및 실행에 있어서 관계 구축을 중시한다. 여섯째, 프로그램 기획의 모든 측면에서 테크놀로지를 활용한다. 일곱째, 프로그램 기획자가 윤리적으로 행동하기를 기대한다. 여덟째, 프로그램 기획자들이 한 가지 방식이 아니라 서로 다른 방식으로 작업하는 것을 받아들인다. 아홉째, 프로그램 기획자 역시 학습자임을 이해한다.

5) 김진화의 프로그램 개발 통합모형

다음 **|**그림 5-5**|**는 김진화(2001)의 프로그램 개발 통합모형이다. 김진화는 프로그램 개발의 개념을 구조적인 측면에서 '프로그램 기획, 설계, 마케팅, 실행, 평가 등의 일련의 과정'으로, 절차적 측면에서는 '프로그램을 체계적이고 과학적으로 개발하기 위해 프로그램 개발전문가가 행하는 모든 활동의 절차

및 단계로 규정되는 일련의 과정'으로, 행위적 측면에서는 '프로그램 개발자가 담당해야 할 역할과 이들이 실질적으로 직면하는 문제를 해결해 나가는 일련의 과정'으로, 마지막으로 현상적 측면에서는 '학습자의 성장과 발달에 유용한 지식, 정보, 기술을 합리적으로 선정하고 조직하여 매체화시키는 일련의 과정'으로 다각적인 측면에서 정의한다.

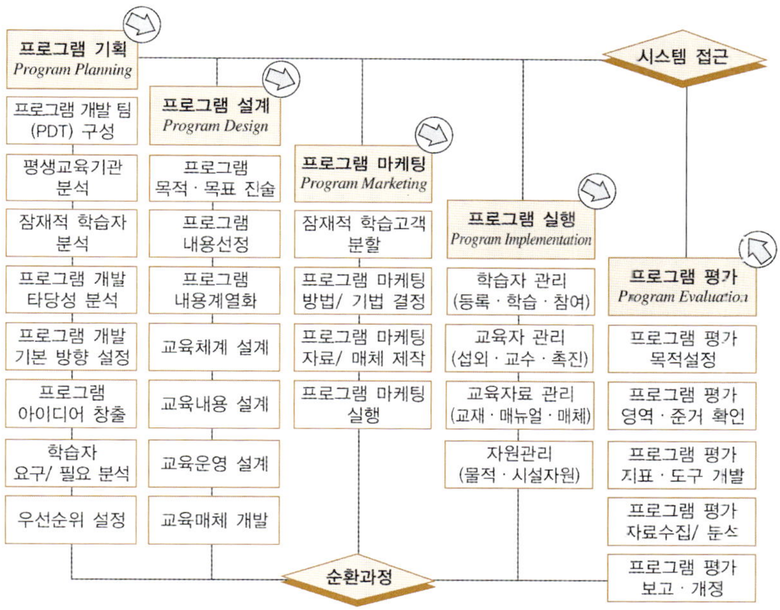

| 그림 5-5 | 김진화(2001)의 프로그램 개발 통합모형

① **개요** : 이 모델은 프로그램 개발의 거시적 범위를 프로그램 기획, 설계, 마케팅, 실행, 평가 등 5개로 설정하고, 각 영역에서 수행되어야 할 다양한 절차를 구체적으로 제시하고 있다.

② **특징** : 이 모델은 그야말로 기존의 프로그램 개발 모델들을 토대로 핵심적인 개발 절차를 통합한 모델이다. 이 모델은 프로그램 개발자가 수행해야 할 핵심 범위 5개와 각 범위에 포함된 세부 절차들로 구성된다. 프로그램 개발은 프로그램 기획에서부터 시작하며 각 영역 및 하우 절차들이 순환 과정 및 시스템 접근의 특징을 보인다.

6) 이화정, 양병찬, 변종임의 프로그램 개발 절차

다음 ❙그림 5-6❙은 이화정, 양병찬, 변종임(2003)의 프로그램 개발 절차이다. 이들은 프로그램 개발을 '이상적인 교육행위의 조직과 운영을 기본으로 하는 실천활동으로 대상 고객집단과 기관 간의 공동의 노력을 통해 정보와 자원을 획득하고, 일정한 절차에 따라 적절한 순서대로 프로그램을 구성하고, 개발된 프로그램을 고객에게 제공하여 최종적으로 그 효과를 평가한 후 프로그램을 개정하는 일련의 과정'으로 정의한다.

❙그림 5-6❙ 이화정, 양병찬, 변종임(2003)의 프로그램 개발 절차

① **개요** : 이 모델은 복잡한 프로그램 개발 절차를 핵심적인 다섯 가지 주요 과정(기획, 설계, 마케팅, 실행, 평가)으로 단순화하여 제시하고 있다. 이 과정들은 프로그램 개발에 있어서 프로그램 개발자가 충실히 따라야 하는 과정으로 요구된다.

② **특징** : 전체 프로그램 개발 과정은 각각 주요 과정의 체계적인 접근하에 이루어지며 일관적이고 순환적인 과정의 성격을 가진다. 기획에서 평가에 이르기까지 프로그램 개발 과정이 상호 모순 없이 진행되며, 평가의 결과는 반드시 프로그램 개발과 전개의 전체 과정에 피드백되는 통합적인 시스템을 이룬다.

7) 기영화의 프로그램 개발절차

다음 ❙그림 5－7❙은 기영화(2001)가 제시하는 프로그램 개발절차를 나타내고 있다. 기영화는 프로그램을 '어떤 문제를 해결하거나 변화를 유발시킬 수 있는 여러 가지 방안 가운데 교육을 사용하는 방법'으로 정의하면서, 초심자들이 쉽게 이용할 수 있는 프로그램 개발 절차를 제안한다.

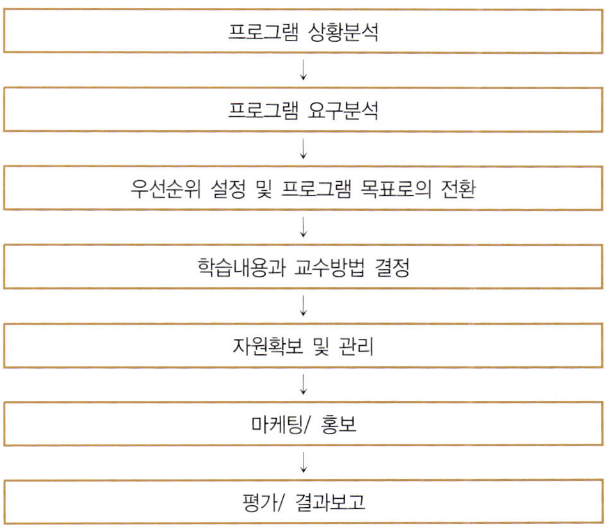

❙그림 5-7❙ 기영화(2001)의 프로그램 개발 절차

① **개요** : 이 모델은 프로그램 개발 경험이 없거나 적은 초심자들이 사용할 수 있는 기초적이면서 손쉽게 따라할 수 있는 프로그램 개발 절차를 제시하고 있다.

② **특징** : 이 모델은 무엇보다도 프로그램 개발의 '현실 적용성'과 '실천 가능성'에 초점을 두고 있다. 특히 프로그램 개발 절차의 첫 단계인 '상황분석'에서는 개발하고자 하는 어떤 특정 프로그램이 반드시 탄생되어야 할 필요가 있는가 또는 프로그램보다 더 효과적인 해결방안이 있는가를 결정함으로써 프로그램 만능주의를 경계한다.

8) 장덕호, 김성기, 유기웅, 윤철수의 교육복지 프로그램 개발 모델

다음 【그림 5-8】은 장덕호, 김성기, 유기웅, 윤철수(2014)의 교육복지 프로그램 개발 모델이다. 이들은 교육복지 프로그램 개발을 다양한 목적, 맥락, 그리고 상황에 따라 여러 이해관계자들이 관여되어 진행되는 복잡다단한 활동으로 본다. 따라서 이들의 모델(그림 5-8)은 일반적인 상황에서 적용할 수 있는 단계별 활동 중심으로 프로그램 개발 모델을 제시하였다

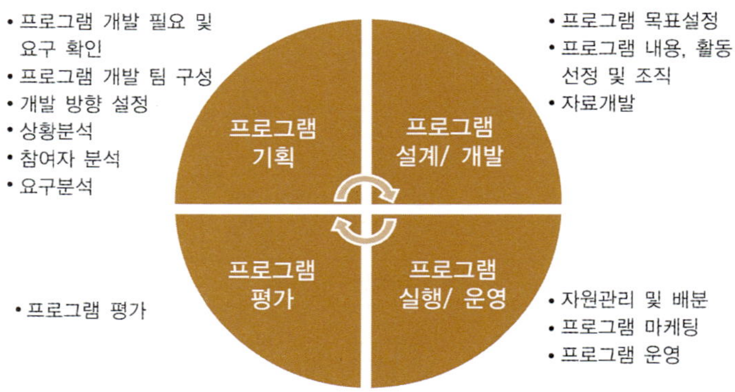

【그림 5-8】 장덕호, 김성기, 유기웅, 윤철수(2014)의 교육복지 프로그램 개발 모델

① **개요** : 이 모델은 프로그램 기획 단계에서 '어떠한 이유로 교육복지 프로그램을 개발하게 되었는지'를 명확하게 하는 프로그램 개발의 당위성 및 타당성을 확보하는 작업으로부터 시작하여 프로그램 설계/ 개발, 실행/ 운영, 평가로 이어진다. 그리고 프로그램 평가의 결과는 다시 프르그램 기획에 피드백되는 순환형 구조를 지닌다.

② **특징** : 이 모델은 프로그램 개발에 대한 네 가지 일반적인 입장(전통적 합리주의적 입장 : 과학적·절차적 합리성 중시, 자연주의적 관점 : 개발자의 숙고활동을 통해 상황에 맞는 의사결정을 하는 것을 중시, 비판적 입장 : 프로그램이 사회적 불평등을 극복하고 사회변혁을 이끄는 주체 형성에 기여하는 것 중시, 사회·정치적 입장 : 프로그램 개발을 여러 이해당사자들의 복잡한 이해 및 권력관계 속에서 협상하고 중재하는 것으로 이해)을 모두 반영하고 있다. 특히 이 모델은 프로그램 개발 과정에 다양한 이해관계자들이 관여하며 이들의 불균형적 권력관계에 따라 상이한 이해가 협상될 수 있음을 지적하여 프로그램 개발자의 가치관, 윤리관, 책임감 등이 매우 중요함을 언급한다.

3. E-PADI 교육복지 프로그램 개발 모델

본 서에서는 앞에서 다룬 관련 프로그램 개발 모델들을 바탕으로 다음 【그림 5-9】와 같은 평가(evaluation), 기획(planning), 요구분석(need analysis), 설계(design), 실행(implementation) 등의 E-PADI 교육복지 프로그램 개발 모델을 제안한다.

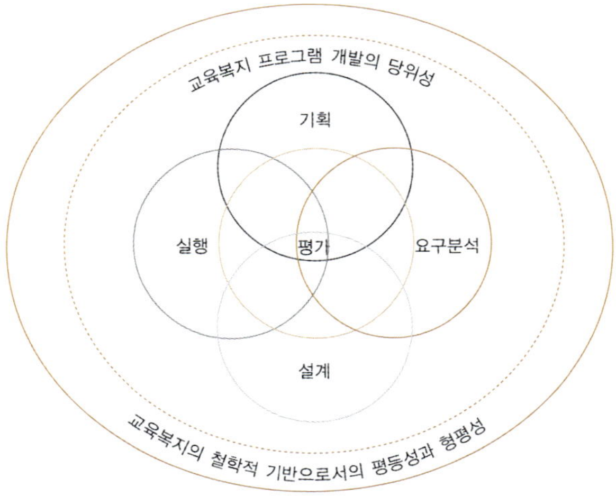

| 그림 5-9 | E-PADI 교육복지 프로그램 개발 모델

① **개요** : E-PADI 모델은 교육복지 프로그램 개발을 위한 핵심 국면(또는 요소)인 평가, 기획, 요구분석, 설계, 실행 등으로 구성된다. 이 모델은 교육복지 프로그램 개발 시 프로그램 개발자가 반드시 따라야 하는 어떤 체계적인 절차를 제시하고 있지는 않다. 다만, 프로그램 개발자가 프로그램 개발 시 일반적으로 수행하게 되는 다섯 가지의 핵심 요소들을 제시하고 있다.

② **특징** : E-PADI 모델은 교육복지 프로그램 개발이 비선형적이며, 통합적이고, 체제적 관점에서 이루어짐을 상정한다. 물론 교육복지 프로그램 개발 경험이 적은 개발자의 경우 기획, 요구분석, 설계, 실행, 평가 등의 일반적인 프로그램 개발 절차를 따를 수 있다. 하지만 그럼에도 불구하고 프로그램 개발 각 국면들은 서로 독립적으로 고립되어 있기보다는 유기적으로 연계를 맺고 있다. 즉, 이 모델은 교육복지 프로그램 개발을 하나의 시스템으로 이해하며, 여러 수행 과업들은 상황과 맥락에 따라 체제적 관점에서 수행된다. 그리고 이 모델은 교육복지 프로그램 수혜자의 평등성과 형평성을 교육복지 프로그램 개발을 위한 기본 철학적 전제로 삼으며, 교육복지 프로그램 개발의 당위성에 근거하여 실제 프로그램 개발이 진행된다.

③ **교육복지 프로그램 개발자의 역할** : E-PADI 모델은 기본적으로 프로그램 개발자의 높은 수준의 교육적, 도덕적, 내용전문가적 역량을 요구한다. 이 모델의 프로그램 개발자는 프로그램 절차 및 과업을 수행함에 있어 단순히 기술공학적인 차원에서 전문성을 발휘하는 사람이 아니다. 프로그램 개발자는 교육복지 프로그램 수혜자의 평등성과 형평성을 프로그램 개발 시 항상 염두에 두며, 교육복지 프로그램 개발의 당위성이 확보되어야만 실제 프로그램 개발을 진행한다. 또한 교육복지 프로그램 개발에 관여되는 다양한 이해관계자, 즉 학습자는 물론 국가, 지역사회, 학교, 내용전문가, 기타 관계자들의 권력관계를 통찰하고 이들의 이해(interest)를 조정하며, 교육복지 프로그램이 지향하는 바를 달성하기 위해 이들의 역량을 모아 시너지를 발휘시킬 수 있는 역량을 구비한 사람이다. 프로그램 개발자는 프로그램 개발 각 국면에서의 어떤 특정 과업 수행이 다른 국면 또는 다른 특정 과업에 어떻게 영향을 미치는지를 총체적이고 시스템적인 관점에서 이해할 수 있는 사람이기도 하다.

④ **과업** : 다음에서는 프로그램 개발자가 수행할 필요가 있는 과업들을 예시적으로 제시한다.

- **평가** : 개발한 교육복지 프로그램을 시행한 결과에 대한 총괄적 평가 및 보고 차원을 넘어 교육복지 프로그램 개발의 전 국면에 관여한다. 구체적으로 이 국면에서는 각 국면의 진행 과정에 대한 형성평가 및 피드백 제공, 프로그램의 효과성 평가·보고·피드백 제공, 평가자료 수집·분석·의사결정, 평가 계획·시행 자체에 대한 메타평가, 결과 공유·보고 등이 이루어진다.
- **기획** : 이 국면에서는 교육복지 프로그램 개발의 당위성 1차 검증, 프로그램 이해관계자의 권력관계·이해 파악 및 협조체제 구축, 프로그램 개발의 방향 설정, 프로그램 개발일정 계획·관리, 기타 등이 이루어진다.

- **요구분석** : 이 국면에서는 교육복지 프로그램 이해관계자(특히 교육복지 프로그램 개발 의뢰자 및 학습자)의 프로그램에 대한 요구분석, 교육복지 프로그램 개발의 당위성 검증, 교육요구 우선순위 설정 및 의사결정, 교육대상자인 학습자 특성 분석, 교육복지 프로그램이 실행되는 환경(물리적·심리적) 및 맥락 분석, 기타 등이 이루어진다.
- **설계** : 이 국면에서는 교육복지 프로그램의 목표설정, 내용선정, 교수설계, 교수자 선정, 프로그램 실행 물적·인적자원 확보, 프로그램 예산수립·확보, 프로그램 마케팅 계획·실행, 프로그램 효과성 평가계획, 교육복지 프로그램 개발의 당위성 검증, 기타 등이 이루어진다.
- **실행** : 이 국면에서는 프로그램의 운영, 프로그램 실행 물적·인적자원 관리, 프로그램 실행 일정관리, 프로그램 효과성 평가계획 수립, 기타 등이 이루어진다.

이후의 장에서는 E-PADI 모델의 각 국면들[기획, 요구분석(요구분석, 우선순위 설정과 의사결정), 설계(프로그램 목적과 목표 설정, 설계, 마케팅), 실행, 평가]을 구체적으로 다룬다.

CHAPTER 06

교육복지 프로그램 기획

1. 프로그램 기획의 개념과 원리

1) 프로그램 기획의 개념

Boon(1985)은 프로그램 기획이 가지고 있는 기본적인 성격은 미래지향적인 활동, 적극적이고 능동적인 행위, 기관의 효율성 증대 기능, 연속적이며 단계적인 과정, 협동적 노력 등이라고 했다(김진화, 2011). Dror(1967)는 기획을 '적절한 수단을 통해 목표를 달성하기 위한 미래의 가치에 대해 일단의 결정을 준비하는 과정이다'라고 정의하였다. 정무성(2005)은 기획을 '해야 할 일, 방법 및 시기, 해야 할 일의 필요성, 일을 책임질 사람을 구체적으로 정하는 것으로 선택할 수 있는 여러 가지 대안들 가운데서 가장 적절한 것을 가려내는 작업'이라고 하였다. 그리고 김종명 외(2014)는 기획의 개념을 '첫째, 미래에 일어날 일을 예측하고 이에 대한 대비책을 강구함은 물론 과거의 시행착오를 시정하는 조직화된 노력이다. 둘째, 여러 가지 대안을 선택하는 일련의 의사결정과정이다. 셋째, 기획은 전문화된 기능으로서 전문적 지식과 기술 및 다양한 관리기법을 필요로 한다'고 하였다.

이상의 내용을 종합해 보면 프로그램 기획의 의미는, 프로그램 개발에서 무엇을 개발할 것인지, 프로그램을 왜 개발하는지, 프로그램을 어떻게 할 것인지, 프로그램 결과물은 무엇인지를 체계적이고 논리적으로 추진하는 것을

의미한다고 볼 수 있다. 구체적으로 프로그램 기획 단계에서는 프로그램 개발의 필요성과 요구를 확인하고, **|그림 6-1|**에서 볼 수 있듯이, 프로그램 개발을 위한 팀 구성과 운영, 개발의 기본 방향 설정, 상황 및 환경 분석, 학습고객 분석 등이 포함된다.

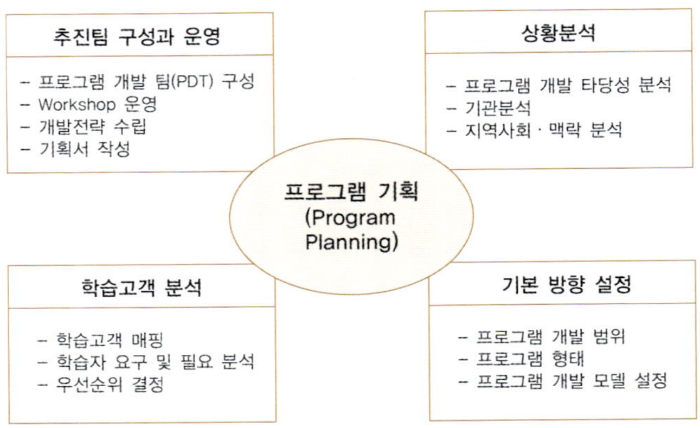

|그림 6-1| 프로그램 기획의 개념도(김진화, 2011 재구성)

2) 프로그램 기획의 원리

Yong(1977)은 프로그램을 기획하는 과정에서 취해야 할 기본적인 원리를 다음과 같이 제시하였다(김진화, 2011 재인용). 첫째, 기획은 구체적인 목적과 목표를 달성하기 위해 인간 행동을 구체적이고 세밀하게 편성하는 데 관여해야 한다. 둘째, 기획은 단순한 선형 접근 방법보다는 체계적 접근의 원리가 바람직하다. 셋째, 기획과정에는 가급적 많은 사람들의 참여가 이루어져야 한다. 넷째, 기획은 개인의 독자적인 노력보다는 협동과 공동의 노력으로 이루어져야 한다. 다섯째, 기획은 불확실성과 모호성을 명백히 하고 방해되는 요소들을 제거해야만 한다. 여섯째, 기획은 새로운 전망을 예측할 수 있는 기능적인 역할을 수행한다. 일곱째, 기획은 도구적인 접근(mechanistic approach)이기보다는 인본주의(humanistic)에 입각해서 추진되어야 한다.

이상의 원리들은 크게 세 가지의 원칙, 즉 ① 계획된 변화(planned change), ② 연결(linkage), ③ 민주원칙(democracy) 등이 고려되어야만 한다.

2. 프로그램 개발의 필요성 및 요구 확인

이 단계는 어떤 이유로 교육복지 프로그램을 개발하게 되었는가에 대한 타당성의 확인이다. 교육복지 프로그램 개발은 프로그램 제공 기관 및 조직 그리고 교수자가 행하는 미래지향적인 활동으로 사회변화에 대한 교육적 응답이며, 새로운 변화를 창출하기 위한 교육적 대안의 제시라고 할 수 있다. 따라서 "왜" 프로그램을 개발하는가에 대한 타당성과 필요성을 확인하고 분석하는 일이 중요하다. 프로그램 개발의 필요성 및 요구는 교육복지 프로그램 제공 기관 및 조직, 학습고객, 교수자, 외부에 의해 비롯되는 것이 보통이다. 즉, 프로그램 개발의 필요성 및 요구(장덕호 외, 2015)는 시대적 상황, 국가의 교육복지 정책, 교육부, 보건복지부, 교육지원청, 지방단치단체 등 상급 또는 관련기관의 요구, 지역사회에서의 요구, 교육담당자의 요구, 학생 또는 학부모의 요구, 학교의 요구, 기관 자체의 요구 등 다양하게 나타날 수 있다. 예를 들어, 부모교육 프로그램 사례 "에니어그램을 통한 아홉 빛깔 성격 이해 프로그램, 교육지원청 진행(본 교재 제15장 참조)"에서 시대적 차원의 요구는 자녀 양육과 관련된 교육에 대한 요구, 세대 차이와 성격 차이로 인한 대화단절과 같은 가족 내 소통문제에 대한 해결방안 요구는 지속적으로 이어진 D교육지원청의 '좋은 부모 되기 레벨업 아카데미'에 걸맞은 심화 부모교육과정에 대한 요구로 나타났다. 참여자 차원의 요구는 '에니어그램'을 통해 아홉 가지 유형의 가족 성격을 알아보고 이를 통해 가족 간의 상호 이해를 증진시키는 것이다. 기관 차원에서의 요구는 서울 D지역을 예로 들면 부모교육을 수행하는 교육기관이 매우 적은 지역이나 권역 내 부모교육에 대한 요구가 많아 'D교육지원청'에서 부모교육을 진행하고 있으며, 매 교육마다 높은 참석률과 이수율을 보였다. 그리고 2015년은 지난해 실시한 대화법에 이어 좀 더 가족을 이해하고 소통을 향상시킬 수 있는 교육에 대한 요구가 높아져 '에니어그램을 통한 아홉 빛깔 가족 성격 이해 프로그램'을 개설하게 되었다.

또한 프로그램의 필요성을 결정하기 위해(기영화, 2010) 구조적 · 인적 · 시설적, 혹은 유사조직의 상황까지 고려되어야 한다. 먼저 구조적 요소로 고려될 것은 조직의 사명, 목표, 이념, 표준화된 운영 정책과 절차, 형식적 조직체계, 정보체계, 조직의 의사결정, 재정자원, 물리적 시설이다. 둘째, 인적 요소로는 프로그램 기획자, 프로그램 참여자, 고위층 관리와 행정인사, 감독인사, 프로그램 의사결정에 영향력을 행사하는 자, 감독위원회 등이다. 셋째, 문화적 요소로 조직의 역사와 전통, 조직의 신념과 가치, 조직의 의식, 상징 등이다. 넷째, 개발될 프로그램을 통제하는 기관, 타 조직 간의 관계(전문가협의회, 정부기관 등), 후원하는 기관들 사이의 상호작용, 유사교육 프로그램을 제공하는 기관 간의 상호작용 등이다.

위의 과정을 통해 새로운 교육복지 프로그램 개발에 대한 요구 및 필요성이 제기되면, 프로그램 개발자는 유사 프로그램 유무를 확인하여 유사 프로그램을 개발함으로써 발생하게 될 시간과 재원의 낭비를 막고, 실제 프로그램에 참여하게 될 가능성이 있는 잠재적 참여자들을 대상으로 요구를 진단하고, 프로그램의 대상자들이 진정으로 무엇을 원하는지와 프로그램을 통해 무엇이 충족되어야 하는지를 고려하여 프로그램을 개발한다.

3. 프로그램 개발 팀 구성과 운영

프로그램 개발이 확정되면 프로그램 개발 팀을 구성한다. 구체적으로 프로그램 개발 팀(PDT) 구성, Workshop 운영, 개발전략 수립, 전체일정 수립, 기획서 작성이 이루어진다. 프로그램 개발은 위원회를 구성하여 추진하며 과정전문가, 현장전문가 혹은 내용전문가, 학습설계전문가, 의사결정전문가, 협상전문가로서의 자질을 갖춘 사람들로 구성된다.

그리고 프로그램 개발 팀을 구성할 때의 원칙은(윤옥한, 2014) 첫째, 관련분야의 전문가로 구성한다. 관련분야 전문가는 내·외부 전문가 그리고 프로그램 개발 기관 내의 전문가도 포함시켜야 한다. 둘째, 관련 전문가를 선정할 때는 협조성, 관계성을 고려해야 한다. 프로그램 개발은 집단적 의사결정 과정으로 많은 회의와 협의의 과정을 통해 이루어지기 때문에 전문가 집단의 협조성이 떨어지면 프로그램 개발 과정이 어려워진다. 셋째, 전문가 인원은 프로그램 개발의 기간에 따라 차이가 있지만 4~5명이 가장 적합하다. 넷째, 팀이 구성되면 각각의 팀 구성원의 역할분담을 명확히 해야 한다. 또한 역할분담 내용을 명시화하는 것이 좋다.

개발전략 수립은 프로그램 개발의 이론적 배경을 확실히 하고, 개발에 대한 명확한 의도와 목표를 명확히 해야 한다. 전체일정 계획은 정해진 일정대로 시행해 나간다. 전체일정은 <표 6-1>과 같은 양식으로 수립해 나가는 것이 좋다.

〈표 6-1〉 전체일정 계획 수립표

구 분	1/4			2/4			3/4			4/4		
	1	2	3	4	5	6	7	8	9	10	11	12
월/ 분기별 목표												
연구 내용 (세부 연구 내용 작성) ('—'선으로 연구진행 표시)												
소요 예산(원)												
연구 인력(명)												

프로그램 기획서는, 프로그램 개발 담당자는 "왜" 프로그램을 개발하는가, 무엇을 개발할 것인가를 결정한 후, 프로그램 기획서를 작성하여 내·외부 회의를 거쳐 기획 내용 및 업무분장을 확정한다. '왜 프로그램을 개발하는가?'는 프로그램 개발 목표를 명확히 하는 것이다. 즉, 프로그램의 범위를 명확히 하고, 프로그램의 내용, 참여자 활동, 프로그램을 통해 참여자가 얻게 될

변화된 상태 등을 제시하는 것이다. 또한 프로그램 개발 목표는 사전에 수립된 마케팅 목표의 달성과 연계되어야 하고, 관련 기관과 조직구성원이 참여하여 공동으로 수립하도록 하여, 이에 따른 동기유발이 가능하도록 하는 것이 효율적이다. 그리고 '무엇을 개발할 것인가?'는 내용 설정으로 프로그램 개발 환경 및 학습고객 분석 등을 통해 프로그램 개발을 위한 세부 주제가 결정된다.

프로그램 기획서는 프로그램 전체 구성부분, 프로그램 준비부분, 프로그램 운영부분의 기획, 진행관리 등 네 부분으로 이루어진다. <표 6-2>처럼 네 부분의 각 항목은 각각 구체적인 내역과 담당, 지원이 명시된다. 그리고 기획서에는 항목을 준비하거나 실천하는 데 있어 나타날 수 있는 문제점을 파악하고, 이에 대한 대안을 수립하며, 대안실천의 장애요인을 발굴하고, 장애요인의 해결책을 모색하는 내용이 포함되어야 한다. 해결책에는 구체적으로 누가, 무엇을, 언제까지, 누구와, 어느 정도로 처리한다는 내용과 산출 결과물이 제시되어야 한다(성낙돈 외, 2011 : 249-248).

〈표 6-2〉 **프로그램 기획서 구성내용**

구 분		내 역	담 당	지 원	문제점	대 안	장애 요인	해결책
기 획	목적, 기간, 대상, 예산, 수강료, 강사진, 내용							
준 비	광고홍보							
	교재개발							
	구성원교육							
	강사 OT							
운 영	운영							
	평가							
	사후관계							
진행관리	진행일정표							
	진행점검표							
	위기관리							

4. 프로그램 개발 환경 및 학습고객 분석

프로그램 환경분석은 프로그램이 요구되는 주변 상황을 분석하는 작업이다. 즉, 프로그램을 제공하는 기관 및 조직, 그리고 기관들이 속해 있는 지역사회와 조직의 문화적·정치적·사회적·경제적 상황 등 다양한 특성 및 환경적 요소를 분석하는 활동이다. 이 때문에 상황분석은 프로그램 개발의 기초 작업이며, 동시에 프로그램 개발이 왜 필요한지를 확인시켜 주는 타당화 과정이라 할 수 있는데, 상황분석에 포함되는 과제는 지역사회 분석, 기관의 조직 분석, 사회적 맥락 분석, 프로그램 개발 타당성 분석 등이 포함된다(김진화, 2011).

첫째, '지역사회 분석'으로 프로그램은 기관이 위치한 지역사회 환경에 의해 크게 영향을 받는데, 지역사회는 지역사회 생활의 물리적 환경뿐만 아니라 정치, 교육, 대중매체, 경제, 문화, 서비스, 사회통제, 종교 등의 기능적 환경도 포함한다(Boone, 1985, 기영화, 2014 재인용). 특히 지역사회의 기능은 프로그램을 개발하는 과정에서 중요하게 고려되어야 할 요소로, 프로그램이 제공되는 지역사회는 기능적 환경 간의 상호작용을 통해 프로그램과 관련된 의사결정에 직접 영향을 미치기 때문이다(기영화, 2014). 둘째, '기관 및 조직의 분석'은 지역사회에 대한 분석을 실시한 후에 기관과 조직체의 이념과 철학, 조직구조, 그리고 가용자원 등에 대해 철저히 인식하는 과정을 거쳐야 한다. 조직은 목적을 실행하기 위해 다양한 활동을 전개하는데, 그 가운데 하나가 바로 프로그램을 통한 교육활동인 것이다(기영화, 2014). 기관의 조직분석을 통하여 기관의 설립 및 운영 목적, 기관의 주요 사업, 시설현황 등을 분석할 수 있다(이화정 외, 2014). 셋째, '프로그램의 타당성 분석'에서 프로그램의 최종단계는 어떠한 이유에서 프로그램 개발하게 되었는가에 대한 타당성을 확인하는 것이 필요한데, 프로그램이 효과적으로 이루어지기 위해서 프로그램 개발이 이루어져야 하는 필요성이나 그 요구에 대한 명확한 확인 과정이 반드시 필요하다(김진화, 2011).

학습고객 분석의 과제는 교육복지 프로젝트 조정가, 학교 관련 담당자(담임, 학교사회복지사, 상담사, 평생교육사 등), 학부모, 지역사회 관련자가 연계관계를 가지고, 학습대상에게 적합한 교육복지 프로그램을 개발하는 것이다. 즉, 각종 검사 결과를 통해 학생의 특성에 맞는 교육복지 프로그램을 개발한다. 심리 적성검사인 다요인 인성검사, MBTI, 진로탐색검사, 정신건강검사(ADHD, 우울증, 인터넷중독검사 등)의 결과를 활용하여 '고위험군', '저위험군' 등의 등급으로 분류하고 프로그램을 개발한다. 예를 들어, 다요인 인성검사 결과 고위험군 학생들을 위한 자아존중감 향상 프로그램, 인터넷중독검사 결과 고위험군 학생들을 위한 인터넷조절 집단상담 프로그램, 그리고 ADHD · 우울증 검사 결과의 고위험군 학생들을 위한 상담치료 프로그램을 개발하여 실시한다.

교육복지 프로그램 개발, 특히 교육취약계층 대상들을 위한 프로그램 개발의 외부환경 평가와 학교 또는 기관 특화 프로그램 개발의 내부자원 평가(김정원 외, 2010)를 표로 나타내면 각각 <표 6-3>, <표 6-4>와 같다.

〈표 6-3〉 **외부환경 평가**

환경변화 요인	기회요소	위협요소	대응방안
1. 인구통계학적 환경 교내 혹은 지역 내 대상 학생 분포 정도			
2. 정치제도적 환경 사업과 관련된 각종 제도 및 정책 변화/ 동향			
3. 사회문화적 환경 교육취약계층 대상의 일반적인 가치관/ 생활양식/ 전통적 습관/ 유행			
4. 입지적 환경 접근의 용이성/ 교통 환경/ 주변의 문화 환경			
5. 경쟁 환경 경쟁학교 또는 기관의 수/ 경쟁학교 또는 기관의 강점과 약점			

〈표 6-4〉 학교/ 기관 특화 프로그램 개발의 내부자원 평가

종 류	의 미	장 점	단 점
1. 교육시설 교육시설/ 편의시설/ 교육기자재	교육활동을 위한 시설		
2. 금전적 지원 수강료/ 기금/ 후원금	프로그램 운영에 투입되는 금전		
3. 인적자원 교·강사/ 직원/ 자원봉사자/ 자원인사	교육활동 수행/ 지원자		
4. 지적자원 독특한 교육기법/ 요구분석/ 프로그램 개발 및 운영기법/ 정보망	기관소유의 유용한 정보, 축적된 지식 및 노하우		

CHAPTER 07

교육복지 프로그램 요구분석

프로그램 개발은 체계적이며, 조직적인 계획을 요구하는 과정이다. 효과적인 프로그램 개발을 위해 어디서부터 출발해야 하는가? 그 출발점은 바로 요구분석이다. 요구분석(need analysis)은 요구진단, 요구조사, 요구사정(need assessment), 선두분석(front-end analysis), 격차분석(discrepancy) 등의 다양한 형태로 불리고, 교육 프로그램을 개발하기 전에 문제를 확인하는 방법이다. 또한 요구분석은 프로그램 개발을 위한 핵심으로 프로그램 평가 시 참여자들의 만족도를 결정하는 관건이다. 그것은 프로그램의 목표집단들이 무엇을 원하고 있고, 무엇이 프로그램을 통해 충족되어야 할 것인가를 결정하는 과정이다(기영화, 2010). 그러므로 프로그램 개발자는 대상자들의 요구에 대한 정확한 조사와 분석을 통해 학습자들의 요구를 프로그램에 적극 반영함으로써 효과적인 프로그램을 개발할 수 있다.

1. 요구의 개념

요구분석에서 요구(needs)는 무엇인가? 그리고 교육복지 프로그램 개발 과정에서 요구를 어떤 관점으로 살펴볼 것인가는 요구분석에 중요한 영향을 미친다. Maslow는 인간 요구(욕구)의 가장 낮은 단계인 생리적 요구로부터 시작하여 안전요구, 애정 및 소속의 요구, 자존의 요구, 자아실현 요구, 학습요구 그리고 가장 높은 단계인 심미적 요구인 요구위계설을 제시했다. 요구위계설은 인간생활을 영위하는 데 필요하거나 필수적인 것이 결핍될 때 공통적으로 높은 단계의 요구가 있으며, 인간행동의 동기가 바로 이러한 요구충족의 행위로 나타난다는 것이다.

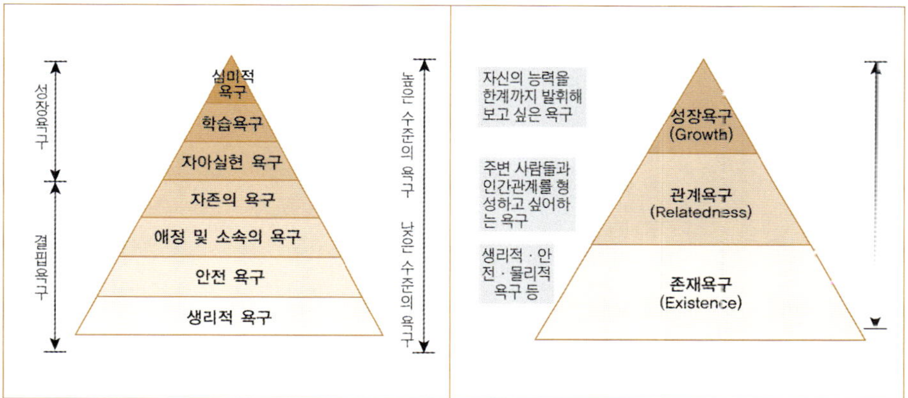

Maslow의 요구위계설	Alderfer의 ERG 이론

Alderfer는 매슬로우의 위계설을 수정한 것으로 자신의 ERG 이론에서 인간의 동인(motive)은, 높은 수준의 요구나 낮은 수준의 요구 모두가 어느 시점에서는 동기부여(motivator)의 역할을 한다고 주장하였다. 그는 인간의 핵심적 요구를 존재요구(existence needs), 관계요구(relatedness needs), 성장요구(growth needs) 등의 세 가지로 분류하였다. 존재요구는 생존을 위해 필요한 생리적·물리적 요구이고, 관계요구는 다른 사람과의 주요 관계를 유지하고자 하는 요구이며, 성장요구는 창조적 개인의 성장을 위한 내적 요구를 말한다.

또한 요구는 요구의 주체와 요구발현 근거에 따라 <표 7－1>과 같이 학습자 차원, 전문가 차원, 교육기관 차원에서 요구가 유형화될 수 있다. 특히 학습자 차원의 요구는 크게 개인적 요구, 조직적 요구, 사회적 요구로 나누어 분석할 수 있다(장덕호 외, 2014). 개인적 요구란 요구의 발현 주체가 개인으로 교육복지와 관련하여 교육 수요자인 학생과 학부모들에 의해 표출되는 요구이다. 사회적 요구란 교육복지에 대한 지역사회에서의 요구 및 발전, 사회적 수준에서의 문제해결 등 주로 거시적 수준에서의 요구를 말한다. 조직적 요구란 기관 또는 조직단위에서 발현되는 요구로서 기관의 고유성과 특수성에 기인하여 표출되는 요구라고 할 수 있다.

〈표 7-1〉 요구의 발현 주체와 근거

유 형	요구주체	요구발현 근거
학습자	개 인	성장, 발달, 개발, 문제해결, 직업기회
	조 직	조직재생·개발, 직무향상, 문제해결 등
	지역사회	삶의 질 향상, 발전, 문제해결
교육기관	민간조직	기관이념 실현, 직무향상
	공공기관	목표달성, 직무향상
	기 업	공통문화 창출, 직무향상
	지역사회	공동체 형성, 지역사회 발전
	국 가	인적자원 개발, 학습사회 건설

출처 : 김진화(2011), p. 211.

그리고 Knowles는 요구를 기본적 요구와 교육적 요구로 분류하였고, Bradshaw는 규범적 요구, 인지적 요구, 표현된 요구, 비교요구 등으로 분류하여 설명하였다. Knowles의 요구와 Bradshaw의 요구를 구체적으로 살펴보면 다음과 같다.

1) Knowles의 기본적 요구와 교육적 요구

Knowles(1980; 1987)는 성인교육 프로그램 개발과 성인교육과정 개발을 위한 두 가지 의미의 요구 개념으로 기본적 요구와 교육적 요구를 제시하고 있다. 먼저 Knowles는 매슬로우의 요구위계설을 바탕으로 기본적 요구를 6개의 하위 요구인 신체적 요구, 성장요구, 안전요구, 새로운 경험에 대한 요구, 애착의 요구, 인식의 요구로 제시하고 있다. 첫째, 신체적 요구는 인간이 살아가는데 있어서 몸을 보존해야 하기 때문에 쉽게 관찰되고 의식적으로 인식할 수 있는 요구이다. 둘째, 성장요구는 특히 학습에 대한 강한 동기로 지식, 이해, 기술, 태도, 관심, 흥미, 적용 등에 대한 요구이며, 이는 학습에 대한 요구가 본질적인 요구의 의미를 가진다. 셋째, 안전에 대한 요구는 신체적 요구뿐만 아니라 심리적인 안전까지 포함한다. 넷째, 새로운 경험에 대한 요구는 사람들은 안전을 추구하는 동시에 모험, 흥미, 위험, 자극 등의 경험을 추구한다. 이러한 추구는 사람들에게 새로운 친구, 새로운 흥미, 새로운 방법과 사고를 추구하는 동기화를 형성된다. 다섯째, 애착의 요구는 가장 사회적인 요구로 모든 사람들은 남들이 자신을 좋아하기를 원한다. 마지막으로 인식의 요구로 모든 인간은 그들이 가치 있고 존경받기를 원한다. 이러한 요구는 사람들이 자신이 속한 지역사회, 사회집단, 조직 그리고 공동체 안에서의 위치를 위해 노력하는 동기가 된다.

둘째, 교육적 요구는 자신의 이익, 조직의 이익, 사회 전체의 이익을 위해 사람들이 학습해야 하는 것을 말한다. 이는 현재의 능력수준과 그들 스스로 그들 조직 또는 사회에 의해 정해진 효과적인 업무수행에 요구되는 더 높은 수준의 능력 간의 차이이다. 그러므로 교육적 요구는 개인, 조직 또는 사회의 현재 상태와 개인 스스로가 바라는 상태 간의 불일치를 말한다. 따라서 교육적 요구는 요구분석의 개념을 위한 기본 전제로 학습자의 현재 상태와 바람직한 상태와의 차이를 발견하기 위한 모든 분석활동을 의미한다.

2) Bradshaw의 요구

Bradshaw(1972)는 인간의 요구를 규범적 요구, 인지적 요구, 표현된 요구, 비교요구로 구분하여 설명을 하였다.

첫째, 규범적 요구(normative needs)는 전문가의 판단에 의해 규정된 요구로 관습이나 권위, 일반적 여론의 일치로 확립된 표준을 의미하는 요구이다. 따라서 이 요구는 기존의 자료나 유사한 지역사회 조사나 전문가들의 판단에 의해 제안된 요구이다. 이런 점에서 현재의 수준과 비교 가능한 비율로 표시되는데 실제 비율이 특정 기준에 미치지 못하면 요구가 존재한다고 본다. 프로그램 개발자가 규범적 요구를 중심으로 교육복지 프로그램을 개발할 때에는 전문가의 진단에 따른 요구나 각종 지표에 의한 객관적인 자료를 바탕으로 잠재적 학습자의 결핍상태를 파악하는 활동을 하게 된다. 예를 들어, 영어 기초가 부족한 예비고등학생을 위한 영어교육 프로그램 개발에 있어, 요구분석 전문가는 중학교 수준 정도에서 독해, 문법, 쓰기, 듣기 능력이 요구되는 것으로 기준을 정한다. 그러나 현재 학습자의 영어능력 상태가 알파벳 대문자 소문자 혹은 8품사 구별도 안 되는 수준이라면, 학습자의 수준이 규범적인 상태에서 매우 부족한 상태로 진단하고 현재 학습자의 상태를 초등학교 6학년 수준으로 향상시킨다는 요구분석을 하게 된다는 것이다.

둘째, 인지적 요구(cognitive needs)는 개개인이 느끼는 요구, 사람들이 요구로 생각하는 것, 선호하는 것으로 주로 인터뷰 등 사회조사를 통해 응답자에게 그들이 선호하는 것을 물어보는 방식으로 요구를 파악한다. 단, 응답자가 인지하고 있는 요구와 실제 요구가 같은가에 대한 균형이 유지되어야 하며, 사람의 기대에 따라 각각 기준이 불안정하고 수시로 변경될 수 있다는 점도 유의해야 한다. 예를 들어, 청소년지도자가 청소년 학습자들에게 설문지나 인터뷰를 통해 프로그램과 관련한 학습요구를 수렴하고, 분석을 통해 잠재적 학습자들의 요구를 파악할 수 있다. 하지만 프로그램 개발자는 학습자들이 인지하고 있는 요구와 실제 요구, 그리고 학습자들의 요구 선호도 등이 다르다는 것을 고려해야 한다.

셋째, 표현된 요구(expressed needs)는 학습자와 외부 전문가의 주관적인 차원에서 느껴진 요구가 언어나 문장 등 행동으로 표출된 것이다. 따라서 프로그램 개발자는 잠재적 학습대상자와 외부 전문가가 인지한 요구를 표현 요구로 전환할 수 있도록 하고, 설문조사나 인터뷰 등의 요구조사 방법을 사용하여 요구를 수렴·분석하여 프로그램 개발에 반영하도록 한다.

넷째, 비교요구(comparativeneeds)는 다른 사람 혹은 타 지역과 비교해서 정해지는 요구이다. 이 요구는 특정한 기준에 의해 발생하는 것이 아니라, 타인/ 타 지역의 요구와 비교해서 상대적으로 개인/ 자신 지역의 요구 차이에서 측정되는 비교 요구로서, 타인/ 타 지역에게 서비스가 제공되지만 개인/ 자신의 지역에는 제공받지 못한 요구이다. 예를 들어, 교육 프로그램 서비스를 받는 집단과 받지 못하는 집단이 있다고 한다면, 두 집단 간의 교육복지 프로그램 서비스를 비교하여 그 차이에 대한 요구가 생성되는 것이다. 따라서 교육복지 프로그램을 개발할 때, 개인과 지역의 특성을 고려한 상태에서 두 집단의 요구를 비교하는 것이 바람직하다.

2. 요구분석의 필요성 및 목적

요구분석은 바람직한 상태와 현재 상태의 격차를 확인하고, 이를 해결하기 위하여 자원배분의 우선순위를 합리적으로 결정하기 위한 체계적인 과정과 절차라고 볼 수 있다(오인경 외, 2008). 요구분석은 항상 교육의 문제를 해결하기 위한 상황에서만 일어나는 것은 아니며, 다양한 유형의 기관들이 요구분석을 수행한다. 교육복지 프로그램 개발에서 요구는 주로 시대적 상황, 국가의 교육복지 정책, 교육부, 보건복지부, 교육지원청, 지방자치단체 등 상급 또는 관련 기관의 요구, 지역사회에서의 요구, 학생 또는 학부모의 요구, 학교의 요구, 기관 자체의 요구 등 다양하게 나타날 수 있다(장덕호 외, 2015). 그리고 교육복지 프로그램 개발에 있어서 요구분석은 대상자의 요구를 정확하게 파악하여 우선순위를 정하고, 선정된 요구를 바탕으로 효과적인 프로그램을 개발하기 위한 준비과정이다. 이런 의미에서 요구분석의 목적은 좋은 프로그램을 개발하는 데 있어서 현재 무엇이 어떻게 진행되어 가고 있는가를 파악하고, 미래에 무엇이 어떻게 변화되어 가는가를 발견하는 것이다.

프로그램 개발과 관련한 요구분석의 필요성을 Hannum과 Hansen(김수진, 1993; 김용현 외, 2012 : 91)은 8가지로 제시한다. 첫째, 요구분석을 통해서 교육이 필요한 부분을 밝힘으로써 불필요한 부분에 대한 투자의 낭비를 줄일 수 있다. 둘째, 교육적 필요가 명확히 밝혀짐으로써 교육을 받은 학습자와 교육 프로그램 자체의 평가준거를 세울 수 있다. 셋째, 명확하게 밝혀진 수행요구들은 규명된 수행상의 차이를 줄일 수 있는 교육해결점들을 정확하게 규명하는 데 도움을 줄 수 있다. 넷째, 요구분석을 통해 밝혀진 결과들은 설계나 개발 단계에 드는 시간을 줄일 수 있다. 다섯째, 교육대상자를 명확히 함으로써 대상자가 실제로 필요로 하는 교육을 제공할 수 있다. 여섯째, 요구분석을 근거로 개발된 교육 프로그램은 조직의 목표를 달성하게 하는 데 기여한다. 일곱째, 요구분석 과정은 조직구성원 개인과 조직이 일체감을 가질 수 있게 하고, 문제에 대해 공유할 수 있는 부분을 만든다. 마지막으로 조직 차원에서 주의 깊게 계획된 요구분석 과정은 가치 있는 유용한 정보를 제공해 준다.

3. 요구분석의 유형

Mocker와 Spear(1979, 기영화, 2011 재인용)는 요구분석 유형을 기술적-규범적 차원과 주관적-객관적 차원의 두 가지 요구판단의 주체(진단자)와 기초자료를 조합하여 <표 7-2>와 같이 네 가지 경우로 제시하였다.

〈표 7-2〉 요구분석 유형

학습자 요구 / 근거자료	기술적 자료(학습자가 결정)	규범적 자료(타인에 의해 결정)
주관적 자료	기술적-주관적	규범적-주관적
객관적 자료	기술적-객관적	규범적-객관적

출처 : Mocker, D. W., & Spear, J. B.(1989). In p. D. Langerman, & D. H. Smith(eds.), Managing adult and continuing education programs and staffs, p. 98; 기영화(2011). 평생교육프로그램개발, p. 112.

1) 기술적 - 주관적 요구분석

학습자 스스로 주관적 진술이나 판단을 근거로 자신의 요구를 분석하는 것이다. 학습자 스스로가 자신의 학습과정에서 주도적으로 목표를 설정하고 계획해 학습한 후 스스로 결과를 평가하는 과정을 통해 창의력과 문제해결력을 향상시키는 자기주도학습이 이 유형에 해당된다. 자기주도학습은 학습자가 주체가 되어 자신의 학습요구를 진단한다. 주로 학습자의 직관, 느낌, 체험 등에 바탕을 둔 자료에 근거하므로 객관성이 결여될 수도 있지만, 학습자의 성취욕구, 호기심, 자기존중감 등과 같은 내재동기가 학습자의 학습촉진 동기가 된다. 현장체험학습 프로그램인 청소년과 부모와 에코-에듀 프로그램(본 서

15장) 사례의 기대효과 중 하나는 "부모와 자녀 간 협력을 통한 갈등 해소, 상호활동으로부터 문제해결과 학습의 계기를 형성, 자기주도적 학습을 유도한다"이다.

2) 기술적 – 객관적 요구분석

주체가 학습자라는 면에서 학습자 중심적-주관적 요구분석과 같지만, 보다 체계적이고 객관적인 근거라는 면에서 다르다. 즉, 학습자는 요구를 분석하는 과정에 전문가나 프로그램 개발자가 만든 요구분석 표 등의 객관적인 자료를 사용한다. 따라서 요구분석이 학습자뿐만 아니라 전문가 혹은 프로그램 개발자와 함께 이루어진다. 예를 들어, 7세 아동의 부모에 따르면 아동의 발달지연은 의심되지 않으나 유난히 한글공부가 잘 되지 않을 경우, 선별검사 실시, 즉 '기초학습기능검사 실시'로 아동의 정확한 문제를 진단하게 된다.

3) 규범적 – 주관적 요구분석

학습자가 아닌 전문가에 의해 요구가 판단되며, 요구판단의 근거는 전문가의 주관이나 느낌이다. 즉, 전문가나 프로그램 개발자가 학습자의 요구를 그들 자신들의 주관이나 느낌에 따라 파악하여 분석하는 방법이다. 교육복지 프로그램 개발 사례인 '아동·청소년 심리지원 프로그램'으로 설명하자면, 먼저 관련 전문가인 교육기관교사, 상담사, 어린이집 원장, 사회복지사 등이 아동·청소년 심층사정 평가도구 등을 활용하여 아동의 증상에 대한 체계적인 평가 및 진단을 통해 대상자를 발굴한다. 둘째, 대상자의 초기상담 실시로 부모 및 대상아동의 요구를 파악한다. 셋째, 각 아동·청소년에게 적합한 언어·놀이·미술·인지 치료 서비스를 제공한다. 넷째, 치료 서비스 제공에 대한 만족도 및 재요구조사를 실시한다. 마지막으로 사후검사를 통해 효과성을 검증한다.

4) 규범적 - 객관적 요구분석

전문가에 의해 요구가 파악되나 근거 자료는 학습자들에 대한 객관적인 데이터로부터 나온다. 일반적으로 가장 공식적이고 체계적인 프로그램 개발 과정에서 수행하는 요구분석 방법이다. 기영화(2011)에 따르면 이 방법은 직무를 분석하고, 표준화된 도구를 개발하여 학습자를 테스트하고, 테스트 결과 분석 및 학습자의 수행능력을 측정한다. 그리고 이 방법은 자격증이나 수료증이 주어지는 프로그램을 제공하고자 할 때 사용된다.

4. 요구분석의 실제

1) 요구분석의 절차

요구분석의 절차에 대해서 Castlle G. Gentry(1994)는 첫째, 문제확인(identify problem)으로, 목표체계 프로그램 과정 중 어떤 문제나 불일치를 결정하기 위해 자료을 수집, 둘째, 문제입증(validate problem)으로, 확인된 문제 중 단순한 문제와 실제로 문제가 되는 것을 결정, 셋째, 요구형성(formulate needs)으로, 문제를 요구로 진술, 넷째, 목표형성(formulate goal)으로, 요구를 목표로 진술, 다섯째, 현재의 문제와 새로운 문제를 조정, 여섯째, 조정된 목표들을 입증, 일곱째, 목표들의 우선순위 결정 등으로 제시한다.

요구분석의 절차(기영화, 2010)는 첫째, 프로그램 목표집단의 특성을 나열한다. 둘째, 목표집단의 특성에 맞는 요구조사 기법을 선정한다. 셋째, 요구분석에 소요되는 예산을 정한다. 넷째, 요구조사 시기와 대상을 정한다. 다섯째, 요구조사 결과 분석방법을 정한다. 여섯째, 다음에 제시된 매뉴얼에 의해 목표집단의 요구분석에 들어간다. 일곱째, 분석된 요구를 분류하여 우선순위를 결정한다.

윤옥한(2014)은 요구분석 절차를 **|** 그림 7-1 **|** 과 같이 요구사정 계획 수립, 요구 파악, 요구의 우선순위 결정, 근본 원인과 느낌 파악, 해결대안 파악, 교육적 대응 필요 · 교육외적 대안 수립, 교육적 대안 정리로 제시한다.

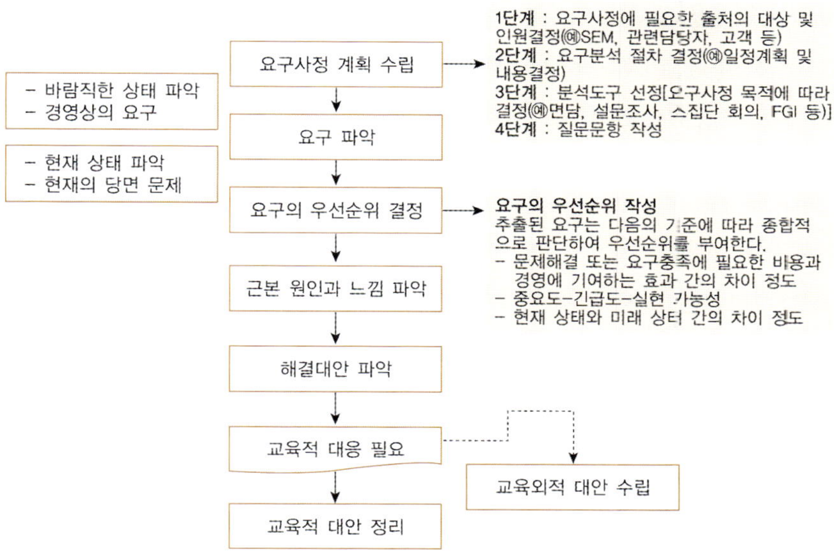

| 그림 7-1 | **윤옥한(2014)의 요구분석(needs analysis) 절차**

그리고 최정임(2002)은 요구분석 절차를 요구분석의 상황분석, 목적 결정, 정보의 출처 확인, 도구 선정, 계획, 실행, 결과 분석 및 보고 순으로 단계를 나눈다. 최정임(2002)과 윤옥한(2014)의 요구분석 절차를 재구성한 9단계 **|** 그림 7－2 **|** 를 구체적으로 설명하면 다음과 같다(오인경 외, 2008 : 37-44).

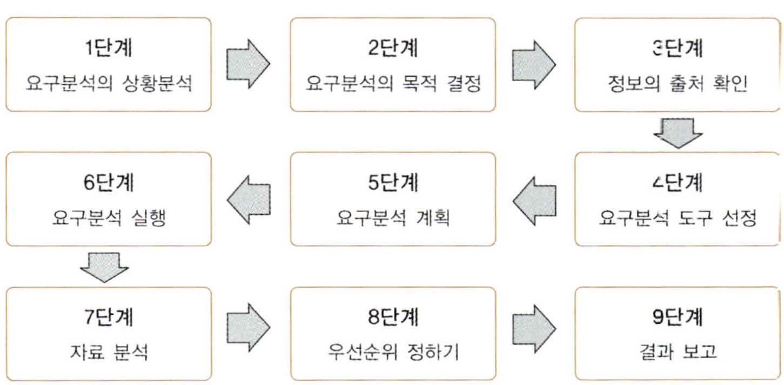

| 그림 7-2 | **요구분석(needs analysis) 절차**

(1) 요구분석의 상황분석

요구분석의 첫 번째 단계는 요구분석이 필요한 상황을 이해하고, 요구분석에서 필요한 정보를 분석해 내는 일인데, 요구분석을 통해 어떤 목적을 달성할 것인지, 어떤 정보를 얻을 것인지를 결정하기 위해서는 요구분석이 필요한 상황에 대한 정확한 이해가 있어야 한다.

(2) 요구분석의 목적 결정

요구분석의 목적은 불확실한 문제의 본질을 규명하면서, 그 문제를 해결하는 가장 적절한 방안을 제안하는 것인데, 따라서 요구분석의 목적을 결정한다는 것은 요구분석을 통해 찾아내고자 하는 정보가 무엇인가를 결정하는 것이다. 그리고 요구분석을 통해 추구해야 할 목적은 최적(optimal)에 대한 정확한 정보, 실제(actuals), 즉 현재 직무가 수행되고 있는 상태 혹은 관련 담당자가 알고 있는 것과 할 수 있는 것에 대한 정보, 느낌(feelings), 즉 관련자들의 능력, 문제의 원인에 대한 정보, 해결방안 등이 제시되어야 한다.

(3) 정보의 출처 확인

일단 요구분석의 상황과 목적이 결정되면, 누가 필요한 정보를 가지고 있는지 정보의 출처를 확인해야 하는데, 가장 정확한 정보를 얻을 수 있는 대상을 선정해야 한다.

(4) 요구분석 도구 선정

요구분석 상황과 목적이 결정되면, 그 목적을 달성하기 위해서 어떤 방법을 사용할 것인지를 결정해야 한다. 즉, 요구분석에 사용할 여러 가지 분석도구를 선택해야 한다. 일반적으로 많이 사용하는 분석도구로는 현존 자료 분석, 면담, 관찰, 핵심집단 회의, 설문조사 등이 있으며, 인터뷰 대상자 및 관찰 대상자 선정 그리고 설문지 개발 등이 있다.

(5) 요구분석 계획

요구분석 상황에 대한 파악이 되었고, 요구분석 목적과 방법이 결정되었다면, 본격적인 요구분석을 실행하기에 앞서 요구분석 실행계획을 세울 필요가 있다. 요구분석 실행계획은 요구분석 계획서를 작성함으로써 구체화될 수 있다. 요구분석 계획서에 포함되어야 할 내용은 문제 상황, 요구분석의 목적, 요구분석 도구, 요구분석 절차, 요구분석 팀 소개와 역할분담, 요구분석 실행일정 등이다.

(6) 요구분석 실행

요구분석 계획서가 작성이 되면, 계획된 일정과 요구분석 단계에 따라 자료를 수집하는데, 이 단계는 요구분석의 진행 상황과 요구분석을 통해 얻게 되는 정보의 종류에 따라 융통성을 가질 수 있다.

(7) 자료 분석

요구분석 활동을 통한 자료수집이 끝나면 자료를 체계적으로 분석한다. 기관이나 학습자들과 관련한 다양한 정보, 현재 상태, 미래 계획, 인적요소, 물적요소, 기회요인, 다양한 이슈 및 정책 등을 중심으로 자료를 분석한다.

(8) 우선순위 정하기

먼저, 분석된 요구를 목록으로 작성한다. 둘째, 리스트로 만들어진 요구는 긴급성, 중요성, 파급성, 자원을 고려하고 있는 우선순위 차트를 활용한다. 셋째, 우선순위 차트 결과를 분석하여 요구를 순위별로 나열하고, 프로그램에 포함될 요구를 선정한다. 넷째, 선정된 요구의 프로그램 목표를 기술한다. 다섯째, 다음에 제시된 과정을 순서대로 실시하여 목표를 기술한다(기영화, 2010). 우선순위 결정 시 고려해야 할 사항은 다음과 같다(Caffarella, 2002).

〈표 7-3〉 우선순위 결정 시 고려해야 할 사항

사 항	내 용
긴급성	어떠한 요구가 더 시급하게 다루어져야 할 것인가에 대한 정도
수혜성	어떤 특정한 요구에 대하여, 누가, 몇 명의 사람이 혜택을 입을 것인가에 대한 정도
파급효과	어떠한 요구를 채택했을 때 미치는 영향력의 정도
불일치 정도	현재 상태와 미래의 바람직한 수준의 불일치 정도
지식, 기술, 성과에의 기여도	어떠한 요구가 학습자의 지식, 기술, 성과에 기여를 할 것인가에 대한 정도
조직목표와 생산성에의 기여도	어떠한 요구가 조직의 목표달성과 생산성 향상에 기여할 것인가에 대한 정도
지역사회에의 기여도	어떠한 요구가 지역사회의 중요한 이슈를 담아내고 있는가에 대한 정도
잠재적 결과	어떠한 교육 프로그램의 결과가 그 요구에 부응했는지에 대한 정도
자원의 질과 유용성	요구와 관련된 양질 자원의 유용성 정도
난이도	요구사항에 대한 난이도 고려
리스크 사정 (risk assessment)	요구를 소홀히 다루었을 때의 결과를 고려
변화에의 커미트먼트 (commitment)	요구에 따른 변화에 얼마만큼 헌신을 할 수 있을 것인가에 대한 정도
정치적 · 경제적 · 다른 외부 환경적 요소	프로그램이 조직 및 지역사회의 가치와 지역 · 국가 · 국제적으로 우선해야 할 사항, 공공의 기대에 부합 혹은 반대되는지를 고려

(9) 결과 보고

우선순위가 정해지면 학습자나 기관에 요구분석의 최종적인 결과를 보고한다. 분석된 자료를 토대로 문제 상황과 해결대안 파악, 교육적 대응, 교육외적 대안 수립, 교육적 대안을 제공함으로써 효과적인 프로그램을 개발하는 데 도움을 준다. 결과보고 방식은 요구분석의 공식적인 보고서, 프레젠테이션, 대화, 공식적 · 비공식적인 커뮤니케이션 수단을 통해 보고된다.

2) 요구분석을 위한 자료수집 기법

요구분석을 위한 자료수집 기법은 다양하다. 따라서 적합한 자료수집 기법을 선택하는 것이 중요하다. 요구분석에서 파악해야 할 요소(Misanchuck, 1982)는 개인의 과제수행능력, 과제수행능력과 역할과의 관련성, 개인의 교육욕구를 제시한다. 그리고 대표적인 요구분석 자료수집 기법을 Gentry(1994)와 이화정 외(2008)를 재구성하여 정리하면 <표 7-4>와 같다.

〈표 7-4〉 요구분석 자료수집 기법

기 법	특 징
자원명세서 조사법	• 대상학습자 집단이 받을 수 있는 교육을 총망라 • 누가, 누구를 위해, 무엇을 하고 있는가?라는 질문을 통해, 교육 프로그램 명세서, 기관의 성격, 제공된 프로그램의 종류와 수용력에 관한 부차적인 정보 수집 • 누가 사용하고 있는가, 어떤 프로그램들을 제공하는가, 그 프로그램의 수용능력은 어느 정도인가?의 질문으로 프로그램 선정 및 추가 프로그램 요구 확인 가능
사용분석법	• 기존의 프로그램이 얼마나 사용되고 있는지에 관한 정보를 수집하여, 유사 혹은 새로운 프로그램에 대한 자료로 활용 • 프로그램 사용에 영향을 미치는 네 가지 요인은 가용성, 인식수준, 수락의지, 접근의 용이성(McCaleb, 1987) • 사용분석은 이용에 초점을 두고 사용빈도에 따라 재정지원 등을 결정할 수 있으나 미사용자에 대한 분석까지 할 수는 없음
관찰법	실제 수행 정도를 알아보고자 할 때 주로 이용. 말보다 정보 제공, 부가적인 관찰 및 교육 요구분석을 위한 다른 방법 사용 유도
설문지법	• 시간과 비용이 적어 보편적으로 많이 활용되는 방법으로 다양한 양의 정도를 수집하는 데 유용함 • 전화, 온라인, 서면 형태의 객관적인 데이터 수집으로 자료 분류와 해석 용이 · 표준화된 자료수집 등이 가능하나 응답자로부터 자유로운 응답을 수집하는 데 한계
면담법	• 질문의 개방성으로 문제의 원인, 태도, 느낌 등을 파악하는 데 어떤 기법보다 효과적이나 시간과 비용이 많이 소요됨 • 조사자와 응답자의 상호작용 가능 • 언어를 사용한 동시적 · 상호작용적 의사소통 방식이며 또한 비언어적 단서(몸짓, 자세, 목소리, 억양, 표정 등)를 통해 복잡한 상황을 이해하여 심층적인 자료수집 가능
관찰법	• 현장성 있는 생생한 자료수집 가능 • 요구분석 대상 등을 직접 관찰하여 정보 수집 • 부가적인 관찰 및 교육 요구분석을 위한 다른 방법 사용 유도 • 대상의 실제 직무 인식 • 대상자들에게 필요한 특정 학습의 높은 정확도 확인
포커스 그룹방법 (Focus Group)	• 5~6명의 피면담자의 상호작용을 통한 역동적 분위기를 조성하여 특정한 현상 또는 사건에 대한 심도 있는 의견을 제시 • 참여자의 다양한 의견이나 관점을 자극하여 특정 주제에 집중적인 질 높은 자료 수집

주요사건기법 (Critical Incident Technique)	요구조사에 필요한 결정적인 영향을 미친 사건들과 그 원인을 면담을 통해 확인·분석 • **사건의 조건** : 필요한 요구에 좋은 영향이나 나쁜 영향을 끼친 사건, 사건의 원인과 결과가 있어야 함, 가끔이라도 중대한 영향을 미칠 것이라 생각되는 것 • **사건의 조사 및 기록** : 사건의 제목과 배경, 사건 개요, 그 상황에서 어떻게 행동했는가?, 좋은 결과/ 나쁜 결과가 나타난 이유?, 그런 사건이 다시 일어나면 어떻게 행동하겠는가? • **사건의 단계** : 분명한 목표 진술 → 반응에 대한 샘플 선정 → 사건 수집을 위한 도구 결정 → 반응에 대한 교수 형성 → 주요 사건 수집 → 공통된 범주로 주요 사건 분류 → 요구·목표체계의 행동에 대한 재진술
결점나무분석 (Fault Tree Analysis)	어떤 시스템을 운영하는 데 부정적인 영향을 끼칠지도 모르는 원치 않는 사건들을 확인하기 위해 설계된 운영 연구기법 • **사건의 단계** : 목표체계에 대한 임무 진술 → 체계에 대한 임무 분석 → 체계를 결정할 사건 확인 → 결점위험분석(Fault Hazard Analysis) 완성 → 결점나무 그리기 → 구조화된 결점나무 확인 → 결점나무에서 사건 경로 혹은 전술 범주화 → 최종적으로 원치 않은 사건에 대한 발생 정도 등급화 → 최종 사건에 대한 교정 가능성 정도 분류 → 최종 또는 초기 사건을 요구진술로 전환 → 요구진술의 우선순위 결정 → 우선순위로 결정된 요구사항 보고
델파이 기법 (Delphi Technique)	전문가들, 조사응답자들에게 우편으로 의견이나 정보를 수집하여, 분석한 결과를 다시 응답자들에게 보내 의견을 묻는 방식으로 만족스러운 결과를 얻을 때까지 계속하는 기법 • **특징** : 설문에 대한 응답을 무기명으로, 반복 혹은 통제된 환류를 정보수집 과정의 여러 단계에서 제공·집단의 반응을 통계분석으로 집약. 장점은 참가자의 익명으로 발언권이 강하고 참가자의 영향력을 줄일 수 있음. 단점은 시간이 많이 소요되고 반복 조사 동안 응답자의 수가 줄어들 수 있음 • **단계** : 1. 응답을 위한 초기 질문 결정 2. 적합한 전문가들 확인과 그들로부터 참여를 위한 동의 얻기 3. 전문가들에게 초기 질문 보내기 4. 전문가들의 반응 분석과 다음 회기 질문으로 반응 결합하기 5. 다시 전문가들의 반응 분석과 다음 질문으로 그 자료들을 결합 6. 다시 전문가들의 반응을 수용한 후 그것들을 분석하고, 다음 질문을 형성하기 위한 자료 사용 7. 목표에 만족할 때까지 6단계 반복
직무분석	• 특정 직책 혹은 직급에 있는 사람들이 현재 직접 수행하고 있는 일들을 규명, 즉 해당 직무를 수행하는 데 필요한 기능, 임무, 과제를 밝힘 • 직무를 이루고 있는 업무 중 가장 높은 우선순위를 지닌 중대한 업무와 그 업무를 가능하게 하는 데 필요한 기술과 지식의 습득에 자원을 집중적으로 투자하고자 할 때 필요 • 직무·과제 분석의 절차(그림 7−3) : 직문분석을 먼저 실시하고 분석한 직무에 대하여 수행차이 분석을 실시 → 수행차이 분석에서 나온 내용을 지식, 기능, 태도로 어떻게 육성할 것인가를 결정

비형식적 대화	비형식적 대화는 교육복지 프로그램 개발과 관련한 학생, 학부모, 담임교사, 사회복지사, 상담가 등과 지역사회 전문가, 교육기관 관계자, 교육 · 복지계 학자, 지역주민들의 자유로운 접촉을 통해 대상자 요구와 관련된 많은 정보를 수집하여 프로그램 개발에 활용함
테스트	테스트는 지식, 기술, 태도에서 부족한 부분이 무엇인지를 결정하거나 문제의 원인을 결정. 수행능력과 성취도 테스트는 현재 학습자가 무엇을 알고 있고, 무엇을 할 수 있는지 밝히는 수단
대중매체와 문헌조사법	• 자료의 재구성 없이 즉시 사용 가능 • 적은 비용으로 정확한 자료수집 가능 • 문헌 작성이 이론적인 것에만 치우쳐 현장성이 결여되지만 여러 가지 단서와 실마리 제공

출처 : Castelle G. Gentry(1994). Introduction to Instructional Development, pp. 17-26; 이화정 외(2008). 평생교육프로그램개발의 실제, pp. 98-101.

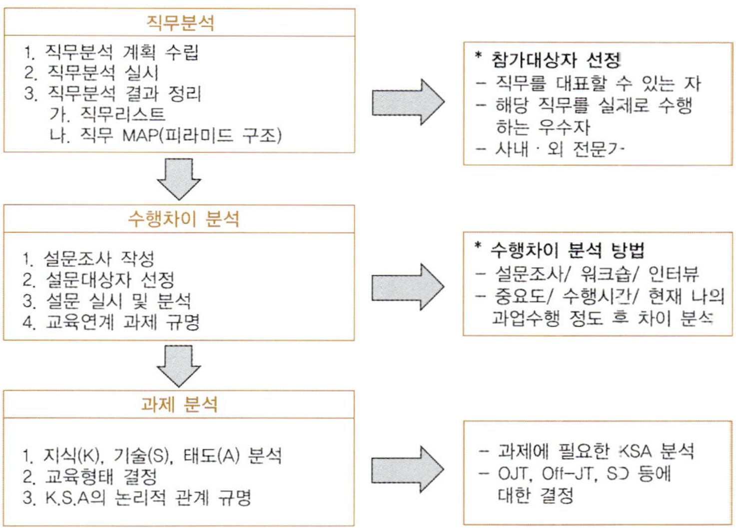

| 그림 7-3 | 직무 · 과제분석의 절차(윤옥한, 2014 : 156)

CHAPTER 08

교육복지 프로그램의 우선순위 설정과 의사결정

1. 우선순위 설정과 의사결정의 개념 및 기준

1) 우선순위 설정의 개념

우선순위 설정이란 프로그램 개발 과정에서 실시기관의 한정된 자원과 여건을 고려하여 일정한 기준에 따라 가장 절실하고 가치 있는 요소를 선정하는 과정이라 할 수 있다. 즉, 실시기관이 가지고 있는 제반 자원(시간, 역량, 예산 등)을 고려하여 많은 아이디어와 요구 중에서 우선적으로 개발해야 할 것을 위계화시켜 순차적으로 결정해 나가는 것이 바로 우선순위 설정이다(김진화, 2011).

교육복지 프로그램 개발 과정에서 우선순위 설정은 대개 교육취약계층의 학습대상자들 — 국민기초생활수급자, 차상위계층 등 저소득층 자녀, 위기 및 결손가정 등 취약계층, 북한이탈주민, 다문화가족 등 교육소외계층 자녀, 기초학력 미달 학생들 — 이 우선순위가 되고, 프로그램 주제도 그들에게 가장 긴급하고 절실한 사항이 우선순위로 선정되어 교육복지 프로그램을 개발 운영한다. 그리고 도서관 활성화 프로그램 등 일반학생 다수가 참여하는 것이 교육복지 프로그램 취지에 적합할 경우는 일반학생까지 학습대상이 된다.

2) 의사결정의 개념

프로그램 개발은 의사결정을 위한 공공의 정치과정이라는 관점에서 바라볼 필요가 있는데, 실제 프로그램 개발 과정에서 매 단계마다 의사결정의 장면에 직면하게 된다. 의사결정이란 프로그램 개발과 관련된 미래의 행동 대안 중에서 최선의 대안을 선택·결정하는 행위를 말하며, 여기에는 정형적 결정과 비정형적 결정, 개인적 결정과 집단적 결정, 사적 결정과 조직적 결정, 그리고 전략적 결정과 전술적 결정이 있다(김창걸, 1994, 김진화 2011 재인용).

2. 우선순위 설정의 이론적 기초

우선순위 설정을 위한 이론적 토대는 의사결정 이론이다. 본 서에서는 교육복지 프로그램 개발 과정을 기획과 의사결정 과정으로 보고 프로그램 개발자가 수행하는 활동의 강조점에 따라 합리모형, 만족모형, 점증모형, 혼합관조모형, 쓰레기통모형으로 나누어 살펴보겠다(황성철, 2005 : 47-50).

1) 합리모형

합리모형(rational model)은 인간은 필요한 모든 지식과 정보를 동원하여 객관적이고 논리적인 의사결정을 할 수 있다는 것이다(김진화, 2011).

합리모형에 따르면 프로그램 개발자는 표적집단의 요구나 문제에 관심의 초점을 맞추고 달성해야 할 분명한 목표를 설정한 뒤 그 목표달성을 위한 최적의 대안을 선택하는 데 상당한 노력을 기울인다. 그러므로 합리모형의 프로그램 개발에서는 기술방법론적인 측면이 강조되고 프로그램 개발자는 전문기술자의 역할수행이 요구된다(황성철, 2005). 그러나 이 모형은 합리성과 논리적 타당성만을 강조하여 현실성이 결여되고 인간의 복잡한 심리적 요소 등을 고려하지 않아 비판의 여지를 안고 있다.

2) 만족모형

만족모형(satisfying model)은 합리모형의 한계점을 극복하기 위해 제시된 의사결정 모형으로 합리모형에서와 같은 완전한 합리성이 아닌 제한된 합리성(bounded rationality)에 기초하고 있는데(오세덕 외, 2008), 의사결정자는 현실적으로 그의 능력의 한계 때문에 최적의 대안을 선택할 뿐이며, 이러한 결정은 현실적으로 만족스러운 대안에 머무를 수밖에 없는데, 이와 같은 모형은 의사결정자의 사회 · 심리적인 측면에서 이루어지는 것이라 할 수 있으나 그 만족의 정도가 주관적인 것이다(김진화, 2011). 이러한 만족모형은 현실적인 의사결정의 세계를 설명하기 때문에 현실적 · 실증적 접근법에 속한다(오세덕 외, 2008).

그러나 만족모형은 개인적 의사결정을 설명하려는 의도에서 나온 것이기 때문에 그것을 그대로 조직의 의사결정에 적용시키기에는 조직이 개인의 단순한 합계가 아니라는 점에서 무리가 따른다는 지적이 있다(안해균, 1983, 오세덕 외, 2008 재인용).

3) 점증모형

점증모형(incremental model)에서는 인간의 지적 능력의 한계와 의사결정 수단의 기술적 제안을 인정하고 의사결정에서의 대안 선택이 종래의 정책이나 결정의 점진적 · 부분적 · 순차적 수정 내지 약간의 향상으로 이루어진다고 보고 있다(오세덕 외, 2008). 점증모형에 따라 프로그램 개발 과정을 설명하면 프로그램 개발은 체계적인 자료수집과 분석보다는 기존 프로그램에서 약간 향상되는 차원에서 약간 변형되거나 수정된 형태로 나타나는 것이 대부분이라고 주장한다(황성철, 2005).

점증모형에 의하면 프로그램 개발자는 상호작용적 과업인 상호 입장교환, 협상, 당사자 간의 합의 등 사회 · 정치적 과정이 중요시되고 프로그램 개발자는 기존 프로그램의 합법성, 예산, 당사자의 이익을 대변하는 옹호자의 역할을 수행하게 되는데, 이 모형은 현실을 인정하고 혁신을 배제한다는 점에서 보수적이며 의사결정에서 지나치게 현실의 여건과 정치성을 강조하기 때문에 체계성과 과학성이 결여된다는 비판을 받고 있다(황성철, 2005).

4) 혼합관조모형

혼합관조모형(mixed scanning model)은 에치오니(Amitai Etzioni)에 의하여 제안된 의사결정 모형으로, 에치오니는 합리성 모형의 지나친 이상주의, 비현실적 성격과 점증적 모형의 과도한 보수주의, 비혁신적 성격을 비판하고 양자를 절충한 혼합모형을 제시하였다. 즉, 기상위성을 활용하는 범세계적인 기상체제를 구축함에 있어서 합리주의적 접근법에 의하면, 세밀한 관찰이 가능한 카메라를 사용해서 가능한 한 자주 하늘 전체를 샅샅이 훑어야 할 것이며, 점증주의적 접근법에 의하면, 가장 최근에 또 아마도 가장 인접지역에서 유사한 기상 양상이 전개되고 있는 지역에만 초점을 둔 나머지 예기치 않은 상황에 대처하지 못하게 될 것이라고 하였다(네이버지식백과 교육학용어사전, 1995).

혼합모형이란 세밀하지는 않지만 하늘 전체를 조망할 수 있는 카메라와 이 카메라에 의해 보다 심층적인 분석을 요하는 것으로 밝혀진 지역에만 초점을 맞출 또 하나의 카메라를 활용하는 것이다. 그 결과, 혼합모형은 합리성 모형에 의한 상세한 관찰이 문제가 발생하고 있는 것으로 보여질 수 있는 지역들은 놓칠 수도 있겠지만, 대신에 점증주의적 모형에 비하여 친숙하지 않은 지역에서의 문제 지점을 놓칠 가능성은 줄어들 것이라고 주장한다. 따라서 합리적 접근방법에서는 넓은 영역에만 주의를 한정하려고 하는 데 비해, 혼합모형의 전략은 특정한 의사결정에 관련이 있을 가능성이 있는 넓은 영역을 개괄적으로 탐색하고, 그 가운데서 특별한 주의를 기울여야 할 좁은 영역을 골라 다시 면밀하게 탐색하는 것이다. 혼합관조모형에 의해 프로그램 개발을 시도하는 프로그램 개발자는 관료의 역할을 수행한다(황성철, 2005).

5) 쓰레기통모형

쓰레기통모형(garbage can model)은 다른 모형들에 비해 보다 복잡하고 혼란한 상황, 즉 '조직화된 혼란상태(organized anarchies) 속에서 조직이 어떠한 결정형태를 나타내는가에 초점을 두고 있으며, 쓰레기통모형은 마치 갖가지의 쓰레기가 우연히 한 쓰레기통 속에 모여지듯이, 네 가지 구성요소(문제의 흐름, 해결책의 흐름, 선택기회의 흐름, 참여자의 흐름)의 흐름이 서로 다른 시간에 통 안으로 들어와, 우연히 동시에 한 곳에 모이게 될 때 비로소 의사결정이 이루어지는 것으로 본다(김영숙 외, 2002).

쓰레기통모형은 전통적 합리주의 철학을 부정하고 조직을 쓰레기통에 비유한 의사결정 모형으로, 1970년대 이후 Michael D. Cohen, James G. March, Johan P. Olsen 등이 제창한 것으로 의사결정의 합리적 형태보다는 실제 조직의 의사결정 양상을 드러내고자 한 모형이라고 할 수 있으며, 주로 대학조직에 대한 연구를 통해 발전되어 왔다(네이버지식백과 교육학용어사전, 1995).

전통적인 의사결정 이론에 따르면 조직의 의사결정은, 첫째, 의사결정이 필요한 문제 상황의 규정, 둘째, 의사결정을 위한 대안 추출, 셋째, 각 대안별로 예상되는 결과 조사, 넷째, 목표에 비추어 결과 평가, 다섯째, 이상의 과정을 거쳐 최적의 대안 채택이라는 과정으로 구성된다. 그러나 쓰레기통모형에서는 조직 자체를 문제, 문제에 대한 해결방안, 참여자 등이 엉킨 채로 버려져 있는 쓰레기통으로 상정하며, 자연히 의사결정도 정연한 분석과 평가과정의 산물이 아니라 여러 가지 상호 독립적인 요인의 흐름 속에서 빚어진 결과 혹은 해석이라고 본다. 이 점에서 전통적 의사결정 모형을 규범모형이라고 한다면 쓰레기통모형은 기술모형이라고 할 수 있다.

쓰레기통 모형에 따라 교육복지 프로그램 개발과 기획 과정을 설명하면 프로그램 개발과 기획은 현존하는 조직구조에서 조직의 문화와 규범적 맥락, 그리고 조직구성원의 신념과 관심 등에 의해서 영향을 받기 때문에 실제로 표적집단의 핵심적인 문제해결을 위한 새로운 프로그램의 창시나 기존 프로그램의 개혁은 요원한 일로 간주된다는 것이다(황성철, 2005). 이 모형이 전제하고 있는 조직화된 혼란 상태는 오늘날 공공조직과 불법조직 등에서 쉽게 발견될 수 있는 것인 만큼, 이 모형은 그 실용성이 인정이 되나, 그러한 상태가 조직의 모든 결정형태에서 발견되는 것이 아니라는 점에서 볼 때 이는 일부분의 조직에서 또는 일시적으로 나타나는 결정형태만을 설명하는 데 적합하다는 비판을 받고 있기도 하다(김영숙 외, 2002).

3. 우선순위 설정과 의사결정 기준

다양한 요구와 아이디어들은 일정한 기준에 의해 우선순위 설정과 과정을 거쳐 최종적으로 의사결정이 내려지기 위해 어떠한 기준들이 필요한가? 일반적으로 기관목적(기관이 지향하는 이념과 목적), 실현 가능성(현실적인 실현 가능성), 물적자원(기관이 보유한 가용자원), 인적자원(담당자의 역할, 자질, 인원수 등), 이해당사자(기관의 책임자, 경영주, 외부 스폰서, 타 기관 등의 이해당사자의 의견과 관심) 등이 그 기준이 된다. 또한 여러 학자들이 제시한 우선순위 설정 준거와 의사결정 기준을 알아보면 다음과 같다.

학 자	우선순위 설정 준거/ 의사결정 기준
Knowles	기관의 목적, 실현 가능성, 고객의 흥미
Forest & Mulcahy	고객, 지역사회, 기관, 자아
Boyle	개인적인 가치와 지각, 조직, 고객, 지역사회, 정치성, 자원
이무근, 원상봉	학습고객의 자원, 훌륭한 교수자의 확보 가능성, 사용 가능한 시설·장비·재정

4. 우선순위 설정의 접근방법

프로그램 개발자는 요구분석 과정을 통해 확인된 모든 요구를 프로그램으로 개발하기는 어렵다. 이러한 문제를 해결하기 위해서는 실시기관이 가지고 있는 시간, 역량, 예산 등을 고려하여 확인된 요구에 대한 우선순의에 의해 프로그램 개발을 결정해야 한다. 우선순위 결정 접근방법은 스크린여과 접근, 중요성-실현 가능성 접근, 서열화 접근, 평정화 접근, 통계분석적 접근(김진화, 2011), 그리고 가장 일반적으로 활용할 수 있는 우선순위 차트 방법(Affarella, 1994; 이화정, 2006) 등이 있다.

1) 우선순위 차트 방식

우선순위 차트는 요구선정 기준에 따라 값을 매기고 그 합으로 요구의 우선순위를 정하는 방법이다.

전략 : 단계적 우선순위 결정 과정을 밟아라

1단계 : 우선순위 결정에 참여할 사람을 결정한다.

잠재적 학습자, 학교 관계자(상담사, 사회복지사 등), 지역사회 관계자, 프로그램 기관의 관리자, 사회복지사, 상담가 등을 중심으로 결정한다.

2단계 : 우선순위 결정을 위한 평가준거를 개발·결정한다.

〈평가준거〉

중요한 준거	준거의 의미
인 력	제시된 아이디어에 대해 지식이나 기술을 제공할 사람이 있는지의 여부
목표에 대한 기여도	제시된 아이디어가 조직의 목표달성에 얼마나 기여하는가의 정도
긴급성	각 프로그램의 아이디어가 어느 정도로 급하게 요구되는가의 정도
파급효과	다른 아이디어에 미치는 긍정적·부정적 영향력에 대한 정도
자원의 지원 가능성	프로그램 수행을 위해 필요한 인적·물적 자원과 재정적 지원의 가능성 정도

3단계 : 평가준거에 맞게 우선순위 차트에 따라 아이디어를 기록한다.

요구분석 결과에서 나온 아이디어를 범주화하여 5~6개 정도로 정리한다. 범주화된 아이디어를 우선순위 차트에 적어 넣는다.

4단계 : 각각의 아이디에 대한 우선순위의 점수를 합산하여 그중에서 가장 높은 점수대의 아이디어를 채택하여 선정한다.

각 평가자는 우선순위 차트를 보고 요구별 점수를 매기는데, 1점(최소 요구), 2점(약간 중요한 요구), 3점(중요한 요구), 4점(반드시 실현되어야 할 요구)이다. 각각의 평가가 끝나면 우선순위 차트를 수합하여 합산된 점수에 따라 순위가 매겨지고 각각의 요구는 프로그램으로 개발된다.

〈우선순위 차트 예시〉

프로그램 아이디어	인 력	목표에 대한 기여도	긴급성	파급효과	자원의 지원 가능성	합계
문화해설사 양성과정	4(평균값)	4	4	4	4	20
직업능력 교육	4	2	3	3	3	15
다문화인을 위한 방문 한국어 교육	2	4	2	2	2	12
청소년을 위한 리더십 개발과정	1	1	1	1	1	5

2) 스크린여과 접근방식

우선순위 결정에서 기관의 목적, 가능성, 고객의 흥미와 같은 여과장치를 통해 확인된 요구를 교육목표와 운영목표로 전환하는 방식이다. 스크린여과 방식에는 Boone, Knowles, Boyle의 방식이 있는데, 여기서는 Boyle의 방식을 소개한다. Boyle(1981)은 우선순위 설정을 위한 범주를 지역사회, 고객, 정치적 구조, 조직, 자원, 개인적인 가치와 지각 등 여섯 가지로 제시하였다. 이 범주들은 긍정적인 방향으로 상호 관련성이 있고, 의사결정 과정에서 제약 요소가 될 수도 있다. 예를 들어, 정치적으로 국가기관 및 지방자치단체에 의해 소득이 낮은 고객들의 바람과 요구에 우선순위가 주어질 수 있고, 반면에 주어진 자원과 조직체 요구 및 정치적 요구가 개인적인 요구와 바람을 제안할 수도 있다. 이를 그림으로 나타내면 다음과 같다.

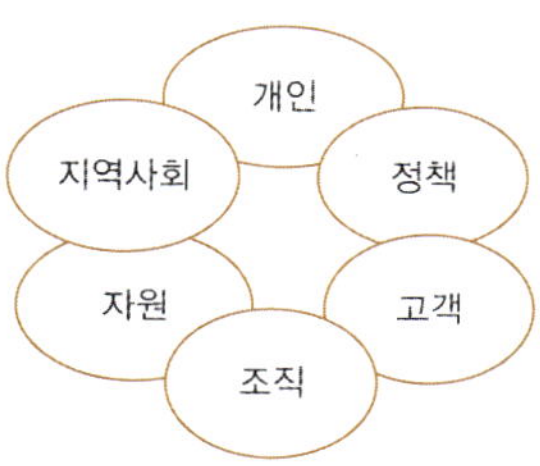

그림 8-1 우선순위 설정을 위한 범주들 간의 상호 관계성

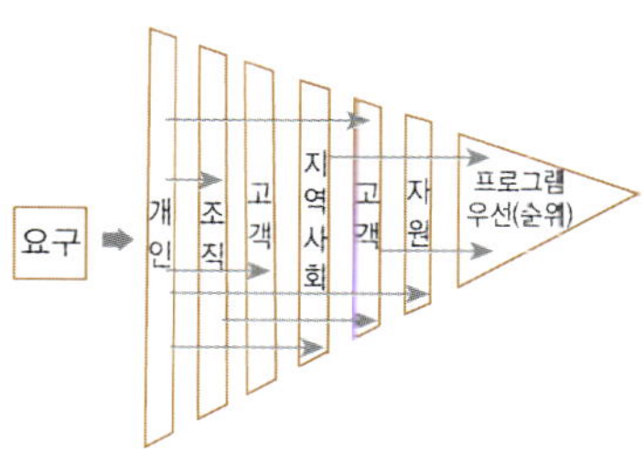

그림 8-2 우선순위 여과과정

3) 중요성-실현 가능성 방식

확인된 요구의 중요성과 실현 가능성을 조합하여 우선순위를 결정하는 방법으로 의사결정 영역 1, 2, 3, 4 중에서 중요성과 실현 가능성이 높은 4영역에 해당되는 것을 선정한다.

4) 서열화 방식

우선순위에 가중치를 부여하여 점수가 높은 순으로 의사결정을 내리는 방식으로 우선순위를 설정하기 위해 제시할 기준을 설정하고, 각 기준에 가중치를 부여하는 문제가 가장 핵심적인 관건이 된다.

5) 평정화 방식

서열화 방식과 유사하지만 평정된 점수를 기준의 개수로 나누어 평균점수를 구하여 의사결정을 내린다는 점이 다르다.

- 확인된 교육요구를 나열한다.
- 제시된 각 기준의 우선순위를 결정한다(1순위, 2순위, … 등).
- 가중치와 우선순위를 곱한다.
- 각각의 아이디어에 대한 가중된 등급을 첨가하고(횡단), 가중된 등급의 총합의 합계를 기록한다.
- 총합을 기준의 개수로 나누고 그 값을 기록한다.

6) 통계분석적 방식

통계학의 원리를 적용하여 요구분석의 결과 중에서 우선순위에 포함시켜야 할 요구에 대해 합리적이고 체계적으로 의사결정을 내리는 방식이다. 이 방법은 요구분석자가 통제할 수 없을 정도로 아주 많은 데이터를 분석할 때 활용되는 방법으로서, 통계학의 기법을 적용함으로써 우선순위 설정을 보다 정교하게 처리하는 방식이다. 이에 해당하는 것으로 평균비교법, 요인분석법이 있다.

(1) 평균비교법

의사결정을 내리고자 하는 내용 혹은 항목을 측정한 다음, 해당 측정치의 평균 점수를 일정한 기준에 의해 판단하여 우선순위를 설정하는 방법이다.

(2) 요인분석법

사전에 구성된 조사내용에 대해 응답자들이 동일한 개념으로 인식하고 있는가를 판단하고, 동일 개념으로 인식되지 아니한 것들을 의사결정에서 배제시키는 방법이다.

CHAPTER 09

교육복지 프로그램 목적과 목표 설정

프로그램의 목적 및 목표 설정은 프로그램 개발의 초점을 명확히 해주고 관리책임자, 프로그램 개발자, 프로그램 운영자, 교수자, 학습자에게 프로그램 의도를 명확하게 전달할 수 있게 한다. 하지만 프로그램 개발자는 학습자의 다양한 요구들을 모두 충족시키는 프로그램을 개발하기 힘들다. 따라서 요구선정 기준에 따라 선정된 프로그램 학습대상자들의 요구는 목적과 목표로 전환되어야 한다.

1. 프로그램 목적 및 목표의 이해

1) 목적과 목표의 개념

현실적으로 보면 목적과 목표라는 용어는 서로 혼용하여 사용하는 경우가 많은데, 일반적으로 이 용어들은 '특정의 추구하는 방향'이라는 뜻을 내포하지만, 이 중 목적은 보다 포괄적이고 궁극적이며, 일반성을 갖는 개념이고, 목표는 이보다 구체성을 가진 개념이다(김영숙 외, 2002). 즉, 목적은 교육기관이 성취하고자 하는 넓은 관점에서의 사회적 목적, 기관 차원의 목적을 의미한다. 따라서 목적은 교육기관에서 실현하고자 하는 포괄적인 수준의 목표이고, 목표는 목적을 달성하기 위한 구체적이고 세부적인 개념이다.

프로그램의 목적(program purpose)이란 프로그램이 직접적으로 의도하는 바가 무엇인지를 체계적으로 명시하고 있는 것으로 교육목적보다는 훨씬 더 구체성을 띠며, 프로그램 목적 개념 속에는 의도성(intentions)이라는 의미가 강하게 함축되어 있다(김진화, 2011). 즉, 목적은 구체적 표적집단, 현자의 문제영역, 바람직한 미래 상태의 특성을 포함한다. 프로그램의 목표는 프로그램의 목적(program objective)으로부터 논리적으로 분화된 것으로 프로그램의 측정 지표이다. 그리고 프로그램 목표는 프로그램이 즉시 시행해야 하는 구체적인 무엇인가를 제공해 주며, 유의미성, 구체성, 측정 가능성, 지향성의 네 가지 요소를 구비하고 있다. 교육복지 프로그램의 목적과 목표의 예를 들면 다음과 같다(본 서 15장, '방학 아카데미 영어교육 프로그램' 참조).

프로그램명		Talk Talk Talk 영어체험교실 상황별 실물교구를 활용한 의사소통능력 신장
목 적		실생활 영어 의사소통능력 신장, 긍정적인 가치관과 바른 인격 형성
목 표	실생활 영어 의사소통 능력 신장	1. 자기주도 영어 학습력 증대 2. 학교생활에 필요한 자신감 고취
	긍정적인 가치관과 바른 인격 형성	1. 인성을 고려한 상황 중심 말하기 표현활동 2. 균등한 공교육 기회 제공 3. 영어 사교육비 부담 경감

2. 프로그램 목적 · 목표 설정과 진술방법

이 단계에서는 앞서 교육복지 프로그램 개발에 대한 분석된 요구를 바탕으로 실제 프로그램의 목적과 목표를 설정하는 단계이다. 즉, 요구분석을 통해 선별되어 걸러진 요구를 토대로 프로그램의 목표를 생성하는 단계로 교육복지 프로그램을 통하여 성취 또는 예상되는 결과를 명확히 하는 단계이다(장덕호 외, 2015). 다시 말하면, 교육복지 프로그램의 궁극적인 목적이 무엇인지 확실하고 분명하게 보여주고, 문제 확인과 욕구사정, 그리고 대상자 선정 후에는 개입을 통해 어떠한 변화가 이루어지고, 결과를 산출해 낼 수 있는지의 목적을 기술하며, 이러한 목적을 성취하기 위해서는 보다 구체적인 목표와 그에 따른 세부 목표를 설정해야 하는 단계이다.

1) 프로그램의 목적 설정과 진술방법

(1) 목적 설정

프로그램 목적(program purpose)은 프로그램이 의도하는 바를 구체적으로 명시해 줌으로써 잠재적 참여자에게 선행적 기대감을 갖게 하고 프로그램의 홍보에도 기여하게 될 뿐만 아니라, 프로그램 실행과정에서 운영자에게 정체성을 갖게 하는 근거를 제공하며, 프로그램 운영과정에서 다양한 지원을 가능하게 하기도 한다(김진화, 2011). 프로그램의 목적을 설정하기 위해서는 몇 가지 사실에 근거하여 프로그램의 의도를 명시해야 한다. 이를 청소년 프로그램 목적 및 목표 설정으로 명시하면 다음과 같다. 첫째, 프로그램 목적을 설정하기 위해서는 기초적인 자원으로 국가와 지방자치단체가 지향하는 사회적 이념을 파악하는 것이 필요하다. 즉, 국가와 지방자치단체가 지향하는 청소년정책의 이념과 방향에 부합되어야 한다. 둘째, 청소년교육기관에 재정적인 지원을 제공하는 정부나 민간단체, 그리고 여타 기관들의 경영 및 운영지침을 분석하는 것이 필요하다. 청소년교육기관을 지원하는 단체나 조직체 등이 의도한 대로 프로그램의 목적이 설정되고, 이에 따라 프로그램의 내용이 결정되기 때문이다. 셋째, 청소년교육기관을 둘러싸고 있는 제반 속성과 사회적 변화 및 동향을 확인하는 것이 필요하다. 청소년교육기관은 프로그램을 통해 변화하는 사회에 적절히 적응해 나가야 하고, 사회를 변화시킬 수 있는 대안을 능동적으로 제시해야 할 책무가 있다. 넷째, 청소년교육기관의 설립 취지와 이념은 프로그램 목적을 설정하는 데 중요한 근거가 된다. 청소년교육기관마다 나름대로 지향하는 가치와 이념이 있기 때문이다. 다섯째, 청소년의 성장, 발달, 요구, 필요, 문제해결 등은 프로그램 목적을 설정하는 데 중요한 근거가 된다. 교과목 중심의 프로그램 목적 설정이 아닌 그들의 요구, 발달 등 직면하고 있는 문제의 해결과 관련된 프로그램 목적을 설정해야 한다.

(2) 목적 진술 방법

프로그램 개발을 하고 프로그램의 목적을 어떻게 진술한 것인가에 대한 구체적인 방법과 원리는 중요하다. 프로그램을 학습대상자에게 홍보할 때 전단지, 팸플릿, 홈페이지 등에 프로그램 목적을 설정하여 진술하고 있다. 미국의 확장교육에서 사용되는 프로그램 목적진술의 기본 원칙은 "To－By－For"이다. 이 원칙은 프로그램의 수혜자인 학습자(고객)에게 어떤 종류의 프로그램을 제공하여 궁극적으로 이루고자 하는 구체적인 결과가 무엇인지를 명시하는 형태를 취하고 있다.

프로그램 목적의 진술 원칙
"To" : to achieve specific objectives(프로그램을 통해 이루고자 하는 결과)
"By" : providing programs(제시될 프로그램의 유형)
"For" : identified learner[프로그램의 수혜자(참여자)]

출처 : 김진화(2011), p. 279.

프로그램 목적 진술의 구성요소
상황 : 학습자가 처해 있는 상황 혹은 학습자의 상태를 명시함
대상 : 프로그램 참여를 명시함
내용 : 제공될 프로그램의 구체적인 내용을 제시함
직접적 결과 : 프로그램의 결과로 즉시적으로 변화된 특성을 명시함
기대효과 : 프로그램의 결과로 나타날 기대효과를 명시함

출처 : 김진화(2011), p. 280.

2) 프로그램의 목표 설정과 진술방법

(1) 목표 설정

프로그램 목표는 프로그램의 범위를 명확하게 하며 프로그램의 내용, 참여자의 활동, 프로그램을 통해서 참여자가 얻게 되는 변화된 상태 등을 제시해주는 기능을 한다(장덕호 외, 2015). 프로그램 개발자들은 결코 진공상태에서 프로그램 목표를 개발하지는 않는다. 프로그램 개발자들이 합리적이고 의도된 결과를 얻기 위해서 목표를 설정할 때 스스로 다음과 같은 질문에 답해보는 것이 도움이 된다고 하였다(이화정 외, 2008; 기영화, 2010).

첫째, 이미 확인된 문제와 아이디어는 잠재적 참여자들의 요구와 관계있는가?

둘째, 설정된 목표는 프로그램의 중요 부분에 초점을 두는가?

셋째, 목표는 실천 가능한 것인가?

넷째, 제시된 시간 내에 실행할 수 있는 목표인가?

다섯째, 목표는 그 결과를 평가할 수 있는 기준을 제시하고 있는가?

여섯째, 목표는 개인과 조직에 의미 있는 것인가? 등이다.

(2) 목표 진술방법

교육복지 프로그램의 목표는 주로 프로그램 참여자의 상태, 참여자, 내용, 예상되는 결과, 그리고 기대효과 등이 간결하게 나타날 수 있도록 진술되어야 한다. 그리고 목표를 진술할 때는 다음의 사항들을 고려해야 한다. 첫째, 관찰 가능한 행동동사를 사용하여야 한다. 둘째, 학습자의 입장에서 진술하여야 한다. 셋째, 다른 목표와 조화를 유지하여야 한다. 넷째, 학습과정이나 학습활동을 중심으로 진술하는 오류를 피하고, 학습이 끝났을 때 기대되는 행동으로 진술하여야 한다(김진화, 2011). 예를 들어, 본 서 15장 멘토링 프로그램 사례에 따르면, 교육소외계층 학생을 대상으로 하는 미술 멘토링 "마음열기 똑똑(talk talk)" 프로그램에서 "프로그램의 목표는 아동 미술활동 및 미술 심리상담을 통한 교육취약계층 · 문화소외계층 아동 · 청소년의 정서지원 및 문화감수성 함양, 창의력 향상 등을 도모하고 청소년의 탈선 및 가정해체, 사회치안 불안 등의 문제로 이어지는 학교폭력문제를 예방 · 해결함으로써 보다 밝고 건강한 사회분위기를 조성하고, 사회통합의 근간을 마련하고자 한다"로 진술할 수 있다.

또한 프로그램 목표는 어떤 경우에도 추상적으로 진술되어서는 안 되며, 구체적 · 초점적 · 실현적인 지표로서 제시되어야 한다. 즉, 목표를 달성할 것으로 기대되는 학습자들의 유형을 구체화하고, 학습자들이 프로그램을 통해 얻고자 하는 것을 구체적으로 기록하며 프로그램의 실현 가능성과 목표의 성공 여부의 평가가 가능하도록 가시적 · 구체적으로 제시함과 동시에 프로그램의 핵심에 초점을 맞추어 목표를 진술해야 한다(이화정 외, 2008). 예를 들어, 한국청소년연맹에서 제시한 청소년 봉사활동 프로그램에서 프로그램 목표 진술(김남선 외, 2001)은 "첫째, 현대사회는 협력, 상호 의존, 상호 보완성을 필요로 함을 인식시킨다. 둘째, 지역사회 의식의 강화와 이기적인 개인주의의 확대를 예방하도록 한다. 셋째, 인정 있고 이웃을 돕는 지역사회 활동을 체험시켜 서로 돕는 정신과 사회연대의식을 갖도록 한다"이다.

3. 학습목표

1) 학습목표의 의미와 기능

학습목표(learning objective)는 학습자 개개인의 특별한 학습활동을 위한 세부적인 행동결과를 나타내며, 활동목표와 같은 의미이다. 학습목표는 행동목표와 같은 의미로 교수–학습 과정을 설계할 때 논의된다(이화정 외, 2008). 따라서 학습목표는 학습자에게 초점을 맞춘 구체적인 진술이 되어야 한다.

학습목표의 몇 가지 본질적인 기능(김진화, 2011)은 첫째, 학습목표는 목적달성을 위해서 계획되어야 할 학습경험의 범위를 명확하게 시사할 수 있는 기능을 한다. 둘째, 학습목표는 교육의 내용, 방법, 방향을 규정해 주는 기능을 지닌다. 셋째, 학습목표는 학습자의 학습활동을 촉진 내지 활성화시키는 기능적 역할을 갖는다. 넷째, 학습목표는 평가의 방향, 내용, 결과 해석의 규준 결정의 기능을 갖는 것이라 할 수 있다.

2) 학습목표의 영역과 목표 진술방법

학습목표는 프로그램 속에서 학습자가 체험을 통해 변화되는 행동영역에 근거하여 진술된다. 학습목표 진술방법은 학자들에 따라 다양하다. 여기서는 Bloom과 Mager의 입장에서 살펴본다(윤옥한, 2014). Bloom은 인간행동 영역을 인간의 앎에 관한 인지적 영역(cognitive domain), 느낌에 관한 정의적 영역(affective domain),

사고기능이나 육체적 움직임을 나타내는 심리 · 운동적 영역(psycho-motor domain) 등으로 분류한다. 이를 정리하면 <표 9－1>과 같다.

〈표 9-1〉 **인간행동 영역과 학습목표 영역**

인간행동영역	학습목표영역	내 용
인지적 영역 (cognitive domain)	지식	이미 배운 내용의 정보를 기억
	이해력	내용의 의미를 파악, 추론, 해석
	적용	학습내용을 새롭고 구체적인 장면에 활용
	분석	정보를 개념요소, 관계, 원리 등으로 세분화함
	종합	여러 정보를 결합하여 새로운 형태의 전체적인 정보 형성
	평가	내적 준거 또는 외적 준거에 의거하여 정보의 가치를 판정함
정의적 영역 (affective domain)	감수	자극에 주의를 기울임
	반응	자극에 자발적으로 만족스럽게 반응을 보임
	가치화	특정 대상에 대해 수용과 선호를 나타냄(주관적 가치 매김)
	조직화	자신의 가치판단 명료화 · 체계화
	인격화	자신의 행동을 이끄는 인생 가치관 형성
운동기능적 영역 (psycho-motor domain)	반사동작	단편적 및 상호 단편적 반사행동 동작
	기본동작	걷기, 달리기, 도약하기, 밀기, 당기기 등 반사적 운동과 반사적 운동의 통합
	지각능력	근육운동 감각, 시각, 청각, 촉각 등 감각기관을 통해 해석하고 환경에 대처하는 적응능력
	신체적 능력	지구력, 유연성, 반응시간, 기민성 등 연속 · 숙달운동에 필요한 기초기능
	숙련된 동작	동작에 능률성, 숙달성, 통합성이 포함된 기능(놀이, 운동경기, 춤, 예술 등)
	비언어적 의사소통	신체적 동작과 그 밖의 창의적인 동작(자세, 몸짓, 얼굴 표정 등)

출처 : 윤옥한(2014), p. 165.

3) 학습목표의 유형 및 특성

학습목표의 유형과 특성을 정리하면 다음과 같다.

(1) 일반적 목표와 명세적 목표

일반적 목표는 학습(활동)목표의 진술내용과 표현이 추상적 · 포괄적으로,

일반성의 수준이 높게 진술된 목표이다(김진화, 2011). 또한 일반성이 강한 학습(활동)목표는 일반적이고 포괄적이어서 주 목표와 하위목표 중에서 핵심적이고 주가 되는 주 목표의 성격이 강하다. 반면에 명세적 목표는 학습(활동)목표의 진술내용과 표현이 아주 구체적이고 명시적으로, 학습(활동)목표 중에서 하위목표의 성격을 띤다.

(2) 장기적 목표와 단기적 목표

장기적 목표는 교육복지 프로그램을 통하여 궁극적으로 또는 최종적으로 달성하려고 하는 목표로 궁극적 목표라고도 한다. 반면에 단기적 목표는 최종목표를 달성하기 위해 즉각적으로 달성해야 할 목표로 직접목표라고도 한다.

(3) 출발 · 중도 · 도달점 목표

학습(활동)이 진행되는 과정과 경과를 중심으로 하여 목표의 유형을 출발점, 중도점, 도달점 목표로 나눌 수 있다. 첫째, 출발점 행동목표는 활동이 시작되기 전에 프로그램을 전개하기 위해 절대적으로 필요한 지식이나 기술을 학습(활동)목표로 진술한 것이다. 둘째, 도달점 행동목표는 활동을 통해 변화 또는 획득되기를 바라는 학습자의 행동변화를 학습(활동)목표로 진술한 것이다. 셋째, 중도점 행동목표는 출발점 목표에서 도달점 목표를 향해가는 과정에서 부수적으로 그러나 필연적으로 발생하는 변화 또는 획득해야 하는 행동을 학습(활동)목표로 진술한 것이다.

(4) 행동적 목표와 비행동적 목표

행동적 목표는 교육복지 프로그램을 통해 변화 또는 획득되는 학습자의 행동을 행위동사로 진술한 것이다. 예를 들어, 행동적 목표는 학습(활동)목표의 진술이 '설명한다', '식별한다', '조립한다' 등과 같은 행위 · 동작 동사로 이루어진 관찰 가능한 목표이다. 반면에 비행동적 목표는 학습자의 변화된 행동을 직접 관찰할 수 없는 비행위 · 동작 동사로 이루어진다. 예를 들어, 비행동적 목표는 학습(활동)목표의 진술이 '안다', '이해한다', '기억한다', '감상한다' 등과 같이 직접 관찰할 수 없는 학습자의 내적 행동을 진술한 목표이다(김진화, 2011).

(5) 인지적 · 정의적 · 신체운동적 목표

학습(활동)목표의 영역은 <표 9−1>처럼 인지적 영역, 정의적 영역, 신체운동적 영역으로 분류된다(윤옥한, 2014). 인지적 목표는 학습(활동)목표의 진술이 인간의 지적·사고적인 내용, 즉 지식, 이해력, 적용, 분석, 종합, 평가 등을 다루는 학습(활동)목표이다. 정의적 목표의 학습(활동)목표의 진술은 감수, 반응, 가치화, 조직화, 인격화 등 인간의 정의적인 영역과 관련되는 내용들을 담고 있는 학습(활동)목표이다. 신체운동적 목표는 학습(활동)목표 진술이 근육을 움직이는 동작 또는 행동의 변화와 관계되는 내용, 즉 반사동작, 기본동작, 지각능력, 신체적 능력, 숙련된 동작, 비언어적 소통 등을 다루는 학습(활동)목표이다.

4) 학습목표의 진술방법

(1) 학습목표의 진술 원칙

학습목표란 학습의 결과로서 학생들에게 나타나는 내적·외적 행동의 변화, 즉 학생들이 학습을 통해 새롭게 획득한 지식, 흥미, 태도, 기능 등을 의미한다. Houle(1971; Langenbach, 1988 : 184)은 학습목표가 가지고 있는 특성을 제시하고 학습목표 진술 과정에서 지켜야 할 원칙을 제시한 바 있다(권대봉, 2006).

첫째, 목표는 합리성(rational)을 가지고 있다. 즉, 목표의 진술은 논리적인 패턴을 요구한다. 둘째, 목표는 실천 가능성(practical)을 가지고 있다. 즉, 목표 진술은 미래에 성취될 수 있는 현실성이 반영되어 있어야 한다. 셋째, 목표는 다원성(pluralistic)을 가지고 있다. 즉, 목표 진술은 하나의 결과보다는 그 이상의 결과를 반영하고 있다는 것이다. 넷째, 목표는 위계성을 가지고 있다. 즉, 어떤 교육목표는 다른 목표에 포함되기고 하고 오히려 다른 목표가 하위영역으로 다루어질 수도 있다. 다섯째, 목표는 차별성(discriminative)을 가지고 있다. 즉, 특정 행동만을 기술한 것으로 진술된 목표는 다른 행동과 결코 중복되지 않으며 다른 행동을 배제시킨다는 특성을 가지고 있다. 여섯째, 목표는 시간의 진행에 따라 변화 가능성(changeable over time)을 가지고 있다. 즉, 학습자와 교수자가 교육경험에 의해 영향을 받고 계속해서 다음 목표에 적응하려는 노력을 시도하게 되기 때문이다. 그리고 이인학(2008)에 의하면, "학습목표는 구체화되고 정확하며 동시에 포괄적이어야 한다. 새로운 학습목표를 수용할 수 있을 만큼 융통성이 있어야 한다. 외형적 · 내면적 두 가지 측면 모드의 행동변화를 충분히 고려하여, 양적 · 질적인 기준 모두 충족해야 한다. 누가적, 부차적, 장기적인 학습결과 또는 학업성취가 있음을 고려하여야 한다"라고 말한다.

이렇게 학습목표가 명확히 설정되어야 명확한 학습의 방향을 결정해 주고, 학습자들의 학습을 촉진시켜 주며, 학습의 경과를 평가할 수 있다.

(2) 학습목표 진술의 요건과 행위동사

학습목표의 진술은 학습자의 행동적인 준거가 명확하게 측정 가능한 용어로 구체적으로 진술되어야 한다. 학습목표를 진술하는 데 있어 구체적으로 다음 요건 'ABCD'를 갖추어야 한다(윤옥한, 2014). 첫째, A(Audience)는 학습대상자를 나타내며, 목표는 학습자를 중심으로 진술한다. 둘째, B(Behavior)는 행위동사이며, 성취행동 또는 최종행동이다. 학습목표를 달성했을 때 학습자가 최종적으로 보여주어야 하는 구체적인 행동을 명시적 목표, 즉 관찰 가능한 행위동사로 표현해야 한다(표 9-2). 셋째, C(Condition)는 조건을 말한다. 행동이 발생할 것으로 기대하고 있는 중요한 조건 · 상황 · 환경 등을 제시하는 것이다. 넷째, D(Degree)는 정도를 말한다. 최종행동의 성취가 어느 정도로 정확해야 목표가 달성되었다고 판정할 수 있는가의 준거의 제시이다.

〈표 9-2〉 학습목표 진술의 행위동사 표현

구 분		동 사	실 례
지적 영역	지 식	정의하다, 묘사하다, 확인하다, 명칭을 붙이다, 목록을 만들다, 진술하다 등	'빛'이라는 용어를 정의한다. A와 B의 연관성을 진술한다.
	이 해	계산하다, 비교하다, 토의하다, 식별하다, 그리다, 스스로 설명하다, 예를 들다, 해석하다, 풀다 등	A의 두 가지 예를 든다. 실험결과를 그래프로 그린다.

지적 영역	적용분석 평가종합	추론하다, 결정하다, 예측하다, 연관시키다, 보여주다, 사용하다, 분석하다, 분류하다, 창작하다, 비평하다, 설계하다, 계획하다 등	A 물질의 순도를 판단하고 이유를 밝힌다(평가). 고체의 무게를 측정하는 새로운 절차를 설계한다(종합).
정의적 영역		선택하다, 조직하다, 반응하다, 참가하다, 완성하다, 감상하다 등	실험실 작업을 할 때의 안전절차를 선택한다.
심리·운동적 영역		조립하다, 짓다, 측정하다, 깨끗이 하다, 설계하다, 분해하다, 고정시키다, 감싸다 등	전기 땜질을 인두를 사용하여 구리선을 기계적·전기적으로 완전하게 납땜한다.

Tyler, Mager, Gagne, Gronlund에 따른 목표 진술방식을 학습목표 진술의 네 가지 기본 요건을 중심으로 비교하면 <표 9-3>과 같다(김진화, 2011).

〈표 9-3〉 학습목표 진술방식 비교

진술방식	청중(A)	행동(B)	준거(C)	조건(D)	비 고
Tyler	학습자	도달점 행동			학습을 분명하게 제시
Mager	학습자	도달점 행동	준거	조건	조건(D)에 내용 포함
Gagne	학습자	도달점 행동 (보조동사+ 핵심동사)		조건	조건에 내용 포함 도달점 행동 = 보조동사 보조동사 = 학습결과를 포함하는 수단 동작 핵심동사 = 학습능력 결과에 내포된 도달점 행동
Gronlund	학습자	중도점 행동 도달점 행동 (내현적 행동)			일반적 학습목표=주 목표
		도달점 행동 (외현적 행동)			명세적 학습목표=하위목표

CHAPTER 10

교육복지 프로그램의 설계

1. 프로그램 설계의 이해

프로그램 설계(program design)는 교육기관의 교육 목적이나 이념, 교육 가능성, 예산 및 지원 등에 의해 여과된 교육요구 및 필요를 계열성, 계속성, 통합성, 난이도, 복잡성, 현실성, 계절성 등의 기준으로 체계적인 교육내용으로 선정하고 조직한 후, 이를 실제 구체적인 계획으로 작업하는 프로그램 문서화의 단계를 말한다(이용교 · 임형택, 2010). 목표를 달성하기 위한 프로그램의 내용을 의미 있고 타당하게 선정해야 하는데, 프로그램 내용의 선정은 교육요구를 토대로 선정되며, 고려되어야 할 요소들로는 내용의 합목적성, 목표와의 일관성, 능력 수준과 흥미에의 적합성, 지도 및 교육 가능성, 실용성, 지역성 등이 있다(이용교 · 임형택, 2010).

프로그램의 실질적인 설계는 주어진 시간 안에 계획된 행동들에 입각해서 프로그램을 실행하는 데 지침이 될 일반적인 전략들을 결정해야 할 것이다(김진화, 2011).

2. 프로그램 설계의 기본 원리

프로그램을 설계하기 위해서는 다음과 같은 기본 원리에 근거해야 보다 효과적이다(김진화, 2011 : 302-303).

첫째, 프로그램 설계는 학습자의 학습을 촉진시키고 돕는 일을 목적으로 해야 한다는 것이다. 둘째, 프로그램 설계는 단기적 국면과 장기적 국면이 있다. 셋째, 프로그램 설계는 개인의 성장과 발달에 중요한 영향을 끼칠 수 있어야 할 것이다. 넷째, 프로그램 설계는 체제접근에 의하여 행해져야 한다는 것이다. 다섯째, 프로그램 설계는 본질적으로 인간이 어떻게 학습하는가에 관한 지식에 그 기초를 두어야 한다는 것이다.

3. 프로그램 내용 조직의 원리와 방법

1) 교수내용 선정과 조직의 다섯 가지 원리

교육복지 프로그램의 내용에 포함시키도록 선정된 경험 내용이 있다면 이들을 어떻게 조직 또는 편성해야 할 것인가가 중요하다. 교육복지 프로그램 내용을 선정하기 위해서는 다음과 같은 원리에 입각하여 내용을 선정하도록 한다(장덕호 외, 2015 : 164-165).

첫째, 타당성의 원리로 프로그램의 내용 선정과 편성은 프로그램의 목표를 충실히 반영해야 한다. 둘째, 전이가치 우선의 원리이다. 프로그램 내용 선정은 전이가치가 높은 내용에 우선을 두어야 한다. 즉, 참여자가 프로그램에 참여한 후 본래의 생활에 되돌아갔을 때 프로그램으로 인한 효과가 큰 것을 중심으로 내용을 구성해야 한다는 것이다. 셋째, 계열성의 원리로, 교육복지 프로그램은 주로 교육수요자들의 성장, 발달, 학습 등과 관련된 프로그램이 대부분이다. 따라서 교육수요자들의 점진적인 발달을 촉구하는 것에 합당하게 내용을 구성하는 것이 좋다. 넷째, 통합성의 원리로, 프로그램 안에 세부 내용간에 밀접한 관계가 형성됨으로써 전체 프로그램의 통합성을 높일 수 있도록 내용을 선정하고 편성해야 한다는 것이다. 다섯째, 자발성 촉진의 원리로, 프로그램 참여자의 필요와 교육적·복지적 요구에 따라 자율적으로 참여하고 선택할 수 있도록 내용을 구성하는 것이 좋다.

2) R. Gagne의 교수사태

Gagne의 9가지 교수사태는 교수내용을 선정하고 조직하는 데 있어서 효과적인 학습을 유발하기 위해 여러 사태들을 교수내용 선정에 포함하는 기본적인 교수설계 이론이다. 또한 Gagne의 9가지 교수사태는 학교교육뿐만 아니라 기업교육, 이러닝 강좌설계 등에도 널리 활용되고 있다. Gagne가 설명한 학습의 내적 과정과 이를 지원하는 9가지 교수사태를 간략하게 살펴보면 <표 10-1>과 같다.

〈표 10-1〉 Gagne의 9가지 교수사태와 학습과정(Driscoll, 2005)

학습과정	수업의 사태
자극수용	1단계 : 학습자 주의 획득
기대감 형성	2단계 : 학습목표 제시
작동기억으로 인출	3단계 : 선수학습의 회상자극
학습자료(내용)에 대한 선택적 지각	4단계 : 자극자료(내용) 제시
의미적 부호화를 통한 장기기억으로 저장	5단계 : 학습안내 제공
학습결과를 보여주는 반응(수행)	6단계 : 수행행동 유도
학습결과에 대한 강화	7단계 : 수행결과에 대한 피드백 제공
인출 및 강화	8단계 : 수행결과의 평가
인출 및 일반화	9단계 : 파지 및 전이 증진

이와 같은 Gagne의 9가지 교수사태에 따른 교수전략은 다음과 같다.

1단계 : '학습자 주의 획득'은 수업의 화두를 재미있는 문제나 게임으로 제시하고, 문제선정 동기 및 문제해결 활동의 중요성을 토대로 간단한 예를 들어 설명한다.

2단계 : '학습목표 제시'는 이번 과정을 마치면 어떤 것을 해결할 수 있는지 의도하는 문제에 대한 해결책을 주지시켜 준다.

3단계 : '선수학습의 회상자극'은 관련 문제 해결전략이나 필요한 인지적 지식을 회상할 수 있도록 학습자를 고무시켜 준다. 즉, 지난번에 학습했던 내용을 질문하거나 소개한다.

4단계 : '자극자료(내용) 제시'는 해결되어야 할 문제의 독특한 특징을 설명해 주거나 관련된 문제에 대해 많은 자극을 제시해 준다.

5단계 : '학습안내 제공'은 문제해결에 필요한 단서를 제공해 준다.

6단계 : '수행행동 유도'는 문제해결에 이르는 일반적인 과정을 설명하고 문제해결 활동에 학습자를 적극적으로 참여시킨다.

7단계 : '수행결과에 대한 피드백 제공'은 문제해결을 위해 이제까지 동원된 해결책이나 활동 그 자체의 타당성에 대한 피드백을 해준다.

8단계 : '수행결과의 평가'는 문제해결 활동 결과를 팀별로 평가 후 평가결과에 대해서 공유할 수 있는 기회를 가진다.

9단계 : '파지 및 전이 증진'은 유사한 문제 상황에 일반화시킬 수 있도록 주어진 문제 상황에서 일반적인 상황을 추출할 수 있도록 해주고 학습자에게 비슷한 문제 상황을 제시하고 실제로 적응할 수 있는 기회를 제공해 준다.

4. 교수방법의 결정

1) 프로그램 전개방법의 선정과 조직원리

프로그램 개발자는 교수목표를 설정하고 이런 목표를 달성하기 위해 학습경험의 선정은 어떻게 이루어져야 하며 학습경험을 효과적으로 전달하고 조직하는 방법은 무엇인지, 교육목표 달성 여부를 어떻게 평가할 것인지에 대한 사항을 고려한다(김신자 외, 2001). 즉, 이 단계에서는 프로그램 개발자가 어떤 교수방법을 선택하여 학습자가 설정된 교수목표를 달성하도록 신중한 판단을 하는 과정이다. 프로그램 전개방법의 선정과 조직원리는 다음과 같다.

첫째, 자기주도성(self-directedness)의 원리이다. 학습자 스스로가 자기에게 필요한 프로그램을 선정하여 활동하도록 한다. 둘째, 상호성(mutuality)의 원리이다. 학습공동체를 통한 상호작용으로 동료들 간의 밀접한 연계가 이루어지도록 한다. 셋째, 다양성(diversity)의 원리이다. 다양한 배경을 가진 학습자의 특성을 고려한 다양한 매체활동이 이루어지도록 한다. 넷째, 참여교육(participatory education)의 원리이다. 학습자가 프로그램 전 과정에 적극적으로 참여, 즉 프로그램의 계획에서부터 목표수립, 학습내용 선정, 평가 등에 이르기까지의 과정에 참여하도록 한다. 다섯째, 탈정형성의 원리이다. 교육이 획일적, 폐쇄적, 경직적이지 않고, 교육의 시기, 장소, 대상, 담당자, 교수-학습 방법, 평가방식에서 개방적이며 다원적이다. 그 외에 프로그램 전개방법의 선정과 조직원리에는 학습자의 자발학습, 실용성, 능률성, 유희·오락성의 원리 등이 반영되어야 한다.

그리고 특히 교육취약계층의 학습자들을 위한 교육 프로그램 설계에서 재고해야 할 사항은 다음과 같다(김정원 외, 2010). 교육취약계층 학습자들의 요구를 반영하고 스스로 문제해결을 하도록 하기 위해, 첫째, 행사성·일회성에서 지속적 과정으로의 변화를 유도한다. 둘째, 집단적인 것과 개별적인 것의 적절한 조화, 즉 집단적인 형태의 견학 등은 개개인의 특성과 요구를 고려한 학습의 효과와 지속성은 떨어질 수 있으므로 개별적 혹은 소그룹별 학습동아리 등의 형태로 운영방식 설계가 필요하다. 셋째, 시혜적 지원에서 자존감 회복, 비전 공유를 위한 임파워먼트 교육으로의 변화를 도모한다. 넷째, 학습자 중심의 찾아가는 교육활동, 즉 교육취약계층 학습자들에게 출장강의 형식, 일대일 교육지원 방식의 프로그램 설계가 주는 교육효과를 고려한다.

2) 교수방법의 종류

수많은 종류의 교수방법들 중 보편적으로 많이 사용되는 것을 중심으로 강의형(강의법, 질문법, 시범, 동료학습), 개인교수형(프로그램학습, 코칭, 실습·인턴십), 실험형(게임, 역할극, 사례연구, 현장견학), 3가지 범주에서 11가지의 효과적이고 효율적이며 재미있는 교수방법을 선정하였다. 각 교수방법에 대한 특성, 장단점을 정리하면 <표 10−2>와 같다(정인성, 1990; 김한별 외, 2010; 김헌수 외, 2010; Heinich et al., 1996).

〈표 10−2〉 **교수방법**

종 류	특 성	장 점	단 점
강 의 (Lecture)	교수자가 학습자에게 학습내용을 직접 언어로서 전달하는 형태	• 짧은 시간에 많은 학습내용을 체계적으로 전달 • 수업의 경제성 • 심리적인 교육효과 • 새로운 단원 도입 시 효과적 • 전달되는 지식과 정보의 통일성	• 학습자 개성, 능력, 학습동기 등을 고려 못함 • 학습자의 수동성 • 학습내용에 대한 비판과 이해 부족 • 교사의 욕구에 의존 • 잘못된 정보 제공 시 수정이 어려움 • 교수자의 능력에 좌우
질문법 (Questioning)	교수자와 학습자 사이의 상호작용을 전제로 교사의 질문에 학습자가 답변하고 학습자의 질문에 교수자가 답변하는 지도과정을 통해 학습에 대한 주의를 집중시킬 수 있는 방법	• 학습동기와 흥미 유발 • 문제해결능력 고양 • 학습자의 주체적 학습 • 교사와 학습자 간의 의사소통 기회 제공 • 비판적 사고력 함양	• 대집단 시 질문법 사용 한계 • 질의응답 과정에 많은 시간 요구 • 일부 학습자들 중심으로 치우칠 우려 • 연속적인 사고를 방해할 우려
시 범 (Demonstration)	새로운 기능을 학습하기 위한 방법으로, 교사가 바람직한 행동양식을 보여주는 동안 학습자는 관찰과 모방을 통해 혼자서 할 수 없었던 기능을 할 수 있도록 시도하는 방법	• 학습과정을 더욱 분명하게 할 수 있음 • 각 단계별 학습요점이 쉽게 관찰되고 이해 가능 • 폭넓은 경험 가능 • 즉각적인 피드백	• 사전에 학습자료, 장소, 시설 등을 준비해야 함 • 시범활동을 위한 장비와 시설 제한 • 시범이 끝난 뒤 모든 학습자가 해볼 수 있는 장소와 시설 마련 어려움 • 비교적 많은 시간 소모

프로그램학습 (Programmed Instruction)	전통적인 교육방법의 문제점을 해결하기 위한 교수법으로 학습부진아나 우수한 학생의 특별지도가 필요할 경우, 학습자들의 흥미·동기유발에 효과적인 방법	• 개인의 능력에 따라 학습 • 적극적으로 학습에 참여 • 학습과정의 효율적 선택(단기간에 학습성과 증진)	• 프로그램 작성에 많은 비용과 시간 소요 • 사회적 사고과정을 포함하지 못할 우려 • 학습내용 간에 단계적인 유기성 결여는 학습자의 유연한 사고 방해 • 프르그램이 잘 계열화되어 있지 않은 경우, 각 단계가 이해되지 못하고 다음 단계로 넘어갈 수 있음
동료학습 (Peer Teaching)	동료 학습자가 교수자의 역할을 하는 것으로 내용을 먼저 숙달한 학습자가 그렇지 못한 1~3명의 학습자에게 내용을 가르치는 방법	• 동료는 교수자보다 학습과정에 있어서의 문제점을 더 잘 파악할 수 있음 • 학습이 소단위, 개별적 진행으로 학습자의 참여 높음	• 동료교사의 학습내용에 대한 완전한 이해가 관건 • 학습내용을 잘 알고 있다고 해서 반드시 좋은 교사가 되는 것은 아님
실습(Industrial Educational Cooperation)/ 인턴십(Internship)	실제적인 조직에 참여하여 배운 지식을 적용·활용하며 전문적인 역할을 습득하는 데 중점을 두는 방법	• 직무에 대한 편견 없앰 • 실제적인 지식을 사전에 습득 • 일상생활의 지식, 기술, 태도를 직접경험으로 습득 • 학습자들에게 일의 중요성, 책임감, 신뢰감, 성취감 고취	• 취업과 연결되지 않을 경우 소득 없음 • 참여기관에서 실습·인턴십에 대해 긍정적이지 않으면 교육적 효과 미미 • 많은 비용과 시간 소요 • 이론과 실무의 괴리에서 오는 혼란
코칭(Coaching)	능력과 경험 있는 관리자를 훈련시키는 실제적인 관리자 훈련기법으로 지시, 충고, 비평, 제안을 통해 실시하는 방법	• 관리자가 직접 하급관리자 관리 시, 밀도 높은 상호작용 • 자신의 업적에 대한 확인 기회 • 학습효율 높음	• 훈련의 성패는 관리자의 경험, 능력에 좌우 • 해당 관리자의 관리방법이 하급관리자에게 경속적으로 전수될 수 있음 • 훌륭한 코치를 선택하는 데 어려움(능력 있는 관리자가 훌륭한 코치는 아님)
게임(Game)	게임의 속성을 이용해 학습내용 습득. 즉, 적절한 경쟁적인 요소를 첨가하여 재미있게 구성한 경쟁적이고 도전적인 학습방법	• 현실감 • 동료 간의 상호 학습 • 학습자들 간의 경쟁유발로 학습의욕 높임 • 학습자의 동기유발 • 재미있는 게임의 열중은 자연스러운 학습 유도	• 지나친 흥미만의 강조, 원래의 학습목표 상실 • 과열한 경쟁심 유도 • 게임규칙 설명, 게임 진행과정의 피드백 등 많은 시간 소요 • 게임의 설계가 학습활동 목적과 맞지 않을 수 있음

역할극 (Role-Playing)	타인의 역할을 연기를 통해 경험하여 서로를 이해하는 극화된 놀이방법으로, 학습자들이 어떤 사건이나 상황을 각자의 역할에 맞게 자발적으로 연출하는 방법	• 현실감 있는 학습 • 심리적 억압 표출, 집단원 간의 친근감 증대 • 자기반성의 기회 • 타인의 입장 이해, 긍정적인 인간관계 유지 • 사물의 다각적 이해 • 동작, 음성, 표정에 의한 표현을 통해 창의성 배양	• 사전준비에 많은 시간과 비용 소요 • 역할극 진행에 많은 시간 소요 • 역할연기의 서투른 진행, 자신의 감정 왜곡 시 교육적 효과 미미 • 실제상황이 아니므로 적극적 참여 불투명 • 교육효과의 정확한 예측과 평가 어려움
현장견학 (Field Trip)	학습자가 직접적인 관찰과 학습을 위해 관심 있는 대상이나 장소를 방문하는 계획된 교육적 여행형태	• 직접경험 제공 • 학습자의 이해 용이 • 학습자의 태도변화와 주의집중 훈련, 관찰력 길러줌 • 학습의 효과 높음	• 관찰 대상과 장소 선정 문제 • 사전에 철저한 준비 필요 • 많은 시간과 비용 소요 • 육체적 결함이 있는 사람은 사용하기 힘든 방법 • 안전성 문제
사례연구 (Case Study)	어떤 특정 사례에 대해 여러 사례들을 수집, 비교, 분석하여 해결방안을 모색하기 위한 논의를 하며, 이를 통해 일반적인 원리를 찾아내는 연구방법	• 학습내용의 실제상황 응용이 용이함 • 체험학습의 효과 • 폭넓은 안목 • 적극적인 학습참여 • 문제분석과 해결력 기술 습득	• 학습목표와 무관할 경우, 학습에 대한 흥미 감퇴 • 사례연구 내용이 지나치게 복잡할 경우, 쉽게 포기 • 적절한 사례발굴이 중요

5. 평가설계

교수설계에서 정의하는 평가(13장의 프로그램 평가와는 구별됨)란 본질적으로 교육과정 및 수업 프로그램에 의해 교육목표가 실제로 어느 정도 달성되었는지를 밝히는 과정이다. 교수의 질, 내용의 적절성, 환경의 적절성, 목적의 사회공헌도 등 총평의 개념을 말한다.

평가설계 단계는 교수목표, 학습내용, 방법이 정해지면 평가에 대한 설계, 즉 교육목표 달성 결과를 어떻게, 어느 수준으로 평가할 것인가에 대한 설계가 필요하다. 평가의 요소는 왜 평가를 하는가(평가목적), 누가 평가할 것인가(평가주체), 무엇을 평가할 것인가(평가대상), 어떻게 평가할 것인가(평가방법), 그리고 명확한 평가기준 등이 있다. 평가설계의 경우 수행평가, 진단평가, 형성평가, 총괄평가, 그리고 과제영역별 교육평가방법을 어떻게 해나갈 것인가에 대해 미리 설계하는 것이다. 평가모델은 프로그램 개발자가 직접 개발하거나 기존의 평가모델을 활용하여 평가를 설계한다.

1) 수행평가

수행평가에서는 평가도구의 형식보다 평가의 내용과 목적이 중요하다. 수행평가의 특성은 다음과 같다(백순근, 1997; 성태제, 2010; 박성익 외, 2011).

수행평가는 학생이 개방형 과제에 대해 자기 스스로 정답을 작성하거나 행동으로 나타내도록 한다. 교육목표를 가능한 한 실제상황에서 달성했는지 여부를 파악하고자 한다. 교수−학습의 결과뿐만 아니라 교수−학습의 과정도 함께 중시한다. 학생들이 풍부한 반응을 구하고 산출할 수 있도록 긴 시간을 주고 전체적이고 지속적으로 평가한다. 개인뿐만 아니라 팀 단위의 공동활동과 협력학습을 평가하기도 한다. 학생의 인지적 영역, 개개인의 행동발달 상황, 흥미·태도 등의 정의적인 영역, 신체적인 영역에 대한 전인적인 평가를 중시한다.

2) 진단평가

진단평가란 계획된 교육목표를 달성하기 위한 교수−학습 활동이 시작되기 전에 학생들의 그 학습과제에 대한 준비도를 진단하는 평가이다. 진단평가를 통하여 교사는 학습자의 배치, 선행기능의 습득 여부 판단, 학습자 성취수준의 결정, 교수방법의 대안에 관련된 특성에 따른 학생 분류, 계속적 학습곤란의 원인 결정, 어떤 특정한 교수전략의 사용 여부도 결정하게 된다. 진단평가에서 교육목적을 제대로 측정할 수 있는 검사도구 형태는 사전검사를 위한 형성 및 총괄 평가의 도구, 표준화 학력검사, 표준화 진단검사, 교사 제작의 평가도구가 있다.

3) 형성평가와 총괄평가

형성평가란 교수-학습이 진행되고 있는 과정에서 실시되는 평가이다. 즉, 교수-학습이 진행되는 유동적인 수업사태에서 수업활동의 일부로서 이루어질 수도 있고 수시로 별도의 절차로 시행할 수도 있다. 평가는 간단한 필답고사, 교사와 학생 간의 구두 문답으로 시행, 그리고 교사의 일방적인 관찰로도 이루어질 수 있다.

총괄평가란 주어진 단원이나 과제의 교수-학습이 끝났을 때 교수목표의 달성도를 알아보기 위한 종합평가를 말한다. 한 단원의 수업이 끝났을 때, 또는 중간고사와 기말고사, 학년 말에 교육목표를 비롯해서 교육과정의 전 영역을 종합적으로 평가하는 것이 여기에 속한다. 형성평가와 총괄평가를 비교하여 살펴보면 <표 10-3>과 같다.

〈표 10-3〉 형성평가와 총괄평가 비교(박성익 외, 2011; Dick, Carey. & Carey, 2009)

구 분	형성평가	총괄평가
목 적	수업개선을 목적으로 단점 확인	수업의 유지 혹은 채택 여부 결정을 위한 장단점 파악
단 계	일대일 평가, 소집단 평가, 현장평가	전문가 판단, 현장적용
개발 시기	조직요구에 맞추어 내부에서 체계적으로 설계	체계적인 접근방식에 구애되지 않고 내·외부에서 개발
자 료	교수자료 한 세트	교수자료 한 세트 혹은 경쟁적인 여러 개의 자료 세트
평가자	설계 및 개발팀 구성원(내부자)	외부 평가자
산출물	수업개선을 위한 처방	설계, 절차, 결과, 제언, 근거에 관한 보고

6. 교육자료 개발

교육자료 개발단계는 프로그램 설계과정에서 결정된 학습내용에 따라 관련된 교재나 학습자료를 개발하는 단계이며 대표적으로 교재개발, 강사매뉴얼 개발, 각종 교육자료 개발 등이 포함된다.

1) 교육자료의 종류와 선정

(1) 교육자료의 종류

- **인쇄물** : 교수–학습 활동과 관련된 모든 형태의 출판물. 책, 매뉴얼, 강의교재, 논문, 전단, 팸플릿, 포스터 등 다양한 형태로 제작
- **시각적 형태** : 사진과 그래픽(슬라이드, 필름 스트립, TP, 지도, 비디오, 영화, 컴퓨터)
- **청각적 형태** : 녹음자료, CD, 전화, 라디오
- **시청각물** : 시각적 형태와 청각적 형태의 혼합된 방식으로 영화, 비디오, TV, 동영상
- **구술적 설명** : 강의 및 토론
- **시뮬레이션** : 역할극, 사례학습, 컴퓨터 및 첨단기기를 이용한 각종 시뮬레이션

(2) 교육자료의 선정

적절한 교수방법과 매체를 선택하고 이것을 실행하기 위한 자료를 결정해야 한다. 자료를 결정하는 과정은 이용 가능한 자료를 선정하거나, 기존의 자료를 수정하거나, 새로운 자료를 설계 및 개발하는 세 가지 방식 중에서 선택할 수 있다(박성익 외, 2011). 그리고 교육자료를 선정하는 경우에는 선택의 기준을 세우는 것이 바람직하며, 권대봉(2006)에 의하면, 다음의 몇 가지 질문에 대한 답을 해봄으로써 유용한 자료 선택의 기준으로 활용할 수 있다. 첫째, 내용은 중요한 프로그램 목적에 바람직하며, 적절한 내용들을 학습자가 완전히 학습하도록 하는 데 자료들이 얼마나 많이, 어떻게 도움을 줄 것인가? 둘

째, 조직은 프로그램 동안과 그 이후에도 학습자가 상호작용할 수 있도록 어느 정도 자료가 조직되어 있는가? 셋째, 배경으로 자료들은 학습자에게 얼마나 적합한가? 읽기 수준은 적절한가? 자료는 시각이나 청각문제를 최소화시키는가? 학습자의 현재 능력수준에서 자료가 도전적이지만 지나치지 않은가? 넷째, 관심은 학습자 개인 특성에 대해 자료는 얼마나 반응적인가?

다음의 질문들 또한 자료의 선택 기준으로 활용될 수 있다(Heinich et al., 2002). ① 교육과정과 일치하는가? ② 자료가 정확하고, 최신의 것인가? ③ 자료가 분명하고, 정확한 언어를 사용하고 있는가? ④ 자료가 흥미를 유발하고 유지시키는가? ⑤ 자료가 학습자의 참여를 유발하는가? ⑥ 기술적 품질이 좋은가? ⑦ 자료의 효과성에 대한 증거가 있는가(예 현장검증결과)? ⑧ 의도적인 편견이나 상업광고적인 성격이 없는가? ⑨ 사용자 안내문이 포함되어 있는가?

2) 교육자료의 선정 및 개발 원리

자료선정을 할 때는 학습자의 특성, 학습목표의 성격, 교수방법 및 학습상황에서의 시설, 환경 등의 요소를 고려하여 결정해야 한다. 또한 교육자료를 개발할 때, 교사는 학습자가 성취해야 할 목표가 무엇인가? 학습자의 특성은 어떠한가? 제작에 충분한 비용을 확보할 수 있는가? 원하는 수준의 자료를 만들기에 충분한 기술, 장비, 시설은 확보할 수 있는가? 교육자료 제작에 충분한 시간적 여유가 있는가? 그리고 프로그램을 제공하는 기관에서 개발할 것인가 아니면 외부업체에 개발을 의뢰할 것인가? 등을 미리 결정하게 된다(김신자 외, 2001). 그리고 교육자료 개발에 있어서 고려할 사항은 <표 10-4>와 같다(권대봉, 2006).

〈표 10-4〉 교육자료 개발에 있어서 고려할 사항

고려사항	내 용
이론적 근거	효과적인 자료를 개발하기 위해서는 프로그램의 목적, 내용에 대한 이론적 근거를 명확히 하는 것이 중요
적절성	교육자료는 학습자의 숙달도에 적절해야 함
반응성	교육자료는 학습자가 알기 쉽고, 도전적이며, 학습자의 취향과 선호하는 학습양식에 반응적으로 개발하는 것이 중요
흥 미	효과적인 학습자료는 학습자의 관심을 끌고 유지시키면서 학습자가 목적을 달성할 때까지 지속할 수 있도록 고양시켜 줌
전달통로	다양한 전달통로를 사용함으로써 학습을 강화시켜 줌
반 복	효과적인 자료는 다양한 반복기법을 사용
자 원	자료개발에 있어 활용 가능한 자원을 파악하는 것이 중요
융통성	교육자료는 다양한 학습자와 환경에 적용할 수 있어야 함
활 동	학습자는 활동적으로 교육자료와 상호작용함
피드백	학습자가 기준에 비추어 자신의 능력을 비교할 수 있게 도와줌
수 정	교육자료는 시간이 지남에 따라 개선될 수 있음

CHAPTER 11

교육복지 프로그램 마케팅

1. 프로그램 마케팅의 이해

마케팅은 고객욕구를 충족시키는 과정으로, 마케터가 고객욕구를 이해하고, 탁월한 고객가치를 제공하는 제품과 서비스를 개발하며, 효과적인 가격정책, 유통정책, 촉진정책을 개발한다면 제품의 판매는 쉬워질 것이다(Philip Kotler, 2008). 마케팅의 네 가지 원리는 첫째, 마케팅 주체와 상대방이 존재할 때 성립하는 사회적 활동이다. 둘째, 마케팅 참여주체는 상대방으로부터 원하는 반응내용과 형식을 가지고 있다. 셋째, 상대방으로부터 원하는 반응내용과 형식을 획득할 확률은 고정되지 않았다. 넷째, 마케팅은 상대방으로부터 원하는 반응수준을 획득할 확률을 높이는 활동이다(김한별 외, 2010).

프로그램 개발에서 마케팅은 프로그램의 성공을 위해 필수적인 요소로, 마케팅은 홍보의 대상과 홍보 실시자 양자 간의 커뮤니케이션을 그 목적으로 한다(기영화, 2010). 즉, 개발된 프로그램을 잠재적 학습고객들에게 알리고 그들의 참여를 적극적으로 유도하고 촉진시키는 방법에 대하여 연구하고, 분석하고, 판단하는 포괄적인 개념을 의미한다(김진화, 2009). 흔히 마케팅이란 제품 및 서비스 등을 시장에 내보내기 위해 시장을 어떻게 전략적으로 공략하고, 제품과 서비스의 가격은 어떻게 설정하며, 광고 및 프로모션 등은 어떻게 펼칠 것인가와 관련된 활동을 의미하는데, 교육복지 프로그램 관련 주요 마케팅 활동은 다음과 같다(장덕호 외, 2015 : 166-167).

첫째, 교육복지 시장에 대한 이해가 필요하다. 따라서 교육복지 프로그램에 가장 적합한 집단을 선정하는 작업이 필요하다. 이를 위해서는 지역 특성, 인구통계, 사회계층, 생활스타일, 학업성취도 등을 고려하여 대상 또는 공략 시장에 대한 명확한 이해가 필요하다. 둘째, 시장의 크기를 결정해야 한다. 전체 수요자들에 대해 하나의 마케팅을 실행할 것인지, 수요자를 세분화할 것인지, 특정 대상에 대해서만 마케팅을 실시할 것인지, 개별적인 수준에서 각 개인의 요구에 맞추어 마케팅을 실시할 것인지를 결정해야 한다. 셋째, 제공하려는 교육복지 프로그램 참가 등록비에 관한 전략이다. 프로그램 개발자는 교육복지 프로그램을 제공하는 기관의 수입과 잠재적 참여자의 교환가치 면을 동시에 고려해야 하는데, 주로 프로그램의 유형, 교강사, 프로그램의 전문화 정도, 마케팅 비용, 학습자의 특성 등을 고려하여 가격을 책정하게 된다. 넷째, 프로그램 홍보활동이다. 홍보활동은 교육복지 프로그램의 잠재적 참여자들에게 교육복지 프로그램에 대한 설득과 주의 획득을 하려는 수단으로서 홍보는 사람들의 주의를 환기시켜 눈길을 끌 수 있어야 하며, 사람들의 요구를 불러일으키고 머릿속에 기억되어 프로그램에 등록하고자 하는 마음을 갖게 하여 실제로 프로그램에 등록을 하게 만들어야 한다.

홍보의 원칙은 전달할 내용을 홍보의 목적, 내용, 방법, 시간, 장소, 대상 등의 육하원칙에 입각하여 제시해야 하고, 홍보물이 대상자에게 분명하게 전달될 수 있도록 해야 하며, 시간적으로 적합한 타이밍을 포착해야 한다(이화정 외, 2014).

2. 프로그램 마케팅의 구성요소

1) 마케팅의 구성요소

마케팅이란 목표고객을 중심으로 생산물(Product), 가격(Price), 촉진 · 진흥(Promotion), 장소(Place)의 4P와 기타 외부환경의 구성요소를 가지고 있다(Philip Kotler, 1991). 이를 교육복지 프로그램 입장에서 구체적으로 살펴보면 다음과 같다.

- 생산물(Product) : 교육복지기관에서 산출된 교육복지 프로그램이나 서비스

를 말한다.

- **촉진 · 진흥**(Promotion) : 교육복지기관에서 개발한 교육복지 프로그램을 잠재적 학습고객에게 다양한 커뮤니케이션 기법으로 안내하고 설명하여 프로그램 참여를 촉진하는 것이다.
- **장소**(Place) : 교육복지기관에서 개발된 교육복지 프로그램을 운영하는 곳이다. 학기 중, 방과 후, 방학 동안 등 어느 곳에서 프로그램을 운영하느냐는 학습고객의 직접적인 참여에 상당한 영향을 끼친다.
- **가격**(Price) : 교육복지기관에서 운영되는 프로그램에 보다 더 많은 학습 고객들이 이용할 수 있도록 하는 프로그램 가격이다. 교육복지 프로그램들은 교육투자우선지역 지원사업으로 교육취약계층 학생들을 위한 프로그램이 많지만 일반학생들을 포함한 프로그램도 많다.

마케팅 구성요소는 위의 4P 외에 3P, 즉 Policy(기관의 정책), Partnership(다른 기관과의 파트너십), Politics(외부의 영향력인 정치성)와 인구학적 · 경제적 환경, 기술적 · 물리적 환경, 정치적 · 법적 환경, 사회 · 문화적 환경의 영향요인으로 이루어진다. 이를 그림으로 나타내면 【그림 11-1】과 같다.

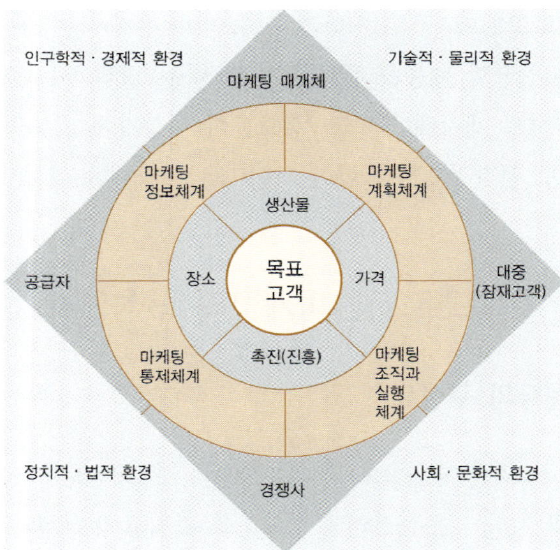

【그림 11-1】 마케팅 전략 영향 요인

출처 : Philip Kotler(1991). Marketing Management, p. 72.

3. 프로그램 개발과 마케팅 흐름

기업에서 실시하는 대부분의 마케팅 추진 내용은 교육복지/ 평생교육 프로그램 개발에 그대로 적용할 수 있다. 이를 표로 정리하면 다음과 같다(성낙돈 외, 2011).

〈표 11-1〉 **마케팅 흐름과 프로그램 개발 과정**

마케팅 흐름		프로그램 개발 과정	
환경분석	미시·거시 환경 분석	기관 환경분석	미시·거시 환경 분석
	SWOT 분석		SWOT 분석, 3C 분석
마케팅 목표	재무적 수치 목표	프로그램성과 목표 수립	재무적 수치 목표
	전략목표		학습자 관련 목표
시장 선택 및 표적시장 선정	시장 선택	프로그램 개발 대상 선택	대상영역 선정
	시장 세분화		대상 분류
	표적시장 선정		표적대상 선정
마케팅 믹스 관리	상품관리	프로그램 마케팅 믹스 관리	프로그램 개발
	가격관리		수강료 책정
	촉진관리		광고, 홍보, PR
	경로관리		접수, 정보 제공, 평가

1) 환경분석

환경분석은 미시·거시 환경 분석으로 크게 두 가지 형태로 이루어진다. 미시적 환경분석은 교육과정과 관련 있는 내용으로 구체적 환경분석이다. 즉, 교육내용에 대한 전문가·교육내용 관련 자료원 여부, 유사 프로그램 파악(해당 프로그램의 타 기관에서의 운영 여부) 등이 이에 해당한다.

거시적 환경분석은 일반적 환경분석으로 SWOT 분석, 3C 분석, FAW 등이 있다. 환경분석은 기관의 내·외부 환경분석과 SWOT 분석을 통해 이루어진다. 프로그램 개발을 위해 먼저 환경분석이 이루어지고, 환경분석을 토대로 SWOT 분석이 실시된다. SWOT 분석은 외부분석(기회, 위협)과 내부분석(강점, 약점)을 찾아낸 다음 전략을 구상하고 실행하며 마지막으로 결과를 평가한다(Robbins Coulter, 2009). 즉, SWOT 분석은 기관의 내·외부 환경을 분석하여 강점(Strength), 약점

(Weakness), 기회(Opportunity), 위협(Threat) 요인을 규정하고 이를 토대로 경영 전략을 수립하는 기법으로, 외부로부터 온 기회는 최대한 살리고 위협은 회피하는 방향으로 자신의 강점은 최대한 활용하고 약점은 보완하기 위해 사용된다. 다음은 SWOT 분석의 예이다.

"다문화 방문한국어교육 프로그램" 기관(교사)·학습대상자 환경분석(SWOT 분석)

영 역	강점(S)	약점(W)	해결방안
기관/ 교사	학습자의 문제점을 빨리 알고 대처 가능. 학습자에게 수업 이외에 정서지원 가능	학습자의 애경사를 챙기거나, 문제발생 시 처리해야 함(수업시간 무해당). 다문화 교육에 대한 전문성 부족. 표준화되고 전문적인 프로그램 부족. 다문화가정 및 중도입국자녀 증가. 방문 시 학습자 부부싸움	• 학습자의 애경사를 센터(기관)에서 챙김 • 정기적으로 교사를 위한 다문화 교육 실시와 학습자의 요구 파악을 위해 정기적으로 설문조사 실시 • 대체수업 실시 • 표준화되고 전문적인 프로그램 개발 • 전문인력 확보
학습자	무료수업. 이동시간 절약. 학습자의 요구에 따른 맞춤형 수업 외에 개인적 상황에 따른 정서지원도 받음	주 2회(2시간/ 1회)로 수업시간이 부족. 수업 있는 날 집안청소를 해야 함. 수업 있는 날 부부싸움 시 난감	• 수업시수를 더 늘리거나 다양하고 지속적인 학습기회 제공 • 결혼이민자, 다문화가족 등을 위한 '한국어 교육방송' 적극 활용[EBS 두리안(한국어, 영어, 중국어, 베트남어)] • 다문화가족 자녀를 위한 한국어 교육방송(KBS 2TV 'TV 유치원 파니파니'의 '해바바랑 또나랑 글자놀이')
영 역	**기회(O)**	**위협(T)**	**해결방안**
기관/ 교사	다문화가정 증가에 따른 다양한 교육방법 모색. 다문화 교육에 대한 전문성 향상	차량운전 위험에 노출. 학습자 초기면접 시 신변의 위협을 느낌(대상자를 확실히 모르는 상태에서 면접은 긴장됨, 정신이상자도 있을 수 있음)	• 국가의 교사에 대한 안전보장(산재보험 실시 등) • 방문지도사가 직접 대상자를 면접하지 않고 대상자가 센터로 직접 와서 방문교육 서비스 신청서를 작성하게 하거나 직원이 전화 등으로 개인정보를 파악
학습자	수업 이외에 정서지원을 받을 수 있음. 다양한 형태의 다문화교육 프로그램 증가. 다문화 가정만을 위한 별도의 국가지원.	한국어능력 부족	• 국가지원 • 방문지도사의 열정적인 가르침 • 학습자 스스로 한국어능력 향상에 노력

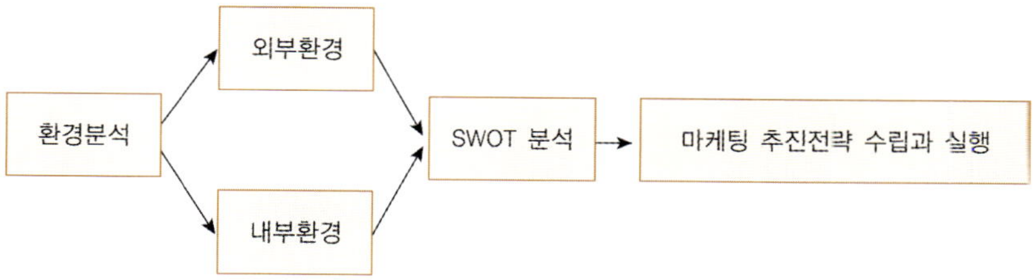

|그림 11-2| 환경분석 과정

3C 분석은 경쟁사 분석, 고객분석, 자사분석을 말하며, |그림 11-3|과 같다.

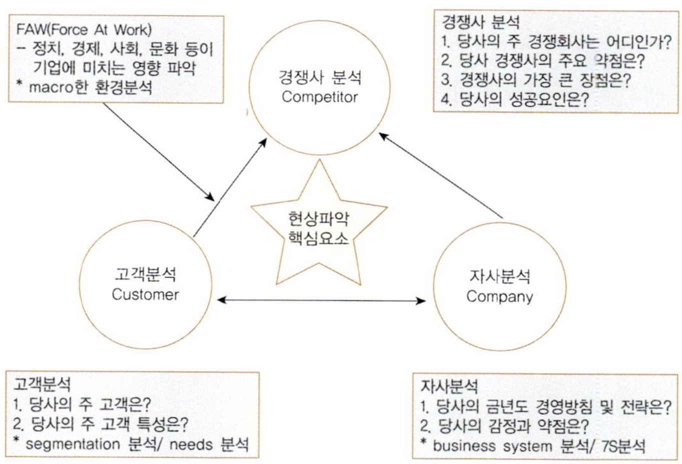

|그림 11-3| 3C 분석

2) 마케팅 목표 수립

마케팅 목표는 재무적 수치 목표와 전략목표가 있다. 그리고 프로그램 개발 과정에서 마케팅 목표는 프로그램성과 목표 수립을 나타내며 재무적 수치 목표와 학습자 관련 목표가 있다. 마케팅 목표 |그림 11-4|에서 재무적 수치 목표는 교육복지 프로그램 가격, 시장점유율 등과 같은 재무적 수치로 표시되며, 여기서 말하는 가격은 교육복지 프로그램 관련 수강료, 참가비, 등록비 등을 말한다. 학습자 관련 목표는 학습자와 관련된 수치로 구체화시켜서 수립한다.

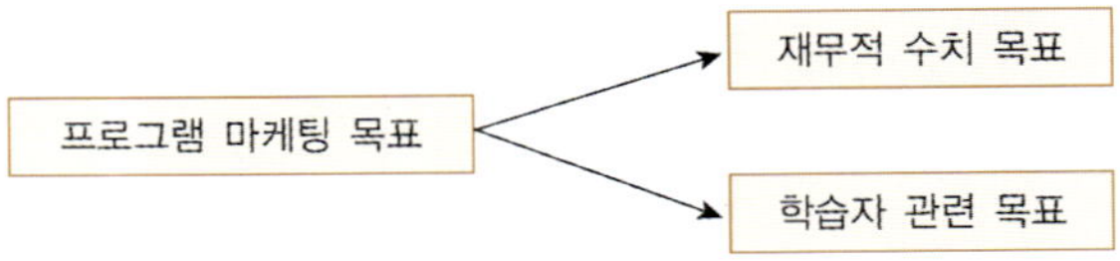

|그림 11-4| **프로그램 성과 목표 수립**

3) 프로그램 개발을 위한 시장 선택과 표적시장 선정

프로그램 개발을 위한 시장 선택은 환경분석 자료를 기반으로 이루어진다. 시장 선택 후에는 시장 세분화가 이루어져야 하고, 표적시장이 선택되어야 한다. 고객(학습자)들의 욕구가 다양하기 때문에 고객의 특성에 따라 시장을 나누는 시장 세분화가 필요하다. 즉, 욕구가 비슷한 고객들을 묶어서 하나의 세분시장으로 구분하고, 시장의 욕구에 맞는 프로그램을 마케팅해야 한다.

〈표 11-2〉 **프로그램의 시장 선택 요인**

시장 선택	시장 매력도 분석	외형적 요인
		구조적 요인
		환경적 요인
	경쟁우위 분석	마케팅 관련 요인
		기술 관련 요인
		조직 관련 요인
	시장 적합성 분석	기관 문화 및 사명 요인
		기존 시장 적합성 요인
		기존 프로그램 적합성 요인

4) 마케팅 믹스 관리

표적시장을 선정한 다음에는 그 표적시장의 욕구를 충족시켜 줄 수 있도록 프로그램을 생산(Production)하고, 가격(Price)을 책정하며, 촉진활동(Promotion)을 전개하고, 유통(Place)을 시키는 마케팅 믹스(Marketing mix) 관리가 이루어져야 한다. 교육복지 프로그램으로서 교육취약계층 학습대상을 중심으로 마케팅 믹스 관리를 정리하면, 생산(Production)은 학습자 특성에 맞는 교육 프로그램과

서비스를 제공하고, 가격(Price)은 특히 교육투자우선지원 프로그램을 제공받는 교육취약계층 학습자들의 낙인효과를 방지하도록 한다. 촉진활동(Promotion)에서는 대상자가 누락되지 않도록 학습대상자, 학교 관련자(사회복지사, 상담사, 담임교사), 학부모, 지역사회기관 등을 통해 프로그램의 자세한 설명과 안내로 참여를 돕는다. 유통(Place)은 학기 중, 방과후, 방학 동안 프로그램을 운영할 장소로 학교 안팎에서 진행된다. 특히 방과후와 방학 동안은 학교 밖에서 운영되는 경우가 많으므로 학교는 지역사회, 학부모 등과 연계·협력을 통해 학습대상자들이 편리하게 프로그램을 이용하도록 한다. 즉, 각 교육복지 프로그램들은 **|그림 11-5|** 모형에서 관련기관과 서로 연계하여 학습대상자들에게 프로그램을 제공한다. 그리고 교육복지 프로그램 영역별 지역사회 연계 전략과 예시는 다음과 같다(김정원 외, 2010; 본 서 15장 사례 예시).

영 역	연계 전략	예 시
학습영역	방과 후, 방학 중 학생의 학습을 도와줄 수 있는 지역사회의 인적자원이나 기관과의 적절한 연계를 통해 지원이 단절되지 않게 함	"방학 아카데미 영어교육 프로그램" 교내 : 방과 후 교실 이용 교외 : 지역아동센터, 청소년수련관, 공부방, 복지관 등 연계
문화·체험 영역	지방자치단체 등과 연계해 학생이 활용할 기반시설 확충 요구. 학교와 지역사회의 연계로 지역의 모든 학생이 지역 전체의 문화 활성화에 기여하도록 함	"청소년과 부모와 에코-에듀" 교내 : 지역사회와 함께하는 보컬음악 활동(학교 음악실 활용) 교외 : 주말, 방학을 이용한 다양한 체험활동(체험학습센터, 수련관 등 연계)
심리·정서 영역	지역의 관련자원을 제공해 학생의 긍정적 자아개념, 건강한 사회성을 함양하도록 함.	"한 아이도 놓치지 않는 그물망 엮어가기" 교내 : 학교부적응 학생 1:1 교사 멘토링 실시 교외 : 정서장애아동 상담(지적장애복지관, 아동상담실 연계)
복지영역	부모와 학교의 보호 없이 학교 밖에서 많은 시간을 보내는 학생에 대한 학교와 지역사회 공동의 지원체제 구축, 지역 내 운영 중인 지역아동센터 등과 연계·협력	교내 : 건강지원(보건교사 연계-의료보조기 지원) 교외 : 학교폭력 학생(청소년상담원, 위기청소년 전화 연계)
지원영역	각종 지원이 가능한 전문 기관과 원활한 관계 수립	"자살예방 및 위기관리 프로그램" 교내 : 폭력예방을 위한 교직원 연수 교외 : 학교폭력예방과 자살예방에 대한 부모교육(일반/ 가정통신-학교 연계)
다문화 영역	다문화가족이 한국에 잘 적응할 수 있는 기반을 마련하도록 함	"다문화 한국어방문교육 프로그램" 교내 : 다문화 자녀 한국어교육(방과후교실) 교외 : 한국예절 교육(건강가정지원센터, 다문화센터 연계)

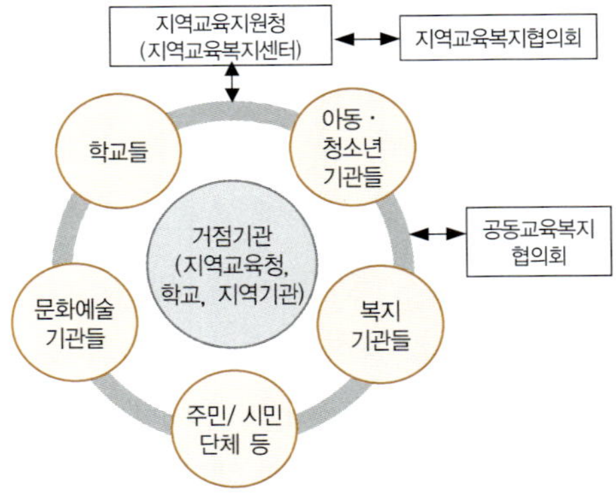

┃그림 11-5┃ 교육복지 재구조화 모형 : 거점형

출처 : 한국교육개발원(2013).

4. 마케팅의 흐름을 기반으로 한 프로그램 개발 영역과 단계

첫째, 프로그램을 개발할 영역을 선정한다. 둘째, 선정된 프로그램 개발 영역 안에서 프로그램 개발 주제를 발굴하기 위하여 환경분석을 한다. 셋째, 개발한 프로그램의 목표를 선정한다. 넷째, 프로그램 개발을 위한 표적시장을 선정한다. 다섯째, 개발할 프로그램의 시장성을 평가한다. 여섯째, 표적시장을 대상으로 개발 예정인 프로그램에 대한 욕구조사를 실시한다. 일곱째, 위의 자료와 정보를 토대로 프로그램을 개발한다. 마케팅 4P인 프로그램 생산(Production) 관리, 수강료(Price) 관리, 촉진(Promotion) 관리, 장소·유통(Place) 관리를 세부적으로 짚어본다. 이와 같은 마케팅의 흐름을 기반으로 한 프로그램 개발 단계를 ┃그림 11-6┃과 같이 정리할 수 있다.

개발 예정 프로그램의 시장성 분석	시장성 분석 대상 선정
	시장성 분석
	개발할 세부 프로그램 선정

⇩

프로그램 개발을 위한 욕구조사	요구조사의 개념과 방법
	프로그램 개발 정보와 시장조사
	시장조사의 한계와 관리

⇩

프로그램 개발	프로그램 생산 관리 : 프로그램 관리, 프로그램 생산기반, 프로그램 기회과 설계
	프로그램 수강료 관리 : 개별 프로그램 수강료, 수강료의 구조와 결정
	프로그램 촉진 관리 : 촉진의 개념, 광고, 홍보, PR, 촉진의 활용
	프로그램 유통 관리 : 프로그램 유통의 개념, 유통 관리의 내역, 유통 관리의 실제

⇩

프로그램 개발 영역 선정	패러다임과 교육 프로그램
	개발 패러다임, 아이디어, 환경, 목적 적합성 분석
	프로그램 개발 영역에 대한 수익성 분석과 선정

⇩

프로그램 개발 주제 발굴을 위한 환경분석	거시・미시 환경 분석
	SWOT 분석
	프로그램 개발 주제 발굴

⇩

개발 예정인 프로그램의 목표 수립	재무적 수치 목표
	학습자 관련 목표
	프로그램 목표달성 전략

⇩

프로그램 개발을 위한 표적시장 선정	시장 선택
	시장 세분화
	표적시장 선정

| 그림 11-6 | 프로그램 개발 단계

5. 프로그램 마케팅 전략・기법 및 과정

1) 프로그램 마케팅 전략

마케팅, 광고, 홍보의 차이점에 대한 명확한 정의, 기관의 전체적인 임무, 목적, 목표의 성취와 직접적인 관련이 있어야 한다. 환경에 대한 검토와 분석, 학습고객의 서비스・지향체제를 개발, 마케팅 기초자료인 심리학적・인구통계학적 자료를 수집・분석, 시장분할 전략에 대한 인식 필요, 마케팅 효과에 대한 추적이 이루어져야 한다. 마케팅 계획의 수립은 일회적인 것이 아니라 계속적인 과정이다.

교육복지 프로그램 마케팅은 교육복지 프로그램의 잠재적 참여자들에게 프로그램에 참여하도록 동기를 유발시키는 활동이다. 프로그램의 특징 및 이익, 참여자 자격, 프로그램 진행 장소 및 날짜 등을 홍보하여 프로그램 참여를 유인한다. 그리고 교육복지 프로그램 마케팅에서 특히 유의할 점은 교육복지 사각지대(저소득층자녀, 기초생활수급자 등)의 대상자들이 탈락되지 않도록 해야 한다. 즉, 학교, 지역교육복지 지원센터, 지역 청소년센터 및 아동센터 등과 연계관계를 가지고 담임교사, 학교사회복지사, 평생교육사, 지역사회교육전문가, 전문상담사 등의 안내에 의한 참여 유도가 이루어지도록 한다.

2) 프로그램 마케팅의 사례

프로그램 마케팅은 눈길을 끄는 내용이 필요하고, 효과적인 홍보카피를 작성하며, 적절한 홍보매체를 선정하여야 한다. 홍보매체는 광고, 우편물, 신문 및 잡지 광고, 방송매체, 전화, 구두, 팸플릿, 플래카드, 홈페이지 등을 이용한다. 프로그램 마케팅의 사례는 다음과 같다(본 서 15장 체험학습 사례).

청소년 자녀와 부모를 위한 현장체험학습 프로그램	
1. 순천만 갈대축제	 1. 홈페이지 순천시생태체험학습센터 http://sceelc.com 순천만 정원 박람회 http://www.scgardens.or.kr 순천만자연생태공원 http://www.suncheonbay.go.kr 2. 날짜 11월 첫째 주 주말 3. 대상 : 교육취약계층 · 일반 청소년 자녀와 부모

2. 조선의 천문기상 과학의 역사와 문화	 1. 홈페이지 국립대구기상과학관 http://msm.kma.go.kr 서산류방택천문기상과학관 http://www.ryubangtaek.or.kr 2. 날짜 11월 첫째 주 주말 3. 대상 : 교육취약계층 · 일반 청소년 자녀와 부모

3) 프로그램 마케팅 과정

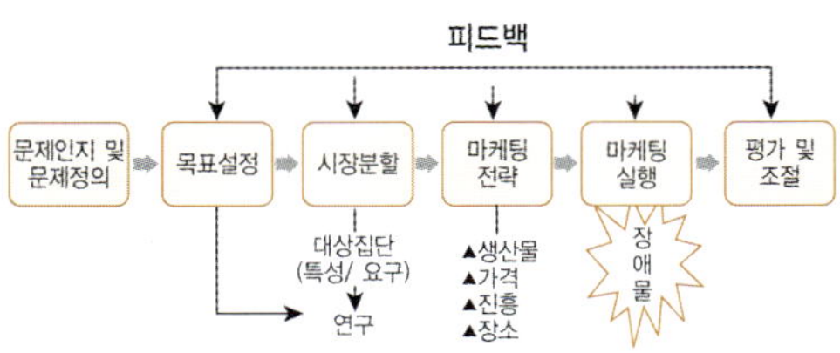

1. 프로그램과 관련된 잠재적 학습고객 파악
2. 잠재적 학습고객의 프로그램에 대한 이미지/ 태도 평가
3. 핵심 학습고객에게 7 대하는 이미지/ 태도의 수립
4. 효과적인 홍보전략 개발
5. 계획의 실행 및 결과의 평가

프로그램 마케팅 과정

(1) 문제인지 및 문제정의

인지된 문제들은 통제하여 새롭게 규정하고 기존의 문제를 명확히 할 필요가 있다.

(2) 목표설정

목표는 적합하고 구체적으로 세분화하여 확인할 수 있도록 현실성이 있어야한다.

(3) 시장분할

학습고객의 특성이나 요구를 준거집단으로 분할하는 과정을 의미한다. 시장분할은 학습지향, 프로그램 선호도 그리고 인구통계학적 특성으로 구별될 수 있다.

(4) 마케팅 전략

특히 교육취약계층 학생집단이 참여하는 프로그램은 홍보 시 각별한 주의를 요한다. 왜냐하면 그들이 특별집단으로 대우받는 것에 예민하고 부정적인 반응을 보이기 때문이다(김정원 외, 2010). 교육취약계층 학습대상자를 위한 프로그램 홍보 시 주의사항은 다음과 같다.

- 교육취약계층 학생들에게 매력적 · 맞춤형 프로그램 제공
- 교육취약계층을 위한 프로그램일지라도 일반 학생집단들에게 공개적으로 홍보
- 그 과정에서 자연스럽게 교육취약계층 학생들이 선택할 수 있도록 조정 작업
- 적극적인 프로그램 참여를 위해 홍보 시 학부모, 담임교사와 긴밀한 접촉
- 학생, 학부모, 담임교사에게 본 프로그램 참여 혜택 및 유익성에 대해 자세한 설명

(5) 마케팅 실행

수립된 전략들은 구체적인 실행과정을 거치도록 하며, 특히 학습고객의 시간, 관심 그리고 학습대상자의 누락이 있는지 살펴야 한다.

(6) 마케팅 평가 및 조절

목표에 비추어 프로그램의 결과를 평가하는 단계이며, 목표를 달성하지 못했다면 그 이유를 밝히고 재평가가 이루어져야 한다.

CHAPTER

12 교육복지 프로그램 실행과 운영

1. 프로그램 실행과 운영의 의미

실행단계의 경우 개발된 내용의 실제 프로그램을 운영하는 단계로(윤옥한, 2014), 프로그램 실행과 운영은 개발된 프로그램의 의도대로 학습자들이 교육적 경험을 통해 행동의 변화를 일으키도록 도와주는 프로그램의 목표를 실현하는 핵심적인 과정이라 할 수 있다(김진화, 2011). 즉, 프로그램이 아무리 치밀하게 계획되고 잘 설계되었다 하더라도 제대로 실행되지 않으면 쓸모없게 된다. 또한 프로그램의 실행주체인 학습자, 교수자, 기관의 운영요원들이 수행해야 할 역할인 교수자 및 학습자관리, 프로그램 운영관리가 효과적으로 이루어지는 것이 중요하다.

프로그램 실행을 위해서 먼저 프로그램 운영 계획과 체제에 따라 실행 매뉴얼을 제작하는 것이 필요하다. 일회적·단발적 프로그램 운영이 아닌 효과적인 다음 프로그램 운영을 위해 프로그램 운영상의 모든 절차와 활동 등 핵심 사항을 매뉴얼로 만드는 것이 필요하다. 운영계획에 대한 내용과 관리체제에서 다루게 될 프로그램 세부 시간표, 역할분담, 장소선정, 강사선정, 재원확보, 위기사항에 대한 대응방안 등과 관련된 핵심 사항을 매뉴얼로 만드는 것이다. <표 12-1>과 같은 프로그램 실행을 위한 교육 운영계획 체크리스트도 매뉴얼에 포함시키는 것이 좋다. 프로그램 실행 매뉴얼을 제작한 후, 프로그램을 성공적으로 실행하고 운영·관리하기 위해서 이해하고 실천해야 할 프로그램 사례별 기본 운영원칙을 살펴보아야 한다.

〈표 12-1〉 **교육 운영계획 체크리스트(윤옥한, 2014 : 200 재구성).**

항 목	체크사항	확 인
목적분석	교육목적 : 단합, 성과, 결과물 추출, 교육, 팀워크 등	
환경분석	강의장소 섭외 확인 강의장소 관련 담당자 확인 강의장소 약도 및 주소(소요시간) 강의장 주변 환경 확인 강의장 내 환경 : 강의장 배치 형태 확인, 마이크, 빔프로젝트, 인터넷 등	
대상자 분석	전체 참여인원 남녀 구성비 분임조 형태	
강사확인	강사 사전섭외 확인 강의 의뢰서 전송 강의일정·장소·시간 확인 강사료 확인 강사교재	
교육내용	교육일정표 교재 교육보조자료 교육평가자료 교육결과 준비	
예산 관련	숙박비, 식비, 강의장 사용료 강사료, 과정진행비 각종 문구비 차량임차료 교재비 기타 : 보험료, 플래카드, 다과비, 간담회비 등	
기타 준비물	문구류 교육매체 진행 관련 준비물 간식 의약품	

2. 프로그램 실행과 운영의 원리

성공적인 교육복지 프로그램을 실행하고 운영·관리하기 위해서 이해하고 실천해야 할 기본 원리는 다음과 같다(Booner, 1985; 김진화, 2011; 김정원 외, 2010).

첫째, 설계된 프로그램을 실행하는 데 필요한 제반 여건을 확보하고 마련함에 있어서 다양한 기법과 전략을 이용해야 한다. 둘째, 학습자의 특성을 고려한 프로그램 운영, 특히 교육복지투자우선지역 지원사업에 참여하는 교육 취약 아동·청소년의 경우, 건강하고 정상적인 사회적 관계를 형성하는 데 어려움이 있으므로 프로그램 참여 시 다른 참여자와의 관계형성 문제, 프로그램 적응문제 등에 각별히 관심을 가질 필요가 있다. 셋째, 자기주도학습이 되도록 분위기를 조성한다. 학습자 스스로가 즐거움 속에서 자발적, 적극적으로 교육 프로그램에 참여할 수 있도록 유도하며, 결과에 대해서도 스스로 책임지는 분위기를 조성한다. 이런 분위기 조성을 위해서는 무엇보다 학습자 개개인의 학습요구, 지적 수준, 교육경험, 생활방식, 가치관, 성격 등의 여러 가지 측면의 차이를 고려한 교육활동이 이루어져야 한다. 넷째, 자발성과 역할나눔이다. 교수자들이 자발적으로 프로그램을 제안하고 운영을 책임질 때 프로그램의 질이 높아질 수 있다. 또한 프로그램 운영이 어느 특정인 혹은 부서, 즉 지역사회전문가나 교육복지부에 집중되지 않고 다양한 참여자들에게 역할나눔으로 효율적인 업무분담이 되도록 한다. 다섯째, 학교교육과정과의 연계성확보·강화이다. 학교교육과정과의 연계성을 확보하기 위해서는 무엇보다도 교육복지투자우선지역 지원사업이 무엇인지에 대한 깊은 이해가 선행되어야 한다. 여섯째, 프로그램 실행과정에 있어서 계속적인 강화요인을 제공해야 한다. 개별·집단 학습자나 지역사회와 같은 모든 체제에서의 행동변화가 목표에 대응하려면 상당한 투입요소가 필요하고 프로그램 활동에 있어서 보상 등을 통한 강화 활동이 필요하다. 일곱째, 지역연계·협력 강화를 위한 지속적인 노력이 요구된다. 지역사회 교육전문가의 역량을 최대한 발휘하도록 하고, 지역교육청 프로젝트 조정자의 도움을 최대한 받으면서 사업 초기부터 지역과의 연계 협력을 통한 프로그램 기획·운영에 많은 노력을 기울여야 한다. 마지막으로 실행과정에 학습자의 경험을 적응시키고 재조정함으로써 학습자들의 반응을 수용할 수 있고 즐거움을 제공해야 한다. 프로그램의 효과성을 높이기 위해서 학습자의 변화 상태를 감지하고 이해할 수 있는 감수성과 이해력이 있어야 한다. 성공적인 교육복지 프로그램의 운영과 실행은 위에서 제기한 몇 가지 원칙을 이해하고 실천하는 바탕 위에서 성립될 수 있다.

3. 교육복지 프로그램 사례별 운영 원칙

교육복지 프로그램 운영 사례영역은 <표 12−2>와 같이 학습, 문화·체험, 심리·정서, 복지, 지원, 복지, 지원, 영·유아, 보육·보건, 다문화 프로그램 등이다. 프로그램 실제 사례는 15장에 별도로 제시하였으므로 여기서는 교육복지 프로그램의 영역, 목표, 종류를 파악하고 15장의 10개 사례를 중심으로 프로그램 사례별 운영원칙을 제시한다.

〈표 12−2〉 **교육복지 프로그램 개발 운영 사례영역**

영 역	목 표	프로그램
학 습	학력 증진과 학습결손 치유 및 예방	방과후학교 연계 특기적성교육 방과후학교 연계 교과학습지도 방학 아카데미 기초학습부진학생 지도 학교도서관 활성화 사업 지역평생교육 사업 특수학급 지원 및 장애이해교육 지역품앗이 진로교육 프로그램 예비중학생 진로탐색 프로그램 1:1 학습지원 멘토링
문화·체험	다양한 문화 및 체험활동을 통한 정서적 발달 함양	체험학습 활성화 방학 아카데미 및 캠프 토요교실 자원봉사단 활동 동아리활동 및 축제 특별활동을 통한 문화활동

심리·정서	상담과 치유를 통한 심리적 안정 및 학교 적응력 향상	개별상담 가정방문 및 가족상담 사례관리 멘토링 프로그램 집단상담 프로그램 심리·정서 전문상담 프로그램 학교폭력 예방사업 검사실시(지능, 성격, 적성, 자존감 등)
복 지	저소득층 학생의 복지 서비스 지원 활성화	방과후 공부방 연계 체험활동 장애아동 멘토링 위기가정 지원 후원자 연계 및 지원 학생복지 지원사업(급식비 등) 교육복지실 운영 교육취약아동 야간보호 프로그램
지 원	교육복지 사업의 성공을 위한 기반 마련	사업홍보 학부모 교육 학부모 자원봉사활동 지원 교직원 전문성 신장 지원 헌신적이고 능력 있는 교원이 근무할 수 있는 여건 마련
영·유아	저소득층 영·유아 지원을 통한 출발점 평등 지향	가족문화 참여활동 종일반 수업료 지원 종일반 원아 특기적성교육 문화체험활동 정서지원 프로그램 교사 및 학부모 연수
보육·보건	가정의 양육 및 보건기능 강화, 부모역할 함양을 통해 교육취약집단 학생들이 방치 또는 방임되지 않도록 하고, 학생들의 심리적 안정, 사회성 발달, 건강 증진 도모	방과후 취약아동대상 야간돌봄이 건강 지킴이 방문보건 건강검진 및 치료활동 영양 및 의료 지원활동 건강문화체험 부모역할교육
다문화	다문화가족이 한국에 적응하여 안정적인 가정생활을 할 수 있는 기반 마련	한국어교육 가족교육·상담·문화 프로그램 취업지원 생활의료지원

출처 : 이용교 외(2010). 교육복지론, p. 45; 장덕호 외(2015). 교육복지론; 다누리 홈페이지 재정리.

1) 학습 프로그램

학습 프로그램의 목표는 학력 증진과 학습결손 치유 및 예방이다. 즉, 저소득·맞벌이·한부모·다문화 등 취약계층 가정의 방과후, 방학 동안 홀로 시간을 보내는 청소년들의 학습능력 배양·체험·활동·급식·건강관리·상담 등에 있어 종합 학습지원 및 복지·보호를 통한 건전한 성장지원이다. 학습 프로그램의 종류는 <표 12-2>에서 보듯이 방과후학교 연계 특기적성교육, 방과후학교 연계 교과학습지도, 방학 아카데미, 지역평생교육사업, 특수학급 지원 및 장애이해교육 등 다양하지만 본 서에서는 "방학 아카데미 영어교육 프로그램" 사례를 소개한다. 이 프로그램은 방학 때 운영하지만 학기 중, 방과 후에도 적절하게 활용 가능하다. 주 대상학습자는 저소득층, 다문화 가정, 영어 기초학력미달 초등학생이며, 일반 초·중등학생을 위한 프로그램으로도 활용될 수 있다.

방학 아카데미 영어교육 프로그램을 실행·운영하는 데 요구되는 원칙은 첫째, 학습결손 예방 차원의 적극 개입이 필요하다. 기초학습부진아가 발생하지 않도록 하는 것이 중요하며, 학습부진아에 대한 학습 개입은 누적된 학습결손을 일거에 해소하기보다는 무기력, 무관심에서 벗어날 수 있도록 끈기 있게 지원하고, 그 방식은 개별·소그룹학습을 지향하는 것이 적절하다. 둘째, 방학 학습 프로그램은 지역사회의 관련 기관, 즉 방과후 공부방, 지역아동센터, 지역청소년센터 등과 연계하여 운영하면 매우 바람직하다. 지역사회의 연계는 지역사회가 학생의 계속적인 학습을 위한 환경으로 학습의 전이를 촉진하고, 지역사회의 자원을 활용함으로써 효과적인 학습이 발생하기 때문이다. 방과후 및 방학 동안의 학교와 지역사회 연계는 학습결손 치유 및 예방의 통합서비스 프로그램 차원으로 형성된다. 마지막으로 방학 프로그램을 학기 중, 방과후의 학습으로 연계·운영하는 체계를 갖추어 지속적인 효과를 거둘 수 있는 방안을 마련한다. 학생들은 학기 중에 놓쳤거나 부족했던 학습을 방학을 이용하여 체계적이고 재미있는 학습지도, 학습과 관련된 다양한 활동 등을 통해 학습의욕 고취와 동기부여로 지속적이고 안정적인 학습이 가능하다. 또한 이러한 과정을 통해 다음 학기 학습이 수월해지며, 교사와 학생의 만남의 질이 높아지고 학습 프로그램은 보다 성공적으로 운영될 수 있다.

2) 문화 · 체험 프로그램

학습은 학교교실에서만 이루어지는 것이 아니다. 학교 밖의 문화, 자연 · 생태, 역사 등의 체험학습 프로그램은 학생들이 학교의 주입식 교육에서 벗어나 사람의 오감을 통하여 직접 경험하고 온몸으로 체득하는 학습활동으로 학생 자신이 주체가 되어 참여하고, 느끼고, 실천하는 학습이 가능하게 한다. 독서나 교과를 통한 간접 체험활동 및 탐사, 표현, 발표, 견학, 봉사 등을 포함하는 다양한 프로그램 참여 활동에 의해 학습을 할 수 있다. 체험 프로그램 사례인 “청소년과 부모와 에코-에듀 프로그램”은 자녀와 부모가 함께 체험을 통해 오감만족의 감정 교감, 정서적이고 애정적 표현, 의사소통의 원활화, 공감적 이해가 가능하게 되고 부모는 자녀를 이해하고 자녀가 독립심과 자율성을 갖게 하며, 자녀는 부모를 존중하고, 자기주도적인 학습태도로 학업성적을 향상시킨다.

이 프로그램 운영에 있어서 갖추어야 할 점은 첫째, 학교의 교육과정과 연계성을 높이는 동시에 학생들의 참여에 대한 부담, 즉 시간 · 금전적인 부담을 줄여야 한다. 특히 교육취약계층집단 학생들만을 위한 프로그램 운영은 ‘낙인효과’로 이어질 수 있으므로, 일반학생들과 함께 참여하며 교육취약집단 학생들에게 참여를 하도록 지원을 하되 눈에 보이지 않게 할 필요가 있다. 물론 본 사례는 대한민국 1호 국가정원으로 지정된 순천만국가정원의 활용도를 높이기 위해 ‘교육과학기술부 체험학습장’ 인증 등 각종 후속사업이 중앙부처의 지원으로 추진되고 있어서 비용은 부담되지 않지만 프로그램 특성상 그리고 거리상 시간과 기타 비용이 조금 발생할 수 있다. 또한 프로그럼 대상자를 일반학생들과 취약계층 학생들로 따로 구분하지 않았다. 둘째, 체험 프로그램은 지역과 관련 단체기관들과의 적극적인 연계를 통해 다양성 확보, 프로그램 질 향상, 학교와 관련 기관들과의 역할분담 체계를 마련할 필요가 있다. 셋째, 모든 프로그램이 마찬가지겠지만 일회성이 아닌 지속적인 프로그램 운영으로 학생뿐만 아니라 학부모와 교사들이 현장의 자연과 지역민의 만남 속에서 직접적인 체험과 경험을 통해 학습효과를 높이도록 해야 한다.

3) 심리 · 정서 프로그램

심리 · 정서 프로그램은 학교 차원 혹은 지역사회의 관련기관을 통해 각종 예방교육을 실질적이고 효과적으로 기획하여 실행 · 운영한다. 프로그램을 통해 위기 등을 사전에 예방할 수 있고, 발견된 위기 상황은 치료를 하는 통합적 운영 프로그램으로 운영된다. 특히 상담 프로그램은 정도에 따라 개별적 혹은 집단적으로 접근하며 심하지 않은 경우는 대학생, 자원봉사자, 교사와 멘토링을 연결하여 진행하고, 심할 경우는 전문가나 전문기관에 연계하여 운영할 수 있다. 현재 각 학교에서는 자체적으로 교육계획에 따라 프로그램을 운영하기도 하고, 교육부의 '교육복지우선지원사업 발전방안'으로 교육부에서 지원하는 많은 프로그램들을 지원받아 운영하고 있다. 관련 프로그램을 성공적으로 운영하기 위해서는 먼저 학생들의 심리 · 정서 · 행동상의 문제에 대한 정확한 실태를 파악하고, 상황과 수준에 맞는 체계적 대처 방안을 마련하여 학교 적응력 향상과 학교부적응 사전예방을 위해 노력해야 한다(김정원 외, 2010). 본 서에서 든 심리 · 정서지원 프로그램의 사례는, 서울그랜드필하모닉오케스트라의 "마음이 통하는 클래식 : 학생 · 학부모 · 선생님의 수업 네트워크"와 "생명존중 및 자살예방교육 프로그램"이다. 클래식 음악 프로그램은 서울시 지역사회 서비스 투자사업으로 아동 · 청소년 정서발달지원 서비스, 아동 · 청소년 정서발달지원 서비스 대상자 협연 기회 부여, 교과서음악회 'TALK TALK CLASSIC' 등을 제공한다. 프로그램은 각종 공연기획을 통하여 건전한 음악문화의 저변 확대와 성인은 물론 아동, 청소년들의 문화적 요구를 올바른 방향으로 이끈다. 생명존중 및 자살예방 프로그램은 자살의 원인이 되는 학교폭력(왕따) 예방교육을 실시하여 자살을 예방하고 생명의 소중함을 알게 하여 자아존중감을 높이고 자살을 예방하고자 한다.

심리·정서 프로그램을 운영하는 데 있어 몇 가지 주의할 사항은 첫째, 학교에서는 자체 프로그램 운영 외에 교육부에서 지원하는 교육복지우선지원사업 프로그램을 적절하게 운영할 필요가 있다. 예를 들어, 교육부에서 지원하는 자살예방과 위기관리(초·중·고) 프로그램을 학교의 상담사 혹은 전문가를 초빙하여 학생, 교사(필요에 따라 학부모도 포함)들에게 제공하면, 프로그램을 개발하는 데 시간과 비용을 절감하고 프로그램 내용의 질도 높일 수 있다. 둘째, 전문적인 프로그램을 지원할 수 있는 지역사회기관과 연계하고 협력체계를 구축할 필요가 있다. 이는 심리·정서 프로그램은 다른 영역보다 전문성이 강조되어 개별적이고 질적인 접근을 필요로 하기 때문에 비용이 많이 들고 학교의 상담교사만으로는 충분하지 않기 때문이다. 셋째, 부적응 및 우울증 학생의 조기 발견으로 상담 및 유관 기관을 연계하여 치료하고, 특히 고위험군 학생에게는 보다 더 전문적인 상담 및 심리 프로그램을 제공하며, 교사 및 학부모와 연계를 통해 통합적이고 지속적인 지원이 이루어지도록 한다. 넷째, 교사 및 학부모와 연계·협력 시 지원우선학생 개개인의 상태에 대한 이해의 깊이를 더하고 개별화된 문제해결 방식과 접근태도를 갖도록 한다. 하지만 특히 이 부분은 매우 민감하고 전문성이 요구되므로 신중히 판단하여 문제해결을 지나치게 개별적인 상황으로 접근하는 것을 조심해야 한다.

4) 복지 프로그램

복지 프로그램의 목표는 저소득층 학생의 복지서비스 지원 활성화이며, 복지 프로그램의 종류는 앞의 <표 12-2>처럼 다양하지만 주요 복지 프로그램의 특징과 운영 원칙(김정원 외, 2010)을 재정리하면 다음과 같다. 첫째, 교육취약아동 야간보호 프로그램은 해체 및 결손가정, 저소득 맞벌이 가정의 자녀로서 늦은 밤까지 방임·방치되는 아동을 대상으로 안전하고 따뜻한 대안적 가정을 제공한다. 이를 실천하기 위해 학교와 가정, 지역사회가 연계·협력해 야간보호를 포함한 통합 보호체제를 구축한다. 둘째, 지역사회위기 지원체계 구축 및 위기가정 지원은 지역 내 사각지대에 놓여 있거나 위기상황을 겪고 있는 아동 및 청소년에 대한 적극적인 관리와 통합지원을 한다. 셋째, 건강검진 및 치료는 학교 보건실과 유기적인 관계를 맺어 진단뿐만 아니라 진단결과에 따른 치료까지 책임진다. 넷째, 교육복지실 운영은 문제와 학교부적응 예방을 위한 상담사업을 통해 학생들의 학교생활 적응과 삶의 질 향상을 돕고, 학교와 지역사회 간 사업연계를 통해 지역사회 안전망을 형성한다. 교육취약집단 학생에 대한 안전망을 형성하기 위해서는 개별학생 사례별로 세밀한 대응방안 마련이 필요하다. 다섯째, 가족기능강화 프로그램은 가정의 건강성을 회복하고 건전한 가족문화 형성을 유도할 수 있는 다양한 프로그램을 운영하는 것으로, 취약계층 학부모 특성상 학교보다 지역사회 기관에서 운영하는 것이 효율적이다. 유사한 예로 서울지역사회교육협의회는 가족기능 강화 프로그램, "미술 멘토링, 마음열기 똑똑(talk talk)"과 "부모교육 프로그램"을 D교육지원청 관내 교육복지특별지원학교와 연계하여 운영한다. 미술 멘토링 프로그램은 교육복지지원대상 및 소외계층·문제행동 아동에게 놀이 및 체험을 접목한 정서지원 프로그램이지만 부모와 함께 프로그램에 참여함으로써 자녀와 부모가 서로를 이해하는 과정을 통해 건강한 가정을 구축하도록 돕는다. 또한 아동·청소년의 정서적 문제는 가정에 기인하는 경우가 많고 근본적인 문제해결을 위해서는 가정통합 프로그램이 기반되어야 하므로 부모-담당교사진 간담회, 가족 힐링캠프 등 부모-자녀 동반 프로그램을 운영하여 자녀 이해 및 학부모의 인식변화 등을 유도하고 친밀감 향상 및 관계회복을 도움으로써 가족의 성장을 도모한다. 이렇게 복지 프로그램은 가정, 학교, 지역사회가 연계·협력함으로써 청소년의 탈선 및 가정해체, 사회치안 불안 등의 문제로 이어지는 학교폭력 문제를 예방·해결함으로써 보다 밝고 건강한 사회분위기를 조성하고, 사회통합의 근간을 마련할 수 있다.

5) 다문화 프로그램

여성가족부 다문화가족정책과에서 발표한 '2014년 다문화가족지원 사업안내'에 따르면, 다문화가족지원센터 설치 및 운영 목적을 "다문화가족의 안정적인 정착과 가족생활을 지원하기 위해 가족 및 자녀 교육·상담, 통·번역 및 정보제공, 역량강화 지원 등 종합적인 서비스를 제공하여 다문화가족의 한국 사회 조기적응 및 사회·경제적 자립지원 도모"라고 밝히고 있다. 한국은 2010년 국내 체류 외국인이 118만 명으로 본격적으로 다문화 사회에 진입하였고, 출입국 외국인정책본부와 통계청에 따르면 2015년 4월 말 기준으로 우리나라에 거주하는 외국인은 170여 개국 185만 명으로 우리나라 전체인구의 4%를 차지하고 있으며 그에 따른 많은 문제점도 도출되고 있다. 다문화 사회에서 다문화가정의 주요 문제점은 문화차이 등 여러 가지가 있겠지만 특히 언어장벽으로 인한 의사소통의 어려움에서 발생한다. 따라서 이 문제를 해결하기 위한 방안 중 하나가 언어소통을 위한 한국어 교육 프로그램으로 본 서에서는 "다문화 한국어 방문교육 프로그램"을 소개한다.

"다문화 한국어 방문교육 프로그램"은 전문지도사를 양성하여 지리적 접근성의 문제로 집합교육에 참석이 어려운 결혼이민자 및 다문화가족을 대상으로 각 가정을 방문하여 한국어교육과 문화이해 및 아동교육, 임신/ 출산 교육 등 전반적이고 구체적인 가족 통합적 맞춤형 서비스를 제공하는 국가정책지원 사업이다. 이 프로그램을 성공적으로 실행·운영하기 위해서 몇 가지 원칙을 제시하면 다음과 같다. 첫째, 한국어 교육뿐만 아니라 정서지원, 상담프로그램도 함께 지원되어야 한다. 예를 들어, 아이양육 방법으로 배우자가 아이에게 책을 읽어주도록 권유하여 아빠와 함께 지내는 아이가 사회성이 발달함을 인지시키며, 수시로 자녀상담과 부부생활 상담을 제공함으로써 다문화가정이 안정되고 행복한 가정을 꾸려가도록 한다. 둘째, 다양한 정보를 제공한다. 보건소 무료진료 안내, 지역문화축제, 다문화요리교실, 다양한 다문화인을 위한 교육 및 행사 프로그램 등의 정보를 제공하여 서로의 문화를 이해하고 한국 문화에의 빠른 정착을 돕는다. 셋째, 한국어능력 향상과 취업연계 지원으로 다문화가정이 사회·경제적으로 자립할 수 있도록 해야 한다. 넷째, 다문화 학습자에게 방문수업 주 2회(2시간/ 1회) 수업시간으로는 한국어 습득을 하는 데 충분하지 않다. 부족한 수업을 보충하기 위해 수업시수를 더 늘리거나 다양하고 지속적인 학습기회를 제공할 필요가 있다. 예로, 결혼이민자, 다문화가족 및 자녀들을 위한 "한국어 교육방송, KBS 2TV 'TV 유치원', EBS 두리안" 등을 적극 활용하도록 한다. 다섯째, 방문교사의 전문성과 표준화되고 전문적인 프로그램을 확보한다. 이 프로그램은 단순히 다문화인의 한국어능력 향상을 위만하는 것은 아니다. 그들에게 정서 및 기타 상담 프로그램도 지원되어야 하므로 그에 따른 교사의 전문성과 표준화되고 전문적인 프로그램이 요구된다. 이를 위해 정기적으로 방문교사를 위한 다문화 교육을 실시하고 아울러 학습자의 요구를 파악하기 위해 정기적으로 설문조사를 실시할 필요가 있다.

CHAPTER 13

교육복지 프로그램 평가

1. 교육 프로그램 평가의 개념 및 목적

교육 프로그램 평가에 대한 개념은 다양하게 정의된다. 교육 프로그램 평가는 교육 프로그램의 개발 및 전달이 효과적인지와 제안된 프로그램의 목적이 달성되었는지를 결정하는 데 이용되는 과정(Caffarella & Daffron, 2013), 교육 프로그램에 대한 가치를 판단하고 그것을 개선·발전시키기 위한 활동(김혜숙, 2014), 교육 프로그램의 가치를 판단하고, 프로그램의 효과나 영향을 확인하며, 프로그램에 관한 제반 의사결정 및 가치판단을 위하여 자료를 수집하여 분석하는 체계적인 가치판단 활동(장덕호 외, 2015) 등으로 정의된다.

여기에서는 이상의 교육 프로그램 평가에 대한 개념을 바탕으로 교육복지 프로그램 평가를 '개발한 교육복지 프로그램을 시행한 결과에 대한 총괄적 평가 및 보고 차원을 넘어 교육복지 프로그램 개발의 전 국면의 진행 과정에 대한 형성평가 및 피드백 제공, 프로그램의 효과성 평가/ 보고/ 피드백 제공, 평가자료 수집/ 분석/ 의사결정, 평가 계획/ 시행 자체에 대한 메타평가, 결과 공유/ 보고 등'으로 정의한다.

교육 프로그램 평가의 목적은 교육 프로그램 평가에 대한 개념의 연장선상에서 파악될 수 있다. 교육 프로그램 평가는 프로그램의 목적을 유지하게 하고, 프로그램 진행과정의 의사결정정보를 제공하며, 프로그램 설계와 학습활동과정을 개선하고, 실시과정에 책임감을 높이고 미래 프로그램 개선방향을 제시한다는 점(기영화, 2010)에서 중요한 활동이다. Kirkpatrick과 Kirkpatrick(2006)은 교육훈련 프로그램 평가는 첫째, 훈련 부서가 어떻게 조직의 목적과 목표 달성에 기여하는지를 보여줌으로써 부서의 예산과 존재 이유를 정당화하기 위해서, 둘째, 교육훈련 프로그램의 지속 여부를 결정하기 위해서, 셋째, 미래의 교육훈련 프로그램을 어떻게 향상시킬 것인가에 관한 정보를 얻기 위해서 등의 목적으로 시행되어야 함을 밝히고 있다. Fitzpatrict, Sanders 그리고 Worthen(2012)은 프로그램 평가는 프로그램의 가치와 장점을 밝힐 뿐만 아니라 프로그램에 대한 의사결정을 돕고, 전체적으로 프로그램, 조직, 사회를 개선시키며, 목소리가 작은 이해관계자를 참여시켜 민주성을 높이고, 우리의 지식 토대를 확장시키기 위한 목적을 갖는다고 말한다. Guerra-Lopez(2008)는 교육 프로그램 평가의 목적을 다음과 같이 좀 더 구체화하여 제시한다.

- 어떤 문제에 대한 해결책이 제대로 작동하는지 살펴보기 위해서
- 지속적인 모니터링, 수정, 개선 과정의 한 부분으로서 피드백을 제공하기 위해서
- 새로운 계획에 대한 자금 확보에 피드백을 제공하기 위해서
- 합법적인 요구사항들을 만족시키기 위해서
- 가치(이익)가 모든 이해당사자들에게 돌아갔는지를 결정하기 위해서
- 이미 취해진 결정을 정당화하기 위해서

위에서 제시한 교육 프로그램 평가의 목적을 바탕으로 교육복지 프로그램 평가의 주요 목적을 제시하면 다음과 같다.

- 개발하려는 교육복지 프로그램이 해당 교육복지의 문제를 해결해 줄 수 있는 최선의 솔루션인지 확인
- 프로그램의 개발에 관여하는 이해관계자 및 이들의 역할과 권한, 이해 파악
- 프로그램 이해관계자의 프로그램에 대한 요구가 제대로 분석되었는지 검증

- 프로그램이 실행되는 동안 프로그램 활동들에 대한 개발, 전달방법, 관리, 평가과정 등의 수정
- 교육복지 프로그램이 효과성 및 효율성 측면에서 성공적이었는지 검증
- 프로그램의 지속 여부 결정
- 향후 개발될 필요가 있는 교육복지 프로그램에 대한 요구 및 아이디어 제공
- 교육복지 프로그램 외의 다른 솔루션 제안

2. 대표적인 교육훈련 프로그램 평가모델

여기에서는 교육복지 프로그램 개발 과정 혹은 개발물에 대한 평가에 실제적인 시사점을 줄 수 있는 대표적인 프로그램 평가모델로서 Kirkpatrick(1959)의 4수준 평가모델, Phillips(1997)의 투자수익률(ROI) 평가모델, Brinkerhoff(2003)의 성공사례기법(SCM) 평가모델, Stufflebeam(1967)의 CIPP 평가모델 등을 다룬다.

1) Kirkpatrick의 4수준 평가모델

Kirkpatrick(1959)의 4수준 평가모델은 수많은 교육훈련 프로그램 평가모델 가운데서 현재까지도 가장 영향력이 큰 모델로 인정받고 있다. 이 모델은 교육훈련 프로그램을 평가하는 일련의 연속적이고 체계적인 방법들을 제시하고 있으며, 각 수준은 각 수준 고유의 가치를 가지고 있어 다음 수준의 평가에 정적인 영향을 미친다고 가정한다(Kirkpatrick & Kirkpatrick, 2006). Kirkpatrick은 어떤 수준도 우회하여 건너뛸 수 없음을 지적하면서 1수준부터 평가를 시작하여 시간과 기회가 허락하는 한 다음 수준으로 나아갈 것을 주장한다(Kirkpatrick, 2006; Kirkpatrick & Kirkpatrick, 2006). Kirkpatrick의 4수준 평가모델은 다음 【그림 13-1】에서 제시하는 바와 같이 1수준 반응평가에서부터 2수준 학습평가, 3수준 행동평가, 마지막으로 4수준인 결과평가 등으로 구성된다. 그

에게 있어 '평가'는 조직화된 지식(개념, 이론, 원리, 테크닉 등)을 의미하는 과학이며 그 조직화된 지식을 실제 상황에 적용하여 바람직한 현실적인 결과를 얻기 위한 기예(art)이다(Kirkpatrick & Kirkpatrick, 2006).

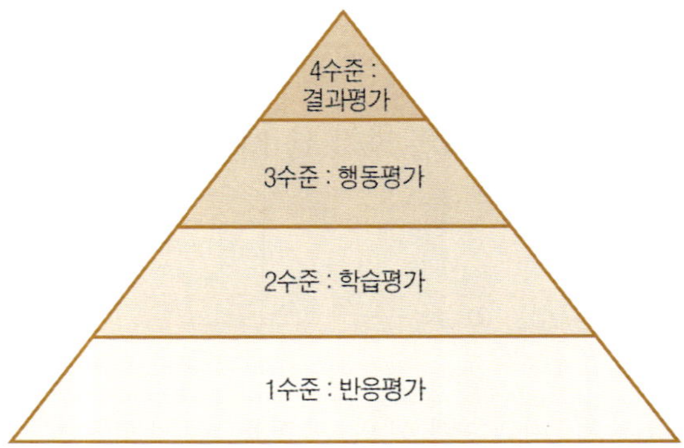

| 그림 13-1 | Kirkpatrick의 4수준 평가모델

다음은 이 평가모델의 각 수준을 구체적으로 설명한다(Kirkpatrick & Kirkpatrick, 2006).

(1) 1수준 : 반응평가

반응평가는 고객만족도 평가로도 불리며 교육훈련 프로그램 참여자(학습자)들이 자신이 참여한 프로그램의 교육내용, 강사, 강사가 이용한 교육방법, 교육기자재 및 시설(환경), 교육시간(일정), 교육지원서비스, 기타 등에 얼마나 만족했는가를 묻는 평가이다. 반응평가는 향후 프로그램의 개선을 위한 가치 있는 피드백의 제공을 통하여 교수자가 프로그램 참여자들의 더 나은 수행을 도울 수 있으며, 프로그램 개발자 등 관계자에게 양적인 정보의 제공하고, 미래 프로그램을 위한 수행준거를 세우는 데 이용될 수 있는 정보를 제공해 준다는 측면에서 중요하다.

반응평가를 위한 자료수집은 질문지법, 인터뷰, 관찰 등의 방법을 활용할 수 있으나, 주로 질문지법이 많이 활용된다. 참여자의 교육훈련 프로그램에 대한 긍정적인 반응이 반드시 2수준의 학습을 가능하게 하지는 않을지라도 부정적인 반응은 확실히 학습의 가능성을 줄이기 때문에 긍정적인 반응을 얻는 것이 중요하다.

(2) 2수준 : 학습평가

학습평가는 교육훈련 프로그램을 통해 학습자가 실제로 획득한 것이 무엇(태도의 변화, 지식의 증가, 기술의 향상)인가를 평가하는 것이다. 학습이 되었다고 하는 것은 태도가 변화했거나, 지식이 증가했거나, 혹은 기술이 향상된 것을 의미한다. 즉, 이 수준에서는 교육훈련 프로그램의 목표달성 여부를 평가하는 것이다.

인지적 영역(지식)의 평가방법으로는 주로 지필 검사와 사례연구를 통하여, 정의적 영역(태도)은 지필 검사, 사례연구, 역할연기, 시뮬레이션 및 상호평가 방법을 통하여, 그리고 기술적 영역은 실습, 역할연기, 시뮬레이션 기법을 통해 평가할 수 있다. 3수준(행동 혹은 적용)에서의 변화는 2수준인 학습에서의 하나 혹은 그 이상의 학습목표 달성 없이는 불가능하기 때문에 학습평가가 중요하다. 그러나 학습환경과 전이 환경의 차이로 인해 학습성취도가 높다고 해서 반드시 현업적용도 또는 실제 적용할 수 있는 능력이 그만큼 높다고 보장할 수는 없다.

(3) 3수준 : 행동평가

행동평가는 교육훈련 프로그램의 참여를 통해 어느 정도 학습자들의 행동이 변화했는가를 측정하는 것이다. 즉, 행동평가는 프로그램을 통해 배운 내용(태도의 변화, 지식의 증가, 기술의 향상)을 현장에서 얼마나 활용하고 있는가를 평가하는 것이다. 이 수준은 교육훈련 프로그램을 통해 습득한 지식, 태도, 기술의 현업적용도를 평가하는 수준으로서 프로그램 참여자가 교육받은 내용을 현업에서 실제 적용하는지의 여부 및 업무 환경이 교육훈련 프로그램을 통해 습득한 지식, 태도, 기술을 실제 적용할 수 있도록 지원하는지의 여부를 아울러 평가할 필요가 있다. 참여자들이 자신이 학습한 것을 발휘할 기회를 얻지 못한다거나, 그것을 발휘할 우호적인 환경이 아니라면 비록 2수준에서 학습이 이루어졌다 하더라도 배운 것을 활용하기는 어렵기 때문이다.

행동평가는 교육훈련 참여자는 물론, 동료, 상사, 부하 직원 등을 통한 설문, 인터뷰 및 관찰자료를 바탕으로 한다. 교육훈련 상황이 아닌 실제 업무현장에서 측정해야 하기 때문에 평가를 위한 시간 확보 및 관련 인력의 협조를 얻는 것이 중요하다.

(4) 4수준 : 결과평가

결과평가는 교육훈련 프로그램 참여자들이 프로그램의 참여로 발생하는 조직 차원의 최종적인 산출물을 평가하는 것이다. 최종 결과는 증가된 생산력, 향상된 품질, 비용의 절감, 줄어든 사고의 발생 빈도, 판매량 증가, 이직률 감소, 순익의 증가 등으로 표현될 수 있다.

Kirkpatrick의 4수준 평가모델은 교육훈련 프로그램을 쉽게 평가할 수 있는 일종의 틀(체계)을 제공해 준다는 점에서 장점이 있다. 하지만 각 수준 사이의 인과적 연계성 및 정적 상관관계에 대하여 문제가 있는 가정에 기초하고 있다거나(Alliger & Janak, 1989), 혹은 너무 단순해서 오해나 과잉일반화를 낳을 수 있고, 1수준과 2수준 평가는 종종 불충분하게 설계되어 정확하지 않은 해석과 결론을 산출할 수 있으며, 또한 조직외부와의 영향요소를 고려하지 않고 조직이 가지는 다른 면의 가치들이 무시된다는 단점들이 있다(Guerra-Lopez, 2008).

2) Phillips의 투자수익률(ROI) 평가모델

Phillips(1997)의 투자수익률(ROI, Return On Investment) 평가모델은 Kirkpatrick의 4수준 평가모델에 투자수익률(ROI)이라는 한 수준을 더 추가한 모델이다. 그는 투자수익률을 산정하는 데 필요한 절차를 수준별로 제시하여 프로그램 평가자가 한 번에 하나의 문제씩 순차적으로 처리할 수 있도록 논리적이고 체계적인 접근법을 제시하였다. Phillips의 투자수익률(ROI) 평가모델은 1수준인 반응 및 계획된 행동, 2수준인 학습, 3수준인 적용 및 실행, 4수준인 경영성과 기여, 마지막 5수준인 투자수익률 등으로 구성된다. Kirkpatrick의 4수준 평가모델과 마찬가지로 모든 교육훈련 프로그램을 대상으로 마지막 수준인 5수준의 투자수익률까지 평가를 수행해야 하는 것은 아니다(Phillips & Stone, 2002).

그는 평가자가 만일 어떤 프로그램에 대해 평가를 기획하고 있다면 적절한 최고의 평가 수준을 미리 결정하고, 그 다음 다양한 이해관계자에게 받아들여질 수 있는 평가 데이터 및 그들이 각 수준의 평가에서 바라는 관심과 기대를 확인해야 한다고 주장한다. 대체로 수준별 평가 대상 프로그램의 비율은 1수준에서는 90~100%, 2수준에서는 40~60%, 3수준에서는 30%, 4수준에서는 10~12%, 마지막 5수준에서는 5~10%의 비율이다(Phillips, 2007).

Phillips의 투자수익률(ROI) 평가모델의 각 수준에 대한 설명은 다음과 같다(Phillips & Stone, 2002).

(1) 1수준 : 반응평가

1수준에서는 교육훈련 프로그램의 설계와 전달방법 등에 관련된 다양한 이슈들에 대한 학습자들의 의견과 더불어 교육훈련 프로그램에 대한 학습자의 반응, 만족도 등을 측정한다. 참여자들의 우호적인 반응이 그들의 업무에 적용할 수 있는 바람직한 지식이나 태도, 기술 등의 습득을 의미하지는 않는다. 때문에 참여자들에게 학습한 것을 어떻게 적용할지를 묻는 것이 필요하다. 1수준의 평가는 대체로 일반적인 설문지/ 질문지를 이용한다

(2) 2수준 : 학습평가

2수준에서의 평가는 참여자들이 교육훈련 프로그램을 통해 획득한 학습성과에 초점을 둔다. 긍정적인 학습성과가 반드시 배운 것을 적용할 수 있다는 것을 보증하지는 않는다. 2수준의 평가는 설문지/ 질문지, 인터뷰, 포커스그룹, 지식검사, 업무검토, 구조화된 관찰, 액션 플래닝 등이 이용된다.

(3) 3수준 : 적용 및 실행

3수준의 평가는 참여자들이 자신들이 교육훈련 프로그램을 통해 학습한 것을 실제로 자신의 업무에 적용하는지를 측정한다. 새로운 기술을 업무에 잘 적용한다는 것 역시 반드시 경영성과에 긍정적인 기여를 보증하는 것은 아니다. 3수준의 평가는 설문지/ 질문지, 인터뷰, 포커스그룹, 업무검토, 구조화된 관찰, 액션 플래닝 등이 이용된다.

(4) 4수준 : 경영성과 기여

4수준의 평가는 참여자들이 교육훈련 프로그램을 통해 획득한 지식과 기술을 업무에 적용한 결과로써 획득된 실제적인 경영성과 기여도를 측정한다. 4수준의 평가는 설문지/ 질문지, 인터뷰, 포커스그룹, 액션 플래닝, HR/ 사업보고서, 성과지표(KPI) 등이 이용된다.

(5) 5수준 : 투자수익률(ROI)

5수준의 평가는 교육훈련 프로그램의 개발 및 운영에 지출된 실제 비용과 프로그램으로부터 획득된 이익의 금전적인 가치를 비교한다.

$$\text{투자수익률(\%)} = \frac{\text{교육훈련 프로그램 순이익}}{\text{교육훈련 프로그램 비용}} \times 100$$

투자수익률 평가모델은 반응 및 계획된 행동, 학습, 적용 및 실행, 경영성과 기여, 투자수익률, 무형적인 효과 등 여섯 가지 종류의 자료를 수집한다. 한편, Phillips의 투자수익률 평가모델은 다음 **[그림 13-2]**에서 제시된 바와 같은 진행된다.

먼저, 평가기획의 단계에서는 평가 전략을 개발하기 위해 교육훈련 프로그램의 목적과 내용에 대한 검토가 수행된다. 다음 단계인 자료수집 단계에서는 프로그램이 시행되는 동안에는 1 및 2수준의 자료를 수집하고, 프로그램이 시행된 후에는 3 및 4수준의 자료를 수집한다. 이어 자료분석 단계에서는 통제집단 비교나 추세선 분석, 참여자와 매니저에 의한 추산 등의 방법으로 교육훈련 프로그램이 경영성과에 직접적으로 기여한 효과를 분리하여 이를 금전적인 가치로 환산하고, 프로그램의 비용도 산출하여 투자수익률을 계산한다. 아울러 이 단계에서는 향상된 직무만족도나 조직충성도, 팀워크 등 경영성과에 기여한 무형적인 것들의 무형적인 효과를 고려해야 한다. 최종 단계에서는 교육훈련 프로그램을 통해 획득된 총효과를 문서화하고 이를 이해관계자에게 보고한다.

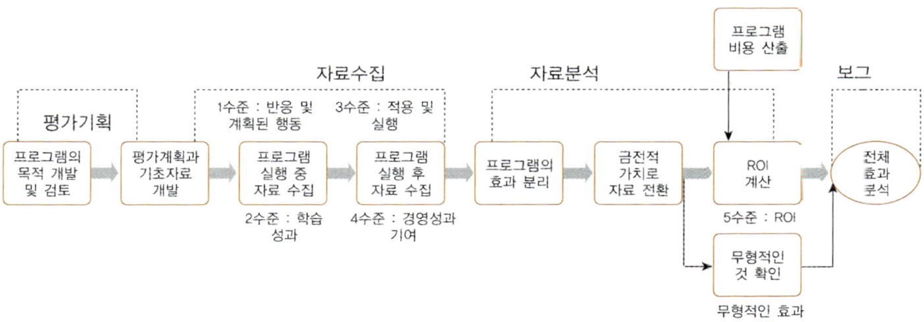

| 그림 13-2 | Phillips의 투자수익률 평가모델

Phillips의 투자수익률 평가모델은 교육훈련 프로그램의 금전적인 공헌을 추정할 수 있는 정교한 방법론과 교육훈련 부서에서 이용할 수 있는 신뢰성 있는 평가방법을 제공해 주고 있다는 측면에서 장점이 있다. 하지만 너무 많은 비용과 시간이 소요될 것으로 인식될 수 있다는 점, Kirkpatrick의 4수준 평가모델과 마찬가지로 각 수준이 위계적이지도 않고 서로 관련되어 있다는 증거도 미흡한 점, 주관적인 추정에 과도하게 의존하는 것이 자칫 프로그램의 성공에 대한 부정확한 결론을 유도할 수 있다는 점 등은 단점으로 대두된다(Guerra-Lopez, 2008).

3) Brinkerhoff의 성공사례기법(SCM) 평가모델

Brinkerhoff(2003)는 Kirkpatrick의 4수준 평가모델과 같이 교육훈련 프로그램 자체에만 평가의 초점을 둔 전통적인 평가모델에 대해 비판적인 입장을 취한다. 그는 성과는 오직 교육훈련 프로그램에 의해서만 달성될 수 있는 것이 아니기 때문에 교육훈련 프로그램 자체만을 평가의 대상으로 삼아서는 안 된다고 말한다. Brinkerhoff의 성공사례기법(SCM : Success Case Method)(2003)은 조직 차원의 교육훈련 프로그램이나 새로운 업무방식 등이 얼마나 잘 작동하는지를 확인하기 위해 극단의 그룹을 대상으로 사례연구와 스토리텔링을 활용하여 분석하는 평가모델이다. 즉, 교육훈련 프로그램 종료 후 소수의 참여자만을 대상으로 교육훈련 프로그램이 업무성과 향상에 미친 영향을 분석하는 것이다. 업무수행에는 교육훈련 프로그램뿐만 아니라 조직 시스템도 영향을 미치기 때문에 성공사례기법 평가모델은 다음의 세 가지 질문에 초점을 두어야 한다(Brinkerhoff, 2005).

- 우리의 조직은 업무수행을 향상시키기 위해 얼마나 잘 교육훈련 프로그램을 이용하고 있는가?
- 업무수행 향상을 지원하기 위해 구비된 조직 차원의 과정과 자원은 무엇인가? 무엇이 유지되고 강화될 필요가 있는가?
- 업무수행을 향상시키는 데 있어 조직 차원의 장애물은 무엇인가?

성공사례기법 평가모델은 다음 5단계의 절차를 걸쳐 수행된다(Brinkerhoff, 2005).

① **효과모델 개발하기** : 교육훈련 프로그램의 목적을 확인하고 이들이 경영상의 요구와 어떻게 연계되어 있는지를 밝혀낸다. 효과모델은 교육훈련 프로그램의 성공이 어떠해야 하는지를 정의한다.

② **조사하기** : 모든 교육훈련 프로그램 참여자를 대상으로 교육훈련 종료 후 미리 개발된 5개 정도의 짧은 설문을 이용하여 조사를 수행한다. 이

를 통해 가장 성공적인 참여자와 그렇지 않은 참여자를 찾아낸다(설문 문항의 예시 : 당신은 학습한 것을 업무성과를 달성하기 위해 어떻게 적용하고 있습니까?)

③ **증거 확증하기** : 성공 사례와 실패 사례를 인터뷰나 자기보고서 등의 방법을 이용하여 확인한다. 인터뷰 질문의 예시는 다음과 같다.

[가장 성공적인 참여자를 대상으로 한 질문]

- 정확히 무엇이, 언제, 어떻게, 어디에서, 왜 이용되었나?
- 어떤 결과를 얻었는가?
- 그 결과는 얼마나 (금전적으로) 가치가 있는가?
- 어떤 환경적 요인이 현업적용과 경영성과의 도출을 가능하게 했는가?

[가장 성공적이지 못한 참여자를 대상으로 한 질문]

- 어떤 장애물이 있었나?
- 어떤 특정 요인이 성공적이 못한 결과로 이끌게 했나?
- 교육훈련 프로그램으로부터 학습한 것을 적용할 수 없었던 다른 이유는?

④ **자료 분석하기** : 자료 분석을 통해 어느 정도의 교육훈련 프로그램 참여자가 현업적용과 업무성과 향상에 성공 또는 실패했는지, 교육훈련 프로그램의 어떤 부분이 효과적이었는지, 어떤 환경적 요인이 현업적용과 경영성과에 긍정적 혹은 부정적인 영향을 미쳤는지를 분석한다.

⑤ **보고하기** : 교육훈련 프로그램이 어떤 현업적용과 경영성과를 가져왔는지 그리고 어떤 조직 차원의 자원이 이러한 성공을 지원했는지 등을 공유한다. 중요한 점은 교육훈련 프로그램을 통해 학습한 것을 적용하는 데 방해하는 장애물을 확인하여 실패사례도 공유한다는 점이다.

Brinkerhoff의 성공사례기법(SCM) 평가모델은 생생하고 풍부한 사례를 통해 교육훈련 프로그램이 어떻게 현업적용과 경영성과에 기여했는지를 보여준다. 이 모델은 단순하여 평가를 수행하기가 쉽고 성공과 실패에 대한 인과요인을 고려한다는 점에서는 장점이 있으나, 참여자의 주관적인 자기보고 및 극단의 사례에만 초점을 둔다는 점에서는 한계를 갖는다(Guerra-Lopez, 2008).

4) Stufflebeam의 CIPP 평가모델

Stufflebeam(1967)의 CIPP 평가모델은 교육훈련 프로그램 혹은 프로젝트, 인사, 산출, 기관, 시스템 등에 관한 형성평가 및 총괄평가를 안내하는 포괄적인 프레임워크를 제시한다. CIPP 평가모델에서의 평가란 교육훈련 프로그램 등의 가치와 장점을 조사하는 체계적인 활동이다. CIPP 평가모델은 의사결정자 혹은 평가자에게 시의적절하고 유효한 정보를 제공하여 이들의 의사결정을 돕는 것을 목적으로 한다. CIPP 평가모델은 맥락평가, 투입평가, 과정평가, 산출평가 등 네 가지의 독특한 영역으로 구성되어 있으며, 상황에 따라 각각 개별적으로나 연속적으로, 아니면 병렬적으로도 수행될 수 있다.

CIPP 평가모델의 네 가지 영역의 평가에 대해 설명하면 다음과 같다(Stufflebeam & Shinkfield, 2007).

(1) 맥락평가

맥락평가는 의사결정자가 목적과 우선사항을 정의하는 것과, 관계자가 목적, 우선사항, 산출물 등을 판단하는 것을 돕기 위해 요구, 문제, 자산, 기회 등을 분석한다.

(2) 투입평가

투입평가는 표적 요구를 충족시키고 목적을 달성하기 위한 대안 전략, 경쟁 액션플랜, 인력계획, 예산 등의 실행 가능성과 비용효과성 분석을 통해 프로그램 혹은 해결책을 확인하고 선정한다.

(3) 과정평가

과정평가는 선정한 해결책(프로그램 등)이 잘 실행되는지를 모니터하고 분석한다.

(4) 산출평가

산출평가는 해결책이 표적 요구를 충족시켰는지를 확인하고 분석하는 것이다.

다음 <표 13-1>은 각 평가 영역에서의 형성 및 총괄평가의 역할을 보여주고 있다(Stufflebeam & Shinkfield, 2007).

〈표 13-1〉 각 영역에서의 형성평가 및 총괄평가의 역할

	역할	맥락	투입	과정	산출
형성평가	의사결정과 품질 보증을 위한 CIPP 정보의 예기적 적용	필요한 처치를 확인하고 목적을 선정하며 그것의 순위를 정하기 위한 안내 (요구분석, 자산, 문제, 기회 등에 근거하여)	교육훈련 프로그램 혹은 다른 전략 선정 및 작업계획 검토를 위한 안내 (대안 전략과 자원 할당 계획에 대한 평가에 근거하여)	운영계획 실행을 위한 안내(프로그램 활동에 대한 모니터링 및 판단에 근거하여)	프로그램 혹은 전략의 지속 수정, 채택, 혹은 종료를 위한 안내(산출물 및 부수효과 사정에 근거하여)
총괄평가	프로그램의 장점, 가치, 정직성, 의의 등을 요약하기 위한 CIPP 정보의 회고적 적용	분석된 요구, 문제, 자산, 기회에 대하여 목적 및 우선사항의 비교	프로그램의 전략, 설계, 예산 등의 주요 경쟁자 그리고 수혜자의 표적 요구에 대하여 프로그램의 전략, 설계, 예산의 비교	실제 과정 및 비용에 대한 자세한 기술, 그리고 그것과 계획된 것과의 비교	표적요구 그리고 경쟁 프로그램의 결과에 대하여 산출물과 부수효과의 비교; 프로그램의 분석된 맥락, 투입, 과정에 대한 결과의 해석

Stufflebeam의 CIPP 평가모델은 프로그램 계획에서 프로그램 산출물 평가까지 포괄적인 평가 프레임워크를 제시해 주고 있으며 다양한 평가 상황에서도 쉽게 적용할 수 있다는 장점이 있는 반면에 평가와 요구분석과 같은 다른 조사기법 간의 경계가 흐리다는 한계도 있다(Guerra-Lopez, 2008).

3. 교육복지 프로그램 평가의 절차

앞에서 언급한 바와 같이 교육복지 프로그램 평가는 개발한 교육복지 프로그램을 시행한 결과에 대한 총괄적 평가 및 보고 차원을 넘어 교육복지 프로그램 개발의 전 국면에 관여한다. 예컨대 교육복지 프로그램의 기획, 요구분석, 설계, 실행 등의 교육복지 프로그램 개발 전 국면 및 과정에 관여한다. 각 국면의 진행 과정에 대한 형성평가 및 피드백 제공, 프로그램의 효과성 평가/보고/ 피드백 제공, 평가자료 수집/ 분석/ 의사결정, 평가 계획/ 시행 자체에 대한 메타 평가, 결과공유/ 보고 등이 이루어진다.

교육복지 프로그램 평가는 크게 형성평가와 총괄평가를 중심으로 때로는 형식적이지만 대체로 즉각적이고, 비형식적(informal)이며 비계획적(unplanned)인 활동으로 이루어진다. 이러한 점은 교육복지 프로그램 평가자(보통 교육복지 프로그램 개발자가 평가자의 역할도 동시에 수행)가 다음과 같은 최소한의 능력(Sanders, 1979)을 갖출 것을 요구한다.

- 평가 대상인 프로그램과 그것이 평가되는 맥락을 정확하게 기술할 수 있을 것
- 평가의 목적 및 프레임워크를 개념화할 수 있을 것
- 유용한 평가 질문, 데이터 요건, 그리고 적절한 데이터 출처 등을 파악할 수 있을 것
- 데이터를 수집하고 분석할 수 있는 수단을 선택할 수 있을 것
- 평가 결과 및 권고사항에 대해 이해관계자와 효과적으로 의사소통할 수 있을 것
- 평가 프로젝트를 관리할 수 있을 것
- 윤리적 평가기준에 근거하여 평가를 수행할 것
- 평가에 영향을 미치는 외적 요인을 조절할 것
- 메타평가(평가에 대한 평가)를 수행할 것

여기에서는 위에서 제시한 대표적인 교육훈련 프로그램 평가모델과 같이 일정한 평가의 틀과 체계를 제시하기보다는 형성평가 및 총괄평가의 측면에서 교육복지 프로그램 평가의 일반적인 절차를 제시하고자 한다. 형성평가는 교육복지 프로그램의 개발 과정 혹은 프로그램 실시 도중 프로그램의 개선을 위해 시행되는 평가를 말하며, 총괄평가는 프로그램 실시 후 프로그램의 효과성 및 효율성을 측정하고자 시행되는 평가를 의미한다. 다음 <표 13-2>는 형성평가와 총괄평가의 차이를 드러낸다(Fitzpatrict, Sanders, & Worthen, 2012).

〈표 13-2〉 형성평가와 총괄평가의 차이

	형성평가	총괄평가
이 용	프로그램의 개선	프로그램의 향후 혹은 채택에 관한 의사결정
대 상	프로그램 매니저와 스태프	행정가, 정책입안자, 잠재적인 소비자 혹은 자금제공기관
수행주체	대제로 외부평가자의 지원을 바탕으로 한 내부평가자	대제로 내부평가자의 지원을 바탕으로 한 외부평가자
주요 특징	프로그램 개발자가 프로그램을 향상시키도록 피드백 제공	의사결정자/ 소비자로 하여금 프로그램을 지속할지 혹은 채택할지에 대한 의사결정을 위한 정보 제공
설계 제약	어떤 정보가 필요한가? 언제?	어떤 표준이나 준거가 의사결정을 하는 데 이용될 수 있는가?
데이터 수집 목적	진단적	판단적
데이터 수집 빈도	자주	가끔
샘플 사이즈	대체로 작게	대체로 크게
질 문	작동되는가? 어떤 요구가 개선될 필요가 있는가? 어떻게 그것이 개선될 수 있는가?	어떤 결과가 발생했는가? 누구에게? 어떤 조건 하에서? 어떤 교육훈련 프로그램으로? 비용은?

1) 교육복지 프로그램 평가의 목적 설정

교육복지 프로그램 평가의 목적은 명시적으로도 혹은 암묵적으로도 설정될 수 있다. 실제 교육복지 프로그램 평가 시 평가자가 항상 염두에 두어야 할 것은 교육복지 프로그램 자체의 목적이다. 교육복지 프로그램의 목적은 해당 교육복지 프로그램이 개발되고 실시되는 근거를 제시해 준다는 점에서 평가의 나침반과 같은 역할을 수행한다.

(1) 형성평가

형성평가는 교육복지 프로그램의 개발의 기획단계에서부터 시작된다. 형성평가의 주요 목적은 다음과 같다.

- 개발하려는 교육복지 프로그램이 해당 교육복지의 문제를 해결해 줄 수 있는 최선의 솔루션인지 확인
- 프로그램의 개발에 관여하는 이해관계자 및 이들의 역할과 권한, 이해 파악
- 프로그램의 개발의 방향, 개발일정, 관리계획 등의 타당성 검증
- 프로그램 이해관계자의 프로그램에 대한 요구가 제대로 분석되었는지 검증
- 교육요구의 우선순위가 바르게 설정되었는지 검증
- 프로그램의 실행되는 환경(물리적 · 심리적) 및 맥락의 분석
- 프로그램의 목표가 바르게 설정되었는지 검증
- 프로그램에 대한 마케팅 계획 및 실행이 효과적/ 효율적인지 검증
- 프로그램이 실행되는 동안 프로그램 활동들에 대한 개발, 전달방법, 관리, 평가과정 등의 수정
- 프로그램 평가를 위해 평가준거, 수단 등을 갖추고 있으며 이들이 적절한지 판단
- 수집한 데이터가 적합하고, 신뢰할 만하며, 유효한지 검증
- 메타평가를 위한 체계와 수단을 갖추고 있으며 이들이 적절한지 판단
- 프로그램의 실행과정과 결과에 영향을 미치는 정치적 · 경제적 · 사회적 · 조직적 맥락 분석
- 프로그램 시행 전 혹은 시행 중 취소 여부 결정

(2) 총괄평가

총괄평가는 프로그램의 실시후 프로그램의 효과성 및 효율성을 측정하고자 시행된다. 총괄평가의 주요 목적은 다음과 같다.

- 교육복지 프로그램이 효과성 및 효율성 측면에서 성공적이었는지 검증
- 프로그램이 계획된 대로 수행되었는지 검증
- 프로그램에 영향을 끼친 의도되지 않은 정치적 · 경제적 · 사회적 · 조직적 맥락 분석
- 현 프로그램의 수정·보완
- 프로그램의 지속 여부 결정
- 프로그램의 실패 이유 분석
- 향후 개발될 필요가 있는 교육복지 프로그램에 대한 요구 및 아이디어 제공
- 교육복지 프로그램 외의 다른 솔루션 제안

2) 교육복지 프로그램 평가 데이터 수집

교육복지 프로그램의 목적을 달성하기 위하여 실행되는 형성평가 및 총괄평가를 위한 데이터는 반드시 적합성, 신뢰성, 유효성 측면에서 그 기준을 만족시켜야 한다(Guerra-Lopez, 2008).

- 적합성 – 프로그램 평가의 목적을 해결하는 데 직접 관련이 있어야 함
- 신뢰성 – 엄격히 측정될 수 있고, 신뢰할 수 있으며, 시간이 지남에 따라 변하지 않아야 함
- 유효성 – 측정해야만 하는 것을 실제로 측정해야 함

평가 데이터는 정량적 데이터와 정성적 데이터로 구성되며 정량적 데이터는 숫자를 기반으로 하는 반면, 정성적 데이터는 설명적 기술 등으로 표현된다. 데이터는 평가와 관련된 활동을 수행하는 동안 발생하는 이벤트나 수행,

결과 등의 문서화된 기록을 의미한다(Guerra-Lopez, 2008). 교육복지 프로그램 개발 및 운영과 관련해서는 프로그램 개발진척도, 프로그램 자원운영 효과성, 참여자의 수료율 혹은 중도탈락률, 학습내용 성취도, 직무적용도, 삶의 질 향상도, 수행관찰 기록, 프로그램에 대한 의견, 프로그램 만족도, 프로그램 비용 효과성, 프로그램의 가치측정치, 교육복지 프로그램 제공기관 성장도, 지역사회 삶 만족도, 기타 등이다. 형성평가 및 총괄평가를 위한 주요 데이터 수집 방법은 다음과 같다(Caffarella & Daffron, 2013).

(1) 형성평가

- **관찰** : 프로그램 개발자 혹은 학습자의 업무 수행 관찰 및 지식, 기술, 문제발견/ 문제해결능력, 이들이 표현하는 가치 및 태도 기록
- **인터뷰** : 프로그램 개발과정 혹은 프로그램 시행 중 이해관계자(학습자, 프로그램 개발자, 프로그램 자금제공자 등)를 대상으로 개인/ 그룹으로 인터뷰 진행
- **설문지** : 프로그램 개발자, 학습자, 자금제공자 등 이해관계자를 대상으로 프로그램 개발과정 혹은 프로그램 실행 도중에 프로그램 개발, 전달, 임시적 결과 등에 대한 의견, 인식, 혹은 신념을 잘 조직화된 질문지로 수집
- **산출물 리뷰** : 프로그램 개발과정에서 개발자들이 만들어 낸 산출물 혹은 학습자들이 프로그램 참여시 산출한 임시 산출물 평가
- **수행 리뷰** : 프로그램 개발자가 프로그램 개발과정에서 보여준 특정 기술이나 절차 혹은 학습자가 프로그램 참여 도중 보여주는 특정 기술이나 절차에 대한 리뷰
- **자기평가** : 프로그램 개발자가 프로그램 개발과정을 잘 관리·운영하는지 혹은 프로그램에 참여하고 있는 학습자가 자신이 참여한 프로그램에 대해 만족하고 있는지 개선사항은 없는지 등을 개인적으로 혹은 그룹으로 평가

(2) 총괄평가

- **관찰** : 학습자의 실제/ 모의업무 수행 관찰 및 지식, 기술, 문제발견/ 문제해결능력, 참여자가 표현하는 가치 및 태도 기록
- **인터뷰** : 프로그램 종료 후 프로그램 이해관계자(학습자, 프로그램 개발자, 프로그램 자금제공자 등)를 대상으로 개인/ 그룹으로 인터뷰 진행
- **설문지** : 프로그램 개발자, 학습자, 자금제공자 등 이해관계자를 대상으로 프로그램 종료 후 프로그램 개발, 전달, 결과 등에 대한 의견, 인식, 혹은 신념을 잘 조직화된 질문지로 수집
- **사전 · 사후 테스트** : 학습자의 지식, 기술, 문제발견/ 문제해결능력, 학습자가 표현하는 가치 및 태도 등의 측정을 위해 테스트 이용
- **산출물 리뷰** : 학습자들이 프로그램 참여결과로 산출한 산출물(예 포트폴리오, 동영상, 예술작품) 평가
- **수행 리뷰** : 학습자들이 보여주는 특정 기술이나 절차에 대한 리뷰
- **조직/ 지역사회 기록물** : 조직이나 지역사회에서 발간하는 연간보고서 등 평가
- **포트폴리오** : 학습자가 프로그램 참여 동안 이루어 낸 이벤트, 활동, 산출물, 혹은 성취 등에 대한 수집물
- **비용효과분석** : 프로그램 개발 및 운영에 투여된 비용 대비 프로그램 효과 분석
- **포커스그룹** : 5~12명 사이의 동질적인 학습자 혹은 프로그램 개발자 그룹을 대상으로 특정 이슈에 대한 심층적인 정성적 데이터를 수집하기 위한 그룹인터뷰
- **자기평가** : 학습자가 프로그램을 통해 배운 것과 그것을 자신의 직무(혹은 생활)에 적용할 수 있었는지 개인적으로 혹은 그룹으로 평가
- **스토리텔링** : 학습자가 자신의 프로그램 참여경험에 대해 기술

3) 교육복지 프로그램 평가 데이터 분석

평가 데이터의 분석은 궁극적으로 설정된 교육복지 프로그램 평가의 목적이 실현되었는지를 판단하는 데 도움을 주기 위해 실행된다. 데이터 분석을 위한 주요 방법으로는 정량적, 정성적, 복합적 방법 등이 있다(Caffarella & Daffron, 2013).

- **정량적 분석방법** : 설문지나 테스트, 2차 자료 등의 수치로 표현된 자료를 통계분석방법을 이용하여 분석(예 집단 간 평균차이분석, 상관관계 등)
- **정성적 분석방법** : 풍부한 기술적 자료와 시각 자료 등을 의미를 만들어 내는 것에 초점을 두어 분석
- **복합적 분석방법** : 정량적 분석방법과 정성적 분석방법을 복합적으로 이용하여 분석

4) 교육복지 프로그램의 평가결과의 공유 및 보고

교육복지 프로그램 평가결과에 대한 이해관계자(특히 프로그램 개발팀 및 자금 제공자)와의 공유는 매우 중요하다. 이는 이해관계자로 하여금 교육복지 프로그램의 개선 및 향후 지속 여부를 판단하고 결정하는데 중요한 지침을 제공해주기 때문이다. 교육복지 프로그램 평가결과에 대한 공유 및 보고는 형성평가와 총괄평가에 있어 그 초점이 달라진다. 형성평가는 교육복지 프로그램의 개발 과정 혹은 프로그램 실시 도중 프로그램의 개선을 위해 시행되는 평가이기 때문에 평가결과의 공유와 보고가 신속하고 적절한 타이밍에 이루어져야 하며 구체성을 갖는다. 한편 총괄평가는 프로그램 실시후 프로그램의 효과성 및 효율성을 측정하고자 시행되는 평가이기 때문에 평가결과의 공유와 보고는 총합성과 일반성, 체계성을 갖추어야 한다. 총괄평가의 결과공유 및 보고는 궁극적으로 현 프로그램의 수정 혹은 폐지, 교육복지 프로그램 외의 다른 솔루션 제안 등에 관한 주요 이해관계자의 의사결정을 위한 기반이 된다.

교육복지 프로그램 평가결과에 대한 이해관계자와의 성공적인 공유를 위해서는 다음 요소들을 고려해야 한다(McCain, 2005).

- 이해관계자 : 평가결과를 누구와 공유할지 파악하기
- 메시지 : 해당 이해관계자가 원하는 형태의 메시지(예 즉시적이고 간단한 피드백, 혹은 요약본 또는 전체보고서)로 제시
- 전달방법 : 문서화된 보고서, 구두발표, 기타 등 해당 이해관계자가 원하는 방식으로 제시
- 기대결과 : 메시지를 전달한 후 해당 이해관계자로부터 기대하는 바 확인하기
- 타이밍 : 해당 이해관계자에게 메시지를 전달할 적절한 시점 파악하기
- 빈도 : 얼마나 자주 해당 이해관계자와 평가결과를 공유할지 결정하기
- 책무 : 평가결과 공유 및 보고에 있어 역할 배분하기(예 평가자-결과분석 및 보고서 작성, 평가자의 상사-해당 이해관계자에게 결과보고, 평가팀-보고를 위한 미디어 제작 등 지원)

PART 03

한국 교육복지 프로그램 개발의 실제와 전망

CHAPTER

14 한국 교육복지 프로그램 개발의 학문적 과제

1. 교육복지의 현황과 문제점

다양한 교육복지 관련 정책의 추진을 통해 교육소외 계층의 교육기회를 확대하고 교육불평등을 완화하여 개인의 능력개발과 사회통합 및 국가발전을 위해 노력해 왔다. 그러나 교육복지 전담부서의 부재 및 인력의 부족 등으로 종합적이고 체계적으로 교육복지 정책을 추진하지 못한 면이 있다. 이러한 교육복지의 현황과 문제점에 대해서는 교육인적자원부(2004)의 '참여정부 교육복지 종합계획' 자료와 교육복지 관련 정책의 문제점과 개선 방향(유방란 외, 2011) 자료를 중심으로 제시하면 다음과 같다.

효율적이고 실효성 있는 교육복지 정책의 추진을 위해서는 유관부처 간, 중앙과 지방 간, 지방에서의 유관기관 간의 연계・협력이 필수적이다. 그러나 중앙부처 간, 지역의 교육복지 관련기관 간, 중앙과 지역 간의 유기적인 수직적・수평적 연계 부족으로 교육복지 관련기관 간 협력이 원활하게 이루어지지 않아 기능의 중복이나 사각지대가 발생하는 등 교육복지 정책의 시너지 효과 거양이 부진한 면도 있다. 또한 지역현장 중심의 교육복지 서비스 제공 인프라의 부실로 서비스 공급자와 수요자 간의 원활한 연결 기능이 이루어지지 못해 현장 중심의 고객지향적인 서비스가 제공되지 못하고 있는 실정이다. 이 외에 교육복지 서비스에 관한 종합적인 정보제공 체제의 미구축으로 다양한 정보제공이 효율적으로 이루어지지 않고 있으며 잠재적인 민간자원의 활용 및 참여 또한 부진한 실정이다. 아울러 단위학교 현장에서의 교육복지 역량이 부족하여 학생상담이 충분하게 이루어지지 않고, 교원, 학부모, 학생 등 학교구성원의 인권·복지 의식 및 행동양식이 부족하여 학생복지 향상을 위한 프로그램 및 학사운영 등이 추진되지 못하고 있는 실정이다. 또한 학력향상 중점학교, 사교육 없는 학교사업 등에 대해서는 긍정적인 평가가 낮은 편이고, 성과미흡, 학교자율성 발휘 곤란, 분절적으로 추진, 준비 소홀, 중복투자, 누락의 문제 중에서 '정책들의 분절적 추진'의 문제를 가장 심각하게 지적하고 있다(유방란 외, 2011).

그리고 교육복지사업 추진의 법적 근거가 개별법에 산재되어 있어 종합적이고 체계적인 교육복지 사업 추진 근거법이 필요한 실정이다. 예컨대 교육복지 정책 관련 법령에는 교육기본법 제4조(교육의 기회균등), 제18조(특수교육), 제20조(유아교육), 제27조(보건 및 복지의 증진), 제28조(장학제도 등), 초·중등교육법 제28조(학습부진아 등에 대한 교육), 동법 시행령 제54조(학습부진아 등에 대한 교육 및 시책), 특수교육진흥법, 학교폭력예방 및 대책에 관한 법률, 유아교육법 등에 근거하여 추진되고 있다.

2. 교육복지 정책의 방향

교육복지 정책의 향후 전망에 대해서는 2011년 현안보고인 '공정사회 실현을 위한 교육복지정책방안' 자료를 중심으로 정리하면 다음과 같다.

1) 교육복지 정책의 방향

첫째, 교육형평성의 가치추구이다. OECD에서는 교육의 성공을 위해서 공정성과 포용의 의미를 포함한 교육의 형평성 추구 정책에 우선순위를 두어야 함을 제안하였다. 공정성의 원리란 제도교육의 맥락에서 개인의 의지, 능력, 노력 이외의 요인에 의해 교육의 기회·과정·결과 차원에서 개인의 성취에 방해받지 않는 원리를 의미한다. 이를 실현하기 위해서는 공적으로 이루어지는 지원 정책이 필요하다.

둘째, 교육의 기회보장이다. 교육기회의 획득에 가정의 사회적 배경, 거주지역, 인종에 따른 문화적 요인이 장애요인으로 작용하지 않도록 제도적으로 보장하며, 교육기회의 획득에 대한 장애요인의 불합리함을 극복할 수 있도록 적절한 지원을 제공한다.

교육기회의 보장	유아교육	공정성 보장을 위한 출발점 평등
	초·중등교육	• 고등단계에서 학교교육의 접근기회 보장을 위한 지원 • 초중등 단계의 교육비 부담이 큰 특수분야(예술, 체육, 특수교육 등) 교육기회 보장을 위한 지원
	사각지대 아동·청소년	교육기회에서 배제된 사각지대 아동·청소년(다문화가정, 저소득층 등)을 위한 지원
	학업중도탈락자	제2의 기회 제공

셋째, 개인의 잠재력을 최대한 발휘할 수 있는 조건을 마련한다. 이는 제도적으로 개별 학습자의 특성에 맞게 잠재역량을 최대한 발휘할 수 있는 교육의 질 제고의 조건을 마련하는 것이다. 또한 교육과정에서 학생들의 다양성과 특성을 이해하고 서로 협력하는 경험을 제공한다. 그리고 다양한 사회적 배경을 가진 학생의 혼합이 적극 권장된다. 즉, 우수학생에게 부정적인 영향을 미치지 않으면서 취약계층 학생의 학업성취에 긍정적인 영향을 미친다는 의미이다.

넷째, 일정 기준의 성취 보장이다. 일정한 수준의 교육성취를 보장해야 함을 의미한다. 즉, 교육기간은 고등학교 교육수준을 보장하고, 학력수준은 국가가 정하는 기초수준의 학력을 보장하며, 상급학교 진학은 개인의 여건과 불합리함을 고려하여 현재의 성취뿐만 아니라 잠재 가능성을 고려한 선발이 이루어지도록 한다.

다섯째, 교육을 사회적 선발(지위획득)의 핵심적 기준으로 확립한다. 공정한 경쟁으로 이루어진 성취결과가 사회적 지위획득의 핵심적인 기준으로 작용하도록 하며, 이를 실현하기 위해서는 교육을 통해 사회적으로 필요한 역량을 함양해야 함을 의미한다.

여섯째, 교육격차 해소이다. 교육결과의 보상보다는 원인 극복에 더 비중을 두어야 하며, 교육의 과정 속에서 학습자의 특성이 다각도로 고려되어야 한다. 또한 학습자의 전인적 성장을 지원하여 자신의 삶을 주도적으로 영위할 수 있도록 돕도록 한다. 그리고 교육격차 해소를 위해 무리한 수단을 동원하여 교육적 가치를 훼손하거나 하향평준화하는 일이 없도록 해야 한다.

3. 교육복지 정책의 과제

1) 정책 비전과 주요 과제

양질의 교육기회 보장, 교육 프로그램의 다양화, 교육성취의 공정성, 공정한 교육의 기반 조성 등에 대한 추진전략별 실천과제 개요를 살펴보면 [그림 14-1]과 같다.

첫째, 양질의 교육기회 보장이다. 실천과제는 출발점 평등을 위한 양질의 유아교육 확대, 사각지대 아동·청소년을 위한 교육기회 제공, 고등교육 기회 확대를 위한 장학금 확충 및 장학제도 개선이 있다. 특히 사각지대 아동청소년을 위한 교육기회 제공의 성과지표는 전년대비(기준년도 대비) 학업중단율, 전년대비(기준년도 대비) 북한이탈 청소년의 학업중단율, 다문화가정 학생의 학교이탈비율, 학업중단 학생을 위한 대안학교, 민간 교육시설 학생 1인당 지원금이다.

둘째, 교육 프로그램의 다양화이다. 실천과제로 모든 학생이 최고의 잠재력을 발휘할 수 있는 학교교육과정 제공(성과지표 : 보조교사 1인당 학생 수/ 특수교사 1인당 학생 수), 학교부적응 예방을 위한 대안적 프로그램 개발 및 제공, 학생 특성과 요구를 반영한 방학 중 프로그램 제공이 있다.

셋째, 교육성취의 공정성이다. 실천과제로 기초수준의 학력 보장, 잠재역량에 기초한 입학전형 확대를 위한 사전·사후 지원을 강화한다.

넷째, 공정한 교육의 기반조성이다. 실천과제로 교원의 취약집단 이해도 증진 지원, 통합적 지원을 위한 학교-지역사회 연계를 강화한다.

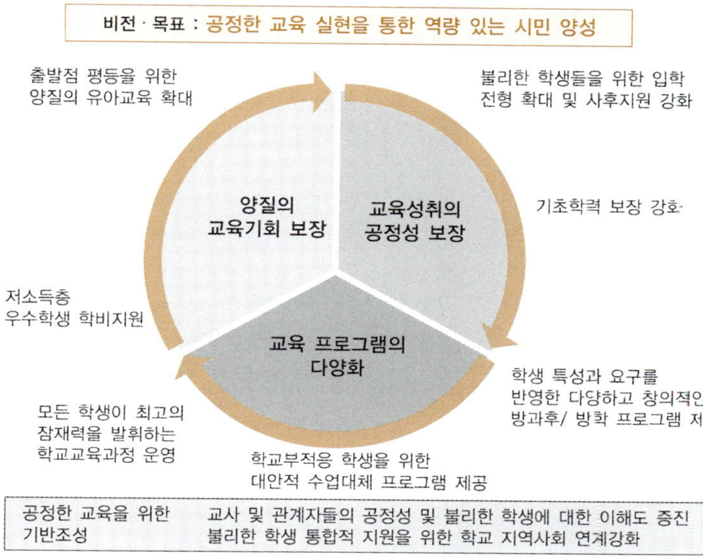

| 그림 14-1 | 공정사회를 위한 추진전략 및 실천과제

출처 : 한국교육개발원(2011. 3. 1), 공정사회를 위한 교육복지정책방안 현안보고.

(1) 양질의 교육기회 보장

첫째, 출발점 평등을 위한 양질의 유아교육을 확대한다. 생애 출발점 단계에서 공정한 교육기회를 제공함으로써 양질의 인재 육성이 가능하며, 이후의 교육격차를 완화하고 가난의 대물림을 극복할 수 있다. 교육의 출발점 단계에서 전인적 발달의 기초를 형성하는 것은 국가와 사회의 중요한 책무이며 영유아기의 인적자원 투자는 회수비율이 가장 크다. 따라서 유아교육은 국가나 지방 공공단체가 지원하고 관리 · 운영하며, 균등한 교육기회의 제공과 보편적인 교육내용을 포함하는 공교육으로 실시될 필요가 있다. 또한 경제적 비용 보조 외에 교육취약계층 가정의 유형별 양육환경 및 유아 특성에 따른 맞춤형 지원이 필요하다.

유아교육의 추진 방향 및 과제는 저소득층 유아학비 지원 확대, 유치원 종일제 운영 지원 확대, 생애 초기 기본학습능력 발달지원, 취약계층 가정 유형별 맞춤형 서비스 지원 등이 필요하다. 구체적인 지원 예시를 살펴보면 <표 14-1>과 같다.

〈표 14-1〉 취약계층 가정 유형별 맞춤형 지원 예시

영 역	저소득가정	농어촌가정	한부모가정	조손가정	다문화가정
유아 및 부모 특성(양육환경)	• 유아의 기본학습발달능력 미흡 • 언어 및 정서발달 미흡 • 부모의 자존감 저하 • 가족 간 유대 약화	• 지역적으로 교육적 여건 취약 • 언어, 인지 면에서 부모의 걱정 큼 • 사회 · 문화체험 프로그램 및 기회 저조	• 가정 경제책임 부담 • 자녀와 함께 하는 시간 부족 • 정서 · 사회성 발달 미흡 • 낮 시간 부모 프로그램 참여의 어려움	• 부모와의 필요한 기본적인 자녀지도 활동을 조부모가 거의 하지 못함 • 학습지도 방법 모름 • 기본생활습관 지도 미흡 • 문화, 놀이 활동 취약	• 문화 이해 부족 • 언어발달 및 의사소통 문제 • 학습지도 방법 모름 • 건강, 생활지도 및 학습지도 미흡
프로그램 지원	• 언어 · 인지 · 사회 · 정서발달 지원 프로그램 • 가정 및 가족기능 회복 지원 • 지역사회 네트워크 및 자원 연계 · 지원	• 언어 · 인지발달 프로그램 제공 • 문화체험활동 프로그램	• 유아의 사회 · 정서 안정 및 기초학습지도 • 영양관리 • 부모 자신의 정신건강 및 양육 역할 강화	• 인지학습지도 및 기본생활습관 • 성인동반 활동, 문화체험 • 조부모 대상 손자녀 양육 및 지도 방법	• 유아 한국어 및 이중언어 지도 • 부모역할 강화 및 정보 · 자료 제공 • 한국 문화체험 및 학습지도 지원
인력지원	기본적인 발달지원을 위한 전문지도 인력지원	취약한 교육여건 보완 및 문화 프로그램 정보 · 자료 제공 지원인력	방과 후 보호 및 학습지도 인력지원	부모역할 대행 및 보완, 인지학습지도 인력지원	다문화 이해 강사 및 발달지원을 위한 전문지도 인력
공통지원	• 유아학비 지원 지속적 확대 • 유아의 교육복지 통합지원 및 가정의 기능 회복을 위한 유치원의 종합복지 교육기관 기능 강화 • 기본학습능력발달 지원, 종일제 및 방과후 프로그램 제공 • 유아의 부모를 위한 개별지도 프로그램 제공				

둘째, 사각지대 아동 · 청소년을 위한 교육기회를 제공한다. 사각지대의 아동 · 청소년은 교육기회를 접하기 어렵거나 교육기회를 접하였다 하더라도 도중에 학업을 중단한 아동 · 청소년이다. 사각지대 아동 · 청소년 교육을 위한 몇 가지 추진 방향 및 과제는 학업중단 숙려제 도입, 즉 학업중단 전 전문가의 상담을 받도록 한다. 학업중단 학생을 위한 특성화학교, 대안학교를 확

충하고 국제결혼 동반 자녀를 위한 다양한 형식의 교육기회를 제공한다. 그리고 부처간 연계 강화를 촉진한다. 이렇게 되면 청소년 비행 예방과 청소년들의 역량개발을 통한 진로를 개척할 수 있다.

셋째, 고등교육 기회 확대를 위한 장학금 확충 및 장학제도를 개선한다. 저소득층의 학비지원은 2008년부터 기초생활수급자에 대한 무상장학금 지원을 시작으로 2009년 2학기부터 차상위계층에 대한 무상장학금 지원으로 확대, 2011년부터는 우수한 성적의 소득 1~5분위 저소득층 신입생 및 재학생에 대한 성적우수장학금을 신설하였다. 그러나 장학금 지원금액이 불충분하여 저소득층의 장학금 수혜 금액이 실제로 납부해야 할 대학등록금 수준에는 부족하다. 또한 장학금 지원의 효과 제고를 위한 사전・사후 관리가 미흡하다. 따라서 정책방향 정립으로 학생의 역량 함양을 위한 다각적 지원의 일환으로 교육비 제공, 대학교육에 대한 접근기회의 실질적 보장으로 학자금 지원뿐만 아니라 학업지원 프로그램 병행운영, 대학입학 전, 재학 중, 졸업 후의 생애주기별로 체계적인 장학사업 지원이 요구된다. 추진과제로는 대학입학 전, 재학 중, 졸업 후의 생애주기별 지원 및 경제력-정보력-학력 향상의 종합적 지원 제공, 수혜자의 책무성 강화와 사회봉사의식 고취, 그리고 저소득층 장학금 수준 합리화 및 생활비 지원 등이 있다.

(2) 교육 프로그램의 다양화

첫째, 모든 학생이 최고의 잠재력을 발휘할 수 있는 학교교육과정을 제공한다. 정규 학교교육과정에서 적지 않은 학습자(특히 취약계층)가 유의미한 학습경험을 하지 못하는 경우가 많다. 그리고 취약집단을 위한 교육복지 정책이 방과후 시간을 활용하여 보상적 프로그램을 제공하는 방식으로 되어 있다. 이에 대한 추진 방향은 학습자 맞춤형 교육을 제공하기 위한 학교교육과정 편성・운영 방식의 개선이다. 즉, 학생의 학습속도, 방식, 학생의 생활세계 등을 고려한 학습자료를 개발하는 등 최대한 잠재역량을 발휘하도록 조건을 마련하는 것이 필요하다. 그리고 학습자의 특성을 고려한 맞춤형 개별화 전략과 함께 다양한 학생집단의 상호작용을 통한 이해와 협력의 경험을 제공하야 한다. 정책과제로는 첫째, 단위학교 중심의 탄력적인 교육과정 운영 여건(인력, 예산, 시설 등)을 마련한다. 둘째, 보조교사 등 맞춤형 교육을 위한 인력활용 활성화를 위한 인력을 지원한다. 셋째, 시설지원과 예산활용의 자율성 확대이다. 즉, 학교에 교부되는 재정지원 사업들이 교육과정 운영의 질 개선, 학습자의 성취 제고에 귀결될 수 있도록 활용되어야 한다.

둘째, 학교부적응 예방을 위한 학습자 유인 프로그램 개발 및 제공이다. 중등학교 단계에서 학습에 흥미를 잃거나 소외감을 느끼는 학생들이 비교적 많다. 이에 따른 추진 방향과 과제는 학생들의 참여를 유인할 수 있는 대안적 프로그램을 개발하고 제공하는 것이다. 학교부적응 학생을 위한 수업대체 프로그램 운영에 관한 법적 근거를 마련하고, 교육지원청에서 학교부적응 학생을 위한 수업대체 프로그램 운영과 부적응 학생을 위한 특별학교 운영을 한다.

셋째, 학생의 특성과 요구를 반영한 방학 중 프로그램을 제공한다. 취약계층 학생들의 방학 중 방임으로 학력격차가 심화될 우려가 있다. 따라서 불리한 학생들을 위한 다양한 방학 프로그램 개발 권장과 지원이 필요하다. 그리고 외부자원과의 적극적 연계를 권장한다. 예를 들면, 학교 내부에서 제공하기 어려운 프로그램 영상, 요리, 태권도 등의 영역에서 외부 전문가를 활용하여 특별교육을 실시하거나, 국악, 무용, 만화/ 애니메이션, 전통공예 등의 강사를 파견하거나 연계할 수 있다. 또한 지역 기업과 학교 간 1사 1교 MOU를 체결하여 장기적인 강사파견, 멘토링, 장학금 지원, 동아리 교류 등의 방식을 취할 수 있다.

(3) 교육성취의 공정성 보장

교육의 결과는 학습자의 학업성취, 상급학교 진학이나 진로를 의미한다. 교육성취의 공정성 보장으로 첫째, 기초수준의 학력을 보장한다. 기초학력 보장을 위해 기초학력 제로 플랜, 학력향상 중점학교 등 다양한 정책을 도입하여 시행 중이나 기대만큼의 성과를 얻기 어렵다. 학습부진 등의 문제는 기본적인 지능, 인지 기능의 영향뿐만 아니라 어린 시절 혹은 재학 중 가정에서의 여러 부정적인 경험과 관련이 높다. 따라서 학습부진이나 기초학력 보장을 위해 학습자의 특성을 종합적으로 고려해야 한다. 기초수준의 학력 보장을 위해서는 전문가 진단 후의 체계적 대응이 필요하며, 전문가 활용을 위한 교사 연수가 필요하다. 교육지원청 혹은 시·도교육청 수준에서 학교 밖 전문자원의 현황 및 활용방법에 대한 자료개발 및 교사 연수를 시행하여 지원한다. 그리고 전문적 접근을 위한 학업성취 지원 협의회를 정례화한다. 이를 통해 학생들의 학업성취를 전문적으로 지원할 뿐 아니라 교사들의 저학력 학생들을 위한 교육적 전문성을 강화한다.

둘째, 잠재역량에 기초한 입학전형 확대를 위한 사전·사후 지원을 강화한다. 학생들의 성공적인 학업을 위한 지원 미비로 인한 문제점이 제시된다. 교육과학기술부는 2009년 초·중등교육법 시행령의 개정을 통해(제91조의3) 자립형 사립고등학교는 정원의 20% 이상을 사회적 배려 대상자로 선발해야 한다고 규정하였다. 여기서 사회적 배려 대상자는 국민기초생활보장수급자, 차상위계층, 국가보훈대상자, 그 외에 교육기회 균등을 위해 교육감이 특별히 필요하다고 인정하는 자로 규정되어 있다. 하지만 이를 통해 사회적으로 주변화 된 가정의 자녀가 다수 선망하는 고등학교의 교육기회는 얻을 수 있겠지만 입학 후 적응의 어려움 문제는 남아 있다. 또한 교육과학기술부는 2011년부터 입학사정관제 지원사업 대학을 선정할 때 입학생 사후관리 프로그램 운영 여부를 평가지표에 포함할 계획이라고 발표하였지만 사전 프로그램에 대한 관심은 부족한 편이다.

따라서 이러한 상기의 문제에 대한 추진 방향과 과제는 다음과 같다. 먼저 상급학교 선발 시 사회적 약자를 위한 별도의 정책적 지원의 필요성을 인식하는 것이다. 둘째, 잠재역량에 기초한 공정한 선발이 이루어질 수 있도록 입학 전 여러 프로그램을 통해 학생들을 파악할 수 있도록 기회를 마련하도록 한다. 셋째, 입학 이후의 맞춤형 지원 제공을 강화하는 것이 필요하다. 마지막으로 관련 정책 모니터링 및 관리가 필요하다. 고등학교 입학에서 사회적 배려 대상자 전형 확대 정책 등의 시행과정을 면밀히 모니터링 하여 어떤 집단이 입학의 기회를 얻고 있는지 분석하고, 여전히 배제되는 집단과 지역별로 드러나는 차이 등을 파악하고 개선점을 도출한다.

(4) 공정한 교육을 위한 기반 조성

첫째, 교원의 취약집단 이해도 증진 지원이 필요하다. 학생의 사회적 약자로서의 특성 이해를 통한 교사 전문성 강화가 필요하다. 따라서 교원양성과정에 다양한 집단의 학생 특성 이해를 돕는 교육 프로그램 강화, 교원연수과정에 불리한 학생 이해 내용을 반영하고 또한 다문화 전문 교사를 배치한다. 둘째, 통합적 지원을 위한 학교－지역사회 간 연계를 강화한다. 학생들의 교과흥미 저하, 학습동기 약화, 학교부적응 등의 문제를 극복하기 위해 학교교육으로는 한계가 있다. 그리고 학교는 오랜 관행과 사고발생 시 책임 우려로 지역사회와의 연계 협력에 소극적이다. 이에 따른 추진 방향과 과제는 교육지원청에서 학교－지역사회의 연계를 지원한다. 교육지원청은 학교에 지역사회의 자원 발굴, 자원현황 안내, 연계 등을 지원한다. 또한 학생들의 안전사고에 대한 대비책을 마련할 필요가 있다. 학생들이 학교－지역 간 이동 시 활용할 수 있는 차량과 여기에 따른 안전 보조인력 등을 함께 지원한다. 또 부처 간 협력 강화를 위한 정례협의와 워크숍을 추진한다.

(5) 교육복지 관련법의 제・개정

교육복지 관련법의 제・개정에 대해 홍봉선(2004 : 253-282)의 연구를 중심으로 제시하면 다음과 같다. 첫째, 교육복지를 국가적 과제로서 전력을 다하기 위해서는 교육복지의 이념과 정신을 반영한 교육법이 제・개정되어야 하며 특히 교육복지에 대한 국가 및 지방자치단체의 책임과 역할을 분명히 하고 이에 대한 행・재정적 지원을 구체화해야 한다. 둘째, 12년 무상의무교육 기간의 연장에 따른 법령을 정비하고 취학 전 아동, 학교 밖 청소년들, 교육의 기회를 놓친 성인들을 위한 지원이 평생교육 차원에서 본격적으로 시행될 수 있도록 규정해야 한다. 셋째, 현재 시범 중인 교육복지투자우선지역 지원사업이 확대되고 전문화되는 법제화가 이루어져야 한다. 넷째, 교육취약집단의 교육기회 확충과 관련해서 유아부터 대학생에 이르는 모든 대상에 대해 학비보조, 학비감면, 학자금 무상대여 등을 통한 교육비 지원책이 강구되어야 하며 참고서 구입비, 교재·교구 구입비는 물론 급식·의료 서비스 제공 등 기초생활을 보장하기 위한 지원까지로 확대되는 법의 제·개정이 이루어져야 한다. 또한 적극적인 교육복지 정책을 추진하기 위해서는 중앙부처 간, 중앙 부처와 지방자치단체 간, 지방자치단체와 교육청 간의 긴밀한 협력체제가 구축되어야 한다.

(6) 기타 취약집단에 대한 지원

먼저 '저소득층에 대한 지원'으로 첫째, 초·중등학생, 대학생에 이르는 모든 저소득층 학생에 대한 교육부조가 충분히 이루어져야 한다. 도시 등 저소득층 학생 지원, 저소득층에 대한 교육부조로서 학비보조, 학비감면, 학자금 무상대여 등을 들 수 있다. 둘째, 특기적성교육, 정보화 교육, 외국어 교육 등에서 교육취약집단의 교육활동을 보장할 수 있는 대책을 마련하는 것이 중요하다. 셋째, 저소득층 청소년의 학습 수준을 고려한 다양한 프로그램을 개발하고 이를 위해 지역사회 교육 유관기관과의 연계를 강화한다. 넷째, 저소득층 청소년의 직업교육을 강화하고 안전한 직장으로 연결될 수 있도록 해야 한다. 이를 위해서는 자신의 능력과 적성을 발견, 개발하고 이에 적합한 직업과 연계될 수 있는 기초적 직업교육과 학생들의 직업과 연계될 수 있는 특수한 직업능력을 개발할 수 있어야 한다. 또한 빈곤의 세습화를 방지하기 위해 학교 준비 교육, 커리큘럼 지원 서비스와 학교 정보의 연계, 학습 관련 서비스가 한 곳에서 이루어지는 one-stop 시스템이 구축되어야 한다. 그리고 교육기간 동안 기초생활을 영위할 수 있도록 해야 하며 더 나아가 직업에 종사하면서 각자 필요한 지식과 기술을 상시적으로 습득할 수 있는 교육기회를 제공할 수 있도록 평생교육 차원에서 고용 후 지원, 재고용 지원을 위한 교육이 제공되어야 한다. 더불어 빈곤청소년이나 직업청소년을 위해 고등교육 기회를 확대하고 이에 대한 지원이 강화되어야 한다. 다섯째, 저소득층 청소년의 학습결손을 막고 능력 향상을 지원하기 위해 방과 후 프로그램, 공부방 지원, 학습부진학생 지도를 위한 특별 프로그램이 운영되어야 하며 지역사회와 연계해서 문화활동, 의료 서비스 등이 이루어져야 한다.

'장애아동 지원'으로 첫째, 장애학생의 교육기회를 최대한 보장해야 한다. 장애학생의 생애주기별 교육지원이 지속적으로 이루어져야 한다. 장애학생의 교육권을 보장하기 위하여 우선 중등교육은 물론 고등교육까지 취학기회를 확대하는 것이 중요하며 이에 대한 정책방향을 수립하여 재정 투자를 확대해야 한다. 그러기 위해서는 장애학생을 받아들이는 대학에 국가의 지원을 강화해야 한다. 둘째, 장애 청소년의 직업교육을 강화한다. 이를 위해 장애의 종류와 수준에 적합한 직업교육 프로그램이 별도로 개발되어야 한다.

'학교 밖 청소년을 위한 교육복지 지원'으로 김경애(2014)의 "학교 밖 청소년을 위한 교육복지 방안 연구" 자료를 정리하면 첫째, 사회적 가족정책 추진과 그에 따른 과제는 위기가정 지원 강화, 다양한 '사회적 가족공동체' 지원, 학교 밖 청소년 보호자 제도 마련, 둘째, 학습복지기반 마련에 따른 학교 밖 청소년 교육비·복지 지원, 학교 밖 청소년 학습복지 공간 마련, 청소년 게스트하우스 등 주거공간 제공, 학습복지 정보 제공, 셋째, 지역사회 성장망 구축에 따른 과제는 학교 밖 청소년 발굴을 위한 접촉면 다양화, 교육복지 사업을 중심으로 학교 안팎의 협력 강화, 지속적 멘토링이 결합된 지역사회 학습망 연계, 성장을 위한 직업훈련 및 노동경험 제공, 넷째, 생애진로개발 구축 정책 방안에 따른 과제는 여러 가지 대안학교 설립 및 운영, 학교 밖 청소년을 위한 평생교육체제 구축, 성장기회 개방 및 확대를 위한 적극적 우대 조치, 자율 및 체험활동 활성화, 교육훈련 사업 및 프로그램의 유연한 접근 등이 있다.

(7) 복지교육의 필요성

교육복지가 실현되기 위해서는 복지정책뿐 아니라 복지교육이 필요하다. 복지교육은 학생들이 자기의 복지권을 정당한 방법으로 주장하되, 타인의 것도 존중하고 보장하고 사회복지에 자발적으로 기여할 수 있도록 교육해야 한다. 또한 학생들이 사회의 성원으로서 복지제도의 도덕적 타당성을 공적으로 검토하는 기준을 설정하고 수정할 수 있는 능력을 갖도록 교육해야 한다.

(8) 평생교육

평생 공부할 수 있는 환경 마련, 즉 누구나 언제 어디서든지 학습이 가능하도록 평생교육을 강화해야 한다. 이를 위한 방안으로 학교 이외의 장소에서도 교육받고 학습할 수 있는 평생교육의 제도와 체제를 구축하여 평생학습의 조건과 환경을 만들어 주어야 한다. 특히 저학력 성인교육 지원과 『학교에서 일터로(school-to-work)의 전이』를 위한 계속교육이 이루어질 수 있도록 해야 하며 학점은행제, 교육계좌제 등의 다양한 방안들이 강구되어야 한다.

(9) 모든 이의 삶의 기본 조건이 확보되는 사회적 토대 구축

출생하면서부터 죽기까지 기본적인 인간 삶의 조건이 확보되는 사회에서는 교육격차 혹은 교육불평등 수준이 낮을 수밖에 없다. '모든 이를 위한 교육'은 그 자체로 중요하고 어떠한 이유에 의해서도 거부되어서는 안 되는 명제이며, 어떠한 조건하에서도 이의 실현을 위한 노력은 반드시 필요하다(김정원 외, 2010). 확대되는 빈곤층의 교육적 취약성을 최대한 보완하려는 노력은 반드시 필요하고, 더 나아가 빈곤층이 발생하지 않도록 하는 사회적 토대를 구축하는 것은 교육복지 구현을 위한 가장 1차적인 과제라 할 수 있다(김정원 외, 2010).

이상으로 우리나라 향후 교육복지의 기본 방향과 과제에 대해 살펴보았다. 오늘날 우리나라의 교육 문제는 경제적 문제를 비롯한 전 사회적 문제로 비화되고 있다. 이러한 시점에서 이러한 교육 문제를 큰 방향에서 해소할 수 있는 유일한 방안이 교육복지의 신장이다.

4. 교육복지 투자 효율화 방안

교육복지 정책의 효율적 집행을 위해서는 재원이 없으면 이루어질 수 없다. 교육복지정책의 효율적 집행을 위한 교육재원 확보와 교육복지 투자의 우선순위, 시스템 정비를 포함한 효율화 방안을 엄문영 외(2014)의 자료를 근거로 정리하면 다음과 같다.

1) 교육복지 투자 재원의 확보 방안

첫째, 지방교육재정교부금법 개정을 통한 교부율을 인상하는 방안이다. 보편적 교육복지의 재원을 마련하기 위한 방법은 내국세 교부율을 현재 수준의 20.27%에서 보편적 복지의 추가 재원분만큼 인상하는 방안이다. 공은배 외(2013)는 기본적 교육여건을 유지하고 박근혜 정부의 추가적인 교육공약들을 실천하기 위해서 현재의 20.27%인 내국세 교부율을 23%로 인상하는 것과, 송기창(2013)은 교부율 인상 외에 국세 교육세 인상 혹은 특별교부금을 축소하고 국가시책사업을 국가보조사업으로 전환하는 방안과 국고보조금제도나 증액교부제도를 부활하는 방안 등을 제시하였다.

둘째, 가칭 교육복지특별회계법을 제정하는 방안이다. 하봉운(2014)은 가칭 교육복지특별회계법 제정을 제안하였다. 이를 통해 예산을 마련하여 보편적인 교육복지가 취약계층에 공급되어야 할 교육복지투자를 잠식하는 현상을 막을 수 있다고 보았다. 특히 향후 교육복지 수요가 상존할 것으로 판단되는 분야에 한해 법제화를 통해 안정적으로 재원을 확보할 필요가 있다.

셋째, 국세 및 지방교육세의 확충을 통한 재원을 확보하는 방안이다. 교육세를 확충하는 구체적인 방법은 기존 세원의 세율을 인상하는 방안, 새로운 세원을 발굴하는 방안, 지방교육세의 담배소비세 인상분 일부를 지방교육세로 흡수하는 방안이 있을 수 있다. 지방교육재원의 확보를 위한 시도세전입금의 전입률 인상 방안은 지방세 구조개편을 통해서 이루어진다(송기창, 2014).

넷째, 특별교부금을 교육복지 재원으로 활용하는 방안이다. 현행 지방교육재정교부금에서 특별교부금이 차지하는 비중은 4%로 약 1조 5천억 원으로 지방교육재정이 부족한 현실에서 특별교부금이 너무 과도하다는 비판이 있다. 따라서 현행 지방교육재정교부금 중 특별교부금을 1~2%로 축소하여 보통교부금으로 전환하거나, 특별교부금의 재원이 투입되어야 하는 요소 중 하나로 교육복지 프로그램을 포함하여 미리 할당한다면 시·도교육청의 교육복지예산 운영과정에서 일정 정도 여유가 발생할 수 있을 것이다.

다섯째, 국고보조금 확대, 또는 증액교부금을 부활시키는 방안이다. 추가적으로 일반회계 중 국고보조금을 확대, 즉 고교무상교육의 실현은 기존의 지방교육재정에서 충당하기보다는 일반회계의 국고보조금으로 확보하여 기존의 재정지출 영역의 감축 피해를 최소화할 수 있다.

여섯째, 교육복권사업을 추진하는 방안이다. 우리나라의 경우 아직 교육복권사업(education lottery business)을 시행하고 있지 않지만, 교육복권사업은 현재의 지방교육재정 위기를 극복하기 위한 하나의 방법으로 제시된다. 물론 교육복권사업은 복권 구입 계층이 주로 서민층이기 때문에 발생할 수 있는 역진성의 문제가 있지만, 부작용을 최소화하면 지방교육재정 위기를 극복하는 방법이 될 수 있다.

2) 교육복지 투자의 효율화 방안

첫째, 교육복지 투자사업의 우선순위 재검토가 요청된다. 엄문영 외(2014)의 연구에서 설문조사한 34개의 교육복지 투자사업 및 7개의 상위 영역을 토대로 우선순위를 제시하면 다음과 같다. ① 학교부적응 학생 지원으로 이는 최근 학교폭력을 포함한 왕따 현상의 해소 등을 위한 상담지원, 정서적 치료 등을 포함한다. 따라서 이에 대한 투자 규모는 대폭 증가시킬 필요가 있다. ② 특수교육의 영역은 요구도, 중요도-실행도 분석 결과 가장 현재 수준에서 투자가 더 필요한 것으로 나타났다. ③ 저소득층 기숙사비 지원과 기초학력 향상 지원사업이 향후 투자에 집중할 사업으로 제기되었다. ④ 급식과 돌봄 및 방과 후 영역(초등 돌봄프로그램 제외)은 현 수준에서 과잉 투자되고 있어서 우선순위의 재조정이 가장 필요한 것으로 나타났다. 따라서 교육복지 투자 재원에서 줄여야 할 부분은 보편적 무상급식과 토요 방과후학교 운영지원, 교과중심 방과후학교 지원 등으로 나타났다.

둘째, 중장기 계획 마련에 따른 중앙-지방정부 간 재원분담계획을 수립하는 것이다. 중앙-지방정부 간 재원분담계획을 합리적·안정적으로 수립하기 위해서는 사업의 운영단위를 최소 5년간으로 설정하고, 연도별 사업의 전개 과정과 소요재원의 규모 및 중앙과 지방, 지방자치단체와 교육청 간의 재정 분담계획을 수립하는 공론화 과정을 통해서 운영되어야 한다. 또한 교육복지 사업에 대한 충분한 우선순위 공론화를 통해서 합의된 정책들을 중심으로 단계적으로 실시하는 절차적 정당성을 확보할 필요가 있다.

셋째, 교육복지 통합관리시스템을 구축하는 방안이다. 교육복지 투자에 대한 정보를 통합하여 관리할 수 있는 시스템을 새롭게 구축하여 정보의 컨트롤타워를 통해 최근 문제되고 있는 교육복지 수혜자의 중복지원을 검토한다. 교육복지 통합관리시스템은 교육부 단위의 교육복지 사업뿐만 아니라 국가 차원에서 진행되는 복지사업 가운데 학교 또는 학생단위 사업을 모두 통합적으로 관리하는 방식이 추진될 필요가 있다. 특히 수혜 대상 학생단위 지원사업을 중심으로 사업을 운영하여 실질적으로 필요한 학생에게 지원할 수 있는 정보체제를 구축하고, 교육청 수준에서 학생에게 필요한 종합 서비스 관리 체제를 구축하는 것이 중요하다.

넷째, 교육복지 투자사업의 성과평가제를 시행하는 것이다. 성과평가 제도는 막대한 예산이 소요되는 교육복지 프로그램에 대한 객관적인 평가와 사업 재조정을 통한 효율화 과정을 정기적으로 거쳐서 소요되는 예산의 효율적 운용을 유도하기 위함이다. 따라서 현행 교육복지 대상 선정과 지원액 결정에 관한 공론화 과정과 동시에 이미 투자된 교육복지 재정에 대한 성과평가도 체계적으로 이루어져서 사업의 우선순위와 효율성에 대한 정보가 정기적으로 제공될 필요가 있다. 이는 새로운 사업을 발굴하는 데 목적을 두기보다는 현재의 교육복지투자 사업의 성과를 평가하되 중복적 성격을 갖는 사업 간 통합 운영 등에 그 목적이 있다.

CHAPTER 15

한국 교육복지 프로그램 개발 사례의 실제

교육복지 프로그램 개발 사례영역은 <표 15－1>과 같이 학습, 문화・체험, 심리・정서, 복지, 지원, 영・유아 보육・보건, 다문화 프로그램 등으로 구성된다. 그리고 교육복지 프로그램 개발 사례는 <표 15－2>와 같다.

〈표 15-1〉 프로그램 목적 및 내용에 따른 교육복지 사업 주요영역

영 역	목 표	프로그램
학 습	학력 증진과 학습결손 치유 및 예방	방과후학교 연계 특기적성교육 방과후학교 연계 교과학습지도 기초학습부진학생지도 학교도서관 활성화 사업 지역평생교육 사업 특수학급 지원 및 장애이해교육
문화・체험	다양한 문화 및 체험활동을 통한 정서적 발달 함양	체험학습 활성화 방학 아카데미 및 캠프 토요교실 자원봉사단 활동 동아리활동 및 축제
심리・정서	상담과 치유를 통한 심리적 안정 및 학교 적응력 향상	개별상담 가정방문 및 가족상담 사례관리 멘토링 프로그램 집단상담 프로그램 심리・정서 전문상담 프로그램 학교폭력 예방사업 검사실시(지능, 성격, 적성, 자존감 등)

복 지	저소득층 학생의 복지 서비스 지원 활성화	방과후 공부방 연계 체험활동 장애아동 멘토링 위기가정 지원 후원자 연계 및 지원 학생복지 지원사업(급식비 등) 교육복지실 운영
지 원	교육복지 사업의 성공을 위한 기반 마련	사업홍보 학부모 교육 학부모 자원봉사활동 지원 교직원 전문성 신장 지원 헌신적이고 능력 있는 교원이 근무할 수 있는 여건 마련
영·유아	저소득층 영·유아 지원을 통한 출발점 평등 지향	가족문화 참여활동 종일반 수업료 지원 종일반 원아 특기적성교육 문화체험활동 정서지원 프로그램 교사 및 학부모 연수
보육·보건	가정의 양육 및 보건 기능 강화, 부모역할 함양을 통해 교육취약집단 학생들이 방치 또는 방임되지 않도록 하고, 학생들의 심리적 안정, 사회성 발달, 건강 증진 도모	방과후 취약아동대상 야간돌봄이 건강 지킴이 방문보건 건강검진 및 치료활동 영양 및 의료 지원활동 건강문화체험 부모역할교육
다문화	다문화가족이 한국에 적응하여 안정적인 가정생활을 할 수 있는 기반 마련	한국어교육 가족교육·상담·문화 프로그램 취업지원 생활의료지원

〈표 15-2〉 교육복지 프로그램 개발 사례

영 역	프로그램
1. 영·유아	'드림스타트와 함께하는 영·유아 조기선별 프로그램'
2. 심리·정서지원	'마음이 통하는 클래식 : 학생·학부모·선생님의 수업 네트워크'
	'지역과 함께 성장하는 아이들'
	아동·청소년 멘토링 프로그램 '한 아이도 놓치지 않는 그물망 엮어가기'
	미술 멘토링 "마음열기 똑똑(talk talk)"

3. 방학 학습	'방학 아카데미 영어교육 프로그램'
4. 현장체험학습	'청소년과 부모와 함께하는 에코-에듀 프로그램'
5. 다문화	'다문화 한국어 방문교육 프로그램'
6. 부모교육	'에니어그램을 통한 아홉 빛깔 가족 성격 이해 프로그럼'
7. 생명존중	'생명존중 및 자살예방교육 프로그램'

1. 영 · 유아 프로그램 사례

■ 드림스타트와 함께하는 영 · 유아 조기선별 – 광운대 심리건강증진센터

1) 기관 설립목적 및 제공 서비스

(1) 기관 설립목적

본 기관의 설립목적은 부모교육, 상담심리, 장애아 통합교육에 대한 전문성을 살려 지역 아동 · 청소년의 발달지원이라는 사회봉사적 역할을 실천하기 위함이다. 2006년 참빛아동지원센터 개소(특수교실, 언어치료실, 감각통합실)를 시작으로 2014년부터 청소년 및 성인을 위한 상담지원을 확대하고자 광운대심리건강증진센터로 명칭을 변경하여 학습 멘토링 지원사업, 지역아동을 대상으로 한 무료 언어검사 실시 및 장애아동 형제자매를 위한 영어놀이활동, 센터재원아동을 위한 무료 축구교실 등 많은 활동을 하고 있다.

(2) 제공 서비스

① 인지학습, 행동치료, 언어치료, 감각통합훈련, 특수체육, 미술심리치료 청소년상담, 성인상담 서비스 실시

② 다양한 집단 프로그램 : 조기교육실(발달지체와 행동문제를 가진 유아 대상), 유아 사회성 지원 프로그램, 또래 운동교실

③ 공공서비스 사업 : 서울시 교육청 바우처 및 경기도 교육청 바우처 제공

기관, 보건복지부 장애아동 재활치료 바우처 제공기관

④ **서울시 지역사회 서비스 투자사업** : 아동 · 청소년 심리지원 서비스, 영 · 유아 발달지원 서비스, 부모성장을 위한 심리지원 서비스

2) 사업(프로그램)사례 소개

(1) 사업 목적

① 공공기관과의 협력을 통한 저소득층 학령전기 유아의 발달문제 조기 발견
② 선별검사를 통한 적절한 교육 서비스의 배치
③ 지역사회 서비스 및 기타 아동지원 서비스의 효율적인 운영
④ 아동의 부모 및 사례관리자에게 아동 관련 발달정보의 전달
⑤ 아동의 부모에게 사회서비스 홍보의 기회

(2) 서비스 내용

① 노원구 내 드림스타트 지원대상아동 중 학령전기 아동에 대한 전수검사
② 검사 후 보고서 작성 전달 및 사례관리담당 인력과 아동 관련 상담 실시
③ 보고서와 면담을 바탕으로 한 아동지원 서비스의 배치
④ 추후 관리를 위한 사례담당자와의 지속적인 상담
⑤ **검사비용** : 아동 1명 기준 16,000원(보고서 포함) 드림스타트 부담(4,000원 제공기관 협조)

(3) 서비스 제공방법 및 절차

① 노원구청 드림스타트 유아 조기선별 검사를 위한 사전협력 체결(2014. 5)
: 가격, 검사 일정 등 협의

② 2014년 5월부터 12월까지 실시 :
월 2~3회 출장－월 평균 8~12명 아동선별 검사와 부모상담
소요시간－30~40분(아동 1명당)

③ **선별검사 대상자** : 노원구 내 저소득층 및 위기가정의 아동 전수검사 수

급자, 차상위, 한부모, 기타 저소득층 가정의 학령전 아동 90여 명
④ 아동연령 등을 사례관리자로부터 선별실시 전 송부받아 검사지 준비
⑤ **검사도구** : K-ASQ, AEPS, 기초학습기능 검사(정보처리)
⑥ **선별실시 결과** : 선별검사 후 영・유아 지원, 아동・청소년 심리지원, 가정지도, 부모 교육 및 상담 프로그램 추천, 장애 바우처 연결과 배치
⑦ **추후관리** : 정상범주아동, 가정지도 후 재검사 아동, 위험군 아동(지역사회투자사업 및 장애재활 바우처 신청을 위한 정밀검사 요구 아동 등)으로 분류하여 아동지원 배치 결정을 위한 기초자료로 이용함

노원구청과 광운대학교 교육대학원(부설 광운대 심리건강증진센터)의

심리검사 및 치료교육 지원 협약서

노원구청과 광운대학교 교육대학원(부설 광운대 심리건강증진센터)은 노원 드림스타트 대상아동에 대한 심리/ 발달검사 및 치료교육 서비스에 대한 상호협력을 위해 다음과 같이 협약을 체결한다.

제1조 (목적)

본 협약의 목적은 노원구 드림스타트를 이용하는 아동에게 심리/ 발달검사 및 치료 서비스를 지원하여 저소득층 아동의 잠재능력 개발을 위해 공동으로 협력하고자 함에 있다.

제2조 (협약내용)

본 협약의 목적을 효과적으로 달성하기 위하여 다음 각 호에 대한 사항을 상호・적극적으로 협력하며, 구체적인 사항은 별도의 협의에 의해 결정한다.

1. 노원 드림스타트는 대상아동에 대한 사전정보를 제공한다.
2. 광운대 심리건강증진센터는 노원 드림스타트 아동을 대상으로 영・유아 발달 스크리닝, 발달/ 심리검사 및 치료교육에 필요한 검사일정을 정하고, 그 결과에 대해 보고서를 제공한다.
3. 검사비 및 치료비는 아래와 같이 정한다.

구 분	소요예산 (단위 : 원)		
	서비스 단가	노원 드림스타트	광운대학교
종합 심리평가	–	–	–
인지발달검사/ 기초학력검사	–	–	–
영・유아 발달 스크리닝	–	–	–
개별치료	20,000	16,000	4,000

사례관리자와 사전회의	드림스타트 독서방에서 부모, 사례관리자, 아동 상담 및 선별검사 현장
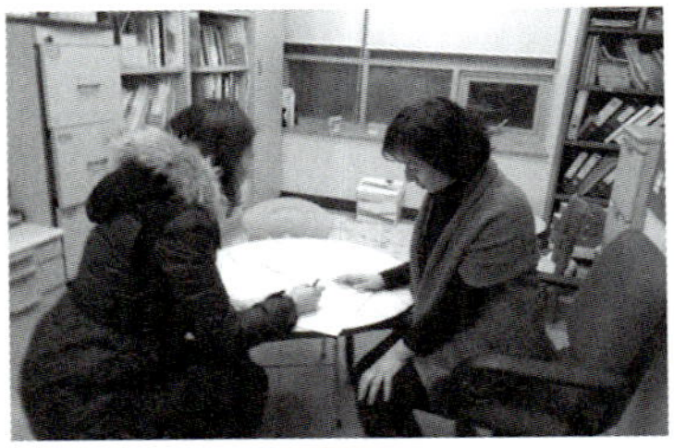	

(4) 기관의 사업 특성

① 지역의 저소득층 위험군 아동에 대한 교육지원을 위해 공공기관(드림스타트)과 제공기관의 협력적 관계하에서 진행한 사업으로 협약을 위해 본 대학교(광운대) 심리건강센터의 후원으로 아동 1인당 4,000을 지원하기로 함으로써 더 많은 지역사회 저소득층 아동의 선별을 위해 공공기관과 제공기관의 협력적 파트너십 발휘

② 아동이 살고 있는 지역사회로 출장검사를 진행함으로써 이용자들의 접근성과 편리성을 우선적으로 고려함

③ 단순한 선별검사지의 배포에 그치는 검사가 아니라 아동가족, 사례관리자와 함께 면대면으로 아동에 대한 전반적인 발달 상담을 진행함으로써 한 아동의 개인과 환경에 대한 집중적인 개입을 도움

(5) 사업성과(평가)

① 공공기관과의 협력을 통해 저소득층 학령전기 유아의 발달문제를 조기 발견하여 심각한 정도에 이르기 전에 적절한 개입으로 아동의 발달을 도와 효과를 볼 수 있었음

② **선별검사를 통한 적절한 교육 프로그램의 배치** : 아동에게 필요한 적합한 프로그램 배치에 도움을 주고, 불필요한 중복지원을 지양하여 효율적으로 치료 프로그램을 안내할 수 있도록 도움을 줌. 지역사회 서비스 및 기타

아동지원 서비스의 효율적인 운영지원이 필요한 아동에게 지역사회 서비스 제공 · 가능함

③ **아동의 부모 및 사례관리자에게 아동 관련 발달정보의 전달** : 아동 부모에게 아동 발달정보 전달과 지역사회 서비스 홍보가 가능함

④ **양육자의 태도 변화** : 인지발달 지연이나 정서불안이 의심되는 아동의 부모에게 양육자 교육을 함께 시행함으로써 양육태도의 변화가 생김과 동시에 사례관리자들과 부모 간의 아동 관련 소통의 어려움과 오해가 해결되는 장점이 있었음

⑤ **성과사례 소개**

사례1	• **홍길동 아동(가명, 20개월)** : 드림스타트 사례 아동으로 새터민 가정임. 양육자의 우울이 보고됨. • **선별검사 실시** : K-ASQ 및 직접관찰 결과 의사소통 영역에서 위험군에 속함 • **결과 및 추후관리** : 부모상담과 사례관리자 회의를 통해 영유아 발달지원 서비스로 개입(20회기), 영 · 유아 지원 후 재검사 실시(K-ASQ 24개월용)로 정상 발달
사례2	• **이이슬 아동(가명, 7세)** : 드림스타트 사례 아동. 사례관리자 보고에 따르면 발달지연이 의심되지는 않으나 유난히 한글 공부가 잘 되지 않음 • **선별검사 실시** : 기초학습기능 검사 실시로 읽기장애 의심 • **결과 및 추후관리** : 드림스타트에서 지원하여 난독증 치료를 시행하였으며 아동에 대해 지속적으로 사례 모니터링 시행 중임
사례3	• **이아름 아동(가명, 51개월)** : 드림스타트 사례 아동. 이혼가정 아동이며 아동모가 양육에 결성적이며 교육열이 높아 아동인지 바우처 및 학습지, 심리치료 등 아동에게 과도하게 많은 서비스 시행 중임 • **선별검사 실시** : 선별검사 결과 정상 범주에 속함 • **결과 및 추천** : 스트레스로 인한 불안. 아동을 향한 높은 교육열이 아동을 힘들게 하고 지치게 함. 서비스 조정이 필요하다고 조언해 줌 • **추후관리** : 아동의 양육자는 사례관리자 및 어린이집 선생님의 조언에도 양육태도가 잘 변하지 않았으나, 선별 스크리닝 시행 후 전문가의 조언에 따라 아동의 학습에 대한 집착을 줄여나가는 모습을 보임. 아동은 점차 안정을 찾고 있으며 계속하여 모니터링 예정
사례4	• **박한아 아동(가명, 6세)** : 아동이 다른 또래에 비해 느린 발달을 보인다는 상담을 어린이집 교사에 의해 들음 • **선별검사 실시** : 선별검사 결과 의사소통, 소근육, 문제해결 등의 영역에서 심각한 수준의 위험을 보임 • **결과 및 추천** : 특수교육 지원 및 언어치료 지원을 조언 • **추후관리** : 아동의 양육자는 사례관리자 및 어린이집 선생님의 조언에도 양육태도가 잘 변하지 않았으나, 선별 스크리닝 시행 후 통합어린이집을 고려하며 영 · 유아 발달지원 서비스를 통해 유아 발달지원 교육을 주 1회 6개월간 실시 중임

〈부록 1〉

대상자 분석 참고자료 1 : 사전의뢰서

사전의뢰서

1. 기본정보
   아동명 : 김○○
   주소 : 서울특별시 노원구 수락산로0길 00-0
   생년월일 : 2010년 1월 20일
   연락처 : 010-000-000

2. 가족사항

이 름	관 계	나 이	학 력	직 업	기 타
진○○	아동모	36세	고졸	무직	
김○○	언니	7세	초재		
김○○	본인	4세	미취학		
진○○	동생	5개월	미취학		

3. 아동 발견 관련 정보 및 가족 특이사항
   - 아동이 어린이집에 가지 않고 집에서 돌봄이 이루어짐
   - 아동모의 보고에 의하면 아동의 전반적인 발달이 잘 이루어지고 있으나 쑥스러워하는 성격으로 또래와 잘 어울리지 않는 것 같아 걱정함

4. 선별검사 예정일 : 2014년 11월 27일
   - 정보 제공자 : 사례관리자 김○○

참고자료 2 : 선별검사 보고서의 예

아동 선별검사 결과지

기본정보
아동명 : 홍○○
주 소 : 노원구 화랑로 ○○길 ○○ (공릉동, 공릉아파트)
생년월일 : ○○○○.○○.○○
선별검사(관찰 및 검사도구 사용)
K-ASQ : 20개월용
제공일 : 2014년 6월 10일

결과 및 추후 방침

영 역	내 용	결 과
의사소통	간단한 지시수행, 동물이해, 고빈도어 표현	정상(절선 10~15점, 아동15점)
대근육	장애물 피하기, 계단 오르기, 뛰기 등	정상
소근육	숟가락 잡기, 쌓기, 손 돌리기 등	정상
문제해결	끄적이기, 장난감 모방, 동작모방 등	정상
개인-사회성	주의 끌기, 음식먹기, 도구사용, 행동모방	정상

종합 : 전반적으로 정상적인 발달을 하고 있으나 의사소통에서는 위험수준의 발달임.
아동은 낯가림이 심하여 직접수행에서는 대체적으로 소극적인 수행을 보이나 어머니는 아동이 전반적으로 20개월 연령수준에 맞는 발달을 보이는 것으로 보고하고 있음. 아동은 가정지도로 지원한 후 (6개월 후) 의사소통영역에 대하여 재평가가 요구됨

– 선별검사자 : 김은주

2. 심리 · 정서지원 프로그램 사례

1) 마음이 통하는 클래식 : 학생 · 학부모 · 선생님의 수업 네트워크 – 서울그랜드필하모닉오케스트라

(1) 기관 설립목적 및 제공 서비스

① 기관 설립목적

본 오케스트라는 1995년 창단 연주회(어린이회관 육영음악당)로 시작하여 각종 공연 기획을 통하여 건전한 음악문화의 저변 확대와 성인은 물론 아동, 청소년들의 문화적 요구를 올바른 방향으로 이끄는 음악교육 사업 등 음악을 통한 지역사회의 예술 · 문화 발전과 나아가 국내외적으로 음악교류를 통한 국위선양을 목적으로 한다.

② 제공 서비스

가. 서울시 지역사회 서비스 투자사업 – 아동 · 청소년 정서발달지원 서비스

나. [클래식 공연] 정기연주회 '영아티스트를 위한 콘서트'

아동 · 청소년 정서발달지원 서비스 대상자 협연 기회 부여

다. [클래식 공연] 키즈클래식 '신나는 음악여행'

라. [클래식 공연] 캐롤콘서트 '산타클로스의 음악선물'

마. [클래식 공연] 교과서음악회 'TALK TALK CLASSIC'

(2) 사업(프로그램)사례 소개

① 사업목적 및 서비스 내용

악기·정서수업 후 수업내용 혹은 학생들에 대한 학부모님들의 피드백 요구에 대한 해결책으로 실시간 상호 소통이 가능한 SNS '네이버 밴드' 운영과 1년에 2번 음악회를 개최한다.

서비스 종류	내용 및 기간
네이버 밴드 운영	이용자 만족도 향상을 위해 SNS를 운영함으로써 이용자는 물론 서울시복지재단과 서초구의 지역사회서비스 담당자 참여로 청렴한 기관 운영 및 실시간 수업현황 소통이 가능하며 또한 엄마들의 수업 만족도 향상과 아빠들의 밴드 참여로 요즘 우리 아이가 어떤 생각을 가지고 어떤 생활을 하고 있는지 확인할 수 있으며 아빠가 아이의 행복과 정서안정에 큰 역할을 한다는 연구결과처럼 아이와의 좋은 관계 형성을 위한 발판 마련 • 기간 : 서비스 시작일 ~ 종료일[매주 2회(정서 1회, 악기 1회)/ 수업 후 사진 & 글 업로드] • 대상 : 서비스 대상자의 부모님 • 비용 : 무료
오케스트라 협연기회 제공	보건복지부, 서울시 서초구 지역사회서비스 투자사업 '아동잠재력 향상을 위한 클래식 음악교육' 수강 중인 우수 학생들에게 뜻깊은 오케스트라와의 협연 기회를 제공 • 기간 : 매년 1회 오케스트라 정기연주회, 협연기회 제공(매년 1회) • 대상 : 서비스 대상자 중 음악적 자질이 특출한 학생 또는 각 지도선생님의 추천을 받은 자 • 비용 : 무료
향상음악회	이용자 만족도 향상을 위해 6개월에 한 번씩 연합 또는 자체적으로 향상음악회를 개최하여 악기·정서수업 후 수업내용 혹은 학생들에 대한 학부모님들의 피드백 요구 충족 • 기간 : 매년 2회(6개월) • 대상 : 서비스 대상자, 서비스 대상자의 부모님, 연관 기관 • 비용 : 무료

② 프로그램 제공방법 및 절차

가. 서비스 절차

ⓐ 신청 및 접수 : 신청절차 및 신청방법

ⓑ 초기 상담 :

[수업관련] 악기종류 설명, 악기선택, 수업 진행방법 [가격] 카드결제 및 본인부담금 설명 [정서상태] 학생의 정서상태 상담(사춘기, ADHD 증상, 가정형태, 심리상태 등)

ⓒ 계약서 작성 및 수업시간 확정

ⓓ **본인부담금 납부** : 서비스 제공 전 제공기관에 본인부담금 납부(계좌 이체 원칙)

ⓔ **서비스 이용 및 종료** : 서비스 이용 계약에 따른 이용 서비스 종료 일자 및 종료 사유 통지

나. 모집방법

서초구 내 초·중·고등학교와 MOU 체결 후 포스터 및 공문 발송 및 블로그에 홍보 웹 배너 등록

다. 진행

한 그룹당 2명의 인원이 모집되면 수업 진행 후 추가 인원 보충

③ 평가 및 결과보고

가. 평가

ⓐ 진도카드 작성(정서/ 악기) 후 한 달에 한 번 제출

ⓑ 6개월에 한 번 정서/ 악기 성과지표 작성(담당선생님)

ⓒ 1년에 두 번 향상음악회 개최

나. 결과보고

1년에 4회(총 20시간) 제공인력 교육 시 강사선생님(제공인력)들의 서로 다른 수업방식을 공유함으로써 수업의 질 향상 및 문제점을 개선함

④ 프로그램 특성 및 성과

가. **특성** : 서초구에서 주관하는 서초금요문화마당에 본 기관이 선정되어 서비스 이용 학생들에게 뜻깊은 오케스트라와의 협연기회를 제공

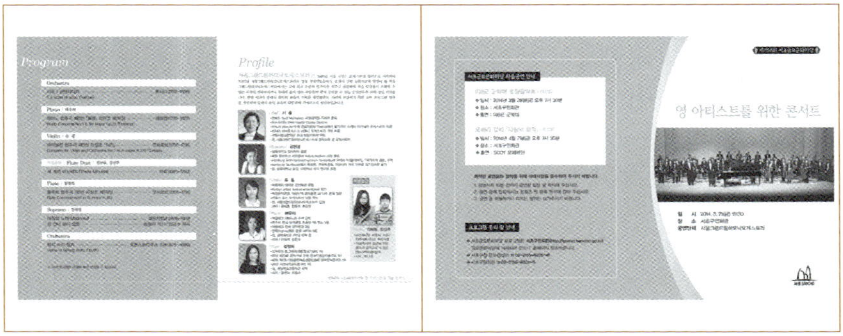

나. 미술심리치료에 사용되는 기법을 적용하여 본 기관이 제작한 심리검사지를 이용하여 학생들의 심리검사 실시 예정. 이를 공유하여 개별 학생들의 정서 향상에 체계적인 틀을 마련하여 학생들의 정서를 보다 편안한 상태로 유지해 줄 수 있는 수업방법 모색과 현재 상태를 보다 잘 파악하기 위한 방법 모색(정서검사지 제작)

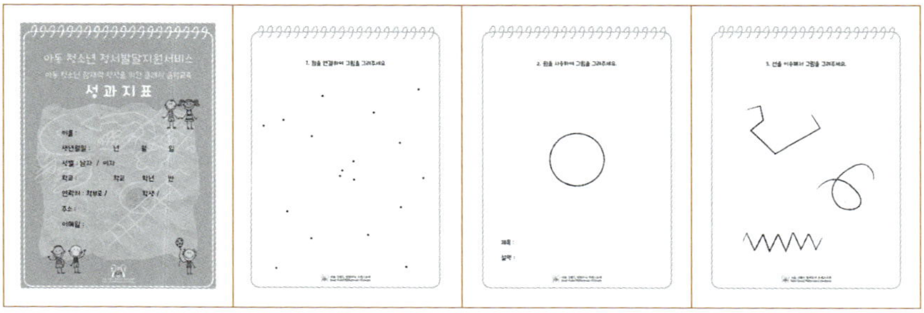

⑤ 사업 성과

제공인력의 전문성과 수업의 질 향상을 위하여 연 4회(총 20시간)의 교육을 실시하고 있으며 서비스 질 향상은 물론 체계적인 교육관리 시스템을 통해 3배 이상의 고용창출 성과를 이룸. 2012년 12월 4명의 교사로 시작, 2014년 10월 현재 13명의 교사가 본 기관에서 수업(3배 이상의 고용창출 성과)

⑥ 평가 사례소개

[정서발달수업 담당 한미란 교사의 최우수학생 평가]

한부모가정에서 지병이 있는 아버지와 할머니와 생활. 경제적 형편도 좋지 않아 가사・간병자원봉사자의 도움으로 생활을 하고 있어 웃는 표정을 보기 힘들고 명령조의 어투 때문에 자원봉사자가 감당하지 못하고 한 해에도 여러 번 바뀌었다고 함. 이후 정서발달 수업을 들으면서, 바이올린을 전공하고 싶어 하며 혼자서 콧노래를 흥얼거리고 인사성 밝은 아이로 바뀌게 되어 담당 교사가 최우수 학생으로 평가함

① **수업 집중도 향상** : 수업 참여 태도가 적극적으로 변화하여 정중하게 질문을 하기 시작함 수업 이후에도 콧노래를 흥얼거릴 정도로 멜로디를 정확하게 익힘 ② **어투 변화** : 명령조의 어투가 정중한 요청과 인사로 변화

사례 사진

네이버 밴드 운영	향상음악회
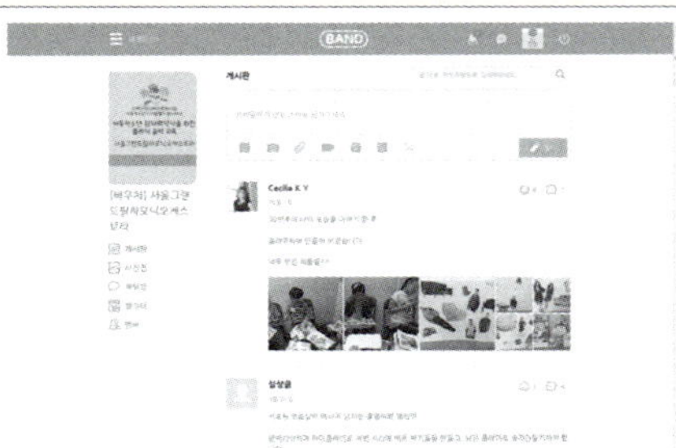	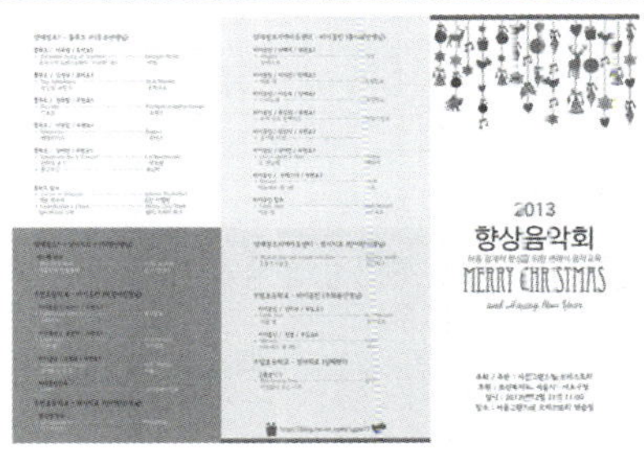
2014 영아티스트를 위한 협연/ 콘서트	

2) 지역과 함께 성장하는 아이들 – 한신플러스케어 서울남부센터

(1) 기관 설립목적 및 제공 서비스

① 기관 설립목적

2008년 보건복지부 사회적 선도기업으로 선정된 후 2013년 12월 고용노동부 인증 사회적 기업으로 지정된 전문성과 역량을 갖춘 기관으로, 각 연령대에 발생하는 개인의 문제를 해결할 수 있도록 개인별 요구에 맞는 심리검사, 상담, 치료, 교육 등을 통해 통합형 상담 서비스를 제공한다. 지역사회 유관기관과의 네트워크 구축, 공공기관 및 일반기업과의 협약을 통해 사회공헌 사업을 진행함을 목적으로 한다.

② 제공 서비스

<table>
<tr><th colspan="2">사업명(프로그램)</th><th>내 용</th></tr>
<tr><td rowspan="3">지역사회서비스 투자사업 (바우처)</td><td>아동·청소년 심리지원 서비스 바우처</td><td>ADHD 등 정서·행동적으로 어려움을 가지고 있는 아동/ 청소년에 대한 치료지원</td></tr>
<tr><td>장애아동 발달재활 바우처</td><td>장애아동/ 청소년에 대한 치료지원</td></tr>
<tr><td>부모성장을 위한 심리지원 서비스</td><td>부모를 대상으로 부모역할 이해 및 역량 강화,
부모 자신에 대한 자아탐색 지원</td></tr>
<tr><td rowspan="2">교육청/ 학교 연계 사업</td><td>지역기반형 교육복지협력사업
'사랑 담는 한 울타리'</td><td>가족을 대상으로 가족기능 이해 및 강화,
가족 내 긍정적인 의사소통 확립 지원</td></tr>
<tr><td>지역 내 교육복지학교
심리/ 정서 지원</td><td>학교 내 심리/ 정서적 고위험군 아동 대상으로 검사, 상담, 치료, 부모교육 진행</td></tr>
<tr><td>지역 내 유관기관 연계 사업</td><td>검사, 상담, 치료 지원</td><td>지역 내 복지관, 정신보건센터, 지역아동센터 등과 연계하여 대상아동 치료지원</td></tr>
<tr><td rowspan="2">기업후원 사업</td><td>GS칼텍스 후원사업 '마음톡톡'</td><td>저소득층 대상 아동을 중심으로 예술치료 집단 진행</td></tr>
<tr><td>KT & G 후원사업 'dream 드림'</td><td>지역아동센터 이용 아동을 대상으로 개별/ 집단 상담 진행</td></tr>
<tr><td>R&D 사업</td><td>인터넷 과몰입아동 청소년
치료 매뉴얼 개발</td><td>가톨릭대학교와 연계하여 치료매뉴얼 개발과 적용</td></tr>
</table>

(2) 사업(프로그램)사례 소개

① 사업 목적

가. 사업명 : 아동 · 청소년 심리지원 서비스

나. 사업목적 : ADHD 아동 등 행동적 · 정서적으로 어려움을 가지고 있는 아동의 조기 발견과 개입을 통하여 문제행동을 감소시키고, 건강한 성장을 지원하는 예방적 · 치유적 서비스 제공

② 서비스 내용

가. 서비스 기간 : 12개월, 재판정 1회 가능(최대 2년)

나. 서비스 주기 및 시간 : 주 1회(월 4회), 회당 50분

다. 서비스 내용 : 놀이치료, 미술치료, 언어치료, 인지(학습)치료 등

라. 서비스 대상(선정기준)

- 전국가구 월평균소득 120% 이하 가정의 만 18세 이하 아동, 청소년
- 발급일로부터 1년 이내의 의사진단서, 소견서, 임상심리사 소견서, 청소년상담사 소견서, 정신보건센터 추천이 있는 경우
- 교육기관 교사, 유치원 교사, 어린이집 원장이 추천하는 아동 중 정신보건 사업 안내의 아동 · 청소년 심층사정 평가도구 중 어느 하나를 활용한 검사 결과가 절단점 이상인 경우

마. 서비스 가격 : 월 16만 원

구 분	수급자, 차상위-월평균소득 50% 이하	월평균소득 50% 초과 ~ 100% 이하	월평균소득 100% 초과 ~ 12% 이하
정부지원금	144,000원	128,000원	112,000원
본인부담금	16,000원	32,000원	48,000원

③ 서비스 제공방법 및 절차

1단계	• 신청 및 대상자 선정 – 대상 선정기준 : 전국가구 월평균소득 120% 이하 가정의 만 18세 이하 아동, 청소년 발급일로부터 1년 이내의 의사진단서, 소견서, 임상심리사 소견서, 청소년상담사 소견서, 정신보건센터 추천이 있는 경우

1단계	교육기관 교사, 유치원 교사, 어린이집 원장이 추천하는 아동 중 정신보건사업 안내의 아동 청소년 심층사정 평가도구 중 어느 하나를 활용한 검사 결과가 절단점 이상인 경우 – 지역 내 연계 학교와 기관을 통한 대상자 발굴 – 아동의 증상에 대한 체계적인 평가 및 진단을 통해 서비스 대상자 선정
2단계	• 초기상담 – 부모 및 대상아동의 요구 파악 – 부모와 적합한 치료 서비스 선택 및 계획 조정 – 치료계획 연계 담당 교사에게 전달 • 사전검사
3단계	• 치료 서비스 실시 – 각 아동 · 청소년에게 적합한 언어 · 놀이 · 미술 · 인지 치료 서비스 제공 – 월별 부모상담, 담당교사 상담을 통한 변화와 방향성 점검
4단계	• 치료 서비스 제공에 대한 만족도 및 재요구 조사 • 사후검사를 통해 효과성 검증

④ 사업성과

가. 현재 지역 내 학교 및 연계기관과 진행하고 있는 위험군 아동(집중지원 아동)에 대한 지원 프로세스는 다음과 같음

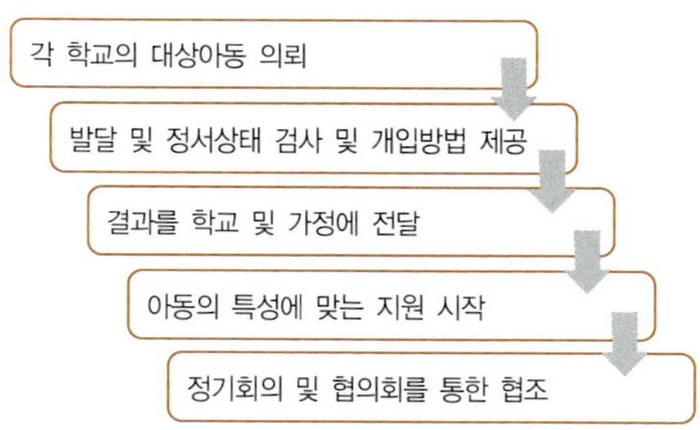

ⓐ 각 학교에서 사회복지사, 상담사 또는 교사가 대상아동을 선별하여 본 기관에 의뢰하면 본 기관에서는 아동을 대상으로 전반적인 발달 상태와 정서 상태를 파악할 수 있는 검사를 진행하고 이 결과에 적합한 개입방법을 제공함

ⓑ 결과는 학교와 가정에 전달되고 학교에서는 아동의 특성에 맞는 지원을 시작하며 본 기관에서는 학부모에게 아동 · 청소년 심리지원 서

비스를 통해 정부로부터 지원을 받을 수 있도록 안내함

ⓒ 대상아동은 본 기관에서 치료를 시작하고 정기적으로 학교와 연계기관과의 사례회의 및 협의회를 통해 아동에 대한 정보를 공유하고 방향성을 재정립해 나감

나. 이러한 긴밀한 네트워크에 기반한 개입을 통해 대상아동의 문제점이 좀 더 신속하고 효율적으로 해결될 수 있었음. 또한 더상아동뿐 아니라 위기가정의 경우 교육청에서 지원하는 가족상담을 안내하여 가존 내 문제점 해결에도 도움을 주었음

다. 2013년, 2014년도에는 분기별 영등포구/ 금천구 연합 사례회의를 진행하여 다양한 사례에 대한 고민을 함께하고 방향성을 므색할 수 있었음. 어려운 사례에 대한 의견 나눔으로 다양한 사례에 대한 이해를 도모할 수 있었고 각 학교 사회복지사와 수시로 대상자 선정과 검사, 개입방법에 대한 협의회를 기획 · 추진 · 평가할 수 있었음

라. 4년 동안 네트워크를 구축하는 과정에서 처음에는 시행착오도 많았고 어려움도 있었음. 학교의 벽이 높았고 아동 · 청소년 심리지원 서비스를 비롯하여 지역사회 서비스에 대한 이해가 전혀 없는 상태에서 이를 이해시키고 왜 공통된 시각으로 아동을 이해하고 지원해야 하는지에 대한 의문제기를 받곤 하였음. 하지만 아이들이 본 기관어 의뢰되고 단순한 검사나 단기 상담으로 종결되는 것이 아니라 1년 및 2년간 바우처라는 정부지원을 통해 각 아동에게 필요한 상담 및 치료가 지속적으로 이루어진다는 것을 알게 되고 이로 인한 아동의 변화를 인지하면서 현재는 원활한 연계와 소통이 가능해짐

마. 정부와 서울시의 노력으로 지역사회 서비스(특히 아동 · 청소년심리지원 서비스)에 대한 이해가 전반적으로 높아지면서 많은 지역주민들이 본인에게 적합하고 필요한 서비스를 이용하게 되었음. 개별 서비스로서의 가치와 효과도 물론이지만 다양한 문제와 어려움을 가지고 있는 아동의 경우 치료기관, 학교, 관련기관과의 긴밀한 네트워크가 아동의 건강한 성장

에 무엇보다 도움이 될 수 있을 것으로 생각됨

ⓐ 분기별 영등포구/ 금천구 연합 사례회의를 진행하여 다양한 사례에 대한 고민을 함께하고 방향성을 모색

ⓑ 의견을 나눔으로써 다양한 사례에 대한 이해 도모

ⓒ 각 학교 사회복지사와 수시로 대상자 선정과 검사 · 개입방법에 대한 협의회를 기획 · 추진 · 평가

ⓓ 왜 공통된 시각으로 아동을 이해하고 지원해야 하는지에 대한 의문 제기를 받음

ⓔ 아이들이 본 기관에 의뢰되고 단순한 검사나 단기 상담으로 종결되는 것이 아니라 1년 및 2년간 바우처라는 정부지원을 통해 각 아동에게 필요한 상담 및 치료가 지속적으로 이루어진다는–학교의 높은 벽과, 아동 · 청소년 심리지원 서비스 및 지역사회 서비스에 대한 이해가 전혀 없는 상태에서 이해를 시켜야 함을 알게 됨. 이로 인한 아동의 변화를 인지하면서 원활한 연계와 소통이 가능해짐

ⓕ 지역사회 서비스(특히 아동 · 청소년 심리지원 서비스)에 대한 이해가 전반적으로 높아지면서 많은 지역주민들이 본인에게 적합하고 필요한 서비스를 이용하게 됨

ⓖ 개별 서비스로서의 가치와 효과가 큼

ⓗ 치료기관, 학교, 관련기관과의 긴밀한 네트워크가 아동의 건강한 성장에 무엇보다 도움이 됨

⑤ 사례소개

아이들에 대한 고민을 함께 하는 기관 ♥

교육복지 아이들의 심리적인 안정을 위한 선생님들의 노력으로 2011년도 본교에 처음으로 교육복지 사업이 시작되고 2학년 남학생이 잦은 또래 간 다툼으로 의뢰되었다. 아동은 불안한 가정환경과 차별된 양육태도, 새어머니라는 존재에 대한 혼란스러움, 유아기 때 채워지지 못한 애정으로 고통스러워하고 있는 상태였다. 아동에게는 편안한 안식처와 자신의 상태를 돌봐줄 수 있는 전문적인 상담사가 필요했고 아동의 부모와 담임교사에게는 아동의 정

서적인 지원을 위해 아동을 어떻게 대하고, 훈육해야 하는지 방향을 제시해 줄 수 있어야 했다. 이러한 과정들을 한신플러스케어 남부센터 선생님들께서 함께해 주셨고, 아동은 심리적으로 안정되었고, 자신의 불안감에 대해서 직면할 수 있는 힘을 갖게 되었다.

본교 교육복지 대상 아이들 중에는 위의 아동과 같이 심리·정서적인 어려움을 가지고 있는 아동이 전체의 절반 수준에 달하고 있다 그중에는 심각한 결핍으로 즉각적인 심리치료가 필요한 경우도 많았다. 아동의 개인적인 문제보다는 가정환경의 문제로 정서적인 문제를 가지게 된 경우도 많았다.

보라매역에 위치한 한신플러스케어 남부센터는 교육복지 협력기관, 바우처 제공기관으로 본교 아이들의 스크리닝 검사와 심리상담을 주로 의뢰하고 있는 기관이다. 급작스럽게 발생된 사안에도 적극적인 고민을 해주며, 필요한 경우 부모의 정서적 안정과 성장에 대해서도 함께 고민해 주고 있는 기관이다. 다양한 아동의 가정환경과 상황에 대해 언제든지 논의할 수 있으며, 아이들이 일상적인 환경에서 자연스럽게 상담이 이루어질 수 있도록 상담사를 학교로 파견해 주기도 한다. 또 한 가지 의뢰된 아동이 단발성으로 끝나는 것이 아니라 금천구 지원의 아동·청소년 심리지원 서비스 신청을 통해 지속적으로 1년간 심리치료가 가능하다는 것이 학교 입장에서는 너무 감사한 일이었다. 이러한 1년간의 치료과정에서 사례회의 및 협의회를 통해 아이들을 함께 이해해 갈 수 있어서 좋았다. 아이들을 돌보는 한 사람으로써 함께 고민할 수 있는 전문기관이 있다는 것은 매우 중요하고, 필요한 일이다. 하지만 무엇보다 상담을 받고 아이들의 만족감과 변화가 크다는 것이 이 기관과의 소통과 협력을 지속하는 이유이다. 바로 이런 진심이 통할 때, 아이들은 변화를 준비하기 시작하였고, 상담이 끝날 즈음에는 많은 변화를 학급, 가정에서 보이기도 하였다.

아이들의 정서적인 결핍과 고통은 아이들의 성장과정의 한 흐름이기도 하다. 그 과정 속에서 아이들이 스스로의 힘을 되찾고 다음 단계로 나아갈 수 있도록 살짝 손잡아 줄 수 있는 역할이 바로 우리 어른들의 몫일 것이다. 그 곳을 함께 나누어 줄 수 있는 한신플러스케어 선생님들과 앞으로도 함께이길 바란다.

서울문성초등학교 지역사회교육전문가

〈부록 1〉

참고자료

<table>
<tr><th colspan="4">연합 사례회의 결과보고서</th></tr>
<tr><td>사업명</td><td>영등포구 연합 사례회의</td><td>기록자</td><td>한신플러스케어 상담실장 ○○○</td></tr>
<tr><td>일 시</td><td>2014. 2. 13(월) 9:00~12:00</td><td>장 소</td><td>한신플러스케어 남부센터</td></tr>
<tr><td>회의 안전</td><td colspan="3">– 2013년 진행된 사례회의 정리
– 2014년도 연계사업 관련 논의</td></tr>
<tr><td>회의참석자
(직책/ 이름)</td><td colspan="3">한신플러스케어 센터장 ○○○, 상담실장 ○○○, 우신초 지전가 ○○○, 신대림초 지전가 ○○○, 대동초 지전가 ○○○, 대영초 지전가 ○○○, 도신초 지전가 ○○○, 영신초 지전가 ○○○, 도림초 지전가 ○○○, 대림중 지전가 ○○○, 남부교육청 ○○○, 영등포 종합사회복지관 ○○○, 영등포구청 드림스타트 ○○○</td></tr>
<tr><td>회의내용
요약</td><td colspan="3">1. 목적
가. 영등포구 내 위기개입이 필요한 아동 및 청소년에 대한 사례회의를 통해 학교와 지역사회기관이 긴밀한 협조와 공통된 시각으로 지속적으로 사례를 관리함으로써 아동의 자립강화 및 문제해결능력 향상에 필요한 맞춤형 서비스를 제공함
나. 각 학교 지역사회교육전문가와 지역기관 사례관리 담당자의 역량강화 : 복합적인 사례를 간접적으로 접해보고 그에 따른 해결방법을 찾아가는 과정 학습
다. 개별적 개입이 필요한 대상자에게 바우처 안내 및 진행
2. 사례회의 내용
1) 2013년 한 해 동안 공유했던 사례에 대한 follow up
○○초 – ○○○ 아동은 올해 6학년이 되며 내년에 대림중으로 갈 수 있음. 현재 살고 있던 옥탑방에서 지하로 이사를 갔다고 하며 전세금을 지원해 주시기로 했다고 함. ○○○는 지속적으로 바우처를 활용한 치료개입 진행
○○중 – ○○○/ ○○○ 학생도 바우처와 교육청 지원으로 치며 부모와 강제 분리된 상황이며 전학과 동시에 시설에 머무를 것 같음
○○초 – ○○○ 아동은 전학. 현재 학대 신고가 들어가 있으며 부모와 강제 분리된 상황이며 전학과 동시에 시설에 머무를 것 같음
2) 2014년 연계 사업 협의
① 사례회의 횟수를 줄여서 진행하는 방식(분기별 혹은 두 달에 한 번씩 하는 것)
② 지역사회교육전문가들의 힐링 프로그램 필요
③ 분야별로 진행(진행 중 사례 말고 종결된 사례 위주로) 슈퍼비전 희망
3) 2014년 교육청 지역기반 사업 협의
– 검사 및 개별/ 집단 프로그램은 학교 자체 예산 활용
– 가족상담 중심으로 진행 예정
– 가족상담 내용 및 프로그램에 대한 논의
4) 2014년도 지역사회서비스 방향
– 아동·청소년 심리지원 서비스 연계 방법과 진행 방법 논의
– 새로운 바우처인 부모성장을 위한 심리지원 서비스 안내</td></tr>
<tr><td>비 고</td><td colspan="3">영등포 연합 사례회의</td></tr>
</table>

3) 한 아이도 놓치지 않는 그물망 엮어가기 – 성공회대학교 산학협력단 산하 멘토링 사업단

(1) 기관 설립목적 및 제공 서비스

성공회대학교 산학협력단(산하 멘토링 사업단)은 첫째, 지방자치단체와 사회복지 관련 대학이 연계하는 사회서비스센터 구축을 통해 지역 내 청년실업자들의 일자리 창출 및 지역사회 복지 서비스 확충, 둘째, 멘토링(mentoring)을 통해 성인과 아동·청소년 간의 친밀하고 상호적인 관계를 형성하며, 사회복지 서비스가 필요한 결손가정, 빈곤가정, 실직가정 및 학교부적응 학생들에게 정서적·사회적 지지를 제공, 셋째, "청년 멘토링 사업단"을 육성, 아동/ 청소년들에게 문화·예술교육 및 학습지원 서비스 제공으로 아동의 성장과정에서 필요한 멘토링을 통하여 무엇인가를 '가르치려는 것(teaching)'이 아닌 삶의 방향을 '제시하는 것(coaching)'에 대한 새로운 교육 대안을 제시하였다.

그리고 산하 멘토링 사업단은 2009년에 보건복지가족부의 청년 일자리 창출 사업인 청년사업단의 이름으로 사업을 시작하여 2010년도 멘토링 사업단으로 개칭하였다. 2010년도부터 보건복지부 지역사회·서비스 사업을 통하여 구로지역의 취약계층 아동·청소년을 대상으로 학습·정서지원 서비스와 문화·예술 통합교육 프로그램을 제공하였으며, 2012년도부터는 아동·청소년 비전형성 지원서비스(자기주도학습, 리더십, 진로탐색 활동) 이외에 교육부, 문화체육관광부 등 다양한 재원을 확보하여 학습·문화 멘토링 등을 진행하고 있다.

(2) 사업(프로그램)사례 소개

① 사업목적

가. 사업목적

ⓐ 아동·청소년 시기의 체계적인 사회·문화 활동 및 리더십 향상 프로그램을 통해 자기에 대한 긍정적 인식과 미래비전을 형성하고, 책임감 있는 사회구성원으로 성장하도록 지원

ⓑ 아동의 자기성장 및 자기성찰의 기회를 제공하는 집단협력활동에 참

여함으로써 긍정적 자기표현과 자존감을 회복하고 학교적응력 향상을 위한 활동을 지원

나. 기대효과

ⓐ 아동의 자기성장 및 자기성찰의 기회 제공

ⓑ 미래비전 형성에 긍정적 영향을 미침

ⓒ 긍정적 자기표현과 자존감을 회복하고 학습동기 향상에 기여

② 서비스 내용

구 분	서비스 내용	횟 수
기본 프로그램 (월 12시간)	1. 리더십 향상 서비스(전반적 운영, 방학 특별 프로그램 1개월) – 집단협력활동 참여 및 운영을 통한 실생활 활용 리더십 교육	월 8회(90분)
	2. 자기주도학습(상반기 5개월) – 학습 동기부여 활동, 인지 전략 및 인지 능력 향상 활동 등	월 8회(90분)
	3. 라이프 코칭(진로탐색 활동), (하반기 5개월) – 자기이해 활동, 진로 정보탐색 활동, 진로계획 활동, 진로 체험활동 등	
부가 프로그램	1. 진단검사 : 자아존중감, 학습종합진단검사, 진로성숙도 등 사전·사후 검사	연 4회
	2. 대상자별 사례관리(사례관리 개별 파일링, 특별사례관리)	월 1회
	3. 상담 : 부모상담, 아동개별상담 – 서비스 계획 수립을 위한 개별 요구조사 – 활동내용 안내, 아동지도를 위한 기술 및 정보제공	월 1회
	4. 부모교육 – 1학기 : 자기주도적인 자녀를 위한 부모의 역할 – 2학기 : 내 아이의 행복한 미래를 위하여	학기별 1회
	5. 방학 특별 프로그램(문화체험)	연 2회
	6. 프로그램 종결 시 수료증서 수여 종결발표회, 서비스 종결 보고서 배부	연 2회

③ 서비스 제공방법 및 절차

가. 서비스 대상 : 구로구 아동·청소년 만 7~15세/ 평균소득 100% 이하

나. 프로그램 제공 기간 : 2014. 3. ~ 2015. 1.

다. 이용 절차 : 신청 → 요구사정 → 프로그램 제공 → 모니터링 → 종결/ 평가

구 분	목 적	서비스 내용
1단계	신 청	• 신청 및 대상자 선정 • 홍보 • 해당 구청과 교육청 협조를 통한 개별 학교로 접수 안내 가정통신문 발송 • 전년도 서비스 이용자 대상 문자 발송을 통해 형제, 자매나 지인 홍보 협조 요청 • 지역 내 네트워크 활용(구청 홈페이지, 구정신문, 관련 카페, 관련 지역기관 홍보자료 배포, 설명회) • 대상자 밀집 지역의 현수막 및 프로그램 신문 배포 • 학교 관계자 및 담임교사 사업설명(학교별 방문)
2단계	요구 사정, 사전계획 수립	• 초기상담(보호자 & 대상자) • 자아존중감 · 학습유형 검사, 진로성숙도 검사 • 그룹구성원 수준과 부모의 요구를 고려한 대상자별 계획 수립
3단계	프로그램 제공	• 그룹의 특성과 대상자의 특성에 맞는 서비스 지원
4단계	모니터링	• 서비스 만족도 실시 • 보호자, 대상자의 요구 반영, 서비스 목표 재점검
5단계	종결/ 평가	• 만족도 평가, 성과평가 필시 • 초기와 동일한 검사 실시 • 서비스 종결 보고서 배부

④ 사업 성과

가. 기관만의 사업특성

ⓐ 기존의 프로그램과의 차별화

> 서비스 제공자와 함께 만들어 낸 매뉴얼!
> 단기 직업탐색 활동이 아닌 장기 통합적 프로그램!!
> 인문학적 실용 프로그램!!!
> : 의, 식, 주, 문 · 예 · 체를 주제로 인문학적인 접근

성공회대 멘토링 사업단은 멘토(서비스 제공인력)들에게 체계적 교육을 제공하고, 현장성 있는 토론을 통해 이용자에게 질 높은 서비스를 제공하기 위한 매뉴얼을 만드려고 노력하며 연구해 왔음

현재 성공회대 멘토링 사업단에서 이용되고 있는 매뉴얼은 멘토들의 수많은 시행착오와 아이들을 향한 땀이 결정체로 되어가는 과정이라 볼 수 있음

2012년도 처음 아동·청소년 비전형성 지원 서비스가 시작되기 전 수많은 회의와 토론을 통해 무려 88회차의 매뉴얼 생산 및 워크북 제작, 수업계획서가 완성되었으며 이후에도 모니터링과 이용자의 특성 연구로 수정·보완하며 해를 거듭할수록 완성도 높은 서비스를 제공하고 있음

ⓑ **서비스 대상자 통합사례관리 서비스 제공** : 특별사례관리 대상자의 경우 각 유관기관별 통합 사례회의를 실시함
각 서비스 대상자별 서비스 제공 기록지 작성, 학기별 모니터링 실시, 사례관리 보고서 작성, 격주 간 회의를 통한 동료상담 진행, 성공회대학교 내 아동·청소년 전문교수와의 슈퍼비전의 기회 제공

- 서비스 표준화(독자적인 매뉴얼 개발) 및 제공자 역량 강화(제공인력 관리)를 위한 정기회의 및 교사 워크숍 실시
- 서비스 질 관리를 위한 모니터링 실시
- 서비스 대상자 관리 - 대상자 변화 추이 관찰을 위한 파일 개별화
- 지역사회자원 연계를 위해 네트워크 사업 실시

나. 사업성과

- 사전·사후 검사 비교
  - 학교흥미(25%), 학업성취태도(38.7%), 학교규범준수(56.5%), 학교적응유연성(50%) 등 학업동기 향상
- 아동·청소년과 접촉빈도 수 연간 약 80~90회로, 지속적이고 밀도 있는 관찰을 통해 방임 우려 대상 아동·청소년 사전파악 가능
- 참여아동의 부모를 위한 교육 및 꾸준한 상담을 통한 가족기능 강화
- 지역 내 연계기관 간 통합 사례회의를 통한 지역사회 관계망 형성, 사회적 자본 확대
- 지역의 다양한 일터체험장 발굴 및 인터뷰를 통해 지역주민들과 관계기관 등에 지역아동·청소년에 대한 관심 유도

ⓐ 프로그램 참여 후 이용자의 변화에 대한 수치는 앞선 결과를 보면 알 수 있음. 그러나 수치의 변화보다 더 의미 있는 것은 참여하는 학생의 가족에 대한 지속적인 학부모 상담과 참여과정 중 멘토를 통해 다양한 대화를 나누고 상담하였던 일들이 부모의 관심과 대화를 증가하도록 유도하는 데 중요한 역할을 하였다는 점임

ⓑ 구로구의 아동, 청소년들은 사회복지기관이나 사회 서비스 프로그램의 이용 경험이 적었고, 서비스 이용이 힘든 이우로 학업으로 인한 시간의 부족과 관련시설 정보의 부족을 들었음. 이는 아동, 청소년들에게도 내가 살고 있는 지역사회에 어떤 기관들이 존재하며, 어떤 일들을 하고 있으며 내가 어떤 서비스를 받을 수 있는지 알게 하고, 내 삶에 직접적인 영향을 미칠 수 있는 알권리를 브장해 주며, 선택할 수 있는 기회를 제공하는 적극적인 노력이 필요하며, 각 프로그램별 또는 기관별 특화된 프로그램을 공유하고 연계해야 함을 의미함

이에 따라 사업단은 지역 내 연계기관 간 통합 사례회의, 담임교사나 학교 담당자와의 협의회, 지역별 협의회를 통해 사업에 대한 관심을 갖는 계기를 제공하고 아동·청소년의 안정망을 구축하려는 노력을 하였음

ⓒ 성공회대 멘토링 사업단은 6년간의 멘토 교육과 지역 특성, 아동의 특성을 연구, 반영하여 생활습관지도, 기초학습, 진로상담, 다양한 문·예·체 활동을 접목한 정서지원 등 통합지원 서비스로 대표적인 모범사례가 되고 있음(2011년도 지역사회서비스 전국 584개 기관 중 3위/서울시 지역사회 서비스 최우수 프로그램 선정)

수업 결과물(신문, 매거진)	수업 결과물(꿈 목록 만들기)
	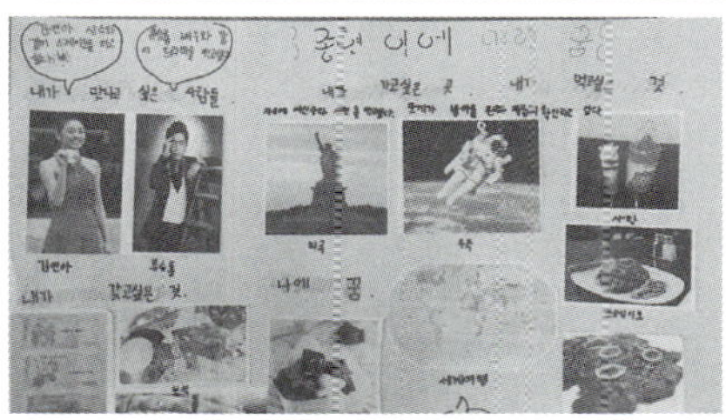

4) 미술 멘토링 "마음열기 똑똑(talk talk)" – 서울지역사회교육협의회

(1) 프로그램 환경 분석

① 교육부가 지난 2013년도에 전국 초·중·고등학생 2,119,962명에 대하여 실행한 '학생 정서·행동 특성 전수조사'에 따르면 152,640명(7.2%)의 학생이 정서적으로 불안한 상태인 것으로 드러났다. 조사 결과는 지속적인 상담과 관리가 필요한 '관심군', 자살생각 경험 등 심층상담 및 집중관리가 필요한 '우선관리'로 나누어졌으며, 관심군 학생 중에서 우선관리가 필요한 것으로 조사된 학생은 46,104명(2.2%)으로 나타났다.

• 내용 : 우울, 불안, 친구관계, 스트레스 등 주요 정서·행동 문제 전반

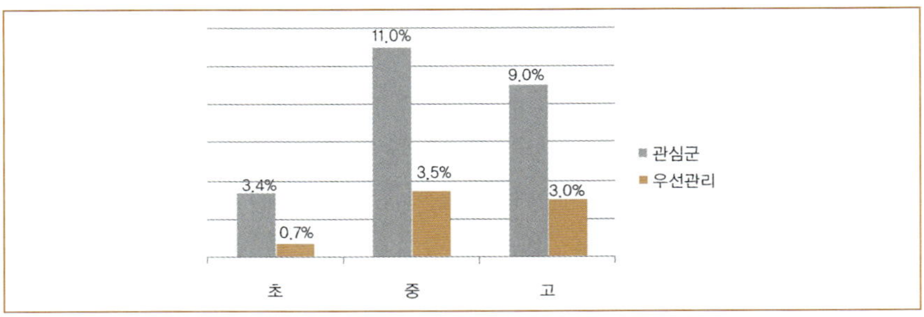

구 분	검사실시 학생 수(명)	관심군		우선관리	
		학생 수(명)	비율(%)	학생 수(명)	비율(%)
초	898,585	30,685	3.4	6,529	0.7
중	597,489	65,840	11.0	20,744	3.5
고	623,888	56,115	9.0	18,831	3.0
합 계	2,119,962	152,640	7.2	46,104	2.2

② 아동·청소년의 정서불안 및 우울증, 분노조절, 인터넷 중독 등과 관련하여 심리·정서적 측면에서의 보다 근본적인 접근이 필요하다고 판단되어 본 사업을 기획하게 되었다. 미술활동은 감정이나 내면세계를 표현함으로써 기분의 이완과 스트레스 완화를 가져오고, 평소 대화를 통해서 표현하기 힘든 느낌이나 생각들을 풀어내어 내면을 돌아볼 수 있도록 하기에 정서적으로 문제가 있는 아동에게 긍정적인 도움을 준다.

- 아동·청소년의 정서적 문제는 근본적으로 가정에서 기인하는 경우가 대다수이기에 사전예방을 위해서는 부모-자녀 간의 통합적인 변화가 필수적이다. 이에 다양한 미술 멘토링 활동을 통해 아동청소년의 올바른 자기이해 및 소중한 자기가치 인식을 돕고 긍정적인 마인드와 자존감을 고양시키는 것과 더불어 부모와의 간담회와 부모-자녀 동반 프로그램 등을 통해 가족의 동반성장을 도모하고자 함이다.

(2) 요구분석

① 본회는 매년 ○○교육지원청 관내 교육복지특별지원학교와 연계하여 다양한 교육복지 프로그램을 운영하고 있으며, 사업진형 시 학교장 및 지역사회교육전문가·교육복지담당교사 등과 다수의 회의를 진행한다. 교육복지 지원대상 및 소외계층, 문제행동 아동에게 적절하고 유익한 프로그램에 대하여 논의한 결과, 놀이 및 체험을 접목한 정서지원 프로그램에 대한 요청이 지속되어 이를 반영한 미술 멘토링 프로그램을 기획하게 되었다.

(3) 목적 및 목표 설정

① 아동 미술활동 및 미술심리상담을 통한 교육취약계층·문화소외계층 아동·청소년의 정서지원 및 문화감수성 함양, 창의력 향상 등을 도모하고 청소년의 탈선 및 가정해체, 사회치안 불안 등의 문제로 이어지는 학교폭력문제를 예방·해결함으로써 보다 밝고 건강한 사회분위기를 조성하고, 사회통합의 근간을 마련하고자 한다.

② 아동·청소년의 정서적 문제는 가정에서 기인하는 경우가 많고 근본적인 문제해결을 위해서는 가정통합 프로그램이 기반이 되어야 하기에 미술심리상담 프로그램 이외에 부모-담당교사진 간담회, 가족 힐링캠프 등 부모-자녀 동반 프로그램을 운영하여 자녀 이해 및 학부모의 인식 변화 등을 유도하고 친밀감 향상 및 관계회복을 도움으로써 가족의 성장을 도모하고자 한다.

(4) 사업대상 설정

대상학교는 서울○○초등학교이며, 대상은 초등학생 12명 및 학부모이다.

사업대상	주요 특성	인원	선정방법
아동 · 청소년	• 분노조절장애, 과잉행동장애 등 정서불안 아동 · 청소년 • 문화예술적 접근성이 낮은 교육취약계층 아동 · 청소년	12	• 학교(담임교사 및 지역사회교육전문가)의 추천 및 개별신청을 통해 선정
아동미술/ 미술심리상담 강사진	• 미술심리상담 1 · 2급 • 이에 준하는 자격소지자 및 경력 보유자	2	• 본회 소속 미술심리상담 강사진 중 프로그램 참여희망자 모집 • 실무자 및 학교담당자가 논의를 진행하고 대상자의 특성 등을 고려하여 최종 선정 • 강사 1인의 주관적인 판단을 주의하고, 개별상담 진행 시 원활한 프로그램 진행을 위해 전문강사 2인을 전담 배치

(5) 사업운영 내역

<table>
<tr><th>프로그램</th><th colspan="3">내 용</th><th>참여인원 및 물량</th><th>활동사진</th></tr>
<tr><td>프로그램
전문가
회의</td><td colspan="3">아동미술 · 미술심리상담 · 청소년심리 관련 전문가, 학교 및 아동보호기관 관계자 등 해당분야 전문가들을 통한 전문지식 획득 및 의견을 수렴하고자 다양한 외부 전문가를 섭외하여 사업 관련 전문지식 및 외부현황, 사례 등 정보 자문</td><td>외부
전문가,
담당강사,
실무자 등
총 10명</td><td></td></tr>
<tr><td rowspan="3">미술감성
멘토링
“마음
열기
똑똑
(talk
talk)”</td><td colspan="3">분노조절 · 무기력 · 우울증 등 정서불안 요소를 가지고 있는 아동 · 청소년에게 다양한 놀이와 상담을 접목한 미술멘토링 프로그램 진행</td><td rowspan="3">아동미술 및
미술심리
상담
전문가 2명

11~12세
어린이 12명</td><td rowspan="3">
</td></tr>
<tr><td>회차</td><td>프로그램</td><td>내 용</td></tr>
<tr><td>1</td><td>초기 면접
규칙
정하기</td><td>자기개방 활동 : 뒤죽박죽 수수께끼
미술활동 : 이름(별칭) 꾸미기
그림진단 : 빗속의 사람</td></tr>
</table>

<table>
<tr><td rowspan="9">미술감성 멘토링 "마음 열기 똑똑(talk talk)"</td><td>2</td><td>개방활동
미술활동,
그림진단</td><td>자기개방 활동 : I GO!!
난화게임, 물고기 가족화</td><td rowspan="9"></td><td rowspan="9"></td></tr>
<tr><td>3</td><td>미술활동,
그림진단</td><td>자기개방 활동 : 셀카스튜디오
콜라주로 우리집 꾸미기, 동적가족화</td></tr>
<tr><td>4</td><td>미술활동,
그림진단</td><td>자기개방 활동 : 그때 그 사람
집단사포그림, HTP</td></tr>
<tr><td>5</td><td>미술활동,
그림진단</td><td>자기개방 활동 : 최고와 최악의 순간
감정피자, 문장완성검사</td></tr>
<tr><td>6</td><td>미술활동,
그림진단</td><td>주고 싶은 선물, 받고싶은 선물
동물가족화</td></tr>
<tr><td>7</td><td>미술활동,
그림진단</td><td>만화 이어 그리기
동그라미 중심 가족화</td></tr>
<tr><td>8</td><td>미술활동</td><td>찰흙 이어 만들기,
자소상 만들기,
나도 알고 너도 알기</td></tr>
<tr><td>9</td><td>미술활동</td><td>찰흙 협동작품,
OHP 필름에 자유롭게 그리기</td></tr>
<tr><td>10</td><td>종 강
새로운 출발</td><td>희망나무 그리기</td></tr>
<tr><td>부모-강사 간담회</td><td colspan="3">아동대상의 미술감성 멘토링 운영 중에 자녀 이해 및 소통을 위한 정보공유와 추후 프로그램 방향 설정을 위한 부모-담당강사진 간담회 운영
간담회 이외에 강사와 학부모 간 개별면담을 진행하여 적절한 지원이 가능하도록 함</td><td>학부모,
프로그램
담당강사
2인,
실무자 등
12명</td><td>
〈담당강사-부모 간담회〉</td></tr>
<tr><td>교육복지 관계자 회의</td><td colspan="3">1. 지역사회교육전문가와의 간담회
○○교육지원청 관내 지역사회교육전문가와의 교육복지 협력을 위한 회의 진행.
프로그램 진행상황 점검 및 해당 학생의 가정환경·수업태도·심리정서 파악, 상담내용 공유 등을 통해 추후 적절한 지원방향 설정</td><td>○○교육
지원청 내
지역사회
교육전문가
5명,
실무자 1명</td><td>
〈○○교육지원청 관내
지역사회교육전문가와의
교육복지 협력을 위한 회의 진행〉</td></tr>
</table>

교육복지 관계자 회의	2. 해당 학교와의 교육복지 협력 회의 학교측 교육복지관계자(학교장, 교육복지 담당부장, 지역사회교육전문가)와 담당강사, 실무자 간의 원활한 소통 및 효과적인 프로그램 진행 도모를 위한 관계자 회의 진행 프로그램 진행상황 점검 및 해당 학생의 가정환경·수업태도·심리정서 파악, 상담내용 공유 등을 통해 추후 적절한 지원 방향 논의	해당학교 학교장, 교육복지 담당부장, 지역사회 교육전문가, 본회 실무자 등 6명	 〈학교장 및 교육복지부장, 지역사회 교육전문가와의 회의 진행〉
가족 및 부모 대상의 무료교육 지원	학교 담당교사와의 회의 및 간담회 등을 통해 아이들의 변화를 위해서는 부모의 변화를 통한 가족의 동반성장이 필요하다는 판단을 하게 됨 이에 따라 학교와의 논의를 통해 부모교육 주제를 선정하고 역량 있는 부모교육 전문강사의 재능기부를 통해 대화법, 부모코칭 등의 부모교육 프로그램을 무료 지원하였음. 또는 가족 간의 친목 및 대화를 위한 다도교실을 무료 지원함	다도전문 강사 2인, 부모교육 전문강사 1인	 〈해당 가족 대상의 다도 프로그램 지원〉  〈해당 부모 대상의 부모교육 지원〉
가족 힐링캠프	주말을 이용하여 미술감성 멘토링 대상의 아동·청소년과 해당 부모들을 대상으로 가족힐링캠프 진행. '북촌한옥마을 전통공예체험', '가족소통을 위한 레크리에이션', '스킨십 게임' 등 친밀감 향상 프로그램 진행	체험전문 강사 2인, 프로그램을 진행했던 미술심리 상담 강사 2인, 실무자 1인	 
프로그램 평가회의	프로그램에 참여하였던 강사진 및 학교관계자, 실무자들 간 운영결과 보고 및 피드백을 통한 추후 발전방향 모색을 위해 최종평가회의 진행	담당강사, 학교관계자, 실무자 등 총 8명	

(6) 평가

• 프로그램 만족도 조사 결과, 높은 만족도와 재참여 의사가 도출됨
- 프로그램 종료 후에 실시한 학생 만족도 조사에서 회수된 12개의 설문지를 바탕으로 분석한 결과, '비교적 만족한다', '매우 만족한다'라는 응답이 83% 이상으로 나타남
(만족도가 보통이라고 응답한 학생은 2명이며, 불만족은 없었음)
- 프로그램에 또 참가하고 싶은가와 관련된 질문에서는 92% 이상이 참가 의사를 보임

• 프로그램 활동일지를 통해 학생들의 변화 및 성장을 기록하고 측정함

회기	내용	그림
1회기	[그림제목 : 미취학 아동] 불이 다 꺼진 아파트 길에 혼자 덩그라니 남겨진 아이라고 하며 외롭다고 함 비 오는데 우산도 없이 서 있다고 함	
3회기	[그림제목 : 이루어질 수 없는 사랑] 아빠 엄마가 나들이를 하고 있는데 행복해 보이지만 애가 없다는 것이 문제라고 함 밖에서는 행복해 보여도 집에 가면 우울하다고 함	
5회기	[그림제목 : 미정] 다른 사람이 보는 나와 내 안의 나는 다르다며 학원 다니는 게 힘들고 미래에 대한 걱정이 많다고 함	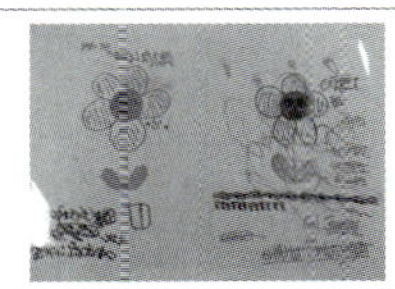
7회기	[그림제목 : 가족] 친구들이 자신의 말에 집중하지 않자 게임을 안 한다고 하다가 중간에 합류함. 작품은 가족사진을 찍고 있는데 음침하고 표정 없는 가족이라고 함	
10회기	[그림제목 : 사과나무] 사과나무를 푸르고 풍성하게 그리고, 지금은 건강한 나무라고 하며 앞으로는 어떻게 될지 모르겠다고 함	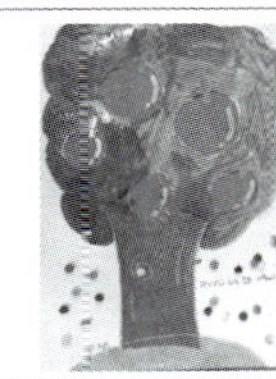

• 강사가 회차마다 작성한 프로그램의 활동일지 분석 및 학교 · 기관 측 담당자와의 평가회의 결과, 프로그램 진행 도중이나 종료 후 긍정적인 변화를 보인 학생들이 나타남
• 프로그램 초기 자존감이 낮고 의사표현이 불명확하였던 아이들이 자신을 표현하게 되었으며, 또래 간 거친 언어와 폭력을 사용하던 아동들도 공격성이 줄어든 모습을 보임
• 또래 간 협동 작업을 통해 새로운 친구를 사귀고 교류하는 모습이 나타났으며, 또래 간 또는 담당교사, 부모 등과의 관계 형성 및 사회성 발달에 도움이 됨

평가개요	[해당학교 교육복지관계자와의 간담회] • 장소 : 서울지역사회교육협의회 회의실 • 참여자 : 해당 학교 학교장, 교육복지담당부장, 지역사회교육전문가, 실무자 • 평가방법 : 해당 학교 관계자 및 본회 운영진 간 중간평가회의 진행 [담당강사 · 실무자 간 최종평가회의] • 장소 : 서울지역사회교육협의회 회의실 • 참여자 : 강사진(주 강사 1인, 보조강사 1인) 및 실무자 • 평가방법 : 프로그램 종료 후 담당강사 및 실무자 간 자체 평가회의 및 토의
사업추진 결과분석	• 잘된 점 – 초반에는 소극적이고 의사표현이 분명하지 않았던 아이들이 프로그램을 통해 보다 적극적이고 자기주도적으로 변화하였고, 거친 언어사용과 폭력성을 나타내던 일부 학생들의 경우 그 횟수가 현저하게 감소하였음 – 학부모와 담당교사, 실무자, 담당강사 등 본 프로그램 운영진들 간 수시로 소통의 장을 마련하고 상담내용을 공유함으로써 진행상황 점검 및 학생의 가정환경 · 수업태도 · 심리정서 등을 파악하고 이해하는 데에 도움이 되었음 – 아동 · 청소년 문제의 해결을 위해서는 부모 및 가정의 변화가 필수적이라는 판단에 부모교육을 지원하였음. 학교 · 기관 측 담당교사와의 회의 및 논의를 통해 부모교육 주제를 선정하고 역량 있는 부모교육 전문강사의 재능기부를 통해 대화법, 부모코칭 등의 역량 함양을 위한 부모교육 프로그램을 무료 지원하였음 – 단순한 교육 프로그램 운영을 넘어 프로그램을 진행하면서 드러난 청소년의 정서적 문제를 학교 및 기관, 가정과 함께 공유하고 나눔으로써 다각적인 문제해결을 도모하고자 하였음 • 미흡한 점 – 재료비, 학기운영기간 등의 제약이 있어 장기적인 프로그램을 계획할 수 없었으나, 사업 목적을 충분히 달성하기에는 프로그램 운영기간이 다소 짧았다는 평이 많았음. 지속적이고 장기적인 사후관리가 이루어지지 못하는 점이 아쉬웠음 • 애로사항 – 학교에서 이루어지는 프로그램이다 보니, 학생들의 개인정보 노출에 예민하여 강사가 학생에 대한 충분한 정보를 얻을 수 없어, 수업진행 시 학생들에게 심리적인 접근을 하는 데 한계가 있었음
발전방안	• 향후에는 보다 장기적인 프로그램으로 운영하고자 하며, 체계적인 사전회의 및 논의, 정보자문 등을 통해 원활한 소통과 운영을 도모하고자 함 • 좋은 평가를 받았던 부모와의 간담회 및 가족 프로그램을 보다 강화하여 청소년에게 가장 큰 영향을 미치는 가정의 변화 · 성장을 도모하고자 함 • 강사 워크숍 및 간담회를 통해 담당강사의 역량강화 및 스터디 활동을 지원함으로써 보다 발전된 프로그램 운영을 가능하게 하고자 함

3. 방학 학습 프로그램 사례

■ 방학 아카데미 영어교육 프로그램 : Talk Talk Talk 영어체험교실 상황별 실물 교구를 활용한 의사소통 능력 신장－광주 유안초등학교(담당 : 송미나 수석교사)

1) 대상학생 현황

학생 수	저소득층 학생								다문화가정 학생		영어기초학력 미달학생	
	기초생활 수급자		법정 한부모 가정 자녀		법정 차상위 계층 자녀		계					
	학생 수	비율	학생 수	비율	학생 수	비율	학생 수	비율	학생 수	비율	학생 수	비율
10	5	50%	2	20%	·	·	7	70%	2	20%	10	100%

2) 요구진단 및 대책

구 분	요구진단(실태분석)	대 책
학 생	• 기초생활수급자와 다문화, 시설보호 학생이 많아 영어 학습을 포함하여 전 과목 기초학력 미달 학생이 많음 • 초등영어 읽기 학습의 기초가 되는 phonics 활동과 함께 일상생활에서 필요한 기초적인 실생활 영어 의사소통능력을 신장시키고 싶어 함 • 반복된 학습무기력으로 학습의지가 부족하고 심리 · 정서적으로 불안정함 • 체험과 활동중심 학습활동을 선호함	• 영어 학습에 필요한 흥미와 관심을 가지게 하면서 영어 기초학력과 함께 실생활 의사소통 능력 신장을 위한 기초학습 프로그램 운영 • 학교교육과정과 연계하여 상황중심 말하기 활동에 알맞은 프로그램 구안 및 운영 • 다양한 체험과 활동을 통하여 정서적 안정과 학교생활 적응력을 높일 수 있는 체험과 활동 중심 학습 프로그램 운영
학부모	• 학생들의 영어과 기초학력 신장과 함께 학교생활 부적응 대상에서 벗어날 수 있도록 돕는 다양한 실생활장면 중심 인성 프로그램을 제공해 주길 원함	• 실생활중심 학습동기 유발 프로그램을 통하여 학습능력을 향상시키고 다양한 인성중심 상황 역할극을 통해 바른 인성 함양을 위한 프로그램 구안 운영

3) 프로그램 목적과 목표

(1) 목적

본 프로그램은 광주시 교육청이 추진하고 있는 영어친화적 환경인 영어체험교실 활용과 다양한 실생활중심 말하기 프로그램 운영을 통하여 본교 교육복지 대상학생의 영어 학습결손을 치유·예방하고 자기주도 영어학습력을 강화함으로써 초등 영어교육의 목표인 실생활 영어 의사소통능력 신장을 목적으로 한다. 아울러 영어에 대한 흥미와 자신감을 높일 수 있는 영어체험교실의 다양한 상황별 실물소품 교구를 활용하여 여러 가지 실생활 상황을 연출하면서 학생들의 자발적이고 적극적인 참여를 유도하여 영어사용능력을 신장시키는 데도 그 목적이 있다. 또한 인성을 고려한 상황중심 말하기 표현활동을 통해 긍정적인 가치관과 바른 인격이 형성될 수 있도록 자아탄력성을 향상시켜 교육복지 대상 학생이 학교생활에 자신감을 가지고 건강하게 성장하도록 하는 것을 목적으로 한다.

이를 위한 구체적인 목표는 다음과 같다.

(2) 목표

첫째, Talk Talk Talk 영어체험교실 상황별 실물교구 활용 프로그램을 통해 자기주도 영어 학습력을 기른다. 둘째, Talk Talk Talk 영어체험교실 상황별 실물교구 활용 프로그램을 통해 자아탄력성을 회복시켜 학교생활에 필요한 자신감을 기른다. 셋째, Talk Talk Talk 영어체험교실 상황별 실물교구 활용 프로그램을 통해 실생활 중심 의사소통능력을 신장시킨다. 넷째, Talk Talk Talk 영어체험교실 상황별 실물교구 활용 프로그램을 통해 교육복지 대상 학생의 균등한 공교육 기회 제공과 함께 영어 사교육비 부담을 경감시킨다.

4) 프로그램 내용

(1) 대상 및 기간

프로그램명	프로그램 대상	프로그램 기간
Talk Talk Talk 영어체험교실 상황별 실물교구를 활용한 의사소통능력 신장	유안초등학교 영어과 기초학력 부진아동 (4~6학년)	2010년 3월 ~ 2010년 12월 기초튼튼 실력쑥쑥 (수/ 금) & 여름 · 겨울 방학 특별기간

(2) 프로그램 추진 일정

절 차	추진 내용	기간(월)												
		3	4	5	6	7	8	9	10	11	12	1	2	비고
준 비	▸ 프로그램 계획서 수정 및 보완	*												지속 보완
	▸ 전문가 자문	*												지속 자문
	▸ 인적 · 물적자원 환경 구축	*												
프로그램 실행	▸ Radio Show	*	*	*	*	*	*	*	*	*	*			연간 활동
	▸ Movie Director & Book Making	*	*	*	*	*	*	*	*	*	*			연간 활동
	▸ Phonics	*	*	*	*	*	*	*	*	*	*			연간 활동
	▸ Fun & Free Yuan-English Camp					*					*			특별 방학 프로그램
평 가	결과 분석 및 평가					*							*	

(3) 세부 프로그램(예시)

① Model Radio Show

Plan for Model Radio Show - Yuan Elementary School

▣ Radio presenter : Mina Song

▣ Target Learners : 4th grade to 6th grade, Yuan Elementary students

▣ Subject : English

<table>
<tr><td>Topics</td><td colspan="3">Various presentations involving, music, culture and chat</td></tr>
<tr><td>Time frame</td><td>29th September 2010~29th December 2010(11 shows)</td><td>Time of show</td><td>Wednesday</td></tr>
<tr><td>Style of learning</td><td>Listening & Speaking</td><td>Length and Time</td><td>5~10 minutes</td></tr>
<tr><td>Materials to be used</td><td>music files, sound files, picture cards and film files</td><td>Organization of show</td><td>english teacher, including guest appearances from various students from Yuan elementary school</td></tr>
<tr><td>Language Objectives</td><td colspan="3">〈Listening〉
• Students will listen to various presentations
• Students will engage and understand new topics
• Students will learn English through listening
• Students interest in English will be awakened
〈Speaking〉
• Guest students will participate and understand basic expressions
• Guest students will learn new radio/ talk show skills
• Guest students will interact with the talk show host and be an integral part of the smooth running of the show</td></tr>
<tr><td>Objective of the radio show</td><td colspan="3">• Students will enjoy an English model radio show every and relate to the topics and subjects presented</td></tr>
<tr><td>Main presentations</td><td colspan="3">• Western culture examples, music, facts, current affairs, authentic situation</td></tr>
<tr><td>Notes</td><td colspan="3">• The show will take an experimental shape, ideas being tested and used again if proven productive
• Feedback will be sought from students who participate and active listeners. This will include requests for specific topics and subjects to appear on future shows
• The model TV will be utilized to show different pictures, video clips and vocabulary translations</td></tr>
</table>

Show No.	Date	Teaching – Learning Activities	Time	Materials and Tips
1	■ 29th September 2010	▣ Introduction ▷ Welcome to Mina's English talk show, explanations about format of the show. ▷ Request for volunteers to be on the show. ▷ Show the teachers name on screen. ▶ Expression : Where are you from? I'm from ________	5-10 mins	various pictures showing Korean culture
2	■ 6th October 2010	▣ Korea presentation ▷ Focus on Korean place connected with a favourite place. ▷ Show the pictures and song. ▶ Expressions : What's your favourite place? I like ________. I love ______	5-10 mins	MP3 file various city pictures
3	■ 13rd October 2010	▣ Chuseok Presentation ▷ What is the meaning of Chuseok? ▷ Pictures description of the history and activities played. ▶ Expressions : On (Special Day) people/ we _____	5-10 mins	story pictures describing Chuseok
4	■ 20th October 2010	▣ Auld Lang Syne and Robert Burns ▷ Presentation on Robert Burns, Scottish poet and writer of Auld Lang Syne ▷ Listen to Auld Lang Syne and explain who Robert Burns is. ▶ Expressions : Description of Robert Burns, who is he? where is he from?, what is he famous for?	5-10 mins	Auld Lang Syne MP3 file, pictures of New Year and dance
5	■ 27th October 2010	▣ Famous comedy show ▷ Introduce their respective countries and flags. ▷ Watch short film clip. ▶ Expressions : Who are they? Where are they from?	5-10 mins	Laurel and Hardy film file, country flags(England and USA)
6	■ 3rd November 2010	▣ Preposition Song ▷ Introduction to prepositions with song ▷ Demonstrate expressions using pencil and box, show the hand movements for song. ▷ Show song, whilst doing hand motions ▶ Expressions : Prepositions, in, on, under, over, in front and behind.	5-10 mins	pencil and small box, propositions song

7	■ 10th November 2010	▣ Around the world in 60 seconds ▷ Continents and countries from around the world ▷ 6 continents and 6 countries from each continent. ▷ Populations and other information. ▶ Expressions : Korea is in Asia. (Country) is in (continent).	5-10 mins	globe, pictures of continents and countries
8	■ 17th November 2010	▣ Mina's story ▷ Storytelling with pictures. Use pictures to describe the life journey of Teacher Mina, up until now in Gwangju. ▶ Expressions : Past tense, e.g. was, liked, saw	5-10 mins	pictures from teacher Mina's life
9	■ 24th November 2010	▣ Star Profile : Bob Marley, Musician ▷ Give facts and information relating to Bob Marley ▷ Montage sequence to describe with focus on individual vocabulary, pertinent to Bob Marley ▶ Expressions : Present tense and past tense, simple	5-10 mins	music file, pictures r elating to Bob Marley, vocabulary and translations
10	■ 1st December 2010	▣ Student Talk Time ▷ Students will be chosen and participate in a chat and quiz. ▷ General information and opinions will be sought ▶ Expressions : Everyday expressions and language	5-10 mins	flashcards, quiz questions
11	■ 8th December 2010	▣ Christmas Show ▷ Present vocabulary and images of popular christmas ▷ Dear Santa letters (from students) ▷ Top 5 christmas present wishlist ▶ Expressions : It's Christmas! What do you want for Christmas/ lunch / dinner?	5-10 mins	letters, christmas images, christmas MP3 file

② Movie Director

월 별	제 목	상황역할극		
		이야기	주요 표현	상황주제
3월 (1, 2주)	Nice to Meet You	별주부전	Hi! King, this is Toto. Nice to meet you. How's the weather? It's Sunny.	• 날씨, 인사, 소개
3월 (3, 4주)	Don't Do That!	흥부와 놀부	Oh, I'm hungry./ Please. Do you like rice? Yes, yes, I like rice. Don't do that. Watch out, Dad!	• 금지, 요청
4월 (1, 2주)	This Is My Friend	사자와 쥐	Help! Help me, please. Wait, I'm coming./ Look at this. Oh no. Don't do that! This is my friend Glad to meet you.	• 날씨 소개, 인사, 금지, 요청
4월 (3, 4주)	How Old Are You?	농부와 무	Good morning my friend! Can you help me?/ Sure I can. You are strong. How old are you? I'm three years old.	• 도움요청 • 나이
5월 (1, 2주)	What Time Is It?	신데렐라	Can you help me? Sure, I can./ Oh Thank you! Good bye!/ What time is it? It's twelve o'clock.	• 시각
5월 (3, 4주)	It's Time for Lunch	피노키오	Pinocchio, it's eight. It's time for school. Good-bye, Pinocchio. Can you help me? What's your name?/ How old are you?/ I'm ten years old.	• 시각, 나이 • 도움요청
6월 (1, 2주)	Who is She?	심청전	Who is he? He is my father. Who is she? She is Sim Cheong. King, this is my father. Nice to meet you.	• 인물소개
7월 (1, 2주)	Is This Your Cap?	산신령과 소년	My bat, can you help me? Sure, I can help you. Is this your bat? No. My bat is white. That's my bat./ Thank you!	• 물건소유 • 색깔

월 별	제 목	상황역할극		
		이야기	주요 표현	상황 주제
9월 (1, 2주)	Here You Are	백설공주	Hi. It's too hot. May I use that? Sure Here you are. Would you like an apple? Yes, I would. / This is for you Oh, no. Don't do that.	• 허락요청 • 물건소유
9월 (3, 4주)	Sorry, I Can't	개미와 베짱이	Can you help me?/ I'm sorry. I'm sick. That's too bad. I'm sorry, I have a cold. That's too bad. This is for you. Thank you.	• 제안, 거절
10월 (1, 2주)	How Much Is It?	산속의 동물들	Stop right there./ Help me! Who are you? What do you want?/ I want a cake/ apple/ some candy. This is for you.	• 원하는 물건 물어보기
10월 (3, 4주)	Let's Go Shopping	피터팬	It's sunny. Oh beautiful. Yes. Let's play badminton. Sorry, I can't./ I can't play badminton. Can I help you? I want some juice. How much is it? It's two dollars Dont' do that./ This is for you. It's big. Thank you.	• 원하는 것 • 물건 사기 • 제의
11월 (1, 2주)	Where is the Restroom?	동물밴드	Boys and girls. listen to me. Go straight./ Turn Right./ Turn left./ This way is right and this way is left. Oh, turn left./ Now I know. Very good!	• 길 묻고 답하기 • 되묻기
11월 (3, 4주)	Today Is Wednesday	스핑크스	I like this day. What day is it? It's Sunday, right? No it isn't. I don't like this day. What day is it?/ It's Tuesday.	• 요일 • 색깔
12월 (1, 2주)	What Time Do You Go to Bed?	개미와 베짱이	Good morning. What time do you get up? I get up at six o'clock. How about you? Do you eat lunch? No I don't. I usually eat brunch at 11 o'clock. Do you want some water? What time do you go to bed?	• 하루일과
12월 (3, 4주)	Did You Have a Good Weekend?	콩쥐와 신데렐라	Hi Cinderella! Did you have a good weekend? Yes, I did. I went to the party on Sunday. I met the prince there. I danced with him. How was your weekend?/ It was great. Did you cook and wash the dishes?	• 경험 느낌 말하기

③ Fun & Free Yuan English Camp

Fun & Free Yuan Summer English Camp 프로그램(약안)

교시	요일	7/26(월)	7/27화)	7/28(수)	7/29(목)	7/30(금)
1	제 재	intro/ icebreaker (Find someone) team name and poster	journal reading/ project making/ Brain quest quiz	journal reading/ project making/ skype interview	journal reading/ Akinator 20 questions/ project making	journal reading/ teacher quiz/ project making
	준비물	bingo board	brain quest game	webcam	Akinator programme	PPT
2	제 재	project intro/ choosing topic	math measuring activity	Guess who game	cooking class(Scottish breakfast)/ food game	pass the parcel/ musical chairs
	준비물	large paper and crayons	measuring tapes/ worksheets	facial features worksheet/ Guess Who	cooking ingredients/ worksheets/ utensils	gift wrap/ gifts/ chairs/ music
3	제 재	English Jenga Game	video making (storyboard)	P. E. balloon quiz race/ find the sentence	cooking hot seat quiz	project presentations
	준비물	Jenga (6)	worksheets/ storyboards	balloons/ quiz questions/ post it notes	various food and drink pictures	team posters/ PPT's
4	제 재	storytelling (Going on a bear hunt)	video making (filming)	amazing race	sing a song	farewell party/ film presentation/ award ceremony
	준비물	storybook, PPT	camera equipment	Various English worksheets	lyrics and pictures	food and drink/ prizes/ student films

(4) 운영의 실제

① 영어친화적 환경 조성

영어체험실을 활용하여 영어도서와 교수-학습 자료, 각종 게임 및 역할놀이 교구들을 배치하였다. 좁은 공간을 효율적으로 이용하기 위해 간단한 상황 체험 공간으로 이동이 쉬운 moving wall을 사용하여 특별한 상황에서 사용하는 관용적인 표현을 익히는 공간으로 이용하였다. 영어 알파벳 익히기부터 문장 읽고 쓰기까지 학생들에게 재미있고 이해도 높은 활동을 위한 단계별 교구활동 자료와 영어 활동자료, 영어 게임 등 프로그램에서 활용도가 높은 필수 영어교구들로 구성하여 다양한 실물교구 환경을 조성하여 Phonics 활동과 Movie Director & Book Making 프로그램 운영을 위한 활용도를 높였다.

		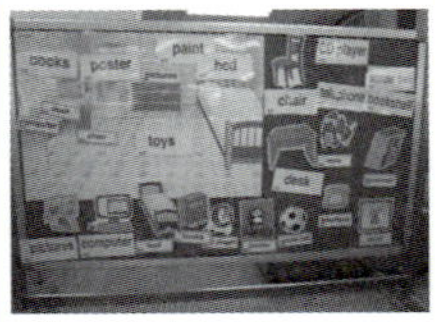	
〈원어민 화상영어〉	〈영어 도서〉	〈Moving Wall〉	〈교수 – 학습자료〉
원어민과 학생 개인발화가 이루어질 수 있도록 화상기기 세트 설치	도서관을 영어체험교실로 이용한 장점을 살려 단계별 영어도서를 전면 우측 진열대에 배치	이동이 쉬운 moving-wall을 사용하여 특별한 상황에서 사용하는 관용적인 표현을 익히기	다양한 실물교구와 교사와 학생들을 위한 각종 교수–학습 자료를 구입・교실 후면에 배치
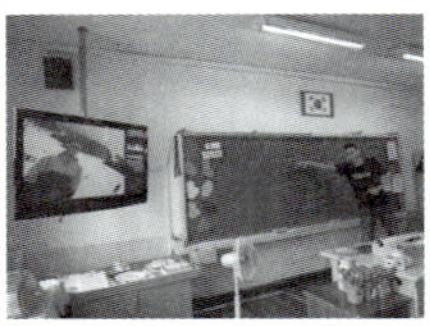		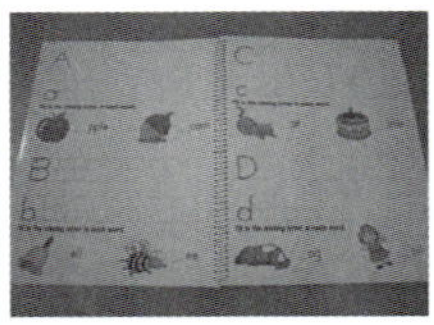 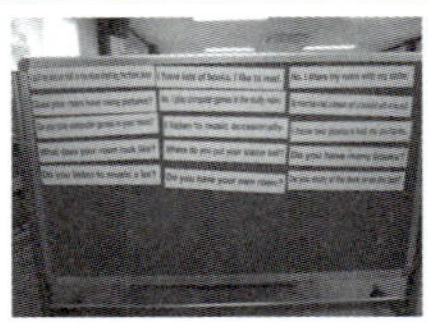	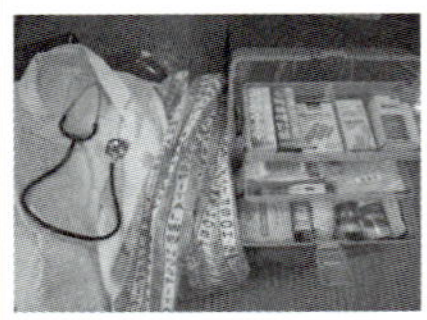 
〈음성・영상자료〉	〈게임・활동자료〉	〈Reading & Writing〉	〈상황별 역할놀이 소품〉
문화적 환경의 차이를 자연스럽게 접하고 다름에 대한 진정한 관용성을 키울 수 있는 다양한 영상자료 구입	재미있는 게임과 다양한 활동을 통해서 반복해서 익힐 수 있도록 자기주도적인 활동이 가능한 여러 가지 활동자료 구입	음성중심 교수법으로 자칫 소외될 수 있는 읽기・쓰기 중심의 활동을 보충할 수 있는 문자보조 활동자료 구입	교과서 상황을 중심으로 배운 표현을 실생활에서 직접 표현해 보며 영어로 직접 의사소통능력을 키울 수 있도록 다양한 실물교구 자료 구입

|그림 15-1| 다양한 실물교구 환경조성

② Movie Director & Book Making 활동

영어체험교실의 다양한 실물자료와 교구를 이용하여 상황별 Story Book 제작을 위한 다양한 사전 활동을 전개하였다. 영어 교육의 목표인 말하기, 듣기를 통한 의사소통능력 신장은 물론 읽기, 쓰기 영역까지 네 가지 언어기능이 고루 발달될 수 있도록 실생활장면 활용을 통해 다양한 Movie Director & Book Making 활동을 위한 프로그램을 전개하였다.

교구명	활용교구	활동내용	영 역			
			말하기	듣 기	읽 기	쓰 기
Masks		역할놀이 Mask와 소품을 이용하여 상황별 주요 표현을 추측해서 말해보며 말하기·듣기 능력을 신장시켰다.	○	○		
상황별 실물교구		각 상황에 맞추어 역할놀이 또는 상황극을 직접할 수 있는 상황별 체험실물 교구를 이용하여 말하기·듣기 능력을 신장시켰다. Speaking UP!	○	○		
영어도서		단계별로 영어도서를 선정하여 짧고 쉬운 동화를 읽으며 배웠던 표현이나 단어를 찾아보거나 새로운 낱말이나 주요 표현을 익히면서 읽기 능력을 신장시켰다. Reading Up!			○	
Game		수준별로 제시되는 다양한 게임을 학습활동과 연계시켜 상황에 따른 새로운 어휘를 재미와 함께 익히며 읽기 능력을 신장시켰다. Reading Up!			○	
Big Book과 주제별 챠트		귀엽고 친숙한 그림으로 보여주는 각종 알파벳 차트 카드에서부터 각 주제별 차트와 소품을 활용하여 각 상황별 어휘를 쉽게 읽고 쓰며 읽기 능력과 쓰기 능력을 신장시켰다. Reading & Writing Up!			○	○

Cards		시간순서 퍼즐카드, 알파벳 퍼즐카드, 인사이드 퍼즐카드, 기초어휘 포토 카드 등 각종 단어 퍼즐카드를 이용하여 읽기 능력을 신장시켰다. Reading Up!			○	
자석 알파벳과 쓰기책		쓰고 지우기가 가능한 알파벳 노트와 점보 자석 알파벳과 자석문자를 이용하여 쓰기 능력을 신장시켰다. Writing Up!				○
Boards		손잡이가 달린 핸드형 보드판과 자체 제작한 낱말 보드판을 이용하여 게임과 함께 쓰기 능력과 듣기 능력을 향상시켰다. Writing Up!		○		○
Reading Road	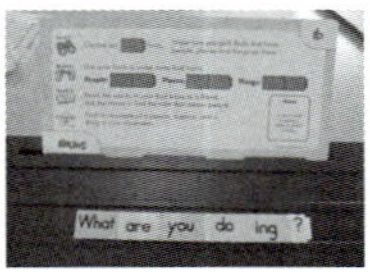	알파벳 음가 익히기부터 문장 만들기까지 수준별로 제시되는 리딩로드로 문장의 구조와 발음, 품사까지를 자연스럽게 익히며 읽기 능력을 향상시켰다. Writing Up!			○	
Speaking Bankbook		Speaking Bankbook을 자체 제작하여 misson을 수행하는 동안 쉽고 간단한 표현을 반복 사용하여 자연스럽게 주요 표현을 익히며 말하기, 듣기, 읽기, 쓰기 능력을 향상시켰다. Writing Up!	○	○	○	○

| 그림 15-2 | Story Book 제작을 통한 4skills 언어기능 향상을 위한 다양한 활동

③ 주제상황별 Story Book 제작

상황카드와 실물교구, mind mapping, speech bubble cards 등을 사용하여 story book 제작을 위한 다양한 활동을 펼쳤다. 학생들은 먼저 주어진 상황카드와 실물교구를 활용하여 상황에 어울리는 주요 단어와 표현을 찾아 mind mapping 방법으로 정리한 후 각 단원에 어울리는 그림카드와 역할극 중심으로 speech bubble cards를 직접 놓아보며 주요 표현과 상황을 먼저 시각적으로 이해하도록 하였다. 그 후 학생들은 교과서의 기본 표현을 바탕으로 다양한 상황을 직접 연출해 볼 수 있는 나만의 'Story Book'을 제작하여 주요 표현과 상황을 학생들의 일상생활에 접목할 수 있게 하였다. ❙그림 15－3❙은 Story Book 제작을 위한 단계별 활동을 정리한 것이다.

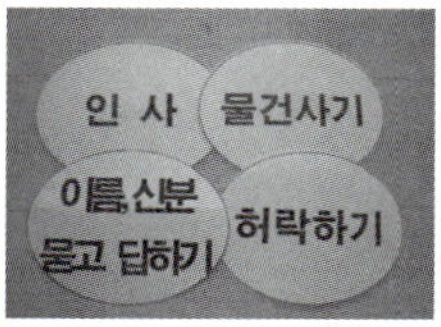	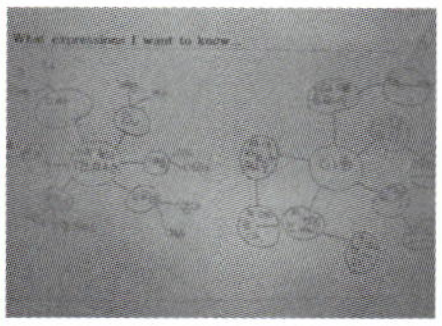		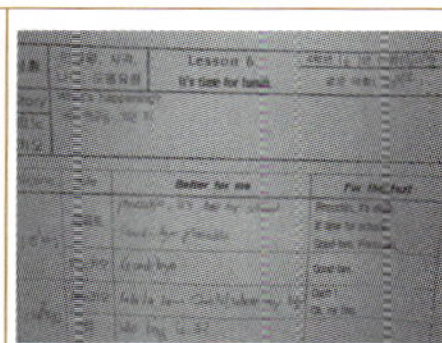
상황카드와 실물교구 보고 주제 알아내기	Mind Mapping하기	Speech Bubble Cards 사용하여 대화글 완성하기	나만의 'Story Book' 제작하기

❙그림 15-3❙ Story Book 제작을 위한 단계별 활동

④ Skit 시연하기

학습활동과 관련지어 다양한 상황별 실물교구와 소품을 이용한 짧은 skit을 시연하였다. 많은 활동 중에서 skit 시연은 학생들이 가장 적극적으로 참여하며 영어를 공부하는 어려운 과목으로서가 아닌 배우면서 즐기는 새로운 언어로 인식하게 하는 데 본 프로그램에서 가장 큰 공헌을 한 중요한 부분이었다. 영어 기초학력이 낮은 학생들을 위해 의사소통 기능 향상이라는 초등 영어교육의 목표를 살릴 수 있도록 가급적 많은 학생들이 참여하고 시연하도록 하였다. ❙그림 15－4❙는 실물교구를 활용하여 주제별로 skit 시연을 하고 있는 모습들이다.

병 원	생일파티	물건 사기	시 각

❙그림 15-4❙ 실물교구를 활용한 주제별 skit 시연

⑤ Speaking Bankbook 제작

"영어로 의사소통을 하고 싶어도 교실 밖의 상황에서는 무엇을 어떻게 물어보아야 할지 모르겠어요"라고 하소연하는 대부분의 학생들을 보며 다양한 topic에 대한 contents 제공의 필요성을 느꼈다. 쉽고 간단한 질문 contents를 Speaking Bankbook으로 만들어 제공해 줌으로써 교실 밖의 상황에서도 쉽게 영어를 사용할 수 있도록 각 단원의 주요 표현과 일상생활에서 자주 사용되는 쉽고 간단한 표현들을 선정하여 학년 발달단계를 고려한 Speaking Bankbook을 제작하였다. 전체 문장과 언어의 규칙을 자연스럽게 기억하고 발화할 수 있도록 한 가지 주제의 mission을 여러 사람들에게 반복해서 묻고 대답할 수 있도록 제작하였다. 또한 가정과 연계한 활동으로 기초적인 주요 표현을 가족 구성원, 부모, 친척들과도 영어로 묻고 대답할 수 있는 기회를 제공하여 학교 밖의 상황에서도 지속적으로 영어를 사용하며 영어수행능력이 신장될 수 있도록 하였다. 대부분의 표현들을 쉽고 간결한 일상적인 기본표현 위주로 선정하였지만 영어 사용이 익숙하지 못한 학부모님을 위해서는 학기 초에 기초표현을 돕는 4학년 기본표현 언어 학습자료를 제작하여 나누어 준 뒤 가정에서 학생들의 mission 수행을 돕기 위한 자료로 사용될 수 있게 하였다. mission 수행 중 반복되는 표현에서 오는 지루함을 줄이기 위해 학생들 스스로가 직접 질문을 만들어 묻고 대답할 수 있는 기회도 제공하였다. 반복연습으로 문장 패턴을 자연스럽게 익힌 학생들은 배웠던 표현을 이용하거나 또는 친구들에게 새롭게 배운 표현들을 이용해 스스로 "내가 만든 mission"의 창의적인 즐거움을 맛보게 하였다. ❙그림 15-5❙는 Speaking Bankbook을 활용하여 여러 대상을 상대로 mission을 수행하고 있는 모습들이다.

		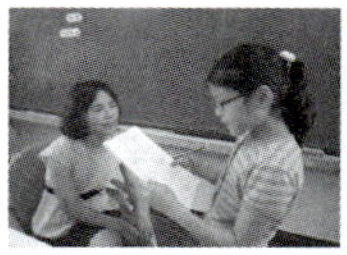	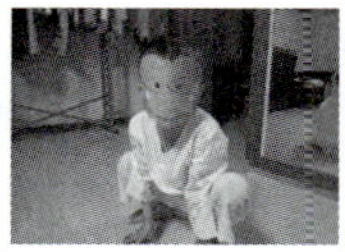	
Speaking Bankbook	친구와 함께 Mission 수행하기	선생님과 함께 Mission 수행하기	가족과 함께 Mission 수행하기	내가 만든 Mission 수행하기
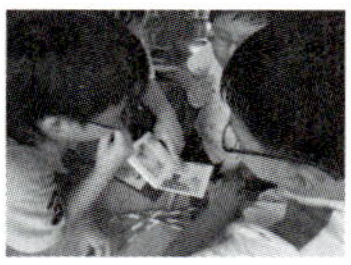	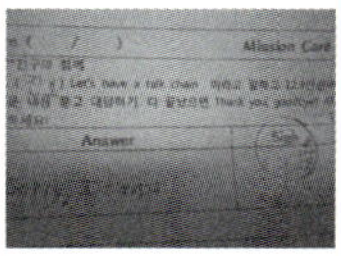	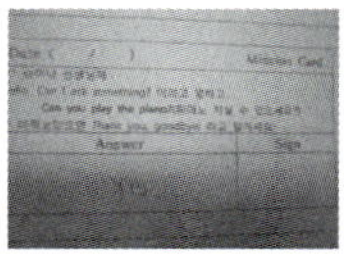		
Speaking Handbook	Contents	Contents	Contents	Contents

| 그림 15-5 | Speaking Bankbook 활용 주요 활동 모습

⑥ 상황별 주요 표현 통과 인증하기

본 프로그램을 진행하면서 학생들의 상황별 주요 표현 통과 인증을 돕기 위해 상황카드와 단계별 인증카드를 speech bubble cards 형식으로 제작하였다. 학생들은 자신에게 쉽고 친근한 상황카드를 먼저 선택한 후 상황에 어울리는 주요 표현을 연습하고 자신이 있을 때는 교사와의 speaking test를 거쳐 주요 표현 통과 인증에 도전하게 하였다. 고전적인 문장카드를 제시하였을 때보다 말풍선 형식의 인증카드를 사용함으로써 학생들에게 영어는 공부할 교과목이 아닌 사람들이 일상생활에서 사용하는 말이고 언어라는 것을 느끼게 하였다. | 그림 15-6 |은 각 단원별 상황카드와 speech bubble cards를 활용한 통과 인증 활동 모습들이다.

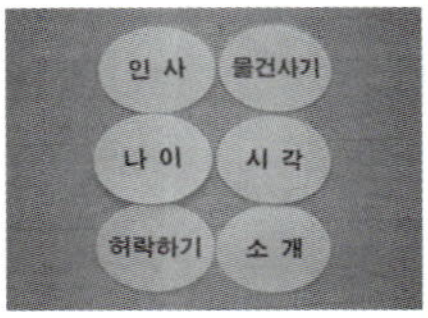

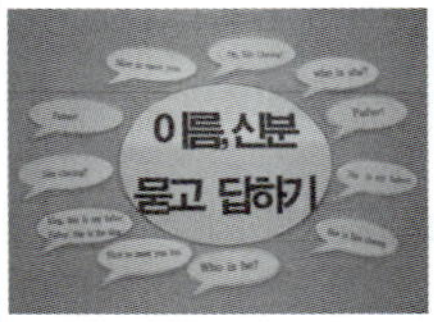

각 단원별 상황카드	상황별 Speech Bubble 인증 Cards	상황별 단원 그림카드	활동 모습

그림 15-6 상황카드와 Speech Bubble Cards를 활용한 통과 인증 활동 모습

⑦ 영어 인증 배지 수여

Speaking Bankbook 활용 정도와 단계별 주요 표현 통과 정도에 따라 우수 아동에게는 자체 제작한 Yuan English 인증 배지를 수여하였다. 인증 배지를 받은 우수아동은 소집단 구성 시 그룹의 리더로서 영어 부진학생을 도와주고 안내해 주는 역할을 맡게 하였다. 우수아동 인증 배지 수여는 많은 학생들에게 영어에 대한 동기 유발과 자신감을 심어주는 좋은 계기가 되었다. **그림 15-7**은 우수아동 영어인증 배지와 활동 모습들을 정리한 것이다.

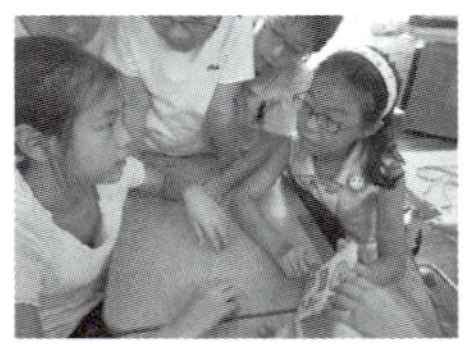

○ ○영어인증 배지 제작	우수아동 영어인증 배지 수여	활동 모습

그림 15-7 우수아동 영어인증 배지와 활동 모습

⑧ Fun & Free Yuan English Camp(예시)

프로그램명	운영(기간)	대상 학년	운영 실적
2010 여름 단기집중 영어캠프	2010. 07. 26. ~ 07. 30.(5일간)	4, 5, 6학년 (저소득층 아동 우선 선발)	강사 : 송미나(KT) Richard Lee(NT) 주제 : 다양한 주제를 소재로 한 활동중심 영어학습 방법 : 4, 5, 6학년 통합운영 Co-teaching 방식 여름 단기집중 영어캠프 수료 : 18명

"Fun and Free Yuan English Camp" 이렇게 활동했어요

5) 예산 지원 현황

<table>
<tr><th>프로그램명</th><th>세부 프로그램</th><th>지원 유형</th><th>예산액
(천 원)</th><th>비 고</th></tr>
<tr><td rowspan="8">Talk Talk Talk
영어체험교실과 함께하는
의사소통능력 신장</td><td>Radio Show</td><td rowspan="2">강사료</td><td rowspan="3">2,000</td><td rowspan="2">학교지원</td></tr>
<tr><td>Movie Director & Book Making</td></tr>
<tr><td rowspan="2">Phonics</td><td>강사료</td><td rowspan="2">한국교육과정
평가원 제공(교재)</td></tr>
<tr><td>교재비</td><td>비예산</td></tr>
<tr><td rowspan="4">Fun & Free
Yuan English Camp
(여름/ 겨울방학 운영)</td><td>강사료</td><td>80</td><td rowspan="3">학교지원</td></tr>
<tr><td>간식비</td><td>100</td></tr>
<tr><td>학습자료비</td><td>180</td></tr>
<tr><td>영어체험실 구축</td><td>20,000</td><td>교육청 특별지원</td></tr>
</table>

6) 홍보(예시)

본 프로그램은 공교육과정의 하나로 운영되었기 때문에 특별한 홍보를 필요로 하지 않았으며 담임선생님의 추천, 학부모 대상 안내장 발송, 학교 홈페이지 등을 적극 활용하였다.

	2010학년도 여름방학 단기집중 영어교육 프로그램 참가 신청서	교 훈 ■ 고운마음(德) ■ 알찬실력(知) ■ 굳센체력(體)

항상 자녀들의 학교생활에 관심을 가지고 도와주시는 학부모님들의 가정에 건강과 행운이 가득하시길 기원드리며 문안드립니다.

우리 학교는 아름다운 품성과 창의성을 갖춘 세계인을 기르기 위한 명품 교육을 실현하기 위하여 오늘도 최선을 다하고 있습니다. 이를 위해 세계 제일을 꿈꾸는 글로벌 리더로서 방학 중 단기집중 영어교육 프로그램을 제공하여 계층별 영어교육 격차 해소와 영어 친화적 환경을 제공하여 EFL 영어환경을 극복한 L2 user로서 영어 의사소통능력 신장에 실질적인 도움을 주고자 합니다. 여러 학생들의 많은 관심으로 보다 유익한 영어교육 프로그램이 될 수 있도록 협조 부탁드리며 희망하는 4, 5, 6학년 유안 꿈나무 어린이들은 아래 양식에 의거 신청서를 7월 20일(화)까지 담임 선생님께 제출 바랍니다.

다 음

1. 프로그램명 : 여름방학 단기집중 영어교육 프로그램
2. 대상 학년 : 4, 5, 6학년 희망자 20명(저소득층 우선 선발) 인원 초과 시 추첨
3. 장 소 : 유안초등 영어체험실/ 프로그램은 추후 안내
4. 일 정 : 2010. 7. 26.(월) ~ 7. 30.(금) 1일 4시간 총 20시간
5. 성실하게 5일 동안 빠지지 않고 참여할 수 있는 어린이만 희망 신청하시기 바랍니다.
6. 문 의 : 송미나 선생님(010-0000-0000)

2010년 7월 10일

유안초등학교장

2010 여름방학 단기집중 영어교육 프로그램 참가 희망 신청서

(   )학년 (   )반 (   )번 이름 : (   )

<table>
<tr><td>저소득층</td><td colspan="3">유(   ), 무(   )</td></tr>
<tr><td>주 소</td><td colspan="3"></td></tr>
<tr><td rowspan="2">연락처</td><td>집전화 :</td><td rowspan="2">보호자</td><td rowspan="2">(인)</td></tr>
<tr><td>손전화 :</td></tr>
</table>

유안초등학교장 귀하

7) 평 가

(1) 평가목적

"방학 아카데미 영어교육 프로그램 : Talk Talk Talk 영어체험교실의 상황별 실물교구를 활용한 의사소통능력 신장" 프로그램 실행 후 대상 학생들의 영어학습력 신장 기여도와 프로그램 질 제고를 위한 목적으로 프로그램 만족도 조사를 다음과 같이 실시하였다.

(2) 평가지

프로그램 평가도구는 각 프로그램 내용 주제 등을 토대로 아래와 같은 5단계(likert) 방식의 설문조사 방식으로 이루어졌다.

〈예시〉

> 다음의 질문들은 여러분들이 영어학습 프로그램에 참여하면서 어떤 느낌을 갖게 되었는지에 대해서 알아보고 설문의 결과는 더 나은 프로그램을 만드는 데 도움을 주고자 하는 것입니다.
> 여러분들의 생각을 솔직하게 답해주시기 바랍니다.

영 역	평 점 / 문 항	전혀 아니다	그렇지 않다	보통이다	그렇다	매우 그렇다
교사	1. 선생님은 우리를 가르치는 데 충분한 자격이 있다고 생각한다.	1	2	3	4	5
	2. 프로그램이 실시되는 동안 선생님은 열심히 가르쳐 주셨다.	1	2	3	4	5
	3. 프로그램이 진행되는 동안 선생님은 나의 학교 생활에 자신감을 꾸준히 불어넣어 주셨다.	1	2	3	4	5
	4. 선생님의 지도 방법은 영어학습력 신장에 매우 유익하였다.	1	2	3	4	5
평 균						

영 역	평 점 / 문 항	전혀 아니다	그렇지 않다	보통이다	그렇다	매우 그렇다
선발 및 참여	5. 나는 영어 학습에 참여하기를 잘했다고 생각한다.	1	2	3	4	5
	6. 나는 내년에도 영어 학습에 참여하기를 원한다.	1	2	3	4	5
	7. 나는 영어 학습에서 빠질 수 있다면 빠지고 싶다.	1	2	3	4	5
	8. 프로그램에 참여하는 친구들의 학습력 수준은 비슷하다고 생각한다.	1	2	3	4	5
	9. 현재 배우고 있는 프로그램이 나의 수준에 맞다.	1	2	3	4	5
평 균						
교육과정	10. 이 프로그램의 내용은 배우고자 하는 나의 요구를 충족시켜 주었다.	1	2	3	4	5
	11. 이 프로그램의 수준은 나에게 적절했다.	1	2	3	4	5
	12. 이 프로그램의 내용은 나에게 흥미가 있었다.	1	2	3	4	5
	13. 이 프로그램은 나의 영어학습력을 신장시켜 주었다.	1	2	3	4	5
평 균						
조직과 운영	14. 같은 반에서 공부하는 학생 수는 적절하다고 생각한다.	1	2	3	4	5
	15. 학습시간은 부족함이 없이 적절하다고 생각한다.	1	2	3	4	5
	16. 학습에 필요한 학습 자료나 교재들이 풍부하였다.	1	2	3	4	5
	17. 여러 가지 다양한 활동으로 배움중심 수업이 진행되었다.	1	2	3	4	5
	18. 배움 활동에 대한 적절한 피드백이 이루어졌다.	1	2	3	4	5
	19. 선생님께서 내주신 과제의 내용과 양은 적절하였다.	1	2	3	4	5
	20. 주어진 주제에 대해 충분한 학습이 이루어졌다.	1	2	3	4	5
	21. 프로그램 실시 동안 충분한 의사소통이 이루어졌다.	1	2	3	4	5
	22, 프로그램이 끝난 후 여러 가지 평가가 이루어졌다.	1	2	3	4	5
	23. 학습자, 수요자 중심으로 활동이 이루어졌다.	1	2	3	4	5
	24. 영어체험교실 활용에 따른 원어민 활용은 적절하였다.	1	2	3	4	5
평 균						

프로그램 효과	25. 프로그램 참여 후 실생활 영어 의사소통능력이 향상되었다.	1	2	3	4	5
	26 이 프로그램은 자기주도 영어학습력 신장에 도움을 주었다.	1	2	3	4	5
	27. 프로그램 실시 후 영어학습에 대한 관심이 증가되었다.	1	2	3	4	5
	28. 이 프로그램은 영어 사교육비 절감에 도움을 주었다.	1	2	3	4	5
	29. 이 프로그램은 학교생활에 자신감을 심어주었다.	1	2	3	4	5
	30. 이 프로그램은 영어공교육에 대한 만족감을 심어주었다.	1	2	3	4	5
평 균						

(3) 평가 결과

"방학 아카데미 영어교육 프로그램 : Talk Talk Talk 영어체험교실의 상황별 실물교구를 활용한 의사소통 능력신장" 프로그램을 실행한 결과, 프로그램 만족도 설문조사를 통해 다음과 같은 결과를 얻었다.

첫째, 영어체험교실 상황별 실물교구를 활용한 본 프로그램 적용은 학생들의 자기주도 영어학습력 향상을 통한 영어 의사소통능력을 신장시켰다. 또한 영어체험교실에서의 다양한 실물교구 활용은 프로그램 대상 학생들의 정규 영어교과학습인 TEE 수업에 대한 이해도 향상뿐 아니라 교실 밖의 실생활 영어 사용에 대한 기여와 원어민과의 의사소통능력 신장에도 도움이 되었다. 둘째, 영어체험교실의 상황별 실물교구 활용 프로그램은 저소득층 학생들의 영어에 대한 흥미와 더불어 학교생활에서의 자신감을 신장시켰다. 획일화되고 수동적인 교과학습 위주의 영어 학습에서 탈피하여 다양한 상황 연출과 실물교구를 활용한 생동감 있는 활동 위주의 프로그램은 영어학습에 대한 흥미뿐 아니라 학교생활에서 필요한 자신감을 향상시키면서 자아탄력성을 회복시키는 데도 도움이 되었다. 셋째, 영어체험교실의 상황별 실물교그 활용 프로그램은 교육복지 대상 학생에 대한 균등한 공교육 기회 제공과 더불어 영어 사교육비 부담을 줄이는 데도 도움이 되었다. 또한 저소득층 학생들에게 질 높은 공교육 영어 프로그램을 제공함으로써 교육적 소외감을 해소시키는데도 도움이 되었다.

따라서 본 "방학 아카데미 영어교육 프로그램 : Talk Talk Talk 영어체험교실 상황별 실물교구를 활용한 의사소통능력 신장" 프로그램은 참여 학생들의 영어의사소통 능력 신장은 물론 영어에 대한 흥미와 자신감 향상으로 학교생활 적응력을 높이는 효과를 가져왔으며 저소득층 가정의 학부모 또한 교육적 소외감 해소와 영어사교육비 절감 등으로 영어 공교육에 대한 신뢰를 회복하는 데 긍정적인 영향을 미쳤다 할 수 있겠다.

4. 현장체험학습 프로그램 사례

■ 청소년과 부모와 함께하는 에코-에듀 프로그램

본 프로그램은 현장체험학습의 필요성과 효과를 중요하게 인식하고, 자녀와 부모가 함께 하는 "자연생태체험과 역사 · 문화체험" 프로그램이다. 학습 대상은 교육취약계층뿐만 아니라 일반학생, 학부모 등 다양한 대상자들에게 적용할 수 있다. 순천만 체험학습은 대한민국 1호 국가정원으로 지정된 순천만국가정원의 활용도를 높이기 위해 '교과부 체험학습장' 인증 등 각종 후속 사업이 중앙부처의 지원으로 추진되고 있다.

1) 환경 및 학습자 분석

청소년기의 성장 특징은 질풍노도의 시기로 다양한 성격의 변화로 반항적이고 예민하며 타인과 갈등을 일으킨다. 이와 더불어 우울증, 불안증 등으로 인한 행동정서장애가 나타난다. 청소년기 자녀를 둔 부모는 40~50대로 인생에서 하강과 은퇴를 감지하는 시기이고, 자녀와 부부관계 역학의 변화를 겪는다. 따라서 자녀와 부모는 함께 발달과제를 안고 있는 상황에서 부모와 청소년은 충돌과 갈등으로 많은 스트레스를 받고 있다.

이러한 학습대상자의 특성상 학습자 환경분석은 먼저 부모 자녀 관계 검사지(PQR)－애착관계, 대화기능, 자녀의 학교 밖의 교육 참여도, 부모기술 확신감, 학교만족도, 관계좌절감－를 통해 부모는 자녀를, 자녀는 부모를, 그리고 부모와 자녀 스스로에 대해 잘 알고 서로 간에 필요한 것이 무엇인지 안다. 그리고 심리유형 분석으로 널리 쓰이는 MBTI 검사도구를 사용하여 부모와 자녀 간의 문제를 극복한다. MBTI를 사용하는 이유는, FIRO-B, TKI 갈등관리, CPI 등의 심리유형분석이 있지만, MBTI는 심리유형이론이면서 실제 활용범위는 상담 분야로 진로상담, 가족 · 이혼 상담, 커뮤니케이션, 갈등관리, 대인관계, 전략적 의사결정과 문제해결, 팀 구축, 코칭 · 멘토링, 학습스타일 진단과 효과적인 학습방법, 조직의 변화, 조직개발 · 조직문화, 리더십의 blind spot 성찰(전환학습) 등으로 널리 쓰이고 있어(김정일), 본 프로그램의 학습자를 분석하는 데 적합하다고 생각해서이다.

2) 요구진단

(1) 프로그램 주제와 목적

중고등학생 청소년과 그 부모인 40~50대를 대상으로 MBTI 심리유형 검사와 부모－자녀 관계 검사지(PQR)를 통해 현장체험학습 내용, 프로그램 참여 후 부모와 자녀의 갈등 문제 해결을 위한 프로그램 1의 주제는 현장체험학습(생태)을 통한 부모와 자녀 하나되기이며, 목적은 부모와 자녀 공동의 화제 찾기이다. 프로그램 2의 주제는 현장체험학습(역사, 문화) 부모와 자녀 하나되기이며, 목적은 부모와 자녀 간의 라포형성이다.

(2) 개발 배경과 필요성

교실수업의 한계, 늘어나는 청소년 문제, 부모와 자녀의 갈등 문제, 현장체험학습 및 동아리활동 인기, 청소년 자녀를 둔 부모교육의 인문학적인 접근(역사, 문화, 예술 등)의 필요성으로, 교실에서의 지루한 학습과 교수자 중심의 수업에서 벗어나 역사, 예술, 문학, 인문학 전반에 걸친 여행과 현장체험학습을 통한 부모와 자녀가 라포형성, 원활한 의사소통, 정서치료, 동기부여로 자기주도적 학습 유도, 삶의 만족도 향상으로 문제를 극복할 필요가 있다.

3) 학습내용 및 교육과정

(1) 학습내용

첫째, 프로그램 1 현장체험학습(생태)에서는 부모와 자녀 공동의 화제 찾기의 목적하에, 체험학습의 필요성과 효과를 인식한다. 자유로운 대화의 시간을 통해 갈등 해소와 원만한 관계를 유지한다.

매년 가을에 개최되는 순천만 갈대축제 프로그램에 참여하여 생태현장・문학체험으로 시낭송과 시 품평, 순천만 배경의 소설, 시 등의 소개를 통해 내면화의 시간을 갖는다. 또한 자신이 찍은 사진과 녹음한 자연의 소리를 감상하고 마음을 정화한다. 둘째, 프로그램 2 현장체험학습(역사, 문화) 부모와 자녀 라포형성의 목적하에, 역사・문화 체험학습의 필요성과 효과를 인식한다. 조선의 천문기상과학의 역사와 문화를 통해 조상의 지혜를 안다. 부모와 자녀가 함께 견학문 쓰기, 천문 시간 측정과 관련 퀴즈풀이로 라포를 형성한다.

(2) 교육과정

전체 3회기, 시기는 매주 주말(토, 일)을 이용한다. 구체적인 시기는 순천만 갈대축제 개최에 맞추어, 1회기 : 사전 설문조사, MBTI를 통한 부모와 자녀의 성격유형 검사(부록 1), 부모 자녀 관계 검사지(PQR)(부록 2), 2회기 : 생태・문학체험, 부모와 자녀 간의 유대감 형성과 공동의 화제 찾기, 3회기 : 역사・문화 현장체험학습, 부모와 자녀 간의 라포형성과 내면화 시간 갖기가 있으며, 각 회기 체험학습 후, 프로그램 평가(부록 3-설문지)를 한다.

〈표 15-3〉 학습내용 및 교육과정 분석

프로그램 주제	학습내용	교육과정 및 대상자
현장체험학습(생태)–부모와 자녀 공동의 화제 찾기	1회기 사전검사 2회기 1. 체험학습의 필요성과 효과 2. 자유로운 대화의 시간 갖기 (갈등 해소와 원만한 관계 유지) 3. 시낭송과 시 품평, 순천만 배경의 소설, 시 등 소개 4. 자신이 찍은 사진과 녹음한 자연의 소리 감상하기 3회기 1. 부모와 청소년의 개념 정립 2. 역사와 문화 현장체험학습의 필요성을 인식한다. 3. 조상의 지혜를 발견하고, 우리 조상들이 왜 그렇게 시간과 하늘을 중요시했는지 알아본다. 4. 부모와 자녀가 견학을 통한 천문 시간 측정과 관련 등 퀴즈를 푸는 시간을 가지며 하나가 된다. 4회기 1. 프로그램 평가	* 대상자 : 청소년 자녀(중・고등학교)와 그 부모 각각 30명 모두 60명 1회기/ 10월 넷째 주 토요일 : 사전 설문조사, 부모와 자녀의 성격유형 검사(부록-1 MBTI 조사도구), 부모–자녀 관계 검사지(PQR)(부록-2) 2회기/ 11월 첫째 주말 : 생태현장체험학습 (*순천만 갈대축제), 부모와 자녀 유대감 형성과 공동의 화제 찾기 3회기/ 11월 둘째 주 주말 : 역사・문화 현장체험학습, 부모와 자녀 간의 라포형성과 내면화 시간 갖기 * 각 현장체험학습 후 : 프로그램 평가 (부록-2 설문지)

2회기 프로그램(강의 및 활동계획 프로그램 1)은 매년 가을 순천만 갈대축제 프로그램들 중 해설사와 함께하는 새벽투어, 갈대 소원지 쓰기, 시인과 함께하는 순천만 문학기행 체험 프로그램을 중심으로 개발되었다. 순천만 갈대축제 프로그램과 역사는 다음과 같다.

〈표 15-4〉 순천만 갈대축제

프로그램	기 간	장 소	내 용
해설사와 함께하는 새벽투어	11월 2일~ 11월 4일 (06:00~09:00)	순천만 갈대숲 탐방로	무진이 자욱한 새벽 순천만을 거닐며 일출을 보며, 가족의 사랑을 확인하며 키울 수 있는 이색 프로그램 • 코스 : 무진교－갈대숲탐방로－용산전망대－무진교－선상투어(생태해설사 1일 2명 배치)
순천만 힐링투어	11월 2일~ 11월 4일 (10:00~17:00)	순천만 갈대숲 탐방로	삭막한 도심권에 지친 현대인들을 위한 힐링투어 • 코스 : 무진교－갈대숲탐방로－용산전망대－무진교(약 2시간 소요)(생태해설사 1일 3명 배치)
사진작가와 함께 떠나는 순천만 생태체험	11월 3일~ 11월 4일 (14:00~17:00)	순천만 일원	사진작가와 함께하며 사진기술도 배우고 순천만도 탐방, 순천만 자연경관, 야생화 식생, 저서생물 등 엽서제작을 하는 교육형 프로그램 • 코스 : 순천만－인안방조제
농촌체험 마당	11월 2일~ 11월 4일 (10:00~21:00)	동천 체험장	내용 : 순천 용오름 마을 외 7개 마을 참여를 통한 농촌 체험 참여마을(순천용오름마을, 순천용줄다리기마을, 순천생태마을, 순천향매실마을, 순천꽃마차마을, 순천개랭이고들빼기마을, 청소골산촌체험마을, 후곡산촌체험마을)
동천 수상체험	11월 2일~ 11월 4일 (10:00~18:00)	동천 체험장	동천의 수상인프라를 활용한 레저 프로그램 – 줄배체험 : 과거에 대한 향수와 수상체험의 즐거운 만끽 – 수상자전거 – 연인과 가족을 위한 낭만 수상체험 – 구명조끼, 안전요원 배치 등을 통한 안전대책 수립
갈대 소원지 쓰기	11월 2일~ 11월 4일 (10:00~21:00)	동천 갈대힐링장	희망과 염원을 담은 소원지를 작성하여 수상 위에 조성된 갈대소원탑에 부착한 후 폐막행사 시 소원탑 태우기로 진행 순천에 오면 소원이 성취된다는 스토리텔링화
동천 문화공방체험	11월 2일~ 11월 4일 (10:00~21:00)	동천 체험장	문화의 거리 상주업체들의 참여를 통한 도예, 한지공예 등 행사 진행 • 체험 : 편백향 주머니 만들기, 칠보공예 장신구, 한지공예, 오색한지 접시 만들기, 다육화분, 팔찌 만들기, 목걸이 만들기, 손수건 페인팅, 티셔츠 페인팅, 꽃엽서, 열쇠고리 만들기 등
생태 도서전	11월 2일~ 11월 4일 (10:00~21:00)	동천 체험장	생명에 대한 소중함과 인간이 생태적 동반자로서 지켜야 할 것들을 시민과 함께 나눔 • 체험 : 생태적 고민을 담은 놀이 프로그램 – 우리나라 야생동물과 순천의 환경을 이야기 – 생태도서에 담긴 이야기를 들려주는 책 읽어주기 행사 진행 – 야생동물 이야기(구조 활동, 장비 등 전시, 동물보호 캠페인 등)

시인과 함께하는 순천만 문학기행	11월3일 오후 1시~ 11월 4일 오전 11시 (1박 2일)		순천만은 그 자체로 생명과 평화를 배울 수 있는 곳으로, 사물을 바라보는 데 시인의 눈으로 바라볼 때 어떤 차이를 만들어 내는지를 함께 나눔 * 첫째 날 : 곽재구 시인 강의(주제 : 와온 바다 그리고 산티리케탄에서 만난 사랑의 시편들). 시 낭송회와 시 노래 부르기. 산책하며 문학이야기 나눔. 박두규 시인 강의(주제 : 순천만에서 생각하는 생명과 평화의 삶) * 둘째 날 : 순천만 생태해설사와 함께 산책, 시 쓰기. 조별로 시 품평과 이야기 나눔(순천만 문학관) 대상 : 문학을 가까이 하고 싶은 시민과 학생들

〈표 15-5〉 순천만 갈대축제 역사

회	축제명	주 제	일 시
제1회	제1회 순천만 갈대제	흑두루미의 비상	1997. 11. 7.(금) ~ 11. 9.(일)
제2회	제2회 순천만 갈대제	흑두루미의 귀향	1998. 11. 13.(금) ~ 11. 15.(일)
제3회	제3회 순천만 갈대제	흑두루미의 生	2000. 11. 10.(금) ~ 11. 19.(일)
제4회	제4회 순천만 갈대제	흑두루미의 자유	2001. 11. 10.(금) ~ 11. 19.(일)
제5회	제5회 순천만 갈대제	보이니? 작아서 더욱 아름다운 것들	2002. 11. 8.(금) ~ 11. 10.(일)
제6회	제6회 순천만 갈대제	人, 흑두루미의 꿈	2003. 11. 7.(금) ~ 11. 9.(일)
제7회	제7회 순천만 갈대제	철새야, 갈대 보러 순천만 가자!	2004. 11. 5.(금) ~ 11. 7.(일)
제8회	2005 순천만 갈대제	순천만 갈대꽃 나들이	2005. 11. 4.(금) ~ 11. 6.(일)
제9회	2006 순천만 갈대제	갈대가 들려주는 순천만 이야기	2006. 10. 14.(금) ~ 10. 22.(일)
제10회	2007 순천만 갈대제	갈대와 흑두루미의 사랑이야기	2007. 10. 20.(금) ~ 10. 28.(일)
제11회	2008 순천만 갈대제	생명의 땅, 순천만을 날다	2008. 10. 28.(화) ~ 11. 4.(화)
제12회	2010 순천만 갈대제	생명의 땅, 순천만을 날다	2010. 10. 9.(토) ~ 10. 24.(일)
제13회	2011 순천만 갈대제	생명의 땅, 순천만을 날다	2011. 10. 20.(목) ~ 10. 24.(월)
제14회	2012 순천만 갈대제	갈대를 노래하다	2012. 11. 1.(목) ~ 11. 4.(일)
제15회	2013 순천만 갈대제	순천만 갈대꽃, 정원에서 피어나다!	2013. 10. 25.(금) ~ 10. 27.(일)
제16회	2014 순천만 갈대제	순천만 갈대愛, 순천만을 느끼다	2014. 10. 17.(금) ~ 10. 19.(일)

(3) 강의 및 활동계획 프로그램 1

〈표 15-6〉 현장체험학습(생태, 문학)-대자연의 숨결을 통한 부모와 자녀가 하나되기

<table>
<tr><th>진행단계</th><th colspan="2">내 용</th><th>준비물</th><th>시 간</th></tr>
<tr><td>소주제</td><td colspan="2">대자연의 숨결을 통한 부모와 자녀 공동의 화제 찾기</td><td></td><td></td></tr>
<tr><td>목 표</td><td colspan="2">순천만 갈대축제로 대자연의 숨결을 체험하며, 생태가치를 인식하고 오감만족을 통해 스스로가 보존의 주체가 되고, 글쓰기를 통해,
1. 교육자와 참여자 간, 참여자들 사이에 라포를 형성한다.
2. 부모와 청소년의 개념 정립과 현장체험학습의 필요성을 인식한다.
3. 생명과 평화를 배운다.
4. 생태보존과 생태공유의 중요성을 인식한다.
5. 부모와 자녀는 하나가 된다.</td><td></td><td></td></tr>
<tr><td>도 입</td><td colspan="2">1. 프로그램 내용을 소개한다.
2. 모둠 만들기(6명씩)를 한다.
3. 모둠소개 및 자기소개/ 체험학습 참여 동기와 기대를 말함으로써 가장 흥미 있는 학습 문제를 발견할 수 있도록 한다.</td><td>명찰
필기구
비디오
카메라
녹음기</td><td>35분</td></tr>
<tr><td rowspan="6">전 개</td><td>강 의</td><td>활 동</td><td rowspan="2">워크북
PPT</td><td rowspan="2">15분</td></tr>
<tr><td>1. 체험학습의 필요성과 효과
2. 부모와 자녀의 역할 (갈등 해소와 원만한 관계유지)</td><td>1. 직접 순천만 대자연의 숨결을 느끼며, 생태보존과 생태가치의 공유 중요성을 인식하도록 한다.
2. 생명의 땅, 자연생태체험을 통한 부모와 자녀의 자유로운 대화의 시간을 갖는다.</td></tr>
<tr><td colspan="2">휴 식</td><td>다과</td><td>10분</td></tr>
<tr><td>강 의</td><td>활 동</td><td rowspan="3">워크북
PPT
(사진, 동영상 포함)</td><td rowspan="3">50분</td></tr>
<tr><td>3. 시인을 초대하여 순천만을 배경으로 하는 소설, 시 소개와 강의
4. 시낭송과 시 품평
5. 자신이 찍은 사진과 녹음한 자연의 소리 감상하기</td><td>3. 곽재구 시인 강의 : “와온 바다 그리고 산티니케탄에서 만난 사랑의 시편들”
시 낭송회와 시 노래 부르기,
산책하며 문학이야기 나눔활동을 한다.
4. 순천만 산책과 순천만을 배경으로 시 쓰기와 6인 1조가 되어 2인(부모와 자녀)이 직접 쓴 시를 낭독한다. 나머지 조원들과 시인은 낭독자의 시를 잘 감상(낭독자의 음성, 언어표현 등)하여 시 품평을 한다.
5. 자신이 찍은 사진과 녹음한 자연의 소리를 감상한다.</td></tr>
<tr><td>6. 프로그램 평가</td><td>6. 설문지를 작성한다.</td></tr>
</table>

<table>
<tr><td>종결 및 과제(종합)</td><td>1. 요약하기 : 현장체험학습을 통한 부모와 자녀 역할훈련의 필요성
2. 과제안내
- 2회차 부모로서, 자녀로서 역할 써보기와 현장체험학습을 통한 자신의 효능감 확인하기
3. 설문지 작성하기(본 프로그램 참여 만족도 확인과 더 나은 프로그램을 만들기 위함)</td><td>워크북</td><td>10분</td></tr>
</table>

출처 : 이승미(2007). 강의 및 활동계획 모델 : 금성자녀와 통하는 화성부모-청소년기 자녀를 둔 가족생활프로그램, p. 10.

(4) 강의 및 활동계획 프로그램 2

〈표 15-7〉 현장체험학습(역사, 문화)을 통한 부모와 자녀 하나되기

<table>
<tr><th>진행단계</th><th colspan="2">내 용</th><th>준비물</th><th>시 간</th></tr>
<tr><td>소주제</td><td colspan="2">조선의 천문기상과학의 역사와 문화 체험학습을 통한 부모와 자녀 라포 형성</td><td></td><td></td></tr>
<tr><td>목 표</td><td colspan="2">1. 교육자와 참여자 간, 참여자들 사이에 라포를 형성한다.
2. 부모와 청소년의 개념 정립과 역사와 문화현장 체험학습의 필요성을 인식한다.
3. 조상의 지혜를 발견하고, 우리 조상들이 왜 그렇게 시간과 하늘을 중요시했는지 알아본다.
4. 부모와 자녀가 견학을 통한 천문 시간 측정 등과 관련한 퀴즈를 푸는 시간을 가지며 하나가 된다.</td><td></td><td></td></tr>
<tr><td>도 입</td><td colspan="2">1. 프로그램 내용을 소개한다.
2. 모둠 만들기(6명씩)를 한다.
3. 자기소개/ 체험학습 참여 동기와 기대를 발표한다.</td><td>명찰
필기구
카메라</td><td>35분</td></tr>
<tr><td rowspan="2">전 개</td><td>강 의</td><td>활 동</td><td rowspan="2">워크북
PPT
(사진, 동영상 포함)</td><td rowspan="2">15분</td></tr>
<tr><td>1. 역사, 문화 체험학습의 필요성과 효과

2. 부모와 자녀의 역할
(갈등 해소와 원만한 관계유지)</td><td>1. 천제공원 환구단, 경복궁 흠경각, 고궁박물관 등을 둘러보고 조선의 천문기상과학의 역사와 문화를 알아본다.
2. 조선의 역사와 문화에 대해 자신이 가장 관심 있고 잘 아는 부문을 부모와 자녀가 말하는 시간을 갖는다.</td></tr>
</table>

	휴 식		다과	10분
	강 의	활 동	워크북	50분
	3. 견학문 쓰기와 발표 4. 부모와 자녀의 조선의 역사와 문화 바로 알기	3. 견학문 쓰기와 발표 및 부모와 자녀가 문화(역사)해설가와 함께하는 퀴즈풀이를 한다.		
종결 및 과제 (종합)	1. 요약 : 현장학습을 통한 청소년 부모교육의 필요성 2. 과제안내 – 2회차, 조선시대의 천문기상과 현재 천문기상을 비교하여 생각해 보기와 본 프로그램을 통한 부모·자녀의 효능감 확인하기 3. 설문지 작성하기(본 프로그램 참여 만족도 확인과 더 나은 프로그램을 만들기 위함)		워크북	10분

4) 인적 · 물적 · 재정지원

(1) 인적자원

외부강사 : 각 분야 전문 강사/ 현지강사(생태체험 해설사, 역사·문화 해설사) *순천만과 서울 역사·문화 탐방지역 자체 강사/ 안내 자원봉사

(2) 물적자원

기자재[강의실 : 교수자용 프로젝터, 마이크, 컴퓨터/ 학습자용 책상 및 의자, 오디오, 비디오, 버스(탐방지 이동 전세버스), 탐방지역 : 교수자 혹은 안내자의 휴대용 마이크, 노트북, 구급약품]

(3) 재정지원

목 록	책정기준	예상비용
1. 강사료 : 내·외부 무료강사/ 현지 가이드(자원봉사)	없음	없음
2. 음료 및 간식 : 60인 기준	60명×3회차×1,000원	180,000원
3. 교통비 : 버스 2대 : 학교 → 현지 : 스쿨버스 이용	없음	없음
4. 입장료 : 1) 순천만 2) 서울의 역사·문화체험	1) 무료 2) 60명×1,500원(단체할인)	90,000원

5. 기타	인쇄비(검사지)	60명×10장×30원	18,000원
	구급약품 2개	2회×2개×50,000원	200,000원
	현수막(버스용)	2회×10,000원	20,000원
	피켓(현지용)	2회×5,000원	10,000원
	여행자보험	60명×2회×2,000원	240,000원
	기타운영비	60명×2회×1,000원	120,000원
합 계		878,000원	

5) 홍 보

<표 15-8> 팸플릿, 홈페이지(학교, 순천만, 조선의 천문기상과학의 역사와 문화)를 이용한다.

〈표 15-8〉 청소년 자녀와 부모를 위한 현장체험학습 프로그램

1. 순천만 갈대축제	 1. 홈페이지 순천시생태체험학습센터 http://sceelc.com 순천만 정원 박람회 http://www.scgardens.or.kr 순천만자연생태공원 http://www.suncheonbay.go.kr 2. 날짜 11월 첫째 주 주말 3. 대상 : 교육취약계층 · 일반 청소년 자녀와 부모
2. 조선의 천문기상 과학의 역사와 문화	 1. 홈페이지 국립대구기상과학관 http://msm.kma.go.kr 서산류방택천문기상과학관 http://www.ryubangtaek.or.kr 2. 날짜 11월 첫째 주 주말 3. 대상 : 교육취약계층 · 일반 청소년 자녀와 부모

6) 프로그램 평가 및 평가계획

프로그램 평가란 설계된 프로그램을 실행한 후에 프로그램의 성과, 가치, 효과를 판단하는 일련의 과정이다(김진화, 2009). 즉, 프로그램에 참여자가 프로그램을 얼마나 이해하고, 어느 정도 만족하고, 프로그램은 적절한 시기에 이루어졌는지 등에 대한 평가로, 프로그램의 당초 목적달성에 대한 참여자의 반응을 토대로 프로그램의 질과 적합성을 판단하여 미래 방향을 설정해 준다. 본 프로그램은 청소년 자녀(중·고등학교) 30명과 그 부모 30명, 모두 60명을 대상으로 체험학습을 3회 실시하는, 교육훈련 평가의 가장 보편적인 평가모델이며, 학습자 수준에서 프로그램의 효과를 평가하기에 유리한 Kirkpatrick 모형을 재구성한 평가지(전주성·김소영, 2011)(부록 3)을 이용하기로 한다.

(1) 평가

- 자주적인 학습태도를 기를 수 있다.
- 협동심, 문제해결력, 적용능력 등을 기르는 데 유용하다.
- 통합적이고 살아 있는 지식과 기능을 습득할 수 있다.
- 교육과정, 교육내용과 자료를 풍부하게 한다.
- 사회와 자연에 관련된 현안문제에 대한 관심을 제고하여 통찰력을 기르게 한다.

(2) 평가지(설문지) 작성-참가자에 의한 평가

프로그램 평가도구는 본 사례인 순천만의 현장 검토와 각 프로그램의 내용 주제 등을 토대로 Kirkpatrick 모형을 재구성하여 설문지를 작성한 것이다. 프로그램에서 제안하고 있는 평가모델을 구성하는 각 요소 및 하위 요소들은 5단계 리커트(likert) 방식 ①은 '매우 그렇지 않다', ②는 '별로 그렇지 않다', ③은 '보통이다', ④는 '약간 그렇다', ⑤는 '매우 그렇다'를 이용하여 학습자가 프로그램을 마친 후 각 요소에 대하여 주관적으로 인식하는 정도로 측정한다.

설문지

수강한 프로그램명 : 날 짜 :

이 설문지는 프로그램 수강을 끝낸 학습자의 각종 만족도에 대해서 알아보고, 설문의 결과는 더 나은 프로그램을 만드는 데 도움이 되고자 설문조사를 실시합니다. 프로그램 평가를 할 수 있도록 아래의 설문지를 성심성의껏 완성해 주시면 대단히 고맙겠습니다. 각각의 질문에 대하여, 귀하의 입장에서 가장 적절한 답을 골라 표시해 주십시오. ①은 '매우 그렇지 않다', ②는 '별로 그렇지 않다', ③은 '보통이다', ④는 '약간 그렇다', ⑤는 '매우 그렇다'에 해당합니다.

〈학습내용 및 과정〉

1. 본 체험학습 프로그램에 대하여 만족하십니까?
2. 프로그램 목표가 분명하고 현실적이었습니까?
3. 프로그램 내용이 자신의 의도와 부합하였습니까?
4. 제공된 프로그램 주제는 귀하께 적절했으며 가치가 있는 것이었습니까?
5. 각 프로그램 주제는 적절한 속도로 제시되었습니까?
6. 각각의 소주제에 대한 시간 배분은 적절했습니까?
7. 수업주제와 관련한 교수기법은 귀하가 학습을 하는 데 적당했습니까?
8. 현장체험학습을 통해 배운 것이 본인의 삶에 도움이 되셨습니까?
9. 수업주제는 귀하의 특정한 생활상황과 관련이 있습니까?
10. 사용된 자료(PPT, 비디오, 사진, 교재, 카메라 등)는 학습과정에 도움이 되었습니까?
11. 프로그램은 잘 조직되어 효과적으로 운영되었습니까?
12. 다음번에 유사한 프로그램에 또 참가할 의향이 있으십니까?

〈강사/ 안내자의 교수기술〉

1. 본 프로그램 강사(혹은 안내자)에 대하여 만족하였습니까?
2. 강사가 열성을 갖고 임했습니까?
3. 강사는 준비를 잘했습니까?
4. 강사는 학습내용에 대해 전문적인 지식이 있었습니까?

5. 강사는 귀하가 편안함을 느낄 수 있도록 노력했습니까?
6. 강사는 귀하가 주제를 학습하기에 적절한 도움을 주었습니까?
7. 강사는 참여자들과 의사소통을 잘 이루었습니까?(가령, 학습자들의 다양성 고려 등)
8. 강사는 귀하의 흥미를 꾸준히 유지시켰습니까?
9. 강사는 시간을 적절히 분배해서 내용을 다루었습니까?
10. 강사의 각 수업주제(현장, 강의실)에 대한 강의방법이 적절했다고 생각하십니까?

〈교육지원〉

1. 등록절차는 참가자들을 잘 배려하고 있었습니까?
2. 프로그램의 시간 계획은 잘 기획되어 있었습니까?(가령, 현장체험시간, 휴식시간, 식사시간과의 적절한 간격)
3. 프로그램 진행 장소 이동 시(현장체험학습) 교통편은 편리했는지?
4. 프로그램과 관련하여 사용되는 인터넷 활용에는 불편하지 않았습니까?
5. 본 프로그램이 실시된 장소 및 시설이 적절했다고 생각하십니까?

〈프로그램 전반〉

1. 귀하는 이 프로그램에서 학습한 내용을 학교, 가정, 기타 개인생활 등에 적용・활용할 수 있겠습니까?
2. 귀하는 이 프로그램에서 다루어진 내용이나 주제들을 더 체험해 볼 만한 것이라 생각하게 되었습니까?
3. 귀하가 이 프로그램을 전반적으로 평가한다면 얼마나(몇 점) 되겠습니까?
4. 이 프로그램의 장점과 특별히 개선해야 할 사항이 있다면 간략히 적어 주십시오.

7) 기대효과

첫째, 자연환경과 생생한 교감으로 교육의 실질적인 실천방식을 습득하며 동시에 환경감수성을 높일 수 있다. 아울러 부모와 자녀 간 협력을 통한 갈등 해소, 상호 활동으로부터 문제해결과 학습의 계기를 형성, 자기주도적 학습을 유도하며 자녀와 부모가 함께 안고 있는 발달과제를 극복할 수 있다. 또한 통합적이고 살아 있는 지식과 기능을 습득할 수 있으며 교육과정, 교육내용과 자료를 풍부하게 한다. 사회와 자연에 관련된 현안문제에 대한 관심을 제고하여 통찰력을 기르게 한다.

둘째, 교육·사회·문화·생활 등의 교육취약계층, 소외계층 학생들뿐만 아니라 일반학생들 그리고 다양한 연령층에서 활용되는 학습형태로 우리의 감각, 감성, 인지, 행동, 관계체험을 통해 정신적·신체적으로 건강하고 행복한 삶을 유지할 수 있다. 특히 자연생태의 체험은 인간의 심리발달에 대단한 영향을 끼치는 데 정서적·신체적 치료뿐만 아니라 학습향상에 커다란 도움이 된다. 또한 행동정서장애를 포함하여 여러 가지 이유로 학습 문제와 정서 문제가 있는 아동, 청소년은 정서를 치료하고 학습의 기본적인 인지능력 확장을 도모할 수 있다. 성인들도 복잡한 삶의 세계에 대한 불안함 등 긴장관계를 체험을 통해 해결책을 찾고 긍정적인 세계관을 구축하게 된다. 노인은 노화 및 치매를 예방하고, 정신과 육체가 균형을 유지하도록 돕는다. 노년기의 고립과 소외로부터 벗어나 원만한 사회적 관계 속에서 생의 의미를 되찾고, 자아정체성을 유지하도록 한다. 장애아동은 운동 및 감각, 지각발달의 이상에 대하여 인지, 사회 및 정서행동의 문제를 치료할 수 있다.

〈부록 1〉

MBTI 평가도구 – 현장체험학습 – 부모와 자녀 성격유형 검사도구

다음 각 문항에 대하여 'a' 혹은 'b'에 체크하시오. 만일 'a'와 'b' 모두가 사실이라고 느끼실 경우 그 중 어느 하나가 조금이라도 더 사실에 가까운 것에 체크하여 주십시오.

1. 나는 보다 –을 하려고 바란다.
   a. 새롭고 복잡한 것을 해결한다.
   b. 과거에 해왔던 무엇인가를 작업한다.

2. 나는 –을 하기를 좋아한다.
   a. 조용한 장소에서 홀로 작업한다.
   b. 비공식적인 사회적 활동이 이루어지는 곳에는 나타난다.

3. 나는 다음과 같은 상사를 원한다.
   a. 의사결정 시 기준을 확립하고 적용하는 상사
   b. 개인의 요구를 고려하고 예외를 적용하는 상사

4. 내가 프로젝트를 수행할 때 나는
   a. 프로젝트를 마치고 완성하는 것을 좋아한다.
   b. 있을 수 있는 변화를 고려하여 종종 프로젝트의 종료 시기를 굳이 정하지 않는다.

5. 의사결정 시 가장 중요한 고려사항은
   a. 프로젝트를 어떻게 진행할 것인가를 결정하기 전에 이것저것 생각해 본다.
   b. 즉시 프로젝트를 시작하고 진척해 가면서 생각한다.

6. 프로젝트를 수행할 때 나는 다음과 같은 것을 하는 경향이 있다.
   a. 프로젝트를 어떻게 진행할 것인가를 결정하기 전에 이것저것 생각해 본다.
   b. 즉시 프로젝트를 시작하고 진척해 가면서 생각한다.

7. 프로젝트 작업을 할 때 나는 –을 선호한다.
   a. 가능한 한 통제력을 유지하려고 한다.
   b. 다양한 대안을 탐색해 본다.

8. 나의 작업을 수행할 때 나는 –을 선호한다.
   a. 한 번에 여러 가지 프로젝트를 수행하고 각각에 대하여 가능한 한 많은 것을 배우고자 한다.
   b. 나에게 도전을 안겨주는 하나의 과제를 대상으로 삼아 부지런히 처리하려고 한다.

9. 나는 종종
   a. 무엇인가를 시작할 때마다 리스트와 계획을 만들고 나의 계획을 변경하는 것을 매우 싫어한다.
   b. 계획서를 만드는 일을 피하고 단지 과제를 수행할 때 진척상황에 따른다.

10. 동료와 문제에 대하여 논의할 때 다음과 같은 것이 편하게 느껴진다.
   a. 큰 그림을 본다.
   b. 상황의 구체적인 사항을 포착한다.

11. 사무실이나 집에서 전화벨이 울릴 때 나는 흔히
   a. 전화벨을 방해로 간주한다.
   b. 기꺼이 응답을 한다.

12. 다음 단어 중 어느 것이 당신을 보다 잘 설명합니까?
   a. 분석적이다.
   b. 이해적(공감적)이다.

13. 내가 주어진 과제를 수행할 때 나는
   a. 지속적이고 일관되게 그 일을 한다.
   b. 틈틈이 중지하면서 정력을 발산한다.

14. 다른 사람이 특정 주제를 말하는 것을 들을 때 나는 으레 −하려고 한다.
   a. 그 언급을 나의 경험과 연관시키고 잘 맞는지를 알아본다.
   b. 그 메시지를 평가하고 분석한다.

15. 새로운 아이디어가 떠오르면
   a. 그것을 일단 과감히 시행해 본다.
   b. 좀 더 깊이 생각해 보는 것을 좋아한다.

16. 어떤 프로젝트 작업을 할 경우 나는 −을 선호한다.
   a. 프로젝트가 명확히 정의되도록 다루어야 할 범위를 좁힌다.
   b. 관련된 측면들을 포함시키기 위하여 다루어야 할 범위를 넓힌다.

17. 내가 무엇인가를 읽었을 때 나는 흔히
   a. 그곳에 쓰여진 것에 나의 생각을 고정시킨다.
   b. 행간을 읽고 그 단어들을 다른 아이디어에 연결시킨다.

18. 성급히 결정을 내려야 할 때 나는 흔히
   a. 불안감을 느끼며 보다 많은 정보를 확보하기를 바란다.
   b. 가용한 자료를 가지고 이에 기초하여 의사결정을 내릴 수 있다.

19. 회의 시에는 나는 다음과 같이 하려는 경향이 있다.
   a. 회의 주제에 관하여 이야기할 때 나는 아이디어를 지속적으로 정리한다.
   b. 회의 주제를 세심히 생각한 후에 발언을 한다.

20. 작업장에서 다음과 같은 이슈에 대하여 많은 시간을 보내는 것을 좋아한다.
  a. 아이디어
  b. 사람

21. 회의 시 다음과 같은 사람에게 종종 아주 화가 난다.
  a. 많은 아이디어의 윤곽만을 제시하는 사람
  b. 많은 실제적으로 세부적인 사항을 갖고 회의를 길게 만드는 사람

22. 당신은 어떤 사람입니까?
  a. 아침형 인간
  b. 올빼미와 같은 밤 시간에 활동하는 사람

23. 당신은 회의를 준비하는 데 있어 어떤 스타일입니까?
  a. 회의에 적극 참여하면서 반응을 보이는 것을 좋아한다.
  b. 회의를 충분히 준비하고 대체로 회의의 전체 모습을 그리는 것을 좋아한다.

24. 회의에서 사람들이 다음과 같이 행동하는 것을 좋아한다.
  a. 다양한 정서적 반응을 보이는 것
  b. 보다 과제중심적인 행동을 하는 것

25. 나는 이러한 조직에서 일하는 것을 보다 좋아한다.
  a. 나의 직무가 지적으로 자극을 줄 수 있는 조직
  b. 조직의 목표가 미션에 헌신할 수 있는 조직

26. 주말에 나는 다음과 같은 것을 하는 경향이 있다.
  a. 내가 해야 할 일을 계획한다.
  b. 일어날 일을 단지 생각해 보고 진척상황에 따라 결정한다.

27. 나는 보다
  a. 외부의 일들에 관심을 가진다.
  b. 나는 곰곰이 심사숙고하는 편이다.

28. 나는 다음과 같은 상사를 위해 일하고 싶다.
  a. 새로운 아이디어가 풍부한 사람
  b. 실제적인 사람

29. 다음의 각 쌍 중에서 당신에게 보다 잘 어울리는 단어를 하나 선택하시오.
  a. 사교적이다.
  b. 이론적이다.

30. a. 순수성 b. 실제성

31. a. 조직화되어 있다. b. 적응적이다.

32. a. 활동적이다. b. 집중적이다.

계산법
I : 2a, 6a, 11a, 15b, 19b, 22a, 27b, 32b 계
E : 2b, 6b, 11b, 15a, 19a, 22b, 27a, 32a 계
S : 1b, 10b, 13a, 16a, 17a, 21a, 28b, 30b 계
N : 1a, 10a, 13b, 16b, 17b, 21b, 28a, 30a 계
T : 3a, 5a, 12a, 14b, 20a, 24b, 25a, 29b 계
F : 3b, 5b, 12b, 14a, 20b, 24a, 25b, 29a 계
J : 4a, 7a, 8b, 9a, 18b, 23b, 26a, 31a 계
P : 4b, 7b, 8a, 9b, 18a, 23a, 26b, 31b 계

출처 : Robbins, S. P., & Hunsaker(2009). Training in interpersonal skills(5th ed.). Prentice-Hall.

〈부록 2〉 부모-자녀 관계 검사지(PRQ : Parenting Relationship Questionnaire)

척도	평 가 내 용		체 크					비고
			매우 필요	약간 필요	보 통	필요 없음	전혀 필요 없음	
애착 관계	부모-자녀 사이를 부모를 통하여 평가	친근감, 감정교류						
		부모의 역할 정도						
		정서·인지기능, 행동관계						
대화 기능	부모-자녀 사이의 신뢰관계를 형성하는 부모와의 대화·경청 기술에 대한 평가	대화내용의 질						
		대화의 양						
		경청기술 평가						
훈육 방식	일관성 있는 부모행동과 태도. 부모에 대한 신뢰(믿음) 평가	자녀훈육방식(민주, 방임, 권위)						
		일관성 있는 태도						
		가정 공동 프로젝트 유무						

교육 참여도	자녀의 바깥활동에 대한 부모의 인지, 활동 평가	학부모 학교참여						
		코칭 프로그램 참여 유무						
		학습동아리 등 참여 유무						
		현장체험학습 프로그램 참여 유무						
부모 기술 확신감	부모의 안정감 및 통제능력 점검	행복한 자아 발견						
		성장기 고통(트라우마) 여부						
		가치관과 신념						
학교 만족도	자녀학교에 대한 정서 및 교육 만족도	정서행동발달 파악 정도						
		학교·진로·꿈 설계 파악						
		학습습관 파악 정도						
관계 좌절감	정서행동 통제에서 오는 좌절감·스트레스	부부관계 스트레스 강도						
		부모관계 스트레스 강도						
		자녀관계 스트레스 강도						

〈부록 3〉 프로그램 평가지

변 인	하위질문	신뢰도
반 응		.969
강 사	매시간 강의내용 충분한 준비 열정적인 강의 수강생의 교육참여 적극적 유도 눈높이에 맞는 교육 교육기자재/ 장비의 적절한 활용 교육내용에 적합한 교육방법 활용	.961
교육시설/ 환경	필요한 교육내용 기자재 구비 강의실 시설환경 적절 수강생 인원 적절 강의실 및 주변 교육환경 적절 교통편리	.887
교육시간	주당 교육횟수 적절 매시간 학습내용 분량 적절 총 교육기간 적절 실습/ 이론 배분 적절	.907

교육내용	교육내용과 교육목표와의 관련성 학습자 관심사와의 관련성 업무(일/ 취미)와의 관련성 교육내용 난이도 적절 교육내용의 흥미성 직업능력(일/ 취미) 개발에 도움	.946
교육지원 서비스	행정적인 절차(교육신청, 등록절차) 편리 행정담당자의 친절한 상담	.875
경력계획	업무(일/ 취미) 목표 있음 목표달성을 위한 구체적 계획 있음 목표달성을 위한 실천방법 앎	.918
자기효능감	목표달성 가능 위기극복 가능 효과적 수행 가능 경쟁력 있음 어려운 일 수행 가능 학습내용을 일에 적용 가능	.941
학습(learning)	삶의 질 향상 잠재력 가능성에 대한 자기효능감 획득 새로운 지식과 정보 획득 전문적 기술 획득 취미 여가활동에의 적극적 참여 지적 · 탐구심과 사고력 향상 삶의 목표 구체화 미래에 대한 희망과 행복감 획득 정신건강에의 도움 학구열 고취 자기주도학습 가능 더불어 배우는 즐거움의 획득 적극적인 사회활동 참여	.969
활용(behavior/ learning transfer)	실제 업무(관심사)에의 활용 일 해결능력의 향상	878

5. 다문화 프로그램 사례

■ 다문화 한국어 방문교육 프로그램

본 프로그램은 천안시 다문화센터 한국어 방문교육 프로그램(조진숙 교사)을 중심으로 저자가 교육복지 프로그램 개발 틀에 맞게 정리 · 개발한 것이다. 참고자료로 다누리 및 충남 다울림 홈페이지, 2014 다문화가족지원 사업안내, 기타 논문 등이 활용되었다.

1) 한국의 다문화 사회

한국은 2010년 국내 체류 외국인이 118만 명으로 본격적으로 다문화사회에 진입했다. 법무부 '2014 출입국 · 외국인정책 통계연보'에 따르면 2014년 기준 국내 체류 외국인은 179만 7,618명으로, 10년 전인 2005년 74만 7,467명에 비해 크게 증가했다. 국내 상주 외국인 179만 명(중국 · 미국 · 베트남 순으로 많음) 중 15세 이상 외국인은 125만 6,000명으로 전년대비 13만 명이 증가하였다. 다문화 사회에서 다문화가정의 주요 문제점은 언어장벽으로 인한 의사소통의 어려움, 문화차이, 가정생활 및 가정폭력이다. 이러한 문제점은 특히 언어장벽으로 인한 소통의 문제로 발생한다. 이를 해결하기 위한 방안 중 하나가 '다문화 방문교육 서비스 프로그램'이다.

다문화 방문교육 서비스 프로그램이란? : 전문지도사를 양성하여 지리적 접근성의 문제로 집합교육에 참석이 어려운 결혼이민자 및 다문화가족을 대상으로 각 가정을 방문하여 한국어교육과 문화이해 및 아동교육, 임신/ 출산 교육 등 전반적이고 구체적인 가족 통합적 맞춤형 서비스를 제공하는 국가정책지원 사업이다.

방문교육서비스 운영 프로그램 : 한국어교육, 부모교육, 자녀생활교육으로 이루어진다. 방문교육지도사는 방문교육서비스(한국어 및 부모교육, 자녀생활서비스)를 직접 제공하는 인력으로 한국어교육지도사, 가족생활지도사가 있다.

다문화가족지원센터 사업 : 센터에서 운영하는 다문화가족 통합교육, 취업연계 지원, 상담 등의 사업을 의미하며, 센터 내 다문화가족을 위한 집합교육과

지리적 여건 등으로 센터 이용이 어려운 다문화가족에 대한 방문교육으로 진행된다. 다문화가족의 안정적인 정착과 가족생활을 지원하기 위해 가족 및 자녀 교육·상담, 통·번역 및 정보제공, 역량강화 지원 등 종합적인 서비스를 제공하여 다문화가족의 한국 사회 조기적응 및 사회·경제적 자립지원 도모가 목적이다. 그리고 회원은 다문화가족지원센터를 이용하는 결혼이민자, 배우자, 시부모, 자녀(중도입국자녀 포함), 친인척, 외국인근로자, 외국인유학생, 북한이탈주민, 기타 등이다.

다문화가족지원센터 운영사업 : 언어교육, 무역실무교육, 가족심리치료, 중도입국자녀 사회적응 프로그램, 아빠와 함께하는 엄마 나라 언어 배우기, 1:1 자녀 학습지원, 방문교육, 가족통합교육, 취·창업연계 및 교육지원, 문화부분이다(부록 1).

"다문화 한국어 방문교육 프로그램"은 한국 적응 지원서비스(표 15-9)인 방문교육(한국어교육, 부모교육, 자녀생활교육) 중, '한국어교육' 부분을 중점적으로 다룬다.

〈표 15-9〉 한국 적응 지원서비스 운영 내용

교육명	교육내용	교육대상	교육기간
한국어 교육	• 한국어교육 서비스 • 어휘, 문법, 읽기, 쓰기, 말하기, 듣기 • 가족상담 및 정서지원 서비스 • 기타 한국생활에 필요한 정보 제공	• 한국입국 5년 미만 초기입국자 • 만 19세 이하 중도입국자녀 • 여성결혼이민자(주 대상자)	• 1회 원칙(10개월 총 80회기 수업 진행)
부모 교육	• 자녀양육 역량강화를 위한 부모교육 서비스 – 부모 성장, 부모–자녀 관계 증진, 영양 및 건강지도, 생활지도 및 학교입학 준비 등 • 가족상담 및 정서지원 서비스 • 기타 한국생활에 필요한 정보 제공	• 임신 신생아기 (임신~12개월) • 유아기 (13~48개월) • 아동기 (49개월~만 12세 이하)	• 생애주기별 각 1회 지원(5개월 총 40회기 수업 진행) *최대 3회 교육 (15개월 교육 가능)
자녀 생활 교육	• 인지영역 : 독서 코칭, 읽기, 숙제지도 • 정서·사회영역 : 자아, 정서, 사회성 발달을 위한 지도 • 문화역량강화 영역 : 문화인식, 정체성 확립, 공동체인식 지도	• 만 3~12세 이하 초등학생 자녀 및 중도입국자녀	• 1회 원칙(10개월 총 80회기 수업 진행)

	• 시민교육 영역 : 기본생활습관, 건강 및 안전, 가정생활, 진로지도 • 가족상담 및 정서지원 서비스		

* 중도입국자녀는 외국에서 태어나 성장하다가 부모의 재혼에 따른 신분상의 변화로 부모를 따라 동반 입국하는 국제결혼 재혼가정 자녀로 한정함

2) 환경 및 학습자 분석

(1) 환경 및 학습자 특성

방문한국어교육 대상자는 한국입국 5년 미만 초기입국자, 만 19세 이하 중도입국자녀, 여성결혼이민자 중 주 대상자는 여성결혼이민자들이다. 이들은 낯선 환경, 언어장벽, 문화차이, 경제적 어려움, 가정생활 등 여러 가지 문제에 노출되어 있다. 특히 언어장벽으로 인한 의사소통의 문제가 대상자들이 겪는 가장 큰 어려움이다. 언어장벽은 일상생활(은행업무 보기, 세금 및 관리비 내기 등), 가정생활(부부관계, 고부관계 갈등), 자녀교육(학습준비, 또래관계 등) 등에서 어려움을 겪는다. 대상자들은 언어소통 문제로 자신의 견해를 확실하게 전달하지 못해 생긴 오해로 가정불화를 겪기도 한다.

대상자들의 이러한 문제를 해결하고 그들에게 새로운 삶의 가치와 의미를 부여할 수 있기 위해서는, 언어를 습득하게 하는 것이다. 의사소통의 원활함은 일상생활이 편리해지고, 자녀교육에도 도움이 된다. 하지만 이들을 위한 성공적인 언어(한국어)교육을 어떻게 할 것인가?

성공적인 다문화 방문한국어교육 프로그램을 모색하기 위해 SWOT(Strength, Weakness, Opportunity, Threat) 분석을 이용해, 즉 조직의 내부환경 분석으로 강점과 약점을 파악, 외부환경의 변화를 살펴 기회와 위협의 요인을 찾아내어, 기회는 살리고 위협은 회피하며, 조직 내부의 강점을 최대한 활용하고 약점은 보완되도록 한다.

〈표 15-10〉 다문화 방문한국어교육 프로그램의 기관(교사) 및 학습자(대상자) 환경분석(SWOT 분석)

영 역	강점(S)	약점(W)	해결방안
기관/ 교사	학습자의 문제점을 빨리 알고 대처 가능. 학습자에게 수업 이외에 정서지원 가능	학습자의 애경사를 챙기거나, 문제발생 시 처리해야 함(수업시간 무해당). 다문화 교육에 대한 전문성 부족. 표준화되고 전문적인 프로그램 부족. 다문화가정 및 중도입국자녀 증가. 방문 시 학습자 부부싸움	• 학습자의 애경사를 센터(기관)에서 챙김 • 정기적으로 교사를 위한 다문화 교육 실시와 학습자의 요구 파악을 위해 정기적으로 설문조사 실시 • 대체수업 실시 • 표준화되고 전문적인 프로그램 개발 • 전문인력 확보
학습자	무료수업. 이동시간 절약. 학습자의 요구에 따른 맞춤형 수업 외에 개인적 상황에 따른 정서지원도 받음	주2회(2시간/ 1회)수업시간이 부족. 수업 있는 날 집안청소를 해야 함. 수업 있는 날 부부싸움 난감	• 수업시수를 더 늘리거나 다양하고 지속적인 학습기회 제공 • 결혼이민자, 다문화가족 등을 위한 '한국어 교육방송' 적극 활용[EBS 두리안(한국어, 영어, 중국어, 베트남어)] • 다문화가족 자녀를 위한 한국어 교육방송(KBS 2TV 'TV 유치원 파니파니'의 '해바바랑 또나랑 글자놀이')
영 역	기회(O)	위협(T)	해결방안
기관/ 교사	다문화가정 증가에 따른 다양한 교육방법 모색. 다문화 교육에 대한 전문성 향상	차량운전 위험에 노출. 학습자 초기면접 시 신변의 위협을 느낌(대상자를 확실히 모르는 상태에서 면접은 긴장됨, 정신이상자도 있을 수 있음)	• 국가의 교사에 대한 안전보장(산재보험 실시 등) • 방문지도사가 직접 대상자를 면접하지 않고 대상자가 센터로 직접 와서 방문교육 서비스 신청서를 작성하게 하거나 직원이 전화 등으로 개인정보를 파악
학습자	수업 이외에 정서지원을 받을 수 있음. 다양한 형태의 다문화교육 프로그램 증가 다문화가정만을 위한 별도의 국가지원	한국어능력 부족	• 국가지원 • 방문지도사의 열정적인 가르침 • 학습자 스스로 한국어능력 향상에 노력

3) 요구조사 및 진단

한국어 실력, 쑥쑥이 만들기!!!

천안시 다문화센터 방문한국어 지도교사입니다. 여러분들의 한국어 실력이 쑥쑥 성장할 수 있는 프로그램이 만들어질 수 있도록 설문지의 각 문항에 성실히 답변해 주시기 바랍니다.

〈표 15-11〉 대상자(학습자)의 면담내용과 문항의 다빈도 순위

번 호	내 용						
1	연령						
2	직업						
3	출신 나라						
4	학력						
5	가족 수						
6	자녀 수						
7	한국에 온 기간						
8	한국어를 몰라 일상생활에서 가장 힘들었던 점은?						
9	한국어 습득과정 중 가장 어려웠던 점은?						
10	한국어 습득에 가장 도움이 된 점은?						
11	한국어를 가르치는 교사에게 바라는 점은?						
12	국어 공부를 효과적으로 하기 위한 요구사항은?						
13	한국어교육을 받는 목적은?						
14	한국어교육의 만족도는?						
Q8~Q14 문항의 다빈도 순위							
질문번호	Q8	Q9	Q10	Q11	Q12	Q13	Q14
질문내용	한국어를 몰라 일상생활에서 가장 힘들었던 점	한국어 습득과정 중 가장 어려웠던 점	한국어 습득에 가장 도움이 된 점	한국어 가르치는 교사에게 바라는 점	한국어 공부를 효과적으로 하기 위한 요구사항	한국어 교육을 받는 목적	한국어 교육의 만족도
1	의사소통	쓰기	한국어교육	대화	대화	적응	90%
2	요리	말하기	대화	요리 가르치기	발음교정	살기 위해	95%

3	문화차이	듣기	독서	발음교정	요리 가르치기	언어이해, 소통	80%
4		발음	TV시청	쉽게 가르치기	반복학습	많이 배우려고	
5				인격존중		언어이해 사회생활	

출처 : 김도연(2011). 설문지와 문항의 다빈도 순위, p. 31, 51 활용.

(1) 방문한국어교육 프로그램 목적 및 목표

① 목적 : 일상생활에 필요한 기초적인 의사소통능력을 함양한다. 한국 사회와 문화에 적절하게 대응할 수 있는 사회·문화적 소통능력을 함양한다. 자신의 언어, 문화적 정체성을 유지하면서 한국 사회에 적응할 수 있는 다문화적 능력을 함양한다(원진숙, 2009). 즉, 대상자들의 한국어 습득으로 일상생활의 어려움이 없게 하고 다른 사람들과 원만한 대화, 자녀들 또한 자연스러운 일상생활과 학교생활을 할 수 있게 한다. 나아가 대상자들이 언어를 습득함으로써 한국 사회에 적응하여 한국 사회의 일원으로서의 공동체 의식을 함양하고, 그들의 새로운 삶의 가치와 의미를 부여하도록 한다.

② 목표 : 첫째, 생활언어를 익히고 문화를 이해할 수 있도록 체계적이고 단계별로 어휘 및 문법, 읽기, 쓰기, 듣기, 말하기 영역이 고루 발전하도록 한다. 둘째, 언어소통으로 인한 어려움 예방 및 한국 생활에 잘 적응할 수 있도록 한다. 다문화가정 부모뿐 아니라 자녀들도 일반학생들처럼 다양한 문화를 이해하고 원만한 의사소통능력을 갖추게 한다. 한국어교육은 말하기, 듣기, 읽기, 쓰기 기능에 대한 균형적 발달과 교과학습을 통한 한국어능력 향상을 목표로 한다. 셋째, 요구조사와 SWOT 분석을 통해 얻어진 결과를 토대로 수업내용과 수업방식이 이루어지도록 한다.

(2) 개발의 필요성

한국어 언어장벽은 개인의 심리적·정신적인 고통과 자존감 상실, 부부갈등, 고부간의 갈등, 자녀양육의 문제 등에 노출되어 한국 사회에의 적응을 힘들게 한다. 다문화가정이 증가하면서 파생되는 문제도 많아져 여러 단체(정부

부처 법무부, 보건복지부, 문화체육관광부, 노동부, 여성가족부, 각 지방자치단체 기관 등)가 문제들을 해결할 다양한 프로그램들을 실시하고 있다. 교육 프로그램으로 한국어교육, 직업교육, 한국요리교실, 컴퓨터교실이 실시되고, 다문화가족 한마당 등 다양한 행사도 진행되고 있다. 그러나 한국어능력이 갖추어지지 않으면 다양한 교육 프로그램, 행사 프로그램 등이 원활하게 실시될 수 없고, 많은 문제가 발생하여 한국에 정착이 힘들어진다. 언어장벽으로 생기는 문제들을 해결하고 한국 사회를 이해하고 적응하기 위해서는 한국어의 습득을 돕는 전문적인 한국어 교육 프로그램을 만들어 제공할 필요가 있다.

방문한국어교육 프로그램은 센터 내 다문화가족을 위한 집합교육과 지리적 여건, 기타 개인적인 상황 등으로 센터이용이 어려운 다문화가족에 대한 방문교육이다. 기존 5개월에서 현재는 10개월 동안의 방문교육이 이루어진다. 이 프로그램은 1 : 1 맞춤형교육으로 실시되며 한국어교육 이외에 정서지원 프로그램도 제공된다. 이는 학습자들에게 한국어습득을 빠르게 하여 한국생활 적응을 돕기 위함이다.

4) 학습내용 및 수업계획

설문 결과 <표 15－11>에서 나타난 것을 토대로 방문한국어지도사는 문항의 다빈도 순위를 참고하여 학습자의 요구에 충족하도록 학습내용과 세부적인 수업계획서를 만들었다.

(1) 학습내용 및 목표

단 계	학습내용	목 표	교 재
1. 사전 검사	한국어능력 사전평가	정확한 사전평가로 대상자의 레벨 단계 정함	308쪽 [한국어교육 레벨테스트 및 성취도 평가] 참고
2. 한국어 1, 2단계	• 기본적인 어휘 및 문법, 읽기, 쓰기, 듣기, 말하기	• 일상생활에 필요한 기본적인 의사소통능력 배양 • 자신을 소개하고, 가족들과 주변 사람들과의 의사소통능력 향상(상황에 맞게 자신을 표현)	• 여성결혼이민자와 함께하는 한국어 1단계(국립국어원) • 여성결혼이민자와 함께하는 한국어 2단계(국립국어원)

3. 한국어 3, 4단계	• 속담 등으로 관용표현 배우기 : 실생활에서 의사소통능력을 배양하여 대화에 같이 참여 • 반의어, 유의어 연습과 이용 : 어휘 확장 발화	• 언어소통능력 향상과 한국 생활 적응 조기정착 도모 • 관용표현 연습으로 의사소통능력 향상 • 한국의 기본 요리를 배워 시모에게 인정받도록 함 • 한국 문화 · 교육을 통해 한국문화 이해와 가족구성원의 역할 도모	• 국립국어원 발간, 『여성결혼이민자와 함께하는 한국어 3, 4단계』 • 살아 있는 한국어 속담(랭귀지플러스) • 한국어 능력시험 문제집 • 통으로 읽는 한국문화 • 한국생활 가이드북 • 교구(어휘, 문법 활동지 및 과지 프린트 제공/ 각종 미디어 활용, 그림카드, 문형 카드, 문장 카드, 여러 한국어 교재 활용) *중도입국자녀 교재 : 다문화가정 유아 대상 한국어 방문학습 프로그램(국립국어원), 초등학생을 위한 표준한국어 1, 2(국립국어원), 중학생을 위한 표준한국어(국립국어원)
4. 평가	한국어교육 성취도평가(레벨테스트/ 한국어교육 대상자 만족도 · 교사평가)		

(2) 수업계획

① 수업 상세계획 : 한국어 1, 2단계

수업계획	세부 목표	세부 내용
어 휘	인사와 관련된 표현, 자기소개, 위치 설명하기, 직업을 표현하는 어휘 등을 사용할 수 있다.	인사말, 지시 대명사, 나라 이름, 위치 명사, 물건이나 가구 · 가전제품 이름, 기초 동사, 직업 명사, 장소 명사 등을 학습한다.
문 법	상황에 따라 인사말을 구분하여 사용하며, 격식체와 비격식체, 처소격 조사를 사용할 수 있다.	서술어의 기능을 하는 어미, 주격 조사, 부정 표현, 격식과 비격식 표현, 높임 표현, 시간 표현, 단위 명사 등을 학습한다.
활 용	간단한 인사말부터 자기소개, 묻고 답하기, 물건 사기, 자신의 계획 및 의사표현을 상황과 맥락에 맞게 할 수 있다.	인사말과 자기소개, 시장에서 물건 사기, 다른 사람에게 길 묻고 답하기, 날씨, 주말 계획, 전화걸기, 감정표현 등을 상황과 맥락에 맞게 할 수 있다.
문 화	한국의 인사예절, 생일문화, 교통과 음식문화에 대해서 이해한다.	한국의 인사예절, 생일문화, 교통과 음식문화에 대해 이해하고 자신 나라의 문화와 비교해서 간단하게 설명할 수 있다.
정서지원	한국 생활 적응, 임신과 출산, 그 밖의 감정적 필요에 대해 주의를 기울이고 정서적으로 지원한다.	다소 소극적이고 내성적인 성격을 가지고 있으며, 감정적인 부분이 많이 약하기 때문에 정서적인 교감이 무엇보다 필요하며, 임신과 출산 그 밖의 감정적 필요에 대해 주의를 기울인다

정보제공	임신, 출산, 병원 등에 대한 정보를 제공하고, 아이 양육에 대한 적절한 정보를 제공한다.	첫 아이의 임신, 출산, 병원 등에 대한 정보를 제공하고, 아이 양육에 대한 적절한 정보를 제공한다. 통·번역 서비스 및 의료 매뉴얼 책자를 통해 필요한 정보를 제공한다.

② 수업 상세계획 : 한국어 3, 4단계

수업계획	세부 목표	세부 내용
어 휘	• 교재에 제시된 단원의 어휘의 의미를 알고, 일상생활에서 사용할 수 있도록 한다. • 관련어, 반의어, 유의어로 확장하여 학습하게 하여 일상생활에서 필요한 어휘를 가지고 상황에 맞게 사용할 수 있게 한다.	[복습] : 지난 시간에 학습한 어휘를 복습하고 받아쓰기와 발음을 교정해 준다. [도입] : 교재에 나온 그림을 보고 어떤 새로운 어휘를 배우게 될지 알게 한다. [전개] 1) **발음** : 교재에 나온 각 단원의 새로운 어휘를 대상자가 읽어보도록 하고 정확하게 발음할 수 있도록 지도한다. 2) **의미** : 대상자에게 새로운 어휘에 대한 설명을 하고 교재에 제시되어 있지 않은 관련 표현들의 의미를 설명한다. 가능한 한 초급 수준의 어휘를 제시하여 학습대상자가 이해하기 쉽도록 한다. 반의어, 유의어, 관련어로 확장하여 학습하게 한다. 3) **연습** : 새로운 어휘를 읽어주고 학습대상자가 따라서 읽어보도록 한다. 잘못 발음한 단어는 반복해서 소리 내어 읽어보게 하고 교정해 준다. 그림 카드를 보여주고 단어를 말하도록 한다. 4) **활용** : 집 안에 있는 사물을 활용하여 새로운 어휘를 말해보게 하고, 다양한 내용으로 표현해 보도록 한다. [마무리] 어휘 연습이 끝나면 어휘 활동지로 학습대상자가 어휘를 잘 이해했는지 확인한다.
문 법	• 각 단원에 나오는 문법의 의미와 기능을 이해하고 알맞게 사용할 수 있도록 한다. • 문장 연습을 하고 일상생활에서 활용할 수 있게 한다. • 문장 연습을 하여 정확하게 한국어를 구사할 수 있도록 한다.	[복습] : 전 시간에 학습한 문법 기능을 복습·숙지하고 있는지 확인한다. [도입] : 학습대상자에게 문법에 대한 이해를 돕기 위해 교재에 나타난 그림을 보여주고 학습할 내용을 예측하게 한다. [전개] 1) 새로운 문법기능 설명, 교재 예문을 통해 정확하게 학습하게 한다. 2) 그 날 학습한 단원의 문법기능 문장 만들기 연습으로 정확하게 문법을 학습할 수 있도록 한다. 3) 대화 연습 : 학습자와 교사가 연습문제의 대화문을 번갈아 가면서 질문하고 대답하며 연습한다. 4) 교재의 연습문제를 풀어보고, 실생활에서 어떻게 적용되는지 활용해 본다. [마무리] : 이번 단원에서 배운 문법을 대상자가 잘 이해하고 사용할 수 있는지 확인한다.

활 용	• 각 단원이 목표하는 기능의 듣기 대화를 듣고 세부 내용을 이해하며, 단원목표에 관련하여 이해할 수 있고 말할 수 있게 한다. • 단원목표에 대한 글을 읽고 내용을 이해하고, 읽기 지문에서 요구하는 것에 맞게 쓸 수 있도록 한다.	[듣기] • 대화문을 듣고 어떤 내용인지 파악한다. • 대화를 다시 들으면서 세부 내용을 파악하여 교재에 제시된 문제에 답하게 한다. • 듣기 내용이 무엇인지 설명하게 한다. • 듣기 지문을 읽고 주요 어휘 및 표현을 확인한다. [말하기] 교재에 나온 대화문을 가지고 질문하고 대답한다. 학습한 내용을 가지고 실제 생활에서 상황에 맞게 자유롭게 말할 수 있게 한다. [읽기] • 대상자가 읽는 것을 확인하고 발음 오류가 있으면 수정한다. • 내용을 맞게 이해했는지 답을 함께 확인한다. • 읽기 자료를 함께 읽으면서 새 어휘와 표현에 대해 보충 설명한다. [쓰기] • 단원 목표에서 요구하는 쓰기로 쓰기 전에 쓸 내용을 미리 말해 보게 한다. • 학습한 단원 목표의 주제에 대해 생각하게 한다. • 자신이 쓰고자 하는 글에 대해 배운 어휘와 문법을 사용해서 쓸 수 있도록 한다. • 쓴 글에 대하여 오류를 수정하여 준다.
문 화	• 속담 교육을 통해 한국의 문화와 일상생활을 경험하며, 한국의 실생활을 이해할 수 있다. • 계절 및 명절 민속, 풍습문화 등을 이해하고 한국 문화와 생활에 적응하도록 한다.	• 그림을 보고 해당 속담의 의미를 유추해 본다. • 한국인의 일상생활을 반영하는 다양한 대화문을 통하여 자연스럽게 속담을 익히며, 배운 속담을 이용한 짧은 문장 만들기를 통하여 문화적인 요소를 알게 한다. • 사계절의 특징 : 봄(따뜻해요, 나물, 꽃, 모내기), 여름(더워요, 휴가, 방학, 피서, 장마철, 수영), 가을(시원해요, 단풍, 추수, 과일), 겨울(추워요, 눈, 눈사람, 김장) • 명절 민속 : 설날, 정월대보름, 단오, 추석, 동지(팥죽) 명절의 음식과 놀이문화를 이해하고, 가족구성원으로서 행사에 참여하여 가족과 화합을 도모하도록 한다.
정서지원	*아이양육 방법 : • 배우자에게 부탁하여 아이에게 책 읽어주기를 권유한다. • 아빠와 함께 지내는 아이가 사회성이 발달함을 인지시킨다. • 수시로 자녀상담과 부부생활 상담을 한다.	• 자녀 연령에 맞는 양육방법을 알려준다. • 자녀의 놀이 학습과 동요 배우기 학습을 한다. • 한국어능력시험 대비 문제 풀기를 푼다. • 한국의 기본 양념 만들기를 배워 인스턴트식품보다 아이의 건강을 위해 제철음식을 만들 수 있도록 한다. • 어린 자녀가 두 명 있으므로 한국의 기본 양념을 배워 음식 만들기에 응용한다. • 자녀의 건강을 위하여 인스턴트 음식보다 엄마가 직접 만든 영양가 있는 음식으로 아이의 건강을 지킨다.

정서지원	• 동요를 배워서 자녀와 함께 공감대를 형성할 수 있다. • 동요로 어휘를 확장한다.	
정보제공	• 보건소 무료진료를 안내한다. • 지역축제를 안내한다.	• 엄마와 자녀가 상호작용을 위해 동요를 배워 함께하는 시간을 갖도록 한다. • 배우자의 남존여비사상과 음주로 다툼이 잦으므로 서로의 문화를 이해하고 상대방을 배려하도록 수시로 상담한다. • 가족들과의 의사소통을 위하여 문형 연습과 본문 내용을 암기하여 의사소통에 도움이 되도록 한다.

출처 : 천안시 다문화센터 한국어방문지도사(조진숙)가 직접 만들어 활용한 자료를 정리.

5) 인적 · 물적 · 재정지원

다문화 한국어방문교육 프로그램은 국가정책지원 사업으로 한국어교육과 부모교육은 국비 100% 지원으로 전액 무료이나, 단 교재비는 수익자 부담으로 진행한다. 자녀교육은 유료이다.

목 록	내 용	국비지원 및 자기부담
인적자원	다문화사회 방문한국어교육지도사 및 각 분야별 전문강사(평가자) *방문한국어지도사 자격기준 : • 국어기본법 시행령에 따른 한국어 교원 3급 이상 자격 소지자 • 국어기본법 시행령 별표1의 한국어교원양성과정(필수이수시간 120시간) 이수자로서 정부기관 및 시민단체 등에서 이민자 대상 한국어교육 경력 120시간 이상 확인 가능자	• 전국 센터 수 : 총 214개소[국비기준 : 가형 58개소, 나형 156개소, 통합시범운영센터 포함(10개소), 신규 센터 설치지역 확정 시 센터 수 변경 예정] • 센터 예산지원 ○총 예산 : 40,903백만 원(국비) -지원방법 : 지방자치단체 경상보조, 국비(서울 50%, 지방 70%) 지원 ○센터 기본운영비(국비+지방비) : 가형* 148,456천 원, 나형 118,455천 원 * 차등지원기준(2014년) : 사업실적 70%(센터 이용 실인원 50%, 연인원 20%), 관할지역 결혼이민자 및 자녀 수 30% • 방문교육 기본사업비 : 지도사 1인당 10,730천 원 *센터 기본운영비에 포함되었던 한국어교육 운영사업비(22,262천 원)는 2014년 별도 분리됨
물적자원	교재비	수익자 부담
재정자원	강사료, 교통비, 기타 수업에 필요한 모든 비용	

* 방문교육서비스는 한국어 및 부모교육, 자녀생활서비스를 직접 제공하는 인력으로 한국어교육지도사, 가족생활지도사로 구분하며, 2015년부터 부분적으로 유료화 실시
* 자녀교육 유료 : 다문화인들이 무료교육의 고마움을 모르고 당연시한 경향과 너무 많은 요구 증가, 한국인들의 정부의 '다문화인들에게 퍼주기식' 정책에 대한 부정적 시선의 반영

* 가구 내 소득기준에 따른 자기부담금 적용

유형	소득기준 (전국가구 평균소득, 4인 기준)	시간제(원/ 시간)		4주 부담금 (8회, 16시간)
		정부지원	본인부담	
가형	전국 평균소득 50% 이하	12,500원	무상	무상
나형	전국 평균소득 50~70% 이하	11,500원	1,000원	16,000원
다형	전국 평균소득 70~100% 이하	11,000원	1,500원	24,000원
라형	전국 평균소득 100% 초과	10,500원	2,000원	32,000원

6) 홍 보

다문화 한국어방문교육 프로그램, 다문화 인식개선 및 지역사회 홍보, 지역사회 네트워크 강화를 위한 홍보 및 정보 제공

다문화 한국어방문교육 프로그램	
한국어 방문교육	• 홈페이지 및 기타 홍보 다문화가족지원센터 홈페이지(다누리) : http://www.liveinkorea.kr/intro.asp 지역별 다문화가족지원센터(천안시) : http//cheonansi.liveinkorea.kr 및 지방자치단체주민센터 지역 센터별 홍보자료, 소식지 및 배포지(다국어판 생활 · 정책 정보지 『한국생활가이드북』, 정보매거진 『레인보우 플러스』 배포) TV 등 방송매체 위성방송 및 케이블방송의 외국인 대상 라디오 음악방송의 한국 생활 · 정책 정보 취업, 법률, 의료 및 복지 상담 서비스 제공 • 교육비 무료 • 운영기간 및 시간 운영기간 : 매년 2월~12월/ 총 40회기 또는 80회기 진행 운영시간 : 주 2회 방문(1회 2시간 교육) • 교육대상 외곽지역 및 기타 이유로 인하여 센터 방문이 어려운 다문화가정 및 우선순위 대상[국민기초생활보장 수급자, 한부모가정, 맞벌이가정, 다자녀가정(3자녀 이상), 가정 내 장애 혹은 요양 필요인, 시 · 군 · 구 · 읍 · 면 · 동 추천인 등]

다문화 인식개선 및 지역사회 홍보	• 결혼이민자들과 지역사회 구성원들의 다양한 문화체험 활동 프로그램 전시, 다문화 음식 및 의상 체험, 전통공연 등 다문화 인식제고 활동 다문화 강사를 학교와 유치원 등에 파견하여 어린이 대상으로 다문화 인식개선 교육 다문화 캠페인과 언론매체 인터뷰 등 홍보 활동
지역사회 네트워크 강화	• 지역사회 내 다문화가족 지원사업이 통합적 · 체계적 · 효율적으로 추진되기 위해 서비스 전달체계 구축 및 서비스 제공기관 연계 지역사회복지협의체(사회복지관, 주민자치센터 등)에 센터 참여 추진 알선서비스 전달체계 : 센터 중심으로 관련기관-민간단체-기업 간 협력 네트워크 구성 공동사업 추진 대상자 발굴 · 홍보, 전문 서비스 연계 추진 지역사회 내 결혼이민자가 필요로 하는 서비스 제공기관 파악 및 연락처, 주소 등 정보제공 강화

7) 프로그램 평가 및 보고

평가는 방문교육지도사가 하는 평가와 중앙관리기관이 하는 평가로 나누어진다. 중앙관리기관은 대상자 만족도 평가와 교사평가를 하며, 대상자 만족도 평가는 전화만족도, 방문조사 중 택일하여 평가한다.

(1) 방문교육지도사의 평가 : 한국어 성취도 평가와 평가 설문지

① 한국어교육 레벨테스트 및 성취도평가

한국어교육서비스

[한국어교육 레벨테스트 및 성취도평가 절차]

방법 : 레벨테스트(배치평가) 실시 → 해당 단계의 수업진행 → 해당 단계의 성취도평가 실시

• 한국어교육 실시 전 지원대상에게 배치평가를 실시하고, 그 결과에 따라 단계 배정
• 교육 종료 후 해당 단계 성취도평가 실시
• 학습자의 수준이 높아져 다음 단계의 수업을 해야 한다고 판단되는 경우 성취도평가 실시

[한국어교육 단계 승급 절차]

기존 단계의 성취도평가 실시	다음 단계의 수업진행	성취도평가 실시
1단계 대상자일 경우 1단계 성취도평가 실시 후 DB 입력	승급기준 수료 시, 2단계 수업진행	2단계 수업 종료 후 2단계 성취도평가 실시, 결과 DB 입력

② 한국어교육 이용자 만족도

다음은 한국어교육을 통해 변화된 점을 묻는 문항입니다. 여러분의 의견과 일치하는 곳에 ○표 하세요.

대 상	정규과정(초급), 중도입국자녀(초급) 이하					
번 호	문 항	전혀 그렇지 않다	그렇지 않다	보통 이다	그렇다	매우 그렇다
1	간판이나 광고지 등의 글을 읽을 수 있다.	①	②	③	④	⑤
2	한국어로 가족 이름이나 주소 등을 쓸 수 있게 되었다.	①	②	③	④	⑤
3	한국어로 말하는 것이 이전보다 더 편해졌다.	①	②	③	④	⑤
4	한국어가 늘어서 가족과의 대화가 더 많아졌다.	①	②	③	④	⑤
5	한국어에 더 자신감이 생겼다.	①	②	③	④	⑤
6	한국어교육을 받으면서 더 많은 사람들을 알게 되었다.	①	②	③	④	⑤
대 상	정규과정(중급), 심화과정, 중도입국자녀(중급) 이상					
번 호	문 항	전혀 그렇지 않다	그렇지 않다	보통 이다	그렇다	매우 그렇다
1	한국어로 가족 이름이나 주소 등을 쓸 수 있게 되었다.	①	②	③	④	⑤
2	한국어로 말하는 것이 이전보다 더 편해졌다.	①	②	③	④	⑤
3	한국어가 늘어서 가족과의 대화가 더 많아졌다.	①	②	③	④	⑤
4	한국어에 더 자신감이 생겼다.	①	②	③	④	⑤
5	한국어교육을 받으면서 더 많은 사람들을 알게 되었다.	①	②	③	④	⑤
6	TV 프로그램의 내용을 더 쉽게 이해할 수 있게 되었다.	①	②	③	④	⑤
7	병원이나 공공기관에서 내게 필요한 것을 이야기할 수 있게 되었다.	①	②	③	④	⑤

(2) 중앙관리기관 평가

대상자 만족도 평가와 교사평가가 있는데, 대상자 만족도 평가는 대상자 만족도 평가, 직무지식 평가, 직무수행태도 평가를 종합하여 평가한다.

구 분	대상자 만족도 평가(30%)	직무지식 평가(35%)	직무수행태도 평가(35%)	평가 종합(100%)
내 용	전화 · 방문만족도(각 50%)	전문지식 평가	전문성, 복무규정 준수, 계획서 및 일지작성 충실성, 센터 업무 협조	시 · 도 및 센터통보
시 기	• 5월 첫째 주(상반기) • 10월 첫째 주(하반기)	8~10월 중	11월	12월
주 관	• 전화만족도 : 통 · 번역 전담인력 • 방문만족도 : 센터 직원 및 외부 전문가	중앙관리기관, 거점센터	다문화가족지원센터	여성가족부
방 법	서비스 기간의 절반 이상을 제공한 가정을 대상으로 지도사당 방문조사와 전화조사 각 50%씩 실시 ※ 방문조사의 경우 센터에서 직원 또는 센터에서 지명한 외부전문가를 활용하여 조사 ※ 전화조사의 경우 각 거점센터에서 사전교육된 결혼이민자 통 · 번역 전담인력을 활용하여 자국어로 조사			

(3) 평가결과 보고(2014년 기준)

대상가정 만족도	• 상반기 : 전화 · 방문만족도를 2014. 7. 30.까지 가족지원통합시스템에 입력 완료 • 하반기 : 전화 · 방문만족도를 2014. 11. 30.까지 가족지원통합시스템에 입력 완료
직무지식평가	• 평가완료 후 지역센터로 공지
직무수행태도 평가	• 2014. 11. 30.까지 완료 후 가족지원통합시스템에 입력 완료
전체 평가결과 관리	• 전체 평가 완료 후 방문교육지도사 평가결과를 가족지원통합시스템에서 출력하여 내부결재 작성 및 지방자치단체 보고

〈부록 1〉 다문화가족지원센터 운영사업 프로그램

언어교육	집합 한국어교육 1~4단계/ 법무부 사회통합 프로그램 한국어능력시험 초 · 중 · 고급반
무역실무교육	지역취업 관련기관과의 네트워크 구축으로 한국 무역 및 무역실무 교육 실시, 천안시 관내 무역회사 취업
가족 심리치료	부부 갈등 해소 및 다문화가족의 자존심 회복
중도입국자녀 사회적응 프로그램	중도입국자녀를 위한 초기적응 프로그램 제공
아빠와 함께하는 엄마 나라 언어 배우기	아빠와 함께 엄마 나라 언어를 배움으로써 부모-자녀 간 활발한 상호작용 및 엄마의 자긍심 향상, 다문화 가정 아동의 양국 언어 및 문화 습득

1 : 1 자녀 학습 지원		1 : 1 멘토링 및 소그룹 학습지원을 통해 다문화가정 자녀의 학습지원
방문교육	한국어교육	초기입국자, 센터 내방이 어려운 이민자를 대상으로 한국어교육, 생활적응 지원
	부모교육	생애주기별 자녀양육 지원을 위한 부모교육
	자녀생활교육	만 3세 이상 12세 이하 다문화자녀, 중도입국자녀에게 인지 · 자아 · 정서 · 문화 역량강화 등 기본교육 제공
가족통합 교육	가족교육	다문화가족의 가족애 증진을 위한 다양한 프로그램 지원
	성평등	배우자 이해 프로그램을 통한 부부갈등 해결 프로그램
	인권	다문화 이해 및 인권감수성 향상 교육
	사회통합	사회적응 및 다문화가족 자조모임 등 한국 사회 적응을 위한 프로그램
취 · 창업 연계 및 교육지원	취업기초소양교육	직업기초교육을 통한 결혼이주여성 취업 및 기초역량 강화교육
	정보화교육	결혼이주여성들의 취업 역량강화를 위한 컴퓨터 기초, 자격증 취득반
	취업연계	취업욕구를 가진 이주여성 및 다문화가족들에게 취업연계 지원
문화	나눔봉사단	상반기 : 노인요양시설, 하반기 : 독거노인 아동목욕봉사
	요리교실	각종 요리 및 밑반찬 만들기
	다울림공연단	문화활동을 통해 다문화가족이 겪는 한국 생활 및 가정생활 정착기에 발생하는 스트레스를 극복하고 지역사회 공연활동을 통한 재능 기부

6. 부모교육 프로그램 사례

■ 좋은 부모 되기 레벨업 아카데미 : 에니어그램을 통한 아홉 빛깔 가족 성격 이해 프로그램 – 서울지역사회교육협의회

1) 프로그램 개요

많은 부모들이 자녀양육에 있어 여러 시행착오를 겪고 있다. 그중에서도 부모들 사이에 가장 큰 문제로 다가오는 것이 바로 가족구성원 간의 갈등이다. 부모와 자녀 사이라도 부모는 부모대로, 자녀는 자녀대로 서로 다른 개성과 성격을 가지고 있지만 많은 가족들이 이를 이해하지 못하고 이로 인해 다양한 갈등을 겪고 있다. 따라서 '에니어그램'을 통해 아홉 가지 유형의 가족

성격을 알아보고 이를 통해 가족 간의 상호 이해를 증진시키고자 한다.

(1) 환경 및 고객 분석

① 교육지원청에서 진행하는 이유는?

서울 D지역은 부모교육을 수행하는 교육기관이 매우 적은 지역이나 권역 내 부모교육에 대한 요구가 많아 'D교육지원청'에서 본 협의회와 연계하여 2011년부터 부모교육을 진행하여 왔다. 그동안 진행된 부모교육은 '대화법', '자녀의 진로지도' 등 가족과의 관계개선이나 학습과 관련된 내용이 주를 이루었으며 매 교육마다 높은 참석률과 이수율을 달성했다. 그리고 2015년은 작년 대화법에 이어 좀 더 가족을 이해하고 소통을 향상시킬 수 있는 교육에 대한 요구가 높아져 "에니어그램을 통한 아홉 빛깔 가족 성격 이해 프로그램"을 개설하게 되었다.

② 프로그램 대상

가족에 대한 이해를 향상하고자 하는 권역 내 모든 부모들을 대상으로 하였다. 'D교육지원청'에 '좋은 부모 되기 레벨업 아카데미'는 2011년 개강 이후 지금까지 높은 참석율과 이수율을 달성하고 있으며 이미 지역 내 대표 부모교육으로 자리 잡고 있다. 이로 인해 수강자 대부분이 부모교육에 익숙하며 프로그램에 대한 성취도가 다른 지역에 비해 높게 나타나고 있다. 따라서 이러한 지역주민의 특성에 맞추어 프로그램의 수준을 다른 지역에 비해 상대적으로 높게 구성하였다.

③ 왜 에니어그램인가?

애니어그램은 MBTI와 함께 많이 사용되는 심리검사지로 자기이해와 관계개선, 소질개발 등의 도구로 활용되며, 성격의 9가지 유형 중에서 자신의 성격유형을 발견할 수 있어서 행동을 할 것인지 하지 않을 것인지에 대한 선택을 할 수 있다. 자신의 유형 틀에서 벗어나 스스로를 자유롭게 한다. 자신을 이해할 뿐만 아니라 타인을 이해하고 인간관계에서의 갈등까지 해결할 수 있기 때문이다.

또한 에니어그램 검사지는 개인의 성격 유형을 통해 자신을 이해하고, 타인을 이해하여 좀 나은 삶을 살아가는 데 도움을 주고자 한다. 개인의 능력 평가가 아닌 심리적 성향을 알아보고자 하는 검사이다. 검사는 1~5점으로 평가, 자신이 좀 더 가깝다고 생각되는 것을 선택한다. 검사를 할 때 자신의 이상에 가까운 것에 답하지 말고, 자신이 편하고 자연스러운 성향에 적수를 매긴다.

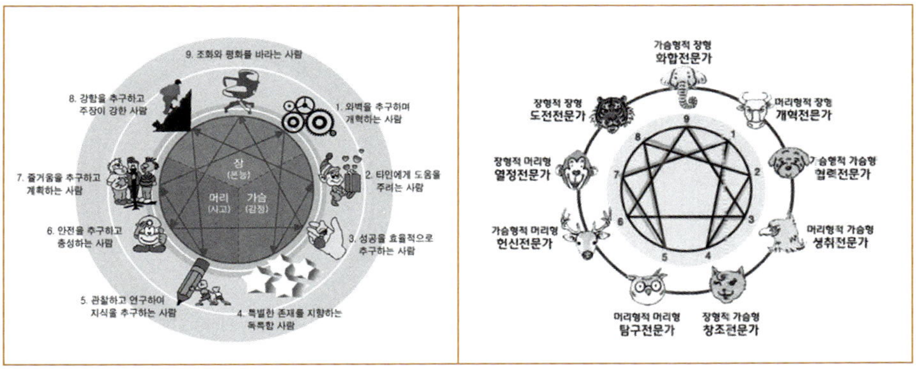

그림 15-8 에니어그램의 성격의 9가지 유형

(2) 요구진단

① 자녀양육과 관련된 교육에 대한 요구

② 세대차이, 성격차이로 인한 대화단절과 같은 가족 내 소통문제에 대한 해결방안 요구

③ 지속적으로 이어진 D교육지원청 '좋은 부모 되기 레벨업 아카데미'에 걸 맞은 심화 부모교육과정에 대한 요구

(3) 목적과 목표 설정

① 목적

가. 가족에 대한 이해를 통해 자녀양육에 시행착오를 줄이고 갈등을 해소하고자 한다.

나. 세상에 존재하는 사람 누구나 각자의 개성과 각자의 성격유형이 있음을 이해하고 구성원 간에 이를 받아들여 갈등 해소를 넘어 닫혀 있던 소통의 문을 열 수 있도록 한다.

다. 궁극적으로 이를 통해 근본적인 가족문제를 해결하고, 더 나아가 아동 및 청소년 등의 사회문제 또한 감소시키고자 한다.

② 목표

가. 아홉 가지 가족 성격 유형을 이해할 수 있다.

나. 성격 유형에 따른 상호 소통방법을 이해할 수 있다.

③ 성격유형에 따른 스트레스 원인을 알 수 있다.

④ 유형별 아이들의 특징과 이에 맞는 지도방식을 알 수 있다.

(4) 학습내용

① 운영대상 및 시수

• 운영대상 : 서울동부 권역 내 좋은 부모가 되기를 원하는 부모

• 시수 : 3월 24일~4월 9일 매주 목요일 오전 9시 30분~12시(총 6회 15시간)

② 프로그램 주제 및 세부내용

회 차	주 제	내 용
1	에니어그램이 궁금합니다~!	에니어그램이란 에니어그램의 정의 에니어그램의 역사
2	가족의 성장을 돕는 에니어그램	자기 자신의 이해 서로 다른 성격의 이해 자녀와 부모의 의식성장을 돕는 방법
3	나의 리더십 유형은?	장(腸) 중심의 리더 가슴 중심의 리더 머리 중심의 리더
4	우리 가족의 성격유형을 찾아서	9가지 성격유형의 특성 나의 유형과 부속유형, 스트레스 방향 내 가족의 성격유형은?

5	유형에 따른 신념은 무엇일까?	신념(가치관)에 대하여 각 유형의 신념 세상에 대한 자아
6	자녀 유형에 맞는 양육방법	성격유형에 따른 에니어그램 유형별 아이들의 특징과 지도방식

(5) 인적 · 물적 · 재정지원

① 인적지원

가. D교육지원청 평생교육담당관 : 인원 모집 및 강의실 관리, 피드백 접수

나. 지역사회교육협의회 부모교육 지도자 : 에니어그램 강의 및 차후 학습 동아리 형성 지원

다. 지역사회교육협의회 간사 : 프로그램 기획, 프로그램 관련 행정 및 회계 업무 총괄

② 물적지원

가. D교육지원청 S강의장 : 50명 이상 수용 가능한 D교육지원청 내 대강의장

나. 멀티미디어 기기 : PPT 활용을 위한 컴퓨터, 빔스크린, 빔프로젝트, 음향기기

다. 간단한 다과 : 강의에 대한 집중 향상을 위해 빵, 우유, 커피 등의 간단한 다과 제공

③ 재정지원

D교육지원청은 '좋은 부모 되기 레벨업 아카데미'를 위해 매년 예산 편성을 하고 있으며, 서울지역사회교육협의회 또한 비영리단체로서 기관의 취지에 응하여 교재와 일부 강의 등을 무상 지원하여 지역사회의 성장과 발전에 기여

(6) 홍보

해당 교육지원청과 학교 홈페이지를 이용한다. '좋은 부모 되기 레벨업 아카데미'는 2011년부터 지속되어 온 D교육지원청의 대표 프로그램으로 홈페이지와 관할 학교에 대한 홍보로도 프로그램 신청자가 수용 가능한 50명을 초과한다.

정규과정이 끝날 때 80% 이상 출석자에 한해 수료증 교부와 더불어 차후 심화과정에 대한 홍보를 통해 단발성 교육이 아닌 지속적 교육이 될 수 있도록 유도하고 홍보한다. 또한 이러한 심화과정 수강자를 대상으로 하나의 '학습동아리'를 형성할 수 있도록 담당지도자가 홍보한다.

에니어그램을 통한 아홉 빛깔 가족 성격 이해로 당신을 좋은 부모로 만들어드립니다	
좋은 부모가 되고 싶습니까?	• 날짜 : 3월 24일~4월 9일 매주 목요일 오전 9시 30분~12시(총 6회 15시간) • 대상 : 서울동부 권역 내 좋은 부모가 되기를 원하는 부모 • 특혜 : − 정규과정 출석자(80%)에게 수료증 교부 − 심화과정 수강 가능 및 학습동아리 구성 • 문의 : 서울지역사회교육협의회 02-732-5560 홈페이지 http://www.kaceseoul.or.kr

(7) 보고 및 평가

① 보고

'좋은 부모 되기 레벨업 아카데미'는 3월 24일부터 4월 9일까지 1회당 2시간 30분씩 총 6회 15시간 강의로 진행되었으며, 개강 전 총 67명의 부모가 강의를 신청하였다. 이 중 선착순 50명을 제외한 17명은 대기 인원으로 등록하였다. 이후 개인사정으로 불참한 일부 신청자를 제외하고 대기 인원을 포함하여 총 52명으로 '좋은 부모 되기 레벨업 아카데미'를 개강하였다.

총 6회의 강의 중 5회 이상 출석을 수료기준으로 하여 총 42명, 개강 인원의 84%가 프로그램을 수료하였다. 강의시간과 회차가 길수록 수료율이 많이 떨어지는 데 비해 D교육지원청은 상대적으로 높은 수료율을 기록하였다.

또한 수료자 42명 중 17명이 에니어그램 심화과정에 대한 이수를 희망하였다. 이는 총 수료자의 40%에 해당하는 인원으로 '좋은 부모 되기 레벨업 아카데미'와 다르게 유료 과정이라는 것을 고려한다면 매우 놀라운 결과라 할 수 있다.

현재 1회 2시간 기준 총 20시간의 에니어그램 심화과정이 진행되고 있으며, 프로그램 종료 후 수강자를 대상으로 학습동아리가 만들어질 수 있도록 노력 중에 있다.

② 평가

한국지역사회교육협의회에서 사용하고 있는 프로그램 설문지를 활용하여 D교육지원청의 '좋은 부모 되기 레벨업 아카데미'에 대해 평가하였다. 총 수강 인원 52명 중 34명이 설문에 응답하였다.

가. **프로그램 참가자 성과** : 설문 응답자 34명 중 33명은 여성, 1명은 남성으로 나타났다. 이는 프로그램 시작 시간이 오전 9시 30븐으로 직업을 가진 남성의 참여가 어렵기 때문으로 생각된다.

나. **프로그램 참가자 및 자녀 연령** : 설문 응답자 중 36~45세 사이가 24명으로 가장 많았으며 25~35세 2명, 46~55세 5명, 56세 이상은 2명으로 나타났다. 자녀의 연령은 유치원 이하가 8명, 초등학생 1~3학년 18명, 초등학생 4~6학년 15명, 중학생 5명, 고등학생 5명, 대학생 4명으로 나타났다. 이는 유아자녀의 부모는 양육으로 인해 교육의 참여가 어렵고, 자녀가 첫 입학을 하면서 급격한 변화를 겪는 시기의 부모들이 부모교육의 필요성을 많이 느끼기 때문으로 생각된다.

다. **부모교육 경험** : 설문 응답자 중 이번 '좋은 부모 되기 레벨업 아카데미' 외에 다른 부모교육 경험을 가진 사람은 설문 응답자 34명 중 8명으로 대부분은 2011년부터 시작된 '좋은 부모 되기 레벨업 아카데미'의 수강자로 나타났다. 전년도 수강자가 적은 이유는 이미 '좋은 부모 되기 레벨업 아카데미'가 지역의 대표 부모교육으로 자리 잡아 수요가 많고 선착순 접수이기 때문인 것으로 생각된다.

라. **프로그램 신청 경로** : 설문 응답자 중 2명은 서울지역사회교육회의 홍보물로, 7명은 친구나 친지 등 아는 사람의 권유로, 20명은 D교육지원청 권역 내 학교를 통해서, 기타 5명은 교육지원청 또는 본 협의회 홈페이지를 통해 신청한 것으로 나타났다. 이는 교육지원청이라는 기관 특성상 공문을 통해 권역 내 학교에 홍보가 원활하고, '좋은 부모 되기 레벨업 아카데미'에 대한 입소문이 나 있기 때문인 것으로 생각된다.

마. **프로그램의 대한 기대치와 만족도** : 설문 응답자 중 20명이 매우 만족, 13명이 약간 만족으로 나타났으며 그 외 그저 그렇다 또는 불만족을 표시한 수강자는 없었다. 이를 통해 '좋은 부모 되기 레벨업 아카데미'의 고객 분석 및 요구진단이 정확했으며 강의 내용에 대한 만족도 또한 높았던 것을 알 수 있었다.

바. **강사의 자질** : 설문 응답자 중 31명이 매우 만족, 3명이 약간 만족으로 나타났으며 그 외 그저 그렇다 또는 불만족을 표시한 수강자는 없었다. 이번 에니어그램 강의를 담당한 김영자 지도자는 본 회에 부모교육 전문지도자로서 경력에 맞는 전문성을 보여준 것으로 생각된다.

사. **참가자와의 피드백**(교류) : 설문 응답자 중 19명이 매우 만족, 14명이 약간 만족, 약간 불만족 1명으로 나타났다. 대부분 강사와 참가자 사이에 교류가 잘 이루어졌다고 보았다. 그러나 수강 인원이 50여 명으로 일반적인 부모교육에 비해 많은 인원이라 일부 불만족을 가진 수강생도 나타난 것으로 보인다.

아. **부모교육 프로그램 및 좋은 부모 학습동아리에 대한 안내** : 설문 응답자 중 9명이 매우 만족, 9명이 약간 만족, 그저 그렇다가 9명, 약간 불만족이 4명으로 다른 문항에 비해 그저 그렇다와 불만족이 많이 나타났다. 이는 차후 프로그램 진행 시 보완해야 할 점으로 부모교육 프로그램이 일회성이 아니라 지속적으로 이루어지기 위해 꼭 필요한 부분이다.

〈부록 1〉 프로그램 사진

좋은 부모 되기 레벨업 아카데미 개강식	좋은 부모 되기 레벨업 아카데미 수업 1

좋은 부모 되기 레벨업 아카데미 수업 2	좋은 부모 되기 레벨업 아카데미 수료식

좋은 부모 되기 레벨업 아카데미 단체사진	에니어그램 심화과정 수업

7. 생명존중 프로그램 사례

■ 생명존중 및 자살예방교육 프로그램

본 프로그램은 저자가 초·중등학교 학생을 대상으로 직접 특강을 하였던 사례를 바탕으로 개발되었다.

출처 : 교육부(2014). 학생자살위기관리 프로토콜; 국민권익위원회 외(2014). 생명존중 포럼－국민의 안전과 생명존중을 위한 권익구제 강화 방안; 김은주(2015). 광주청예단 프로그램; 기타 관련 사이트 등

1) 환경 및 학습자 분석

(1) 요구조사

소중한 생명, 어떻게 살아갈 것인가!!!

학생 여러분, 여러분들이 생명을 소중히 여기며 즐거운 학교생활이 될 수 있도록 평가지(설문지), '생명존중 및 자살예방교육'과 '학교폭력예방교육'의 각 문항에 성실히 답변해 주시기 바랍니다.

첫째, 생명존중 및 자살예방교육에 관한 요구조사는 학생들의 일반적 사항(부록 2), 자살생각척도(부록 3), 자아존중감척도(부록 4)(김경희·정은실, 2008; 2011, 서울시자살예방센터)를 사용한다.

둘째, 학교폭력예방교육에 관한 요구조사는 성별(남, 여)/ 가족구조(친부모, 친부모 아님, 한부모)/ 경제수준(상·중·하)/ 친구 수/ 학교성적(상·중·하)/ 학교폭력 가해경험 유무/ 학교폭력 피해경험 유무 등을 조사한다.

(2) 요구진단

첫째, 생명존중 및 자살예방·학교폭력예방 교육에 대한 학생, 학부모, 교사연수가 필요하다. 둘째, 학교, 가정, 지역사회 그리고 국가 차원에서 예방과 해결방안이 요구된다. 셋째, 단발성이 아닌 지속적이고 장기적인 프로그램이 유지되어야 한다.

2) 프로그램 목적

첫째, 생명의 소중함을 알게 하여 자아존중감을 높이고 자살예방을 하고자 한다. 둘째, 자살의 원인이 되는 왕따 학교폭력예방교육을 실시하여 자살을 예방한다. 셋째, 부적응 및 우울증 학생 조기 발견으로 상담 및 유관기관을 연계하여 치료한다. 넷째, 자살 생각이 들면 가족, 친구, 선생님, 전문가 등의 도움을 요청할 수 있게 한다. 다섯째, 자살 위험에 처해 있는 친구가 있다면 적절한 도움과 관련 정보를 제공한다. 여섯째, 유관기관과의 협조체제를 구축하여 자살의 위험 요인을 사전에 제거한다. 일곱째, 자살 징후 발견 학생에 대한 위기관리 시스템을 구축하여 자살을 예방하도록 한다.

3) 프로그램 내용

차시	주 제	내 용	대상 및 시기
1차시	사전조사	• 2~3차시 관련 설문지 조사	• 자살예방 및 학교폭력예방교육(전문가 특강) : 전교생(연중 3월, 12월)
2차시	생명존중 및 자살예방교육	• 생명존중 · 자살예방교육과 다양한 활동	
3차시	학교폭력예방교육	• 자살의 원인이 되는 왕따, 학교폭력예방교육 실시	
4차시	평가	• 프로그램 종료 후 평가	

(1) 생명존중 및 자살예방교육과 사례

주 제	내 용	대상 및 시기
생명존중 및 자살예방교육	• 교육과정과 연계한 생명존중 및 자살예방교육과 다양한 활동 – 체험활동을 통한 생명존중교육 – 전문가 초청 강의 및 체험 – 생명경시풍조 퇴치를 위한 토론회 및 역할극 – 친구사랑의 날 행사 및 자아존중감 갖기 운동 • 자살의 원인이 되는 왕따 · 학교폭력예방교육 실시 – 폭력의 개념 및 원인(언어폭력 & 따돌림) – 자살의 개념 및 원인(사례 및 동영상) – 자살예방 대책 및 방안	• 전교생/ 연중(3월, 12월) 학급당 2회 • 전교생/ 연 2회(4월, 9월)

학부모교육	• 자살의 원인이 되는 학교폭력예방을 위한 부모교육 • 가정통신문을 통한 학교폭력예방 부모교육 • 생명존중 및 자살예방 필요성에 대한 학부모 인식 고취를 위한 학부모 교육 • 생명존중(자살예방)교육을 위한 가정통신문 발송	• 학부모/ 연 2회(3월, 9월)
교사연수	• 자살의 원인이 되는 학교폭력예방을 위한 교사역할 교육 • 학생자살예방 및 위기관리 교사연수 • 유관기관 연수 프로그램 및 각종 원격 연수를 통한 연수	• 교직원/ 연 2회(3월, 9월)
유관기관과 협조체제 구축	• 안양시 청소년상담복지센터 • 안양시교육청 Wee센터 • 경기도정신건강증진센터(http://www.mentalhealth.or.kr) • 한국자살예방협회(www.suicideprevention.or.kr) • 생명의 전화(1588-9191, www.lifeline.or.kr) • 경기도자살예방센터(031-212-0437, www.mentalhealth.or.kr) • 청소년전화 1388 Help Call	연중 수시

• 생명존중 및 자살예방교육 프로그램 사례

주 제	목 표	활동내용	방법 및 준비물	시 간	기대효과
		* 사전조사 : 대상자의 일반적 사항, 자살생각척도, 자아존중감척도(부록 참고).			
1. 나는 특별한 존재	• 자신이 특별하고 의미 있는 존재임을 안다. • 자살은 해결책이 아니라는 것을 안다. • 생명의 소중함을 의식하고 확인한다.	1) 프로그램의 목적과 활동내용 소개 2) 영상 : "너는 특별하단다. 'You are special'/ 맥스 루카도" http://www.tagstory.com/video/video_post.aspx?media_id=V000005176 (9분) You are special ! 너는 특별한 존재!  3) 청소년들의 주요 자살원인 • 자살위험요인 : 개인, 가정, 사회, 학교 • 자살보호요인 : 개인, 가정, 사회, 학교 4) 자살을 시도하는 이유, 얼마나 알고 있나요? 5) 나는 "세상에 절대 필요한 존재" http://www.youtube.com/watch?v=qJz6OKNeE9w&feature=related (2분 10초) 6) "나는 희망이다" http://www.youtube.com/watch?v=ZbpQrzZstS0&feature=related (35초)	시청각자료를 보고 자신의 생각을 서로 이야기해 본다(2~3명 발표) 자살에 대한 오해와 편견을 알아본다. (OX 퀴즈) * 준비물 : 간단한 필기도구 상품(선물)	25분	자기 자신에 대한 재인식 자살에 대한 인식 변화

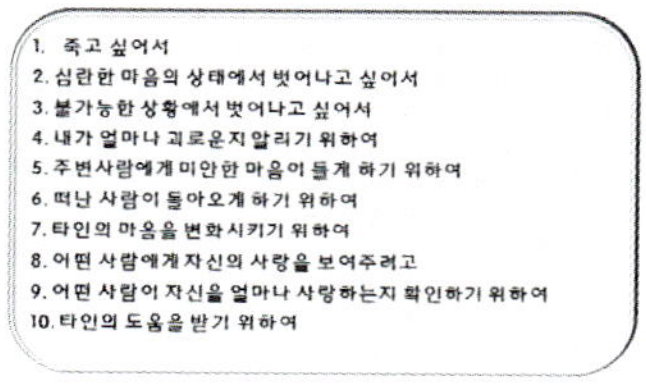

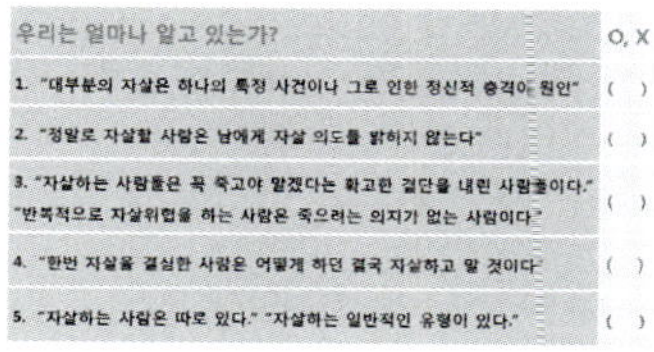

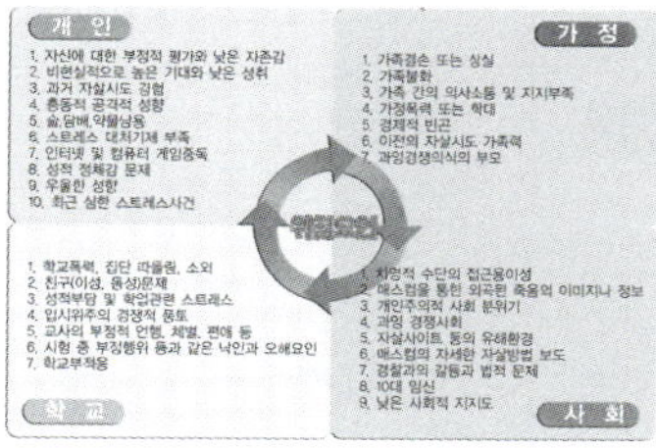

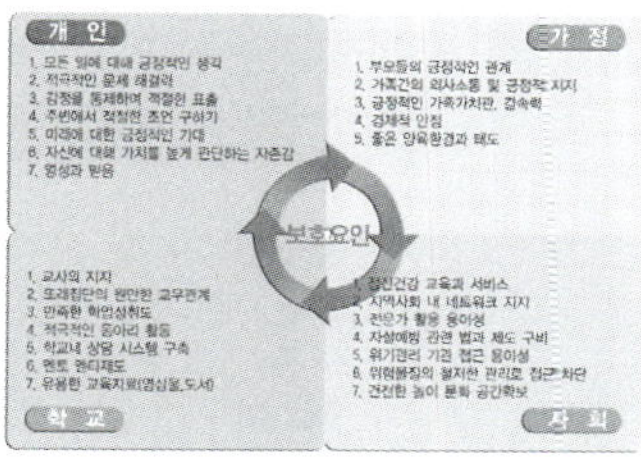

2. 네가 없다면 난 참 슬플 거야	• 생명과 자연의 가치–사람과 자연을 소중히 한다. • 세상의 모든 것들이 소중하고 아름다운 존재임을 안다.	1) 강아지똥(권정생) http://tvpot.daum.net/v/bZf1lWsuOEE$ (7분) • 내가 할 수 있는 일들은 무엇인가 생각해(써) 봅니다. • 내가 소중한 이유를 생각해(써) 봅니다. • 자신에 대해 좋아하는 점을 말해봅니다. 2) 자기 자신에 대한 긍정적인 점을 말했을 때, 어떤 기분이 드나요? • 다음의 문구를 한 번씩 써(외쳐)봅니다. "나는 나 자신을 좋아합니다. 나는 정말 소중한 존재입니다. 나는 이 세상에 없어서는 안 되는 중요한 사람입니다." 3) 세상의 모든 것들이 소중하고 아름다운 존재!!! * 강아지똥(거름) → 민들레꽃을 피우다. * 소똥과 마사이족 : 소똥으로 "보마(집)"를 짓고, 땔감 등으로 이용한다.	시청각자료를 보고 자신의 생각을 서로 이야기해 본다. (2~3명 발표) * 준비물 • 간단한 필기도구 상품(선물)	20분	자살 위험성 신호 앎 내 생명뿐만 아니라 또래 친구의 생명 지킴이가 됨

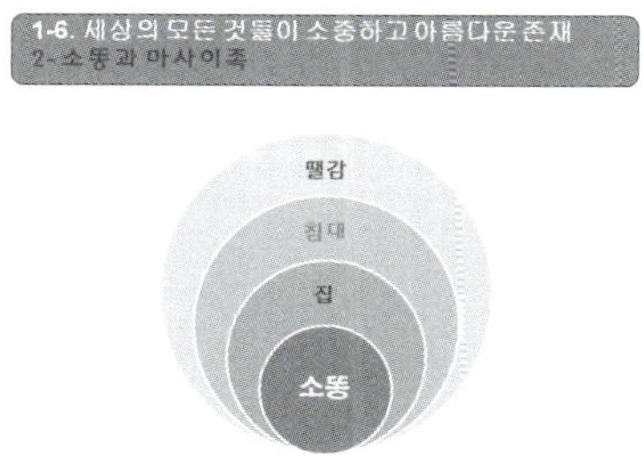

휴식(10분)					
3. 죽고 싶은 내 마음을 너는 아니	• 자신의 소중함 –생명의 소중함을 확인한다. • 멘토 찾기 활동을 한다. • 나와 부모님 들여다 보기 활동을 한다. • 살아 있음을 감사하며 생명을 소중히 한다.	1) 죽음이라는 말을 들었을 때, 어떤 생각이 드나요? 2) 죽고 싶다는 생각이 어떤 때 들었나요? "미운오리날다" http://www.youtube.com/watch?NR=1&v=8IO8P_YeXZE&feature=fvwp (3분) 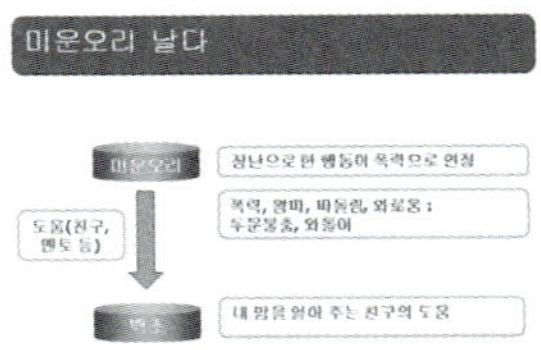 –자살동영상 : (서울 마포대교) *"한 번만 더 생각해 보게"*  3) • 내가 만약 죽었다면, 슬퍼할 사람들은 누군가요? 그들은 어떤 기분일까요? 그리고 나에게 무슨 말을 할까요? : 나의 죽음을 슬퍼할 사람들을 써본다. • 주변의 친구가 죽는다면 어떤 기분이 들까요? : 아들은 왜 엄마한테 힘든 상황을 이야기할 줄 몰랐을까? • *"아들아 잘 지내니?"* 아들을 먼저 보낸 엄마의 심정 : http://www.youtube.com/watch?v=T9gsOMPegb0&feature=endscreen&NR=1 (2분 37초) • 아들은 왜 엄마한테 힘든 상황을 이야기할 줄 몰랐을까? • 엄마는 왜 아들의 힘든 상황을 몰랐을까? : 친구들과 이야기를 나누고 정리해 본다. 4) 죽음체험 이야기 감상	시청각자료 (자살동영상 등)를 보고 발표 * 준비물 : 간단한 필기도구 상품(선물)	20분	나로, 그리고 부모로 산다는 것은 무엇인지 앎 나의 대한 책임감 증가

죽음체험 (임경미)

검은 옷 걸치고, 흰 장갑 끼고
산 자가 죽은 자가 되기 위해
저승사자를 따라 걷는다.
달빛조차 없는
차가운 어둠 속 산길
가시덤불을 헤치고 헤치고
공동묘지에 다다른다.

즐비하게 놓여진 관(棺)
산 자는 하나하나 관 속에 눕는다.
뚜껑이 닫히고 못이 박힌다.
관 밖 이승의 사람들
죽은 자를 위한
구슬픈 곡을 하고
암흑 같은 관 속

산송장들은
천국의 낙원을
지옥의 불길을 오간다.
이승에서의 사욕, 욕정, 쾌락
모든 죄악들이
죽음 앞에 사라진다.
오직 선만이 남아 있다.

관 뚜껑이 열린다.
산 자는 죽은 자에서
다시 새로운 산 자,
참된 삶을 살아가겠다는
삶의 예찬자로
다시 태어난다.

4. 죽고 싶은 친구를 도우려면	• 합리적인 생각과 선택을 한다. • 자기위로와 격려방법을 안다. • 자살경고 사인을 안다. • 자살생각이나 자살 위험에 처한 친구를 돕는 방법을 안다. • 자살위기의 대처방법을 안다.	1) 주변에 자살에 대해 고민하는 친구들은 어떤 모습일까요? 2) 언어적 단서(대화, 일기, 낙서 등)에 이런 말[ ]을 하는 친구가 있다면 어떻게 도움을 주겠나요?  3) 자살을 암시하는 말을 하거나 행동을 하는 친구가 있다면, 어떻게 도움을 주겠나요? 4) 역할놀이 : 자살단서를 보이는 친구(짝)에게 위로의 말들을 생각하고 해본다. "너, 요즘 많이 힘들어 보인다. 요즘 무슨 걱정 있니?", "그렇구나, 정말 많이 힘들었겠다. 우리 선생님께 같이 가서, 한 번 이야기해 보는 것은 어떨까?" 5) 주변에 자살에 대해 고민하는 친구들을 보았거나, 자신이 비슷한 경험을 할 때, 누구에게 도움을 청할까요?	생각하여 써보고 발표	20분	나의 생명뿐만 아니라 타인의 생명의 소중함을 앎

이름	연락처	홈페이지	역할
경기도 광역 정신보건센터 '디딤이 숲'	031-212-0435	http://mindsave.org	자살생존자(자살유가족, 친지, 친구, 목격자)들이 서로의 경험을 나누며 정서적으로 서로 지원함으로써 심리적 사회적 어려움과 고통에서 벗어나 희망적인 삶을 되찾을 수 있도록 함
서울시 자살예방센터 '자작나무'	1577-0199	http://suicide.blutouch.net	
한국생명의전화 '희망을 찾아 떠나는 여행'	1588-9191	http://www.lifeline.or.kr	
인천광역시자살예방센터 '마음 안아주기'	1577-0199	http://www.icmh.or.kr	

Wee센터	• 홈페이지 : www.wee.or.kr
정신보건센터	• 전화번호 : 1577-0199
생명의 전화	• 전화 번호 :1588-9191, 홈페이지 : www.lifeline.or.kr
희망의 전화	• 전화번호 : 129, 홈페이지 : www.129.go.kr
사랑의 전화	• 전화번호 : 1566-2525, 홈페이지 : www.counsel24.com
한국자살예방협회	• 홈페이지 : www.suicideprevenention.or.kr
한국청소년상담원	• 전화번호 : 1388, 홈페이지 : www.kyci.or.kr
한마음한몸자살예방센터	• 전화번호 : 1589-3078, 홈페이지 : www.cbos3078.org
119안전신고센터	• 전화번호 : 119
경찰청	• 전화번호 : 112
응급의료센터	• 전화번호 :1339

5. 선택 및 평가	• 생각이 행동을 결정한다, 나는 소중한 사람이고 나의 선택은 내가 책임진다, 생명의 사랑은 나로부터 시작된다는 것을 안다. • 삶을 살아갈 약속을 한다.	1) 생명존중 서약식(자신을 사랑하고 아끼며 내 생명을 위협하지 않을 것을 서약)을 한다. 2) 앞으로의 각오를 써본다. 3) 본 프로그램에 대한 평가를 한다.	프로그램 소감을 나누어 본다.	10분	삶의 의욕 증가 자아존중감 향상 새로운 나의 계획

생명존중 서약서

1. 나 (　　　　)는 나 자신을 사랑하고 아끼며 내 생명을 위협하지 않을 것을 서약합니다.
2. 만일 위협적인 말, 행동, 생각 등을 자신이 하거나 다른 친구가 하는 것을 알게 되었을 때 반드시 주위 사람들(친구, 상담자, 담임선생님, 기타 __________), 또는 전화(국번 없이 1388)로 도움을 청하겠습니다.
3. 나는 충분한 휴식과 수면을 취하고 잘 먹을 것을 서약합니다.
4. 나 (　　　　)는 생명존중을 반드시 지킬 것을 서약합니다.

날　짜 :　　년　　월　　일
학　번 :　　학년　　반　　번
이　름 :　　　　　　(인)
증인 ① :　　　　　　(인)
증인 ② :　　　　　　(인)

______________ 학 교

(2) 학교폭력예방 프로그램 내용과 사례

구성요소	활 동	활동내용	대상 및 시기
교 육	폭력예방교육	1. 학교폭력이란 2. 폭력원인(언어폭력 & 따돌림) 및 학교폭력실태와 피해 3. 자살의 원인(사례 및 동영상) 4. 학교폭력 및 자살예방 대책 및 방안	• 전교생/ 연중(3월, 12월) 학급당 2회 • 전교생/ 연 2회(4월, 9월)
	학부모교육	1. 일반교육 : 학교폭력예방을 위한 부모교육 2. 통신교육 : 가정통신문을 통한 학교폭력예방 교육	• 학부모/ 연 2회(3월, 9월)
	교사연수	1회 : 폭력예방시범학교 운영 전반에 대한 이해 2회 : 폭력예방을 위한 교사역할 교육	• 교직원/ 연 2회(3월, 9월)

• 학교폭력예방 프로그램 사례

주 제	목 표	활동내용	방법 및 준비물	시 간	기대효과
		사전조사 : 관련 설문지 조사	설문지		대상에 적합한 프로그램 개발
1. 학교폭력(왕따)이란	폭력, 왕따는 자살로 이어진다는 것을 안다.	1) 프로그램의 목적과 활동내용 소개 2) 학교폭력 이해 – 학교폭력이란 – 학교폭력의 유형 – 학교폭력의 실태 ⇒ 폭력은 주요 자살 원인이 될 수 있다. Q : 학교폭력의 원인 얼마나 알고 있나요?	학교폭력에 대한 시청각자료를 보고 토론과 발표를 한다. (OX 퀴즈) * 준비물 : 필기도구 상품(선물)	30분	학교폭력에 대한 이해 학교폭력에 대한 인식 변화

* 학교폭력의 원인

개인적 원인	개인의 성격적 특성과 유전, 잘못된 생활태도, 상황판단의 미숙, 도덕성과 법질서에 대한 인식 부족, 좋지 못한 교우관계, 가해학생·피해학생의 심리·사회적 특성 등
가정환경 원인	부모의 잘못된 양육태도(자녀에 대한 이해부족, 과잉수용 및 과잉보호, 일관성 없는 교육태도 등), 가정폭력, 자녀학대 등
학교환경 원인	입시문제, 시험 스트레스, 지나친 경쟁 위주의 교육, 전문상담교사의 부족, 교사체벌, 부적절한 훈육 및 처벌 등
사회환경 원인	각종 청소년 유해환경과 폭력문화의 만연, 대중매체의 영향 등
기 타	청소년폭력예방재단 설문조사 통계 : 장난(40.2%), 이유 없음(23.2%), 오해와 갈등(12.2%), 화가 나서(7.2%)

* 학교폭력의 유형과 실태

항 목	2012	2013	비 고
신체폭력	23.3	29.5	폭력이 증가할수록 학생들의 심리적 고통과 자살생각 증가
금품갈취	8.6	5.9	
괴롭힘	10.1	6.5	
집단따돌림	24.4	26.1	
언어폭력	13.5	14.9	
위협이나 협박	3.6	2.2	
성적 추행	6.3	8.8	
사이버 폭력	4.7	6.1	
모두 심각하지 않다	5.5	-	
합 계	100	100	

1. 학교폭력(왕따)이란

학교폭력 피해 유형	정도(%)	학교폭력에 따른 고통 정도(%)	정도(%)
욕설이나 모욕적인 말	26.5	전혀 고통스럽지 않았다	8.5
괴롭힘	15.8	고통스럽지 않았다	8.0
따돌림	14.8	보통이다	8.5
폭행	13.5	매우 고통스러웠다	13.7
협박이나 위협	11.0	고통스럽다	36.3

출처 : 푸른나무 청예단(2013); 생명존중포럼(2014).

구분	목표	내용	활동	시간	비고
2. 폭력원언어 폭력&따돌림)	칭찬의 언어, 긍정의 언어, 배려의 언어 등 언어가 타인을 살린다는 것을 안다.	1) 언어폭력 ZERO 캠페인 – 언어폭력은 마음에 뿌리 깊은 상처 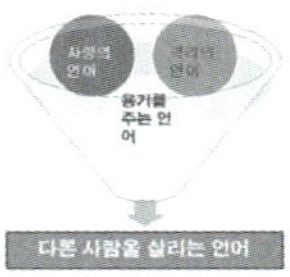 – 언어폭력 사례 2) 타인의 감정 이해하기 : 내가 피해자라면? 내가 가해자라면? 내가 방관자라면?	두 명이 짝이 되어 다른 사람을 살리는 말(언어)을 해본다. 서로 상대방의 입장이 되어 보고 생각을 나누어 본다.	15분	언어의 중요성을 앎
휴식 (10분)					
3. 자살원인(사례 및 동영상)	• 왕따, 따돌림을 근절하도록 한다.	1) 폭력 왕따 등의 영상물 따돌림, 언어폭력(명예훼손, 모욕, 협박, 욕설) 등은 자살을 유도한다.	영상물을 보고 자신의 생각을 써보고 발표한다.	15분	나에게, 친구에게 좋은 말을 씀
	 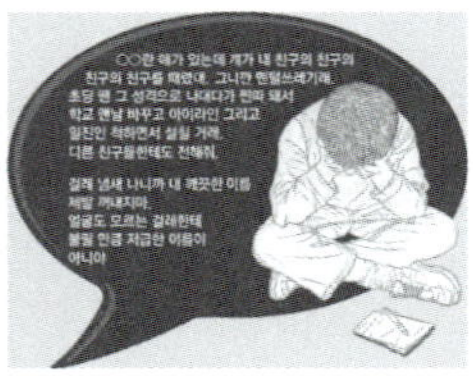				
4. 학교폭력예방 대책 및 방안	• 폭력과 자살 위기의 대처 방법을 안다.	1) 폭력을 당해 고민하는 친구들은 어떤 모습이며, 어떻게 도움을 주겠나요? 2) 폭력, 왕따로 고민할 때, 누구에게 도움을 청할까요? 3) 학교폭력 법률 및 처벌규정	4명씩 모둠 토론 및 발표를 한다.	20분	

* 학교폭력 목격 후 행동과 모르는 척한 이유

학교폭력 목격 후 행동	정도(%)	학교폭력 모르는 척한 이유	정도(%)
모르는 척했다	46.9	관심이 없어서	26.8
학교 선생님께 알렸다	19.1	도와줘도 소용없을 것 같아서	23.3
직접 말했다	18.8	같이 피해당할까 봐	22.1
피해학생에게 잘 해줬다	8.1	어떻게 해야 할지 몰라서	21.0
부모님께 알렸다	4.4	보복당할까 봐	6.8

<table>
<tr>
<td>4. 학교 폭력예방 대책 및 방안</td>
<td>

* 학교폭력 처벌과 처분

<table>
<tr><td>형사처벌</td><td>• 일반법원
– 형사처벌(징역형 : 실형 또는 집행유예)
– 벌금형(일반적으로 만 18세 미만자 제외)</td></tr>
<tr><td>보호처분</td><td>• 가정(지방법원 소년부)
– 보호처분(보호자 등에 위탁(제1호)
– 수강명령, 사회봉사명령(제2, 3호)
– 보호자 관찰(제5호)
– 소년 복지시설 등에 위탁(제6호)
– 병원요양소 이송(제7호)
– 소년원 송치(제8, 9, 10호)</td></tr>
<tr><td>가해학생 학・폭・위 징계조치 (학교폭력예방법 제17조)</td><td>a. 서면사과
b. 피해학생 및 신고・고발 학생에 대한 접촉, 협박 및 보복행위 금지
c. 학교에서의 봉사, 사회봉사
d. 출석정지, 학급교체, 전학
(b.~d. 특별교육 또는 심리치료)
e. 학내・외 전문가의 특별교육이수 또는 심리치료
f. 퇴학처분
g. 학생이 특별교육을 받는 경우 보호자도 반드시 교육을 받아야 함(*보호자가 교육을 받지 않으면 300만 원 이하의 과태료 부과)</td></tr>
</table>

* 도움요청 기관

<table>
<tr><th>구 분</th><th>상담기관</th><th>연락처</th></tr>
<tr><td rowspan="5">전화상담 및 신고</td><td>학교폭력 신고전화</td><td>117</td></tr>
<tr><td>청소년 긴급전화</td><td>1388</td></tr>
<tr><td>학교폭력 SOS 지원단</td><td>1588-9128</td></tr>
<tr><td>학생고충 상담전화</td><td>1588-7179</td></tr>
<tr><td>청소년폭력예방재단</td><td>02-585-0098</td></tr>
<tr><td rowspan="3">온라인 상담센터</td><td>Wee센터</td><td>http://www.wee.go.kr</td></tr>
<tr><td>청소년 사이버 상담센터</td><td>http://www.cyber1388.kr</td></tr>
<tr><td>안전드림</td><td>http://safe182.go.kr</td></tr>
<tr><td rowspan="2">방문상담 및 신고</td><td>각 지역 정신보건센터</td><td>가까운 정신보건센터 찾기</td></tr>
<tr><td>청소년 상담원/ 청소년 수련관/ 지역복지관</td><td>청소년 전문 상담기관 찾기</td></tr>
<tr><td>스마트폰앱</td><td>굿바이 학교폭력</td><td>아이폰용</td></tr>
</table>

</td>
<td>적절한 도움요청으로 나와 친구를 보호함

관련 법적 처벌을 알게 되어 폭력을 예방</td>
</tr>
</table>

5. 평가	• 학교폭력 근절은 나로부터 시작됨을 안다.	1) 앞으로의 각오 쓰기 2) 프로그램 평가	프로그램 소감 나누기	10분	새로운 계획 세우기

4) 인적 · 물적 · 재정자원

인적자원	1) 학교기관(폭력 · 자살위기관리 위원회) – 교장 · 교감 및 각 담임교사, 관련 담당교사(윤리부장, 보건교사, 상담교사 등) 2) 지역사회기관 – 전문가 – 자문기관 : 안양시 교육청 Wee센터, 경기도정신건강증진센터 – 협력기관 : 안양시 경찰서, 응급의료보건센터1339
물적자원	• 전문가 초청 특강 – 강당 및 시설물 – 학생들을 위한 선물(상품)과 약간의 다과
재정자원	무료(지방자치단체 정부기관 및 학교예산 지원)

5) 홍 보

홍보는 학교방송 안내, 홈페이지 및 팸플릿을 이용한다.

생명존중 및 자살예방교육 프로그램	
▸ 학교폭력예방교육	
대상 및 시기	내 용
• 전교생/ 연중(3월, 12월) 학급당 2회 • 전교생/ 연 2회(4월, 9월)	• 학교폭력 원인, 학교폭력 실태와 피해 • 학교폭력 및 자살예방 대책 및 방안
• 교직원/ 연 2회(3월, 9월)	• 폭력예방시범학교 : 운영 전반에 대한 이해 • 폭력예방을 위한 교사역할 교육
• 학부모/ 연 2회(3월, 9월)	• 학교폭력예방과 자살예방교육을 위한 부모교육(일반/ 가정통신) • 생명존중 및 자살예방 학부모 교육
▸ 생명존중 및 자살예방 교육	
• 전교생 연중(3월, 12월) 학급당 2회 • 전교생/ 연 2회(4월, 9월)	생명존중 및 자살예방교육과 다양한 활동
• 교직원/ 연 2회(3월, 9월)	• 학생자살예방 및 위기관리 교사연수 • 연수 프로그램 및 각종 원격 연수를 통한 연수
• 학부모/ 연 2회(3월, 9월)	일반교육과 가정통신교육

■ 생명존중 및 자살예방교육의 가정통신문

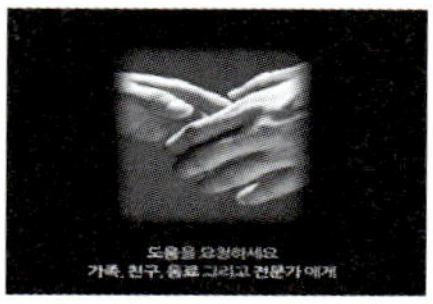

희망 · 사랑 · 행복 학교

가정통신문 : 생명존중 및 자살예방교육	2015-7호 날짜 : 2015. 3. 31. 담당 : ○○○ 상담교사

안녕하십니까? 만물이 소생하는 봄입니다. 새 생명과 희망의 봄은 반드시 겨울을 등지고 옵니다. 마찬가지로 우리 아이들의 희망과 행복은 가정에서 부모님의 많은 관심과 애정 어린 지도하에 옵니다.

통계청의 '2015 청소년 통계'에 따르면 청소년 사망원인 1위는 자살로 나타났습니다. 무엇보다 자살을 줄이기 위해서는 예방이 중요합니다. 이미 아시다시피 본교에서는 자살예방교육을 학생뿐만 아니라 학부모, 교사로 확대하여 실시하고 있습니다. 따라서 가정에서도 우리 자녀들이 자살예방교육을 통해 자신의 생명을 소중히 여기고, 가치 있는 삶을 살아갈 수 있도록 많은 지도와 관심을 가져주시기 바라며, 가정에 행복과 뜻하는 바가 모두 이루어지길 기원합니다.

1. 청소년 학교폭력과 자살의 특징

학교폭력이 증가할수록 학생들의 심리적 고통은 심해지고 이로 인한 자살 생각은 늘어나고 있습니다. 학교폭력의 원인과 유형은 다음과 같습니다.

1) 학교폭력 원인과 유형

① 학교폭력의 원인

개인적 원인	개인의 성격적 특성과 유전적인 문제, 잘못된 생활태도, 상황판단의 미숙, 도덕성과 법질서에 대한 인식 부족, 좋지 못한 교우관계, 가해학생 · 피해학생의 심리 · 사회적 특성 등
가정환경 원인	부모의 잘못된 양육태도(자녀에 대한 이해부족, 과잉수용 및 과잉보호, 일관성 없는 교육태도 등), 가정폭력, 자녀학대 등
학교환경 원인	입시문제, 시험 스트레스, 지나친 경쟁 위주의 교육, 전문상담교사의 부족, 교사체벌, 부적절한 훈육 및 처벌 등
사회환경 원인	각종 청소년 유해환경과 폭력문화의 만연, 대중매체의 영향 등

② 학교폭력의 유형

언어폭력	여러 사람 앞에서 상대방의 명예를 훼손하는 구체적인 말, 인터넷, SNS 등으로 허위를 퍼뜨리는 행위
모 욕	여러 사람 앞에서 생김새, 가정환경, 성적 등으로 모욕적인 말을 지속적으로 하거나 인터넷, SNS 등으로 퍼뜨리는 행위

따돌림	따돌림은 학교내외에서 한 명 또는 그 이상의 다른 사람으로부터 계속적으로 공격을 받는 것으로 상대방이 고통을 느끼도록 하는 일체의 행위이며, 심한 따돌림은 자살시도로 이어짐 따돌림의 유형은 놀림, 언어폭력, 무시하기, 장난을 빙자한 괴롭힘, 약점을 들추어 내거나 모함하기, 은근히 혹은 공개적으로 비난하기, 가깝게 지내는 다른 구성원을 위협하기 등
협 박	심리적으로 공포심을 유발하거나 신체 등에 해를 끼칠 듯한 언행("죽인다")과 협박문자 등으로 겁을 주는 행위
사이버폭력	공포심이나 불안감을 유발하는 문자, 영상 등을 보내거나 욕설을 인터넷 게시판, 채팅, 카페 등에 올리는 행위. 휴대전화 메신저에서 위협적인 말을 하거나 개인의 사생활을 공개하는 행위 등
성폭력	폭행, 협박으로 성행위를 강제요구하거나 유사 성행위 성적인 말과 행동으로 상대방이 성적 굴욕감과 수치감을 느끼도록 하는 행위 등
금품갈취	돈을 돌려줄 생각 없이 요구. 물건 등을 빌려 일부러 망가뜨리고 돌려주지 않는 행위 등

2) 청소년 자살의 주요 원인과 특징

① 청소년 자살의 주요 원인

사회 · 문화적 원인	• 가정폭력, 가정불화, 질병, 경제적 어려움, 상실감 등 • 가정의 문제로 인한 스트레스 • 성적부진, 대학입시 위주의 경쟁적 교육풍토 진로고민 • 생명을 경시하는 폭력적이고 선정적인 대중문화 (폭력적 게임 · 영화 · 자살사이트, 가학적 스포츠 K-1, 격투기 프로레슬링 프라이드 등 • 권위주의적 기성세대와 가치관의 차이(연예인 마니아, 락/ 헤비메탈 음악에 심취, 정치나 사회문제에 대한 무관심 등)
개인심리적 원인	• 상대에게 보복하기 위한 자포자기 자살을 함으로써 상대방을 죽이는 목적을 달성 (친구, 선배의 폭력에 대한 보복 등) • 영적 재생을 바라는 무의식적 소망(주술, 종교 등의 비합리적 사고에 의한 자살) • 중요한 목표의 실패에 따른 자책감 및 자기 처벌 (성적하락, 이성관계, 동성친구 관계의 실패) • 고통으로의 해방(정신적 스트레스와 신체적 질환으로부터 탈출) • 남의 비난에 민감하게 반응하고 높은 기준을 고집하는 완벽주의 • 충동적이고 정서적으로 불안정하고 예측하기 어려운 성격 • 자신을 드러내지 않고 내성적이고 온순한 성격

정신건강의 원인	• 정신과적 질환(우울증, 반사회적 행동, 기분장애 등) • 자살과거력, 자살가족력 • 약물남용(알콜, 마약 등) • 만성신체질환

출처 : 한국생명의 전화 생명존중연구회 편(2005)과 한국자살예방협회 청소년자살예방 가이드북(pp. 13-14) 재정리.

② 청소년 자살의 특징

분명한 동기	자존심이 크게 상하는 사건이 있을 때, 부모로부터 심한 꾸중이 있을 때, 성적문제, 외모에 대한 고민, 이성친구와의 헤어짐, 따돌림 등이 자살의 동기
충동적	다른 정신질환성보다는 가족이나 친구관계에서 느끼는 분노, 좌절, 충동성 등 심리적 스트레스나 위기감으로 인한 자살 유발
극단적인 방법	실제 죽고자 하는 의도가 아니라 자신의 고통을 극단적인 방법으로 표현한 것일 수 있음
모방 및 동반자살	평상시 친하게 지내던 또래와 자신이 흠모하는 유명인이 자살하면 자살을 미화하고 모방자살이나 동반자살을 시도
죽음에 대한 환상	인터넷 게임이나 판타지소설류 등의 영향으로 죽음에 대한 환상을 가진 경우가 많음
문제해결의 방편	현실적인 고민을 회피하려는 수단으로 자살을 선택
도움요청의 신호	청소년들은 남에게 괴로움과 고민을 알리거나 도움을 청하지 못하고, 행동으로 옮기는 경우가 많음. 이는 고통에 대해 도움을 요청하고자 하는 메시지일 수 있음

따라서 학부모님들께서는 청소년기의 자살 특징을 잘 알고, 자녀들이 가족 간의 갈등, 친구문제, 학업문제로 인한 많은 스트레스로 극단적인 방법인 자살을 선택하지 않도록 많은 관심을 가져주시기 바랍니다.

2. 도움을 요청할 수 있는 기관

기 관	전화번호 및 홈페이지
안양시 청소년상담복지센터	https://1388.ayf.or.kr
안양과천 Wee센터	031-380-7070
경기도정신건강증진센터	http://www.mentalhealth.or.kr
한국자살예방협회	www.suicideprevention.or.kr
경기도자살예방센터	031-212-0437(www.mindsave.org)
생명의 전화	1588-9191(http://lifeline.or.kr)
한국청소년상담원	1388(http://www.kyci.or.kr)
사랑의 전화	1566-2525(www.counsel24.com)
위기청소년 전화	1566, 1588, 1588-7179
헬프콜 청소년전화	1388

* 참고자료

SNS 자살징후 알리미 서비스

• 스마트 안심드림

- 자녀 스마트폰의 문자메시지, 메신저 등으로 수신되는 자살 관련단어를 감지하여 학부모 휴대폰으로 알림

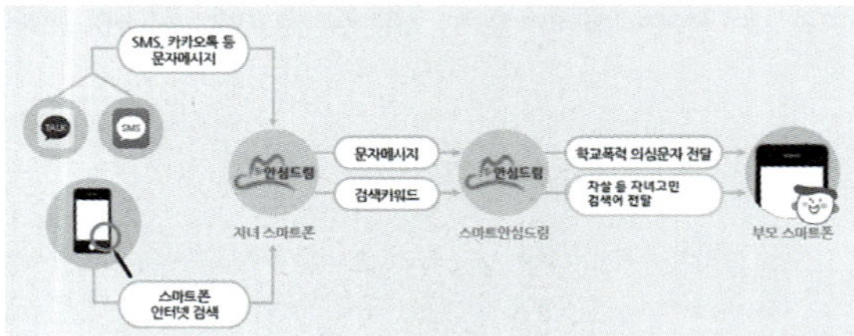

• 스마트 보안관

- 부모가 자녀의 스마트폰 이용정보(자살 관련 사이트 및 앱 접속현황) 확인, 이용시간 관리 및 차단[스마트폰으로 국내외 청소년 자살 관련 사이트 실행 차단, 국내외 음란물 등 청소년 유해(자살 관련) 인터넷 사이트 접속 차단]

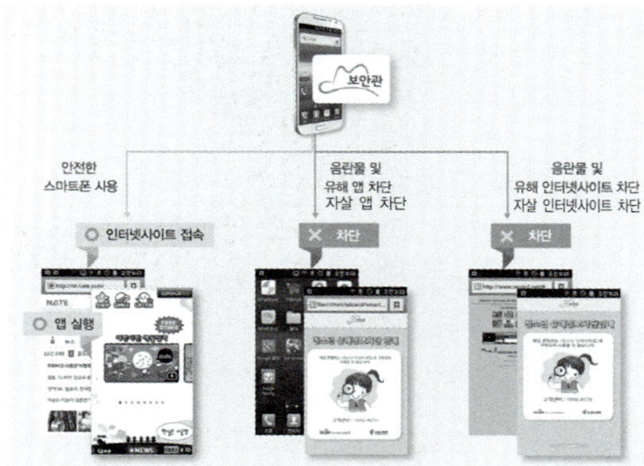

2015년 3월 31일

안양○○초 등 학 교 장

6) 평가와 기대효과

프로그램 개발 시 전문가가 학교 관련자들 특히 상담선생님과 논의를 거쳐 프로그램 내용에 대해 결정하고 평가지표를 설정하였다. 따라서 평가는 사전에 설정된 평가지표를 이용한다.

본 프로그램은 학생들뿐만 아니라 교사, 학부모, 지역사회가 폭넓게 개입함으로써 학교폭력예방과 자살예방을 유도할 수 있다. 따라서 학생들의 자살

원인이 되는 학교폭력이 감소하고, 학교 내 안전감이 증가하며, 생명존중 및 자살예방 교육 사례를 통해 생명의 소중함과 가치를 알게 된다.

〈부록 1〉 자살평가지

각 문항을 읽고 해당된 칸에 V표를 해주세요.

Suicide Triage Sheet

상담일시 ______년 ______월 ______일　　　　상담자______________________

의뢰인　☐ 본인 ☐ 가족 ☐ 친구 ☐ 기타

1. 일반적 사항

대상자		성 별		나 이	
주 소			전 화		

2. 정서적 상태(최근 2주 동안)

기 분		행 동	
☐ 우울감	☐ 초조, 불안	☐ 음주 증가	☐ 흡연, 본드, 가스 흡입
☐ 좌절감	☐ 두려움	☐ 수면습관의 변화	☐ 공격성/ 저항
☐ 슬픔	☐ 분노	☐ 자해	☐ 식사문제(거식, 폭식)
☐ 죄책감	☐ 짜증	☐ 대인관계 결여	☐ 학업저하, 실직
☐ 후회	☐ 격양된 기분/ 흥분	☐ 잦은 울음	☐ 활동저하
☐ 불쾌감	☐ 무기력	☐ 자살사이트, 자살도구 탐색	☐ 주변정리

3. 자살위험성 사정

1) 자살에 대한 생각하고 있습니까? 만약 있다면 그 이유는 무엇이고, 일주일에 얼마나 자주 생각하십니까?

☐ 예 (이유 : ______________________ / 횟수 : ☐ 거의 매일 ☐ 3~4회 ☐ 1~2회)

☐ 아니오

2) 현재 자살에 대한 구체적인 계획이 있습니까?

☐ 예 (이유 : ____________ 장소 : ____________ 방법 : ________)

☐ 아니오

3) 과거에 자살을 시도한 적이 있습니까?　☐ 예(　　회)(아래 표 작성)　☐ 아니요

언 제		장 소	
방 법		도구치명도	
이 유			

4) 최근 가까운 사람의 자살이 있었습니까? ☐ 예 (누구 :　　　　) ☐ 아니요

5) 상담, 치료 등 도움을 받고자 합니까?　☐ 매우 협조적 ☐ 협조적 ☐ 거부적 ☐ 매우 거부적

4. 지지

1) 힘들 때 도움을 요청할 수 있는 사람이 있습니까? ☐ 예 (누구 :　　　　) ☐ 아니요

2) 현재 갈등이 있는 사람이 있습니까?　☐ 예 (누구 :　　　　) ☐ 아니요

5. 기타
   1) 정신과 치료를 받은 적이 있습니까? ☐ 예 (☐치료유지 ☐치료중단) ☐ 아니요
   2) 신체적인 질환이 있습니까? ☐ 예 ( ) ☐ 아니요
6. 전체소견 및 개입계획

소견	위험성평가	☐ 고 ☐ 중 ☐ 저
	타 기관 의뢰 동의 여부	☐ 예 ☐ 아니요

서울시자살예방센터

〈부록 2〉 자살평가지(일반적 사항)

다음은 여러분이 자신에 대해 갖고 있는 생각과 관련된 문항입니다. 각 문항을 읽고 현재 여러분이 느끼고 있는 것과 가장 비슷하다고 생각되는 칸에 V표를 해주세요.

번호	질문내용	전혀 그렇지 않다	그렇지 않다	그렇다	정말 그렇다
1	나는 내가 소중한 사람이라고 느낀다.				
2	나는 여러 가지 재능을 가지고 있다고 생각한다.				
3	나는 대체로 내가 실패자라고 느끼는 경향이 있다.				
4	나는 대부분의 사람들만큼 뭐든 잘할 수 있다.				
5	나에게 자랑할 만한 것이 별로 없다고 느낀다.				
6	나는 나 자신에 대하여 긍정적으로 생각하고 있다.				
7	전반적으로 볼 때, 나는 나 자신이 만족스럽다.				
8	내가 나 자신을 더 존중할 수 있었으면 좋겠다.				
9	나는 내가 가끔 쓸모없는 사람이라고 느낀다.				
10	나는 가끔 내가 전혀 우수하지 않다고 생각한다.				

〈부록 3〉 자살생각척도

다음 질문지의 문항들을 자세히 읽어보고 여러분이 어떻게 행동하고 생각하는지 가장 가깝다고 생각하는 칸에 V표를 해주세요.

번호	내 용	전혀 없다	거의 없다	약간 있다	꽤 있다	많이 있다
1	살고 싶은 소망은					
2	죽고 싶은 소망은					
3	실제로 죽고 싶었던 적이 있다.					
4	자주 죽고 싶은 생각이 든다.					
5	너무 힘들면 실제로 죽을 수도 있다고 생각한다.					
6	죽고 싶은 생각을 실행하기 위해 실제로 준비한 적이 있다.					
7	죽고 싶다는 글을 쓴 적이 있다.					
8	죽고 싶다는 생각을 다른 사람들에게 이야기한 적이 있다.					
9	죽음을 예상하고 한 일이 있다.					
10	죽고 싶은 충동을 통제할 수 있다.					
11	죽음에 대해 깊게 생각했을 때 구체적인 방법까지 계획한 적이 있다.					
12	정말 죽음에 대한 시도를 할 것이라는 확신은					
13	실제로 죽으려고 하는 것에 대한 방해가 있다(가족, 종교, 다시 살 수 없다는 생각).					
14	죽고 싶은 생각이나 소망이 오랫동안 지속된 적이 있다.					

〈부록 4〉 자아존중감척도

번호	내 용	전혀 그렇지 않다	조금 그렇지 않다	보통이다	조금 그렇다	다주 그렇다
1	나는 공상을 많이 하는 편이다.					
2	나는 상당한 자신감을 가지고 있다.					
3	나는 내가 다른 사람이었으면 하는 때가 있다.					
4	누구든지 나를 좋아한다.					
5	나는 부모님과 함께 즐거운 시간을 많이 가진다.					
6	나는 많은 사람들 앞에서 말하기가 힘들다.					
7	나는 좀 더 어렸으면 한다.					
8	할 수만 있다면 나에게는 고쳐야 할 점이 있다.					
9	나는 주저하지 않고 결심할 수 있다.					
10	나와 함께 있는 것을 다른 사람들이 좋아한다					

11	나는 집에서 화를 잘 낸다.					
12	나는 학교 공부를 자랑으로 내세운다.					
13	누군가가 늘 내가 해야 할 일을 말해주어야 한다.					
14	나는 새로운 것을 익히는 데 시간이 많이 걸린다.					
15	나는 내가 하는 일이 못마땅할 때가 많다.					
16	나는 내 또래의 친구들 사이에 인기가 있다.					
17	나의 부모님은 내 기분을 맞춰주신다.					
18	나는 될 수 있는 한 최선을 다하려고 한다.					
19	나는 아주 쉽게 포기한다.					
20	내 문제는 주로 내가 해결할 수 있다.					
21	나는 상당히 행복하다.					
22	나는 오히려 나보다 어린 사람들과 노는 것을 좋아 한다.					
23	부모님은 나에게 너무 큰 기대를 갖고 계신다.					
24	나는 학급에서 지명을 받으면 기분이 좋다.					
25	나는 나 자신을 잘 알고 있다.					
26	제정신을 차린다는 것은 대단히 힘들다.					
27	내 생활의 만사가 어수선하다.					
28	친구들은 주로 내 생각을 따른다.					
29	집에서 아무도 나에게 관심을 두지 않는다.					
30	내가 원하는 만큼 학교생활이 원만하지 못하다.					
31	나는 결심을 하고 그 결심대로 밀고 나간다.					
32	나는 내가 여자(남자)인 것이 정말 싫다.					
33	나는 나 자신을 신통치 않게 생각하고 있다.					
34	나는 다른 사람과 함께 있는 것을 좋아하지 않는다.					
35	나는 가출하고 싶을 때가 여러 번 된다.					
36	나는 학교에서 화날 때가 있다.					
37	나는 가끔 나 자신이 부끄럽다.					
38	나는 다른 사람만큼 잘생기지 않았다.					
39	내가 말하고 싶은 것이 있으면 서슴지 않고 말한다					
40	사람들이 나를 흉본다.					
41	나의 부모님은 나를 잘 이해해 주신다.					

42	나의 선생님은 나를 착하지 않다고 생각하시는 것 같다.					
43	나는 나에게 무슨 일이 생기든 상관없다.					
44	나는 실패자이다.					
45	나는 꾸중을 들으면 금방 화가 난다.					
46	대부분의 사람들이 나보다 더 인기가 있는 것 같다.					
47	나의 부모님이 나를 몰아세우는 것 같다.					
48	나는 학교에서 실망하는 일이 있다.					
49	나를 괴롭히는 일은 별로 없는 편이다.					
50	나는 내 마음을 어떻게 할 수가 없다.					

참·고·문·헌

강순원(2012). 영국과 프랑스의 교육복지사업 비교연구를 통해서 본 우리나라 교복투사업의 정치사회학적 성격. **한국비교교육학회**, 22(4), 1-24.

교육과학기술부(2011). 학생자살위기관리 프로토콜. http://www.moe.go.kr/main.do

교육과학기술부 교육복지정책과(2010. 6. 3). 교육복지투자우선지역 지원사업 추진계획 요약.

교육부(2014. 11. 24). 방과후 학교 운영현황. http://www.moe.go.kr

교육인적자원부(2004). 참여정부 교육복지 종합계획.

권대봉(2006). **성인교육방법론**. 서울 : 학지사.

권두승(2005). 청소년 프로그램 목적 및 목표설정. 한국청소년개발원 편, **청소년 프로그램 개발 및 평가론**. 경기 : 교육과학사.

권이종 · 김용구(2011). **청소년 교육개론**. 경기 : 교육과학사.

기영화(2001). **평생교육 프로그램 개발**. 서울 : 학지사.

______(2010). **평생교육 프로그램 개발 매뉴얼**. 서울 : 학지사.

______(2011). **평생교육 프로그램 개발**. 서울 : 학지사.

______(2014). **평생교육 프로그램 개발**. 서울 : 학지사.

김경애(2014). 학교 밖 청소년을 위한 교육복지 방안 연구 : 생애진로개발을 중심으로. 서울 : 한국교육개발원.

김경희(2008). 자살위험 중학생을 위한 생명존중프로그램의 효과성 연구 : 자아존중감, 자살위험성, 생활스트레스 대처방식, 문제해결 능력에 미치는 영향. 성균관대학교 사회복지대학원 석사학위논문.

김남선 · 이옥분 · 정일환 · 주동법 · 한상철(2001). **청소년교육론**. 서울 : 형설출판사.

김도연(2012). 다문화 가정의 한국어교육 욕구분석 : 예산다문화가족지원센터 중심으로. 강남대학교 교육대학원 석사학위논문.

김신자 · 주영주 · 김영수 · 한정선 · 강명희 · 정재삼(2001). **21세기 교육방법 및 교육공학**. 서울 : 교육과학사.

김영숙(2002). **사회복지 프로그램 개발과 평가**. 서울 : 교육과학사.

김용현 · 김종표 · 문종철 · 이복희(2012). **평생교육프로그램 개발론**. 경기 : 양서원.

김임희 · 안병영(2013). **교육복지정책론**. 서울 : 다산출판사.

김정원 · 김경애 · 김 민 · 김영삼 · 김효진 · 박인심 · 양병찬 · 이경상 · 이정선 · 이지혜 · 이화정 · 허남순 · 홍봉선(2010). **교육복지의 이론과 실제**. 서울 : 학이시습.

김정원 외(2008). **교육복지 마스터 플랜 수립 연구**. 한국교육개발원.

김종명 외(2014). 사회복지 프로그램 개발과 평가. 경기 : 양서원.
김진화(2001). 평생교육 프로그램 개발론. 서울 : 교육과학사.
______(2009). 평생교육프로그램 개발론. 경기 : 교육과학사.
______(2011). 평생교육프로그램 개발론. 경기 : 교육과학사.
김철주 · 정재엽(2011). 교육방법 및 교육공학. 서울 : 서현사.
김통원(2003). 사회복지 프로그램 개발과 평가. 서울 : 학지사.
김한별 · 박소연 · 유기웅(2010). 평생학습을 위한 프로그램 개발 및 평가. 경기 : 양서원.
김헌수 · 이 난(2010). 교육실습의 이론과 실제. 서울 : 태영출판사.
김혜숙(2014). 교육프로그램 평가의 이론과 실제. 경기 : 교육과학사.
남미정(2003). 영국 EAZ 교육복지 사례연구, 교육발전논총, 24(1), 65-83.
다문화가족지원센터 홈페이지(다누리)(2015). http://www.liveinkorea.kr
다문화가족지원센터(천안시)(2015). http://cheonansi liveinkorea.kr
류방란(2006). 한국사회 교육복지지표 개발 및 교육격차분석 : 교육복지지표 개발. 서울 : 한국교육개발원.
______(2011). 공정사회 실현을 위한 교육복지정책방안. 경기 : 한국교육개발원.
박성익 · 임철일 · 이재경 · 최정임(2011). 교육방법의 교육공학적 이해. 경기 : 교육과학사.
박성희(2011). 아동 · 청소년의 행복 보장을 위한 독일의 교육복지 개념 고찰. 한독사회과학논총, 21(2), 158-159.
박주호(2014). 교육복지의 논의 : 쟁점, 과제 및 전망. 서울 : 박영story.
서울시교육청(2015). 2015학년도 교육복지특별지원사업 기본계획.
서울시자살예방센터(2011). 위기개입의 실제. www.suicide.or.kr
선남이(2015). 국민의 안전과 생명존중을 위한 권익구제 강화방안. 2014 생명존중포럼.
성낙돈 · 김창엽(2010). 마케팅 이론으로 풀어보는 : 평생교육 프로그램 개발론. 서울 : 청목출판사.
성열준 외 공저(2009). 청소년지도방법론. 경기 : 양서원.
순천시생태체험학습센터(2012, 2015). http://sceelc.com
안병영 · 김인희(2009). 교육복지정책론. 안병영 · 김인희(2013). 다산출판사.
엄문영 · 이선호(2014). 교육복지투자 실태 및 효율화 방안 연구(pp. 19-20). 서울 한국교육개발원.
오세덕 · 이명재 · 강제상 · 임영제(2013). 행정관리론. 서울 : 대영문화사.
오은순 · 이혜원 · 박진용 · 김정숙 · 백지숙(2009). 다문화교육을 위한 교수학습 지원 방안 연구 III –한국어 지원 방안을 중심으로. 다문화가정 학생을 위한 한국어교육 지원방안탐색 세미나. 서울 : 한국교육과정평가원.
오인경 · 최정임(2008). 교육프로그램 개발 방법론. 서울 : 학지사.
원진숙(2009). 다문화가정 학생을 위한 한국어(KSL)교육프로그램. 다문화가정 학생을 위한 한국어교육 지원방안 탐색 세미나. 연구자료 ORM 2009-10 KICE. 한국교육과정 평가원, pp. 69-93.

윤옥한(2014). **평생교육 프로그램 개발론**. 경기 : 양서원.

이봉주 · 김예성 · 임정임(2009). 학교폭력예방프로그램 개발 및 효과성 평가연구 : 논리모델에 기반하여. **한국청소년연구**, 20(2), 257-281.

이승희(2015). 교과연계 독서프로그램 운영사례연구. 가톨릭대학교 교육대학원 석사학위논문.

이용교 외(2010). **교육복지론**. 경기 : 집문당.

이인학(2008). 학습목표의 개념과 진술방식. **교육연구**, 28(2), 20-25.

이지혜 · 박인선 · 홍숙희 · 채지은(2005). **도시저소득층의 평생학습 활성화방안**. 서울 : 한국교육개발원.

이춘영(2010). 다문화가정 초등학생을 위한 내용중심 한국어교육 프로그램 개발방안. 한남대학교 교육대학원 석사학위논문.

이화정 · 양병찬 · 변종임(2003). **평생교육 프로그램 개발의 실제**. 서울 : 학지사.

임경미 · 송태영 · 이병은(2010). 평생교육프로그램 사례 분석 – 대학부설 평생교육원 프로그램을 대상으로 –. 평생교육프로그램 개발론 과제.

임연기 외(2013). **교육복지의 이해**. 서울 : 학지사.

장덕호 · 김성기 · 유기웅 · 윤철수(2015). **교육복지론**. 서울 : 박영story

전주성 · 김소영(2011). 대학부설 평생교육원 교육훈련 프로그램의 효과성 측정을 위한 평가모델의 타당성 검증. – Kirkpatrick의 교육훈련 프로그램 평가 모델의 응용 –. **교육과학연구**, 42(1), 125-150.

정무성 역(2000). **사회복지프로그램기획과 관리**. 서울 : 나눔의집.

정은실(2011). 자살예방프로그램이 중학생의 자살생각, 자아존중감 및 스트레스 대처방식에 미치는 효과. 경성대학교 교육학대학원 석사학위논문.

조용하(2004). **청소년 수련활동론**. 한국청소년개발원 편. 서울 : 교육과학사.

조윤선(2014). 2014년 다문화가족지원 사업안내. 여성가족부 다문화가족정책과.

주상우(2011). 단위학교 교육복지투자우선지역 지원 사업에 대한 교원의 인식. 서울교육대학교 대학원 석사학위논문.

최정임(2002). **요구분석**. 서울 : 학지사.

최지선(2013. 1. 28). 프랑스 소외계층을 위한 교육복지 관련 정책 및 프로그램.

한국교육개발원(2009). 제1회 방과후학교대상 우수사례집.

한국청소년개발원(2004). **청소년지도방법론**. 서울 : 교육과학사.

한국청소년상담원(2008). **청소년 자살예방프로그램 및 개입방안 개발**. 서울 : 한국청소년상담원.

한정선 · 김영수 · 주영주 · 강명희 · 조일현 · 조일현 · 이정민(2014). **21세기 교사를 위한 교육방법 및 교육공학**. 경기 : 교육과학사.

해금강테마박물관홈페이지(2016. 1. 6). http://www.hggmuseum.com

홍봉선(2004). 우리나라 교육복지의 방향과 과제. **한국사회복지학**, 56(1), 253-282.

황성철(2005). **사회복지 프로그램 개발과 평가**. 경기 : 공동체.

Alliger, G. M., & Janak, E. A.(1989). Kirkpatrick's levels of training criteria : Thirty years later. *Personnel Psychology, 42*(2), 331-342.

Boone, E. J.(1985). *Developing programs in adult education*. Englewood Cliffs. NJ : Prentice-Hall.

Bradshaw J.(1972). *A taxonomy of social need.* in McLachlan G(ed), *Problems and progress in medical care.* Seventh series NPHT/Open University Press.

Brinkerhoff, R. O.(2003). *The success case method : Find out quickly what's working and what's not.* San Francisco : Berrett-Koehler.

________________(2005). The success case method : A strategic evaluation approach to increasing the value and effect of training. *Advances in Developing Human Resources*, 7(1), 86-101.

Caffarella, R. S., & Daffron, S. R.(2013). *Planning programs for adult learners : A practical guide* (3rd ed.). San Francisco : Jossey-Bass.

Castelle G. Gentry(1994). *Introduction to Instructional Development Process and Technique*. Wadsworth Publishing Company. A Division of Wadsworth, Inc. Belmont, California.

Charles F. Manski, & Irwin Garfinkel(1992) *Evaluating Welfare and Training Programs.* Har ward university press cambr idge, Massachusetts London, Englnd.

Decker(Eds.)(1977). *Planning and assessment in community education*, Michigan : Pendell Publishing Company, pp. 29-38.

Driscoll, M. P.(2005). *psychology of learning for instruction*(3rd ed.). Boston, MA Pearson Education, Inc.

Dror, Y.(1967). Policy Analysts : A New Professional Role in Government. *Public Administration Review*, September.

Eric S. Einhorn, & John Logue(2003). *Modern Welfare States : Scandinavian Politics and Policy in the Global Age*. praeger publishers, Animprint of Greenwood publishing groups Inc

Fitzpatrict, J. L., Sanders, J. R., & Worthen, B. R.(2012). *Program evaluation : Alternative approaches and practical guidelines*(4th edition). Boston : Pearson.

Guerra-Lopez, I.(2008). *Performance evaluation : Proven approaches for improving program and organizational performance*. San Francisco : Jossey-Bass.

Hans-Uwe Otto, Holger Ziegler(편)(2010) *Education, Welfare and the Capabitities Approach : A European Perspective.* Barbara Budrich publishers. Opladen and Farmington Hills, MI.

Houle(1971). *Motivational Orientations of Adult Education Participants : a Factor Analytic Exploration of Houle's Typology*. University of Auckland, Auckland, New Zealand.

Irena Kogan, Michael Gebel, & Clemens Noelke(2008) *Europe Enlarged : A Handbook of Education Labour and Welfare Regimes in Central and Eastern Europe*. The policy press university of Bristol, UK.

Keith MacMillan(1977). *Education Welfare : Strategy and Structure*. Longman.

Kettner, P. M., Moroner, R. M., & Matin, L. L. (1999). *Designing and Managing programs*. Sage Publications.

Kirkpatrick, D. L.(1959). Techniques for evaluating training programs. *Journal of American Society of Training Development*, *13*(3), 21-26.

______________(2006). Seven keys to unlock the four levels of evaluation. *Performance Improvement*, *45*(7), 5-8.

Kirkpatrick, D. L., & Kirkpatrick, J. D.(2006). *Evaluating training programs : The four levels*(3rd ed.). San Francisco : BK.

Knowles, M. S., Holton, E. F. Ⅲ., & Swanson, R. A.(2015). *The adult learner : The definitive classic in adult education and human resource development*(8th ed.). San Diego : Elsevier.

Knowles, M. S.(1980). *The modern practice of adult education : From pedagogy to andragogy*. New York : Association Press.

McCain, D. V.(2005). *Evaluation basics*. Alexandria, VA : ASTD Press.

Michele S. Moses(2004). Social Welfare, the Neo-conservative Turn and Educational Opportunity. *Journal of Philosophy of Education*, *38*(2).

Pesson, L. L.(1966). Extension program planning with participation of clientele. In H. C. Sanders(Ed.), *The cooperative extension service*. N. J. Englewood Cliffs : Prentice-Hall.

Peter M. Kettner, Robert M. Moroney & Lawrence L. Martin(2000). 사회복지 프로그램 기획과 관리. 정무성 역. 서울 : 나눔의집.

Philip D. Langerman(1989). *Managing Adult and Continuing Education Programs and Staff Paperback*. Publisher : Amer Assn for Adult.

Philip Kotler(1991). *Marketing Management analysis, planning, implementation, and control*, seventh edition. Prentice-Hall International Editions

Philip Kotler, & Gary Armstrong(2008). *Principles of Marketing*(12th Edition). Pearson Education, Inc.

Phillips, J. J.(1997). *Return on investment in training and performance improvement programs*. Burlington, MA : Butterworth-Heinemann.

____________(2007). Measuring ROI : Progress, trends, and outlook. M316, *ASTD 2007 International conference and Exposition*, Atlanta, GA : ASTD.

Phillips, J. J., & Stone, R. D.(2002). *How to measure training results*. New York : McGraw-Hill.

Ralph Ely Smith(1987). *Work-related programs for welfare recipients*. United States. Congressional Budget Office.

Rosemary S. Caffarella(2002). *Planning programa for adult learners*.

Sanders, J. R.(1979). The technology and art of evaluation : A review of seven evaluation primers. *Evaluation News, 12*, 2-7.

Sculler, Tom & Brassett-Grundy, A., et al.(2002), Learning, Continuity and the Change in Adult Life. *Wider Benefits of Learning Research Report No, 3*, center for research on the Wider Benefits of Learning.

Sork, T. J.(2000). Planning educational program. In A. L. Wilson & E. R. Hayes(Eds.), *Handbook of adult and continuing education*(New ed., pp. 171-190). San Francisco : Jossey-Bass.

Stephen P. Robbins Mary Coulter(2009). *management*(8th Editon). Pearson Education, Inc.

Stufflebeam, D.(1967). *The evaluation of context, input, process, and product in elementary and secondary education*. Paper commissioned by and presented to the U.S. Office of Education.

Stufflebeam, D. L., & Shinkfield, A. J.(2007). *Evaluation theory, models, & applications*. San Francisco, CA : Jossey-Bass.

Tomlinson, Sally(2001). *Education In A Post Welfare Society*. Open University press.

Tyler, R. W.(1949) *Basic principles of curriculum and instruction*. Chicago : University of Chicago Press.

Young, K. M.(1977). *Education Planning*.

찾·아·보·기

인 명

내 용

저/자/약/력

- **전주성**
  미국 University of Georgia 성인교육학 전공(철학박사)
  서울대학교 교육학과(박사과정수료)
  현 숭실대학교 평생교육학과 교수

- **임경미**
  숭실대학교 평생교육학과(철학박사)
  현 숭실대학교 교육대학원 겸임교수

- **김미자**
  숭실대학교 평생교육학과(교육학박사)
  평택대학교 사회복지학과(사회복지학박사)
  현 숭실대학교 한국평생교육·HRD연구소 연구교수

교육복지 프로그램 개발의 이론과 실제

|공저자| 전주성 · 임경미 · 김미자

|1판 1쇄| 발행 2016년 3월 10일

|발행인| 김 동 훈
|발행처| 공 동 체

|주소| 경기도 고양시 일산동구 호수로 358-39
동문타워 I 905호(백석동)
|전화| 031) 920-8305(대표)
|팩스| 031) 920-8308
|e-mail| compub@naver.com
|출판등록| 2005년 10월 6일
|등록번호| 제396-2005-36호

|ISBN| 978-89-6352-898-4
정가 18,000원